L'UNIVERS DE L'ART

Sous la direction
de Patrick Mauriès

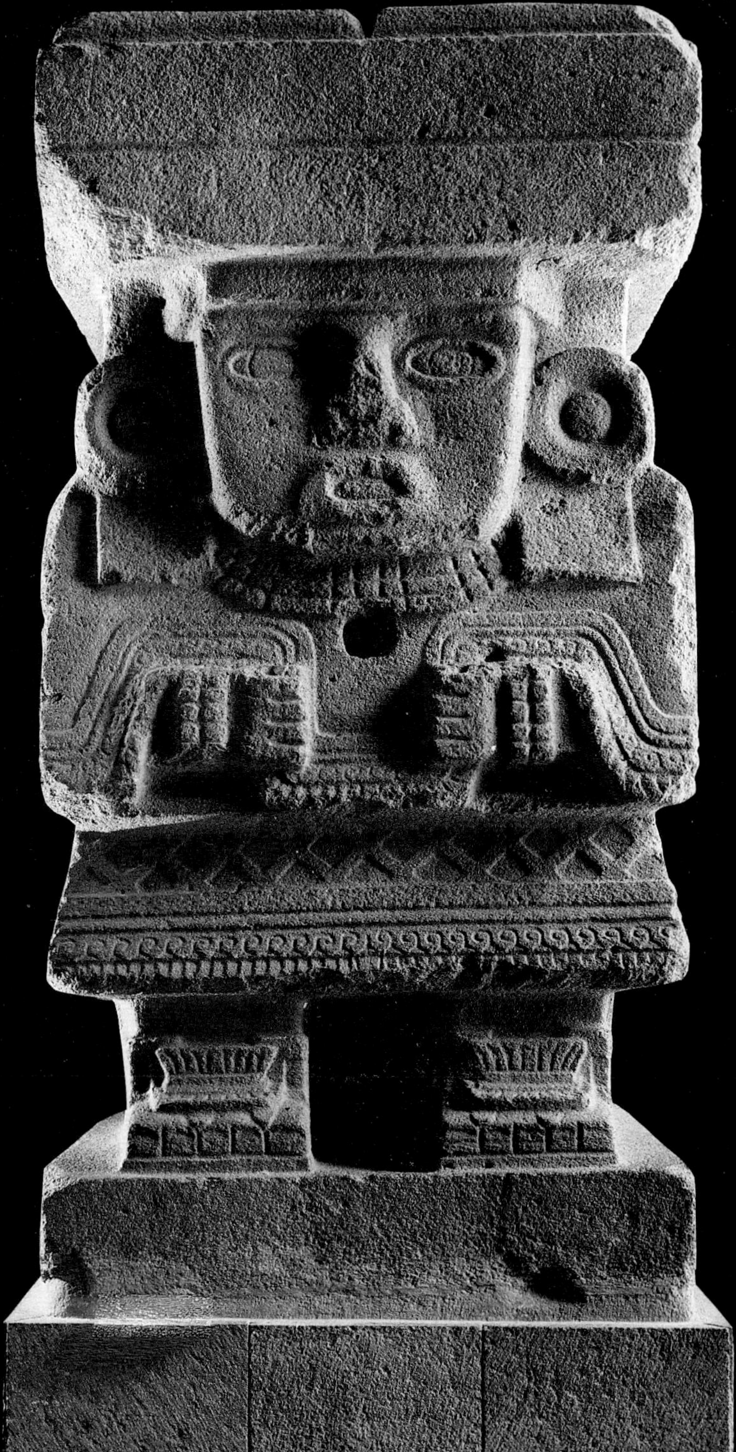

[redacted]

MARY ELLEN MILLER

L'Art précolombien
La Mésoamérique

Traduit de l'américain par Florence Lévy-Paoloni

186 illustrations, dont 23 en couleurs

THAMES & HUDSON

COUVERTURE : Masque en mosaïque aztèque en provenance de Teotihuacán (détail). 150-600 av. J.-C. Photo Michel Zabé, INAH-MNA.

FRONTISPICE : Jadis placée près de la Pyramide de la Lune à Teotihuacán, cette grande déesse de l'eau en basalte paraît extraire l'eau de ses vêtements. Classique ancien.

Cet ouvrage mis en pages par Cicero à Paris a été reproduit et achevé d'imprimer en avril 1997 par l'imprimerie C.S. Graphics pour les Éditions Thames & Hudson.

Dépôt légal : 3e trimestre 1997
ISBN 2-87811-122- 2
Imprimé à Singapour

Sommaire

Tableau chronologique

		MEXIQUE CENTRAL	OAXACA	CÔTE DU GOLFE DU MEXIQUE	MEXIQUE OCCIDENTAL	HAUTES TERRES MAYAS / CÔTE PACIFIQUE	BASSES TERRES MAYAS Sud	 Nord
1519 1200	POST-CLASSIQUE RÉCENT	Aztèques *Tenochtitlán* *Tlaxcala* *Tula*	Royaume indépendant mixtèque	Totonaques *Cempoala*	Tarasques	Cités-États mayas *Mixco Viejo,* *Iximché, Utatlán*	*Tayasal* (Itzá)	*Tulum* *Santa Rita* *Mayapán*
900	POST-CLASSIQUE ANCIEN CLASSIQUE FINAL	Toltèques *Xochicalco*	*Mitla* *Yagul*	Huaxtèques				*Chichén Itzá* (Toltèques Mayas)
600	CLASSIQUE RÉCENT	*Cacaxtla* Teotihuacán Phases I-IV	Monte Albán IIIb	El Tajín Veracruz classique *Remojadas*		*Cotzumalhuapa*	Tepeu Classique récent maya	Puuc et Yucatán central
300	CLASSIQUE ANCIEN		Monte Albán IIIa	*Cerro de las Mesas*	*Ixtlán del Rio*	*Kaminaljuyú* *Escuintla*	Tzakol : Classique ancien maya	*Dzibilchaltún*
0	PROTO CLASSIQUE PRÉCLASSIQUE		Monte Albán II		*Chupícuaro*	*Izapa* *Kaminaljuyú*	*Cerros*	
300	RÉCENT	*Cuicuilco*		*Tres Zapotes*	Colima	*Abaj Takalik*		
600	PRÉ-CLASSIQUE MOYEN	*Tlatilco*	*Dainzu* Monte Albán I	Olmèques *La Venta*				
900	PRÉ-CLASSIQUE ANCIEN							
1500				*San Lorenzo*	*Teopante-cuanitlán* *Xochipala* *Capacha*	Ocos		
	ARCHAÏQUE							

Préface

Il y a dix ans, en rédigeant la première édition de ce livre, j'imaginais mes lecteurs comme des étudiants de premier cycle contraints jusque là de se référer aux textes d'archéologie pour étudier l'histoire de l'art précolombien. Au fil des ans, j'ai vu se développer un public de voyageurs, d'archéologues amateurs et de visiteurs de musées, plus intéressé par les œuvres anciennes et leur signification que par l'archéologie.

Les ajouts et les modifications de cet ouvrage ont été dictés par ce public qui m'a tout de suite fait savoir que j'avais traité de manière trop superficielle l'art olmèque, par exemple. De nouvelles découvertes, ainsi que d'importantes campagnes de fouilles et l'ensemble des grandes expositions sur l'art mésoaméricain m'ont aidée à concevoir cette nouvelle édition. A l'époque de la première édition, d'importantes expositions consacrées à l'art aztèque et maya avaient déjà attiré l'attention sur les œuvres produites par ces cultures ; le lecteur trouvera donc moins de modifications dans les chapitres sur l'art classique maya et les Aztèques qu'ailleurs. L'exposition de Teotihuacán en 1993 a beaucoup apporté à notre compréhension de l'art et de l'architecture de cette ancienne cité, de même que, à un degré moindre, les expositions de 1996 sur l'art olmèque. Malgré les nouvelles interprétations des glyphes mayas, j'ai tenté d'éviter que les Mayas et leur écriture ne dominent cet ouvrage, mais je reconnais que leur art remarquable mérite une étude distincte.

J'ai développé mes idées sur l'art mésoaméricain dans les salles de cours de Street Hall, souvent grâce à des échanges intéressants avec des étudiants de premier et de deuxième cycle à Yale. Les séances de travaux pratiques de Yale m'ont permis d'explorer en profondeur des sujets tels que les céramiques mayas ou la sculpture aztèque avec des étudiants de premier cycle astucieux qui, en découvrant ce sujet, ont apporté une vision nouvelle. Je voudrais remercier ceux qui m'ont initiée à l'histoire de la Mésoamérique : Gillett Griffin, George Kubler et Michael Coe, ainsi que les chercheurs qui font sans cesse évoluer l'histoire, notamment Karl Taube, Stephen Houston et Linda Schele. Mes généreux collègues et amis, spécialistes de l'archéologie et de l'art mésoaméricains, m'ont fait part de leurs idées et de leurs spéculations au cours des années et, une fois de plus, ils ont eu la gentillesse de me prêter des dessins et des photographies pour ce livre.

Mes enfants et mon mari m'ont souvent accompagnée dans mes explorations de la Mésoamérique ancienne ces dernières années, que ce soit lors de visites aux musées des Etats-Unis ou pendant de longs voyages à l'étranger. Leurs questions ont amené certaines des réponses qui figurent ici.

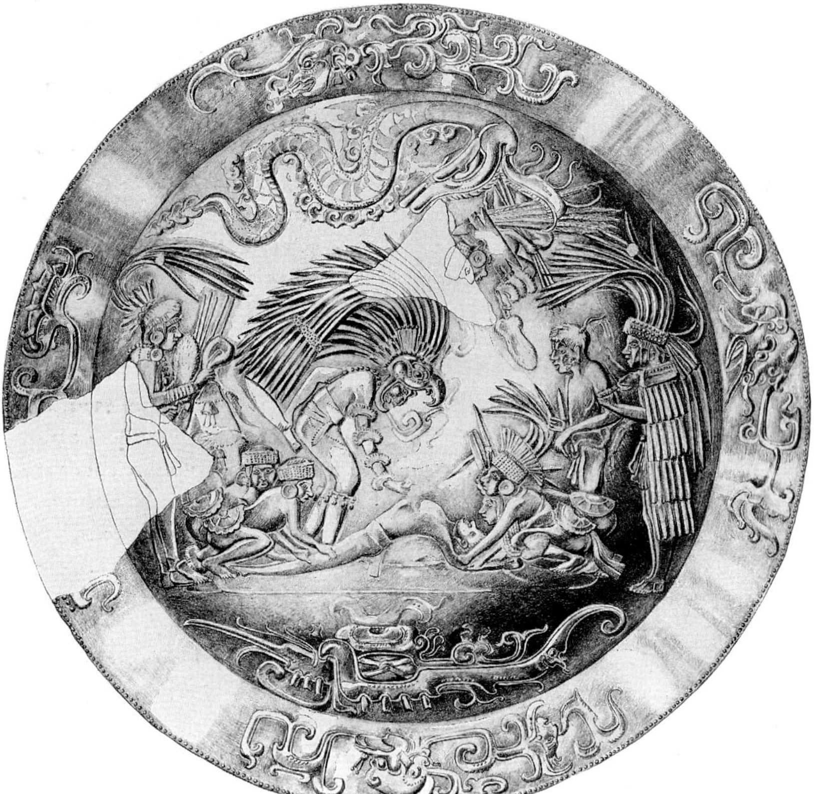

1 Des disques en or repoussé ont été extraits du Cenote (puits) sacré de Chichén Itzá au début du siècle ; comme les peintures de la fig. 154, ils représentent des guerriers toltèques vainqueurs des Mayas. Les proportions élégantes des personnages évoquent des traditions classiques bien ancrées.

CHAPITRE UN

Introduction

A l'époque de la conquête espagnole, l'empereur aztèque Moctezuma II tenait des registres d'impôts où figure le tribut payé par les régions lointaines du nord et du sud, des confins du nord barbare (« chichimèque ») à la côte riche, productrice de cacao, du Guatemala actuel. La région ainsi définie, de 14 à 21 degrés de latitude Nord, constitue la Mésoamérique, zone culturelle utilisant le calendrier rituel de 260 jours et site des grandes civilisations du Nouveau Monde durant plus de 3000 ans, de 1500 av. J.-C. jusqu'à la venue des Espagnols. Si les Caraïbes, le sud de l'Amérique Centrale, le nord du Mexique et le sud-ouest des Etats-Unis étaient en contact avec la Mésoamérique, ces régions en restèrent séparées, car leurs traditions indépendantes étaient plus fortes que celles qu'elles partageaient avec la Mésoamérique. Les civilisations olmèque, maya et aztèque figurent parmi les plus grandes de Mésoamérique.

En dépit des faibles écarts de latitude, la Mésoamérique offre de grandes variations climatiques et topographiques, en fonction notamment de l'altitude. Le tribut payé à Moctezuma comprenait des jaguars et des aigles, des plumes d'oiseaux exotiques et des objets précieux en or et en jade, matériaux et ressources venant de régions écologiques très différentes. Les vallées fraîches d'altitude offrent un contraste saisissant avec les jungles humides des Basses Terres et, comme aujourd'hui, les vallées attiraient une population importante. Certaines ressources vitales telles que l'obsidienne, l'« acier » du Nouveau Monde, ne se trouvaient que dans les Hautes Terres, alors que le cacao et le coton poussaient dans les régions tropicales humides. Le commerce de ces produits mettait en contact constant les Hautes et les Basses Terres.

La plupart des civilisations de la Mésoamérique ancienne occupaient soit les Hautes, soit les Basses Terres, mais les Mayas habitaient les unes comme les autres. La civilisation la plus ancienne, celle des Olmèques, se développa le long des rivières se jetant dans le golfe du Mexique. Les Mayas évoluèrent surtout dans les Basses Terres, eux aussi, sous un climat tropical s'échelonnant des forêts humides aux jungles de broussailles du Yucatán, du Chiapas, du Guatemala et de Belize.

Les anciennes cités de Tula et de Teotihuacán, ainsi que Tenochtitlán, la ville de Moctezuma, se trouvaient en altitude ; le centre de la vie des Hautes Terres était la vallée de Mexico. La ville moderne est construite au-dessus de la capitale aztèque, de sorte que la vallée de Mexico domine encore la Mésoamérique, comme dans l'Antiquité.

Selon certains archéologues, l'homme apparut dans le Nouveau Monde il y a 20 000 ou 30 000 ans ; le niveau de la mer ayant baissé, il empruntait périodiquement un passage à pied sec entre l'Asie et l'Alaska. Certaines peuplades durent atteindre les frontières de la Mésoamérique quelque 10 000 ans plus tard. Les vagues de migration apportèrent de nouveaux arrivants venant du Nord, vagues qui ne cessèrent qu'avec la conquête espagnole. Elles affectaient la géographie politique mésoaméricaine : chaque mouvement de population demandait un réajustement de la part des précédents. Ainsi, pour certains chercheurs, les peuples de langue nahuatl arrivèrent tardivement dans la vallée de Mexico, après la chute au VIIe siècle de Teotihuacán, et ils furent en partie responsables du déclin de la cité. Parmi eux, les Toltèques dominèrent rapidement les Hautes Terres, puis ce fut le tour des Aztèques. Les peuples de Teotihuacán dont l'identité ethnique demeure inconnue se sont aujourd'hui perdus dans le brassage.

Il ne reste pas grand chose d'intéressant pour l'histoire de l'art des premiers colonisateurs du Nouveau Monde. De belles pointes de projectiles, de type Folsom, furent fabriquées il y a près de 10 000 ans ; les villages étaient prospères au second millénaire av. J.-C. Ce n'est qu'avec l'essor de la civilisation olmèque, vers 1500 av. J.-C. qu'apparurent un art et une architecture alliant complexité idéologique, savoir-faire et permanence.

Par rapport à l'Ancien Monde, les grandes civilisations de Mésoamérique semblent avoir accusé un retard technologique : la roue ne fut jamais utilisée autrement que pour des miniatures et c'est l'obsidienne, et non le métal, qui servait à la fabrication des outils et des armes. Le manque d'animaux de trait peut expliquer l'absence de la roue et l'obsidienne, bien que s'ébréchant facilement, permettait la fabrication d'instruments très tranchants. Quoi qu'il en soit, la technologie du Nouveau Monde se développa lentement. Les métaux furent utilisés dans les Andes vers 3 000 av. J.-C., et la métallurgie remonta peu à peu vers le Nord en passant par l'Amérique centrale pour arriver en Mésoamérique vers 800 de notre ère. Même alors, le métal ne remplaça ni la pierre ni l'obsidienne pour les objets d'usage courant ; les métaux précieux servirent à la fabrication d'objets de luxe : bijoux, masques et accessoires de coiffure. Toutefois, l'or ne remplaça jamais complètement le jade dans la hiérarchie des métaux précieux. Les hommes de Cortés comprirent vite que les peuples de Mésoamérique prisaient les pierres vertes plus que toute autre matière et échangèrent facilement des perles de verre vertes contre

de l'or. Dans toute l'histoire de la Mésoamérique, les plus beaux objets étaient en
jade ou en autres matières vertes, plumes par exemple. La « coiffe de Moctezuma » 176
était faite de longues plumes vertes de quetzal, de disques de jade et de minuscules perles creuses en or.

Bien avant l'apparition des grandes civilisations en Mésoamérique, les hommes maîtrisaient la culture du maïs, des haricots, des courges, des tomates et des piments. Plus tard, ils organisèrent une agriculture novatrice à haut rendement qui permit à l'énergie des hommes de se tourner vers les arts. On écrivit et on récita de la poésie. On dressa des cartes des mouvements célestes. A l'époque classique maya, on utilisait un calendrier de cycles imbriqués, aussi exact que ceux d'aujourd'hui et plus précis que le calendrier julien dont se servaient Cortés et ses hommes. De puissants seigneurs firent édifier une architecture monumentale caractérisée par des constructions pyramidales et des palais alignés, comportant souvent de riches sépultures, des caches et des offrandes profondément enfouies qui témoignent de l'importance des arts et du pouvoir personnel.

A cause de ses proportions réalistes et de son écriture hiéroglyphique complexe, l'art maya est longtemps apparu comme l'apogée d'une civilisation ; vers 1930, la plupart de ceux qui l'étudiaient appelaient « Classique » la période d'épanouissement entre 300 et 900 de notre ère. On désignait par Préclassique et Postclassique les périodes précédant et suivant le Classique maya. Malgré les sous-entendus de valeur contenus dans ces termes et les efforts répétés pour les remplacer par des conventions semblables à celles employées pour les Andes (tel « Période intermédiaire tardive »), ces termes demeurent, même si l'ère préclassique est aujourd'hui souvent appelée formative. Le Préclassique, le Classique et le Postclassique doivent être considérés comme des jalons chronologiques et non des termes descriptifs. Les Olmèques prospérèrent au Préclassique, entre 1500 et 100 av. J.-C. environ. Quelques civilisations classiques, telle celle de Teotihuacán, apparurent avant le Classique maya et d'autres, comme celles qui s'épanouirent à El Tajín, au Veracruz, demeurèrent après la disparition de la plupart des cités mayas vers 800 de notre ère. Aux Xe et XIe siècles, beaucoup d'éléments postclassiques étaient en place ; toutefois, les Aztèques, peuple majeur du Postclassique, ne fondèrent pas leur capitale Tenochtitlán avant 1325. En 1531, dix ans après la Conquête, les artistes, les architectes et les mécènes précolombiens avaient transformé la production artistique en un style colonial nouveau.

L'art et l'architecture de la Mésoamérique ancienne ne furent pas totalement perdus de vue par les cultures successives. Moctezuma II allait régulièrement en pèlerinage à Teotihuacán, dans la vallée de Mexico, et des visiteurs occidentaux s'y rendirent après la Conquête. En fait, la conservation et la compréhension du passé préoccupaient autant les Aztèques que les archéologues d'aujourd'hui (bien que

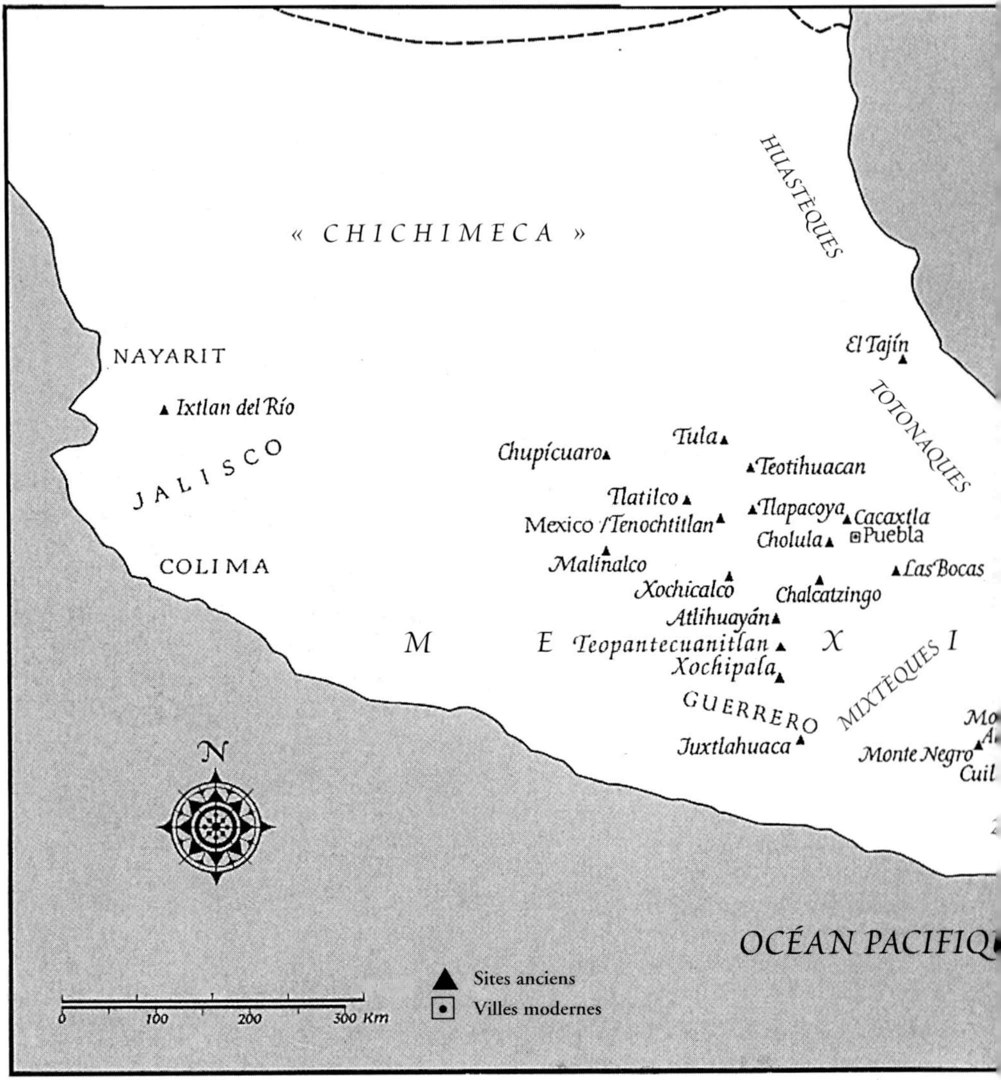

2 La Mésoamérique, avec les sites apparaissant dans le texte.

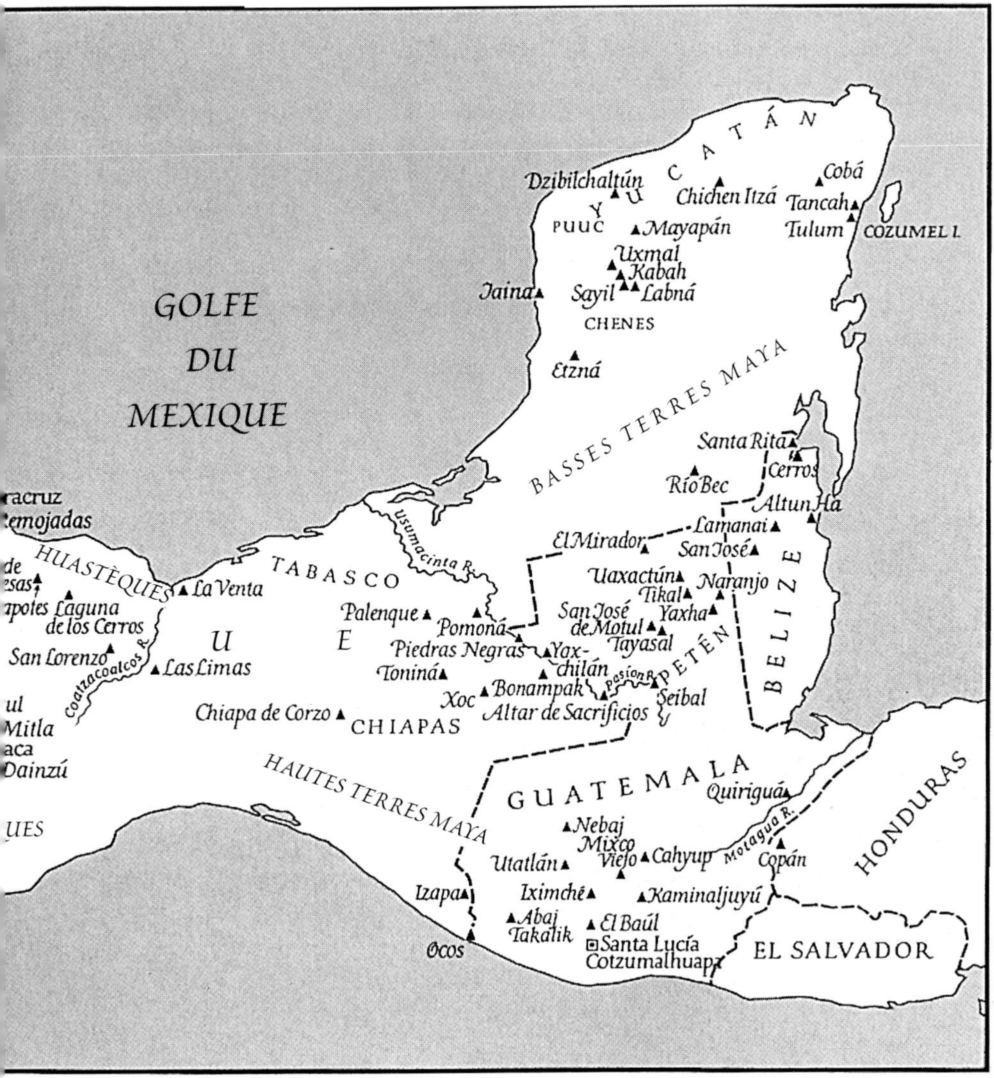
GOLFE
DU
MEXIQUE
Y U C A T Á N
Dzibilchaltún
Chichen Itzá
Cobá
Tancah
Tulum
COZUMEL I.
PUUC
Mayapán
Uxmal
Kabah
Jaina
Sayil
Labná
CHENES
Etzná
BASSES TERRES MAYA
Santa Rita
Cerros
Río Bec
Altun Ha
Lamanai
El Mirador
San José
Uaxactún
Naranjo
Tikal
San José de Motul
Yaxha
Tayasal
BELIZE
PETÉN
TABASCO
HUASTÈQUES
La Venta
Laguna de los Cerros
San Lorenzo
Coatzacoalcos R.
Las Limas
Palenque
Pomoná
Usumacinta R.
Piedras Negras
Yaxchilán
Toniná
Xoc
Bonampak
Pasion R.
Seibal
Altar de Sacrificios
Chiapa de Corzo
CHIAPAS
HAUTES TERRES MAYA
GUATEMALA
Quiriguá
Nebaj
Mixco Viejo
Cahyup
Motagua R.
Copán
HONDURAS
Utatlán
Izapa
Iximché
Kaminaljuyú
Abaj Takalik
El Baúl
Santa Lucía Cotzumalhuapa
Ocos
EL SALVADOR
Mitla
Dainzú

d'une façon différente), comme l'ont montré les fouilles récentes dans l'enceinte sacrée de Tenochtitlán. Des objets et des trésors, découverts par les Aztèques à l'autre bout de leur royaume, furent emmenés à Tenochtitlán, souvent sans que leur signification d'origine soit bien comprise. Ils furent déposés dans des caches et constituent des énigmes archéologiques et chronologiques pour le XXe siècle.

Des documents établissent que Moctezuma I, grand-père de Moctezuma II, envoya des sages à la recherche des origines des Aztèques, mais aucune réponse ne fut trouvée. Les Espagnols se demandaient si ce peuple était vraiment humain. Descendait-il de la même création au jardin d'Eden qu'eux-mêmes ? On chercha des explications à l'isolement de cette race du Nouveau Monde : les Amérindiens étaient-ils une tribu perdue d'Israël ou des réfugiés de l'Atlantide ? Avaient-ils pénétré dans le Nouveau Monde par une langue de terre le reliant à l'Asie, comme le suggéra le père José de Acosta à la fin du XVIe siècle ?

Lorsqu'il fut reconnu, au XIXe siècle, que la Mésoamérique avait été peuplée selon la thèse du père Acosta, on continua néanmoins à considérer que sa culture venait de l'Ancien Monde. L'Egypte, la Phénicie, la Chine et l'Afrique ont plusieurs fois été citées comme origines possibles. Mais ces suggestions ne reposaient en général sur des bases guère plus solides que de vagues ressemblances. Ainsi, l'ornementation en volutes d'El Tajín a souvent été associée à celle produite en Chine à la fin de la dynastie des Zhou. Mais en Mésoamérique, l'origine et l'utilisation de doubles volutes est liée au jeu avec une balle de caoutchouc et le caoutchouc (ainsi que le jeu auquel il donna naissance) vient du Nouveau Monde. De plus, la dynastie Zhou s'acheva en 256 av. J.-C., soit bien avant le début de l'ère classique en Mésoamérique. A partir d'une interprétation des têtes colossales olmèques, les afro-centristes ont récemment prétendu haut et fort, mais sans preuve à l'appui, que la civilisation mésoaméricaine dérivait de contacts avec l'Afrique. Il est intéressant de souligner que les techniques utilitaires – qui semblent les plus à même d'être échangées – n'étaient généralement pas les mêmes dans l'Ancien et le Nouveau Monde. Indépendamment de leur force, ces suggestions ne sont jamais que le fait de ceux qui ne veulent pas accepter que le paysan mésoaméricain moderne descende des créateurs d'une grande culture. Si la question des contacts demeure, dans le détail, sans réponse, on admettra ici que les idées, les inventions et les civilisations se développèrent de façon indépendante dans le Nouveau Monde.

La redécouverte systématique de la Mésoamérique ancienne par l'homme moderne ne commença que 300 ans après la Conquête. Depuis la fin du XVIIIe siècle et jusqu'à aujourd'hui, des explorateurs ont recherché les ruines de la Mésoamérique ancienne. Au fil du temps, les archéologues ont exhumé des civilisations de plus en plus lointaines, comme si, à chaque siècle de l'ère moderne, une couche plus ancienne de l'Antiquité était mise à jour. Les explorateurs du XIXe siècle, notamment John Lloyd Stephens et Frederick Catherwood, découvrirent des cités mayas dans la jungle, ainsi que des preuves de l'existence d'autres cultures classiques. Les recherches du XXe siècle ont, elles, révélé une grande civilisation beaucoup plus ancienne : celle des Olmèques. Il paraît aujourd'hui très improbable que les limites de la civilisation mésoaméricaine puissent être repoussées plus loin dans le temps, même si de nouveaux travaux – tels ceux de l'Oaxaca – vont continuer à apporter des détails au tableau d'ensemble.

Le mode de découverte façonne souvent la connaissance que l'on a de l'histoire de l'art mésoaméricain. Notons d'abord que ces découvertes se produisent aussi souvent par hasard que de façon délibérée. Ainsi, en 1971, des ouvriers qui installaient un spectacle « son et lumière » sous la Pyramide du Soleil à Teotihuacán découvrirent une grotte remarquable à l'intérieur de la structure ; cette trouvaille fortuite apporta autant à la connaissance de la pyramide que n'importe quelle étude systématique. En outre, l'archéologie a ses modes : l'isolement de nouveaux sites peut être l'objectif principal d'une décennie, la fouille des pyramides celui de la suivante ; une autre fois, les structures périphériques plus que les édifices principaux mobiliseront l'énergie des archéologues. N'oublions pas non plus que les fouilleurs sont sensibles aux intérêts locaux. Un jour, on souhaite la reconstruction des pyramides pour attirer les touristes, un autre on empêche les archéologues de travailler dans un lieu devenu une attraction touristique. Enfin, l'urbanisme moderne détermine souvent quels sites anciens peuvent être fouillés. A Mexico, la construction du métro suscita des fouilles et un intérêt renouvelé pour l'ancienne capitale aztèque.

Cela dit, l'étude de l'art mésoaméricain ne s'appuie pas que sur l'archéologie. Des écrits du XVIe siècle fournissent aussi beaucoup d'informations utiles, notamment sur le Mexique central et aident à élucider le passé précolombien. Bien que les documents soient nombreux, la source la plus importante pour l'historien d'art reste l'*Histoire générale des choses de la Nouvelle Espagne* de Bernardino de Sahagún. Ce frère franciscain consigna pour la postérité de nombreux aspects de la vie préhispanique dans son encyclopédie en douze volumes, s'intéressant tant à l'histoire, l'idéologie et la cosmogonie qu'aux matériaux et méthodes des artisans. De plus, des coutumes traditionnelles subsistent chez les peuples indigènes de Mésoamérique ; les chercheurs s'aperçoivent de plus en plus que les pratiques et les croyances actuelles permettent de déchiffrer le passé. Certains ont même retourné ce processus et ont enseigné l'écriture ancienne aux peuples actuels pour qu'ils l'utilisent afin d'articuler leur identité au XXIe siècle.

Au cours des trente dernières années, les chercheurs ont fait de grands progrès dans le décryptage et l'interprétation des anciens systèmes d'écriture mésoaméricains, transformant ainsi notre compréhension de l'esprit précolombien. Désormais, les inscriptions mayas classiques – longtemps considérées comme ne recensant que des informations relatives au calendrier et des incantations astrologiques – sont devenues lisibles, et on s'aperçoit que la plupart d'entre elles glorifient la famille et les ancêtres en affirmant le droit de chaque souverain de régner. Les sculptures peuvent donc être considérées comme des portraits, des marques publiques du pouvoir dynastique. Les chercheurs ont longtemps cru que les artistes mésoaméricains ne signaient pas leurs œuvres, mais en 1986, David Stuart déchiffra les glyphes mayas signifiant « scribe » et « écrire », ce qui leva un coin du voile de la pratique maya et permet d'établir qu'un des peintres de vases céramiques était le fils d'un roi Naranjo. Aujourd'hui, le nombre de noms de peintres et de sculpteurs mayas connus – uniquement des hommes – dépasse celui de la plupart des autres civilisations anciennes. Et, la connaissance des arts mineurs est due en grande partie à un marché de l'art dynamique. On connaît des milliers de petits objets de plus qu'il y a trente ans, mais le coût a été terrible pour les ruines qui ont été pillées.

Linda Schele et David Freidel ont montré que les Mayas faisaient remonter l'origine de l'humanité au quatrième millénaire av. J.-C., moment où les dieux mirent en place les trois pierres du foyer de la création. Les conquérants espagnols qui découvrirent la Mésoamérique en 1519 furent impressionnés par le faste, mais ces palais et pyramides magnifiques et grandioses contenaient aussi ces fameuses trois pierres de foyer – noyau de civilisation symbolisé par cette humble action d'établir le centre de la vie domestique. D'une manière très générale, c'est dans l'énigmatique culture olmèque du golfe du Mexique qu'on voit franchis les premiers pas du foyer vers la monumentalité.

CHAPITRE DEUX

Les Olmèques

Vers 1500 av. J.-C., la croissance de la population, la concurrence et une agriculture prospère donnèrent naissance à la culture complexe des Olmèques le long du golfe du Mexique. Les « Olmèques » tirent leur nom erroné des « Olmeca-Xicalanca », commerçants polyglottes du Golfe à l'époque de la Conquête, et non des peuples de langue mixe ou zoque qui, selon les linguistes, entreprirent de donner un ordre formel à l'expression artistique dès le début flou de la civilisation mésoaméricaine. L'identité ethnique de la civilisation olmèque demeure inconnue.

Ces anciens Olmèques fondèrent des centres importants le long des riches plaines fluviales, appartenant aux Etats mexicains actuels de Veracruz et Tabasco, notamment les sites de San Lorenzo, La Venta, Laguna de los Cerros et Tres Zapotes, ou ce qu'on appelle le « noyau » de la culture olmèque. Plus loin, à Teopantecuanitlán, au Guerrero, les Olmèques créèrent une enceinte sacrée, premier témoignage monumental de la présence olmèque dans les Hautes Terres. Comme nous le verrons, les Olmèques possédaient un système social et économique évolué, avec des réseaux commerciaux s'étendant loin vers l'ouest et le sud. La plaine fertile du Golfe dégageait probablement un excédent agricole, contrôlé par une poignée d'individus. D'après l'art et l'architecture des centres rituels (on connaît trop peu la vie domestique olmèque pour parler de « cités »), il est clair que la structure sociale était assez avancée pour que certains individus soient commémorés par des monuments, notamment des têtes colossales.

Bien avant la preuve apportée, au milieu du siècle, par la datation au carbone de l'ancienneté de cette culture, les archéologues et les historiens d'art s'étaient rendu compte, grâce à des objets isolés, de la spécificité de l'art olmèque. Certains voyaient dans la culture olmèque la plus ancienne civilisation mésoaméricaine, une « culture mère », selon les termes de Miguel Covarrubias, dont dérivaient toutes les autres. Puis, à la déception de certains spécialistes des Mayas, l'ancienneté de la culture olmèque fut confirmée et on considère aujourd'hui que beaucoup d'éléments importants de l'art et de l'architecture mésoaméricains ont probablement une origine olmèque : terrains de jeu de balle, pyramides, portraits,

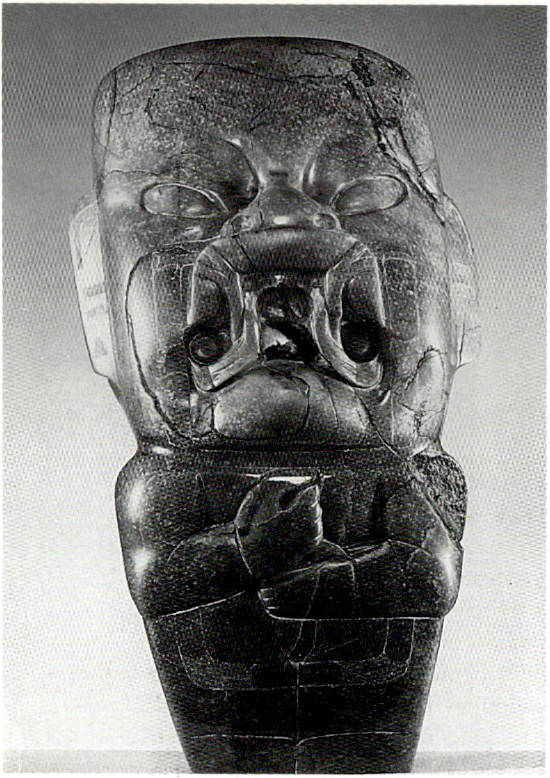

3 La hache Kunz, effigie d'« homme-jaguar » en jadéite, tient dans ses mains une hache miniature. Des morceaux de la précieuse néphrite ont été découpés au dos de la figure. Préclassique moyen.

miroirs. Certaines divinités plus tardives dérivent sans doute de dieux olmèques et le calendrier maya lui-même était utilisé par des peuples de la région olmèque au Préclassique récent.

3 La hache Kunz, l'un des premiers objets olmèques importants qui attirèrent l'attention, fut achetée à l'Oaxaca vers 1860 et présentée au public par l'expert en pierres semi-précieuses de Tiffany's, à New York, où se trouve d'ailleurs toujours la sculpture, exposée à l'American Museum of Natural History. Elle intrigua les chercheurs durant des années. Elle n'était à l'évidence ni aztèque ni maya ; en fait, on ne pouvait la rapprocher d'aucune culture mésoaméricaine connue et, pourtant, elle avait manifestement était fabriquée en Mésoamérique dans l'Antiquité. La hache possède nombre des qualités du style aujourd'hui appelé olmèque : jade bleu-vert translucide et précieux, travaillé de façon à révéler une figure en deux comme en trois dimensions. Le visage de grande taille a été percé au foret pour faciliter la sculpture de la surface dure du jade. Plus de la moitié de la pierre est consacrée au visage de la créature. Sa bouche ouverte et édentée et ses yeux rap-

prochés et obliques font qu'on l'a souvent assimilée au visage d'un bébé qui braille (« baby-face »). L'attention du spectateur est d'abord attirée par la bouche ouverte, avant que les éléments plus subtils du corps de la créature ne lui apparaissent. Les mains sont sculptées en bas relief et tiennent une version miniature de la figure. Des incisions suggèrent les pieds et les orteils, d'autres incisions marquent le visage, les oreilles et le haut du corps, évoquant peut-être des tatouages, des parures d'oreilles et une tunique. Durant plus de deux millénaires, la précieuse hache Kunz fut sans doute conservée comme un trésor ou un héritage. Des morceaux étaient périodiquement découpés dans le dos ; chaque tranche possédant peut-être une partie du pouvoir et de la magie de l'ensemble. Ce ne fut qu'en 1955, après plusieurs campagnes de fouilles à La Venta, ayant révélé beaucoup de beaux objets de jade, et une série de tests au carbone convaincants les datant du premier millénaire av. J.-C., que les chercheurs comprirent enfin que les objets comme la hache Kunz exprimaient les principes du premier grand style artistique de Mésoamérique.

Ceux qui, les premiers, étudièrent le style olmèque remarquèrent des motifs répétés sur les objets de pierre sculptés. On découvrit beaucoup de figurines dites « baby-face » ; d'autres mêlaient des traits humains et de jaguar, sorte de représentation d'« hommes-jaguars ». Aujourd'hui, si on continue d'admettre la présence de l'imagerie féline, beaucoup d'autres figures de la faune tropicale de la forêt humide ont été identifiées dans les sculptures. Le caïman (sorte d'alligator), la harpie, le crapaud, le jaguar et le serpent figurent tous dans le répertoire surnaturel olmèque. La fente prononcée sur le front de nombreux êtres surnaturels olmèques peut être rapprochée des fentes naturelles des têtes de jaguars et de crapauds, ou indiquer simplement la fontanelle de l'homme. D'après David Joralemon, la plupart des motifs et des images pourraient être attribuées à quelques divinités olmèques. Ainsi, le motif de la « patte ailée » pourrait appartenir au dragon ailé, qui lui-même dériverait de la harpie et du caïman. Tout le code symbolique complexe semble avoir été employé sans interruption dès l'apparition des Olmèques et pendant un millier d'années.

SAN LORENZO

Le premier centre olmèque fut sans doute le gigantesque plateau de San Lorenzo Tenochtitlán. Les tests soigneux de Michael Coe et de Richard Diehl à la fin des années 1960 ont montré que tout le complexe était artificiel, qu'il était parcouru de systèmes de drainage et qu'il avait peut-être été conçu avec une forme zoomorphe. La complexité du réseau de canalisation était remarquable : le monu-

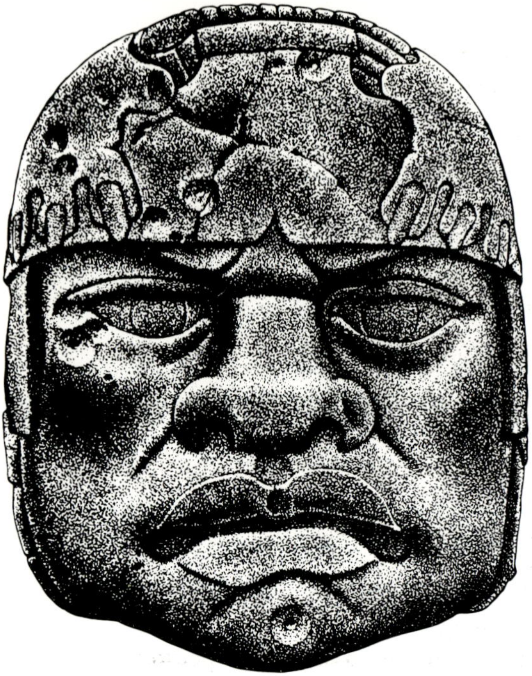

4 Tête monumentale 5, San Lorenzo. Des pattes de jaguar, peut-être l'emblème d'une famille, entourent la tête et le front de ce souverain olmèque ancien. Préclassique ancien.

ment 52, par exemple, représentant un dieu de la pluie accroupi, était évidé dans le dos pour guider l'eau abondante qui se déversait ensuite dans un canard sculpté sur la base et formant une fontaine. Les formes architecturales indépendantes se limitaient à des monticules peu élevés, comprenant peut-être un terrain de jeu de balle primitif fait de deux structures parallèles. Vers 900 av. J.-C., environ 300 ans après la fondation de San Lorenzo, les sculptures monumentales du site furent systématiquement enterrées le long des contours striés des terrassements et beaucoup d'entre elles « tuées » rituellement. Les monuments de pierre furent sauvagement défigurés : de grands trous furent percés dans des têtes colossales, les traits reconnaissables furent pulvérisés, et certaines sculptures représentant des hommes, comme le monument 34, furent décapitées. Dans certains cas, la destruction dut être aussi laborieuse que la création. L'enterrement rituel était également minutieux : le monument 34 fut placé sur un sol de gravier rouge et recouvert d'un enduit de chaux préparé spécialement.

Des œuvres magistrales représentant des hommes et des divinités figurent parmi ces sculptures olmèques ayant subi de telles mutilations. La tête monu-
4 mentale 5, une pierre de basalte sculptée en ronde bosse, représente sans doute un souverain de la région. Comme les sculptures plus petites telles la hache Kunz, les

traits de la tête monumentale étaient travaillés au foret, soulignant les yeux profondément enfoncés, les narines et la bouche épaisse et légèrement asymétrique. Huit trous ronds ont été percés dans la tête ; ceux, très visibles, du menton, de la lèvre et de la pommette n'atténuent en rien la sévérité du regard. Des pattes de jaguar entourent le front du personnage qui portait peut-être une peau de félin comme emblème de sa lignée ou symbole de sa charge. (Beaucoup plus tard, dans les manuscrits mixtèques et les inscriptions mayas, de nombreux seigneurs portent un titre de jaguar.)

Dix têtes monumentales ont été découvertes à San Lorenzo, dont deux nettement plus petites aux yeux écarquillés. Sur la toute dernière tête découverte, figure une seule patte de jaguar, ce qui établit peut-être un lien entre ce seigneur et l'homme de la tête monumentale 5. La physionomie et les insignes diffèrent d'une tête à l'autre, ce qui renforce leur identité propre. Le bloc de basalte brut de la tête monumentale 5 pèse environ 18 tonnes et provient du massif des Tuxtlas, distant de près de cent kilomètres ; il fut sans doute acheminé sur des radeaux. Les processus de coordination et de création de ces sculptures colossales nous indiquent très clairement l'existence d'une élite dirigeante puissante.

Pour certains monuments, la défiguration était une étape du recyclage en une nouvelle sculpture. James Porter a démontré que certains trônes avaient été retaillés en têtes colossales, peut-être pour transformer une position et un pouvoir actifs en monuments commémoratifs plus statiques. La tête monumentale 7 de San Lorenzo semble conserver les traces d'une niche profonde sur le côté ; le monument 14, un trône, a été brisé au point d'être à peine reconnaissable mais, dans sa forme actuelle, il laisse entrevoir la forme ébauchée d'une tête colossale.

Le monument 34 de San Lorenzo témoigne également des puissantes caractéristiques de l'art olmèque ancien et notamment de la sculpture en ronde bosse. Des bras articulés, réalisés à partir de matériaux périssables, étaient jadis attachés au torse : on imagine aisément la torsion du personnage, du bas du corps tendu et compact jusqu'aux bras mobiles. Le pied droit replié est comme un ressort prêt à se détendre. Beaucoup d'attention a été apportée aux détails du costume ; les nœuds, notamment, sont dessinés avec soin. Le personnage porte un disque concave en ornement pectoral qui représente sans doute un miroir du type de ceux retrouvés sur les sites olmèques. Les minéraux magnétiques plaisaient aux Olmèques ; ils travaillaient l'ilménite et la magnétite pour en faire des disques sombres et brillants. Ces objets furent très appréciés tout au long de l'histoire de la Mésoamérique. La surface polie renvoie le reflet de celui qui le contemple, mais projette aussi de la lumière : celui qui tient l'objet apparaît non seulement comme un seigneur, mais aussi comme un prêtre et un devin.

Le « Lutteur », découvert au XIXe siècle près de la ville actuelle d'Antonio Plaza, 5 au Veracruz, ressemble par son travail en ronde bosse au monument 34 et à d'autres œuvres olmèques anciennes. Le personnage est complètement libéré du bloc, à la différence de beaucoup de sculptures mésoaméricaines. Il a dû être conçu par l'artiste de manière à être vu sous tous les angles. La longue diagonale du dos et des épaules est aussi belle et imposante que la vue de face. La barbe et la moustache, ainsi que l'air d'intense concentration, révèlent un portrait magistral dont l'individualité devait être soulignée par des vêtements et des parures depuis longtemps disparus. Ces œuvres olmèques anciennes, dont cette sculpture est caractéristique, figurent parmi les portraits en volume les plus puissants du Nouveau Monde antique. Les Aztèques ont peut-être recherché ces antiquités lorsqu'ils élaborèrent leur propre style, car ce n'est que dans leurs réalisations que l'on trouve des sculptures en ronde bosse comparables.

Ann Cyphers Guillen, au cours de ses travaux à San Lorenzo, a porté à l'attention du public des œuvres remarquables ; il s'agit non seulement de têtes colossales, mais aussi d'un ensemble unique de grandes figures allant par paire, trouvées sur le flanc de la colline voisine de Zapote. Deux félins accroupis semblables, apparemment taillés dans des sculptures pré-existantes, font face à deux hommes identiques agenouillés. Jamais de sculptures comparables n'ont été découvertes

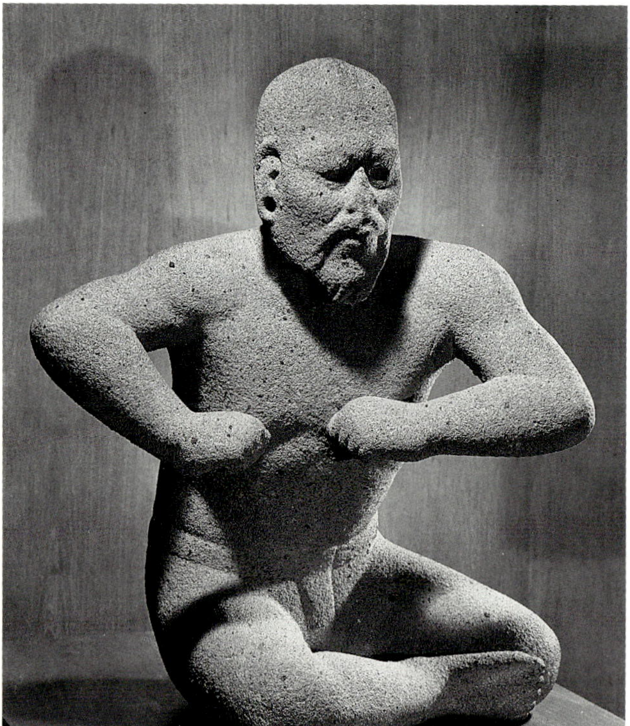

5 Dans le Lutteur, nom donné à cette sculpture, l'artiste a saisi la torsion de la forme humaine. Préclassique ancien.

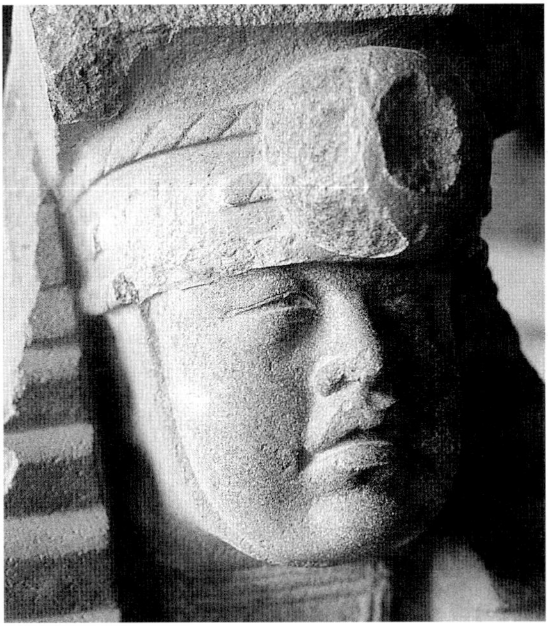

6, 7 Pour certains chercheurs, les deux sculptures presque identiques du Préclassique ancien découvertes près de San Lorenzo représentent les jumeaux héroïques, héros de la culture maya plus récente. San Lorenzo, Préclassique ancien.

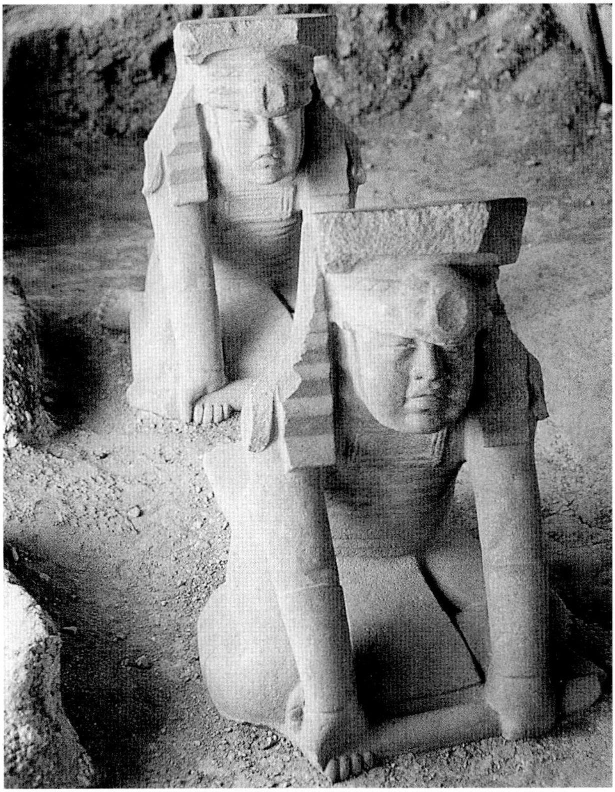

depuis. Ces jeunes hommes à la physionomie saisissante tiennent fermement des sceptres devant leurs genoux ; ils donnent l'impression d'un pouvoir serein et confiant. Appartenaient-ils à un ensemble plus vaste organisé autour d'une tête
6, 7 monumentale ou bien s'agit-il des prototypes des jumeaux héroïques mayas, comme le laisse entendre Cyphers ?

Certaines caractéristiques de l'art et des matériaux mésoaméricains apparaissent et s'organisent pour la première fois à San Lorenzo. Les matières précieuses des royaumes lointains étaient acheminées par de remarquables voies commerciales : le mica, le jade et la serpentine étaient très convoités, mais les porteurs amenaient aussi à San Lorenzo des tonnes d'ilménite, minerai de fer magnétique apprécié pour la fabrication de miroirs, sans doute travaillé sur place. Les maçons employaient les pierres et l'argile de la région, mais ce sont les importations qui conféraient son prestige à l'élite, aspect récurrent de l'économie de l'élite mésoaméricaine. San Lorenzo fut détruit de manière systématique vers 900 av. J.-C., et un nouveau centre de civilisation olmèque fut établi à La Venta.

LA VENTA

La Venta se trouvait sur une petite île marécageuse du río Tonalá, aujourd'hui dominée par les derricks. Les quatre ou cinq siècles d'occupation du site virent s'ériger une architecture monumentale et des terrassements d'argiles de couleur ainsi que de pierres importées. La structure la plus importante, une grande pyra-
8 mide, située près de l'extrémité de l'axe nord, est en forme de « gâteau cannelé ». Ce monticule imposant fut peut-être conçu pour rappeler la forme d'un volcan du Mexique central, mais il peut aussi s'agir simplement des vestiges éro-

8 Reconstitution du principal ensemble de monticules de La Venta. Le centre rituel s'étend au nord du « gâteau cannelé ». Les Olmèques disposaient les structures selon une symétrie bilatérale de chaque côté de l'axe nord-sud.

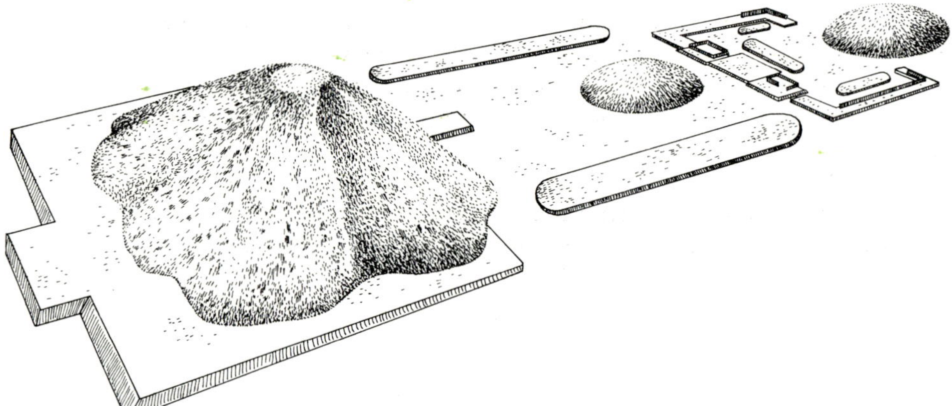

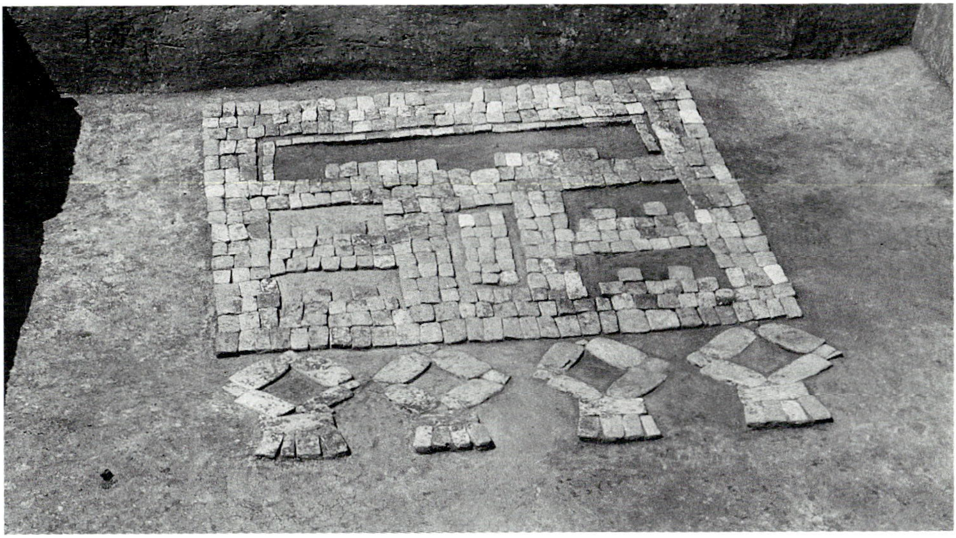

9 Ce masque abstrait de mosaïque, fait de grands blocs de serpentine, était enterré sous des argiles de couleur et des briques d'adobe à La Venta. Des glands ornent le menton et une fente marque le sommet de la tête. Préclassique moyen.

dés d'une plate-forme pyramidale – première d'une longue série dans l'histoire mésoaméricaine destinée à supporter un sanctuaire périssable au-dessus de la place. Lors des fouilles des années 1950 à La Venta, de belles sépultures ont été découvertes sous d'autres structures, mais le monticule principal qui pourrait renfermer la tombe d'un individu dont le portrait apparaît parmi les quatre têtes colossales du site n'a toujours pas été pénétré. Des monticules parallèles au nord de la pyramide conduisent à une cour en contrebas encadrée de colonnes massives de basalte. De grands sarcophages de basalte étaient enterrés dans la cour. Une pyramide à degrés plus petite avec un escalier unique ferme l'axe au nord.

D'importants dépôts de serpentine, de granit et de jade ont été enterrés à l'entrée de la cour en contrebas au nord, selon un motif symétrique bilatéral.
Certaines dalles formaient des masques de mosaïque, comme celui de la figure 9
ci-dessus. Ces constructions étaient rarement faites pour être vues ; presque toutes étaient ensevelies immédiatement après leur création. Elles témoignent du rapport entre art et architecture chez les Olmèques et de leur intérêt pour le processus de création plus que pour l'objet terminé. On peut parler d'architecture « cachée ».

L'ensemble du complexe de La Venta a été disposé sur un axe situé à huit degrés ouest ; il constitue la première apparition de principes d'organisation architecturale souvent répétés au cours de l'histoire mésoaméricaine : foyers

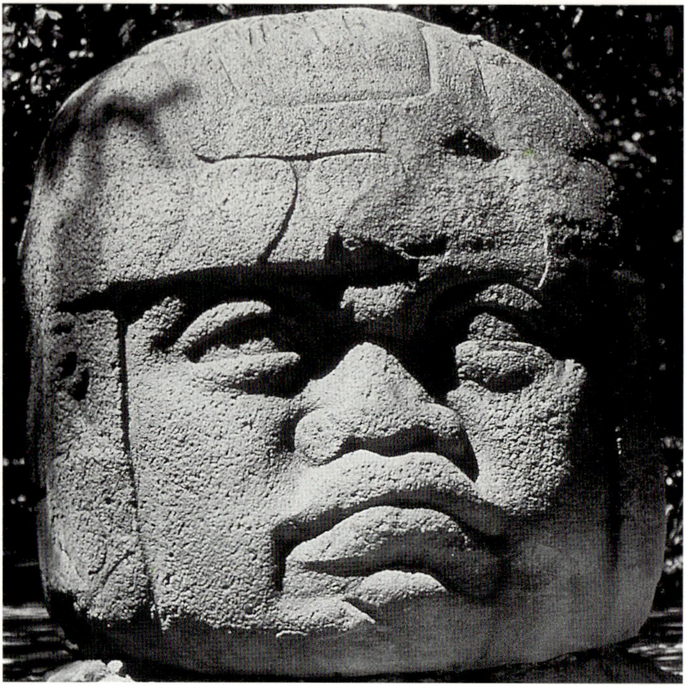

10 Jadis tournant le dos à l'enceinte cérémonielle, les têtes colossales de La Venta veillaient sur l'architecture sacrée. Préclassique moyen.

rituels disposés le long d'axes déterminés par l'astronomie, souci d'une topographie naturelle – sorte de géomancie – qui a pu inspirer l'érection ou l'orientation générale de certaines structures (« gâteau cannelé », par exemple). La place, « espace négatif » dans la cour en contrebas de La Venta, avait autant de signification que la structure ou « masse » qui la définissait. L'ensevelissement d'œuvres d'art devait être aussi important que leur exécution. Toutefois, l'œil était avant tout attiré par la pyramide.

Les quatre têtes monumentales de La Venta étaient placées comme pour garder ou protéger le noyau rituel du site : trois au sud et une au nord. Deux options existent : soit ces têtes furent érigées durant le règne d'un souverain, auquel cas elles représentaient le pouvoir royal, soit elles furent dressées à titre posthume et constituaient alors d'effrayantes commémorations. Les têtes de La Venta sont dans l'ensemble un peu plus larges et plus ramassées que celles de San Lorenzo mais, comme celles-ci, elles évoquent une succession d'hommes puissants, détenteurs d'un pouvoir absolu sur le peuple.

La Venta a livré d'autres types de sculptures, dont des autels et des stèles. Au

fil du temps, les monuments de La Venta, de plus en plus souvent en deux
dimensions, se distinguèrent par l'emplacement, le costume et les attributs
rituels. Cette évolution reflète un souci croissant de la représentation du sou-
verain. Sur l'autel 4, un souverain, sculpté en ronde bosse, est assis dans une 11
niche ou une caverne et tient une corde, enroulée autour de la pierre, qui le
relie à des prisonniers représentés de profil et en deux dimensions. Le pouvoir
du seigneur est souligné par le fait qu'il tient la corde et par la technique qui
assujettit les personnages en deux dimensions. Ces autels ont fort bien pu ser-
vir de trônes à l'origine ; le personnage peint d'Oxtotitlán (voir plus loin) est 22
représenté assis sur un trône semblable à l'autel 4 qui, lui-même, était peut-être
jadis peint de couleurs vives. Une peau de jaguar, coussin royal sur le siège du
pouvoir, est sculptée sur la surface du monument.

L'autel 5 met en lumière un autre aspect de la souveraineté olmèque. Comme sur l'autel 4, un personnage en volume, à peu près grandeur nature, est représenté dans une niche devant le monument et des figures sculptées en bas-relief apparaissent sur les faces latérales. Le personnage central présente un bébé étendu mollement sur ses genoux. La sculpture de Las Limas (voir plus bas) représente aussi un adulte et un bébé, mais là, il s'agit manifestement d'un enfant surnaturel. L'autel 5 pourrait évoquer un souci de descendance légitime ; le souverain exhibe peut-être un héritier, comme dans certaines peintures et sculp-

11 Autel 4, La Venta. Un souverain olmèque sort de l'entrée d'une caverne stylisée sur le devant de la pierre. Ces « autels » étaient peut-être des trônes où siégeaient les seigneurs régnants. Préclassique moyen.

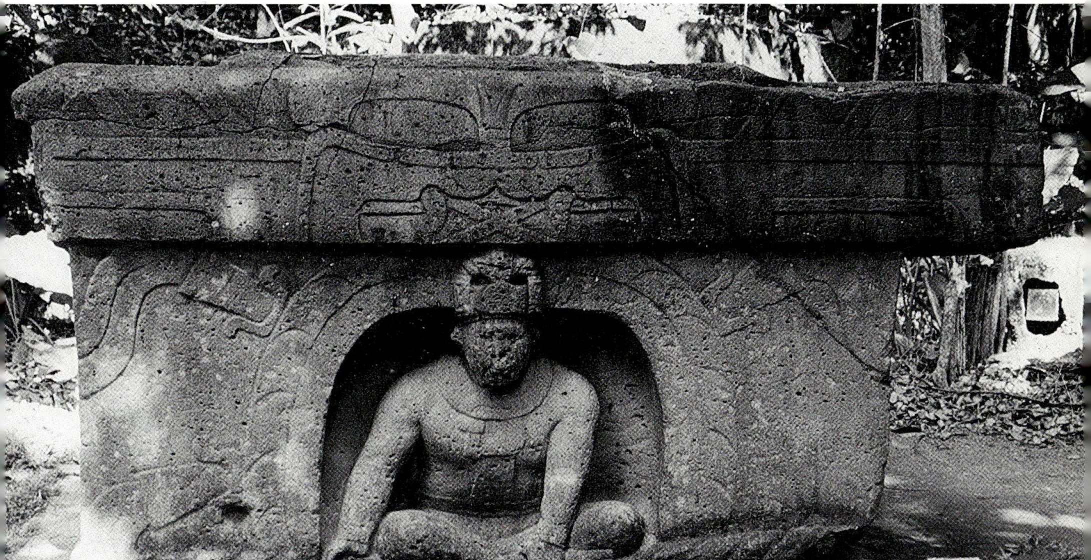

tures mayas. Les figures secondaires des côtés représentent également des adultes et des bébés, mais il s'agit cette fois d'enfants surnaturels dont le dynamisme contraste avec le bébé de la face principale.

12 Sur la stèle 3, deux hommes se font face tandis que de petites figures, peut-être des dieux ou des ancêtres, planent au-dessus d'eux. L'homme de gauche tient un bâton et celui de droite porte, semble-t-il, une barbe, ce qui a valu à ce monument le surnom d'« Oncle Sam ». Des formes imprécises, architectures ou paysages, apparaissent derrière les deux hommes, semblant désigner le lieu d'un événement particulier et pas seulement des figures historiques. Ce souci, nouveau à La Venta, n'apparaissait pas à San Lorenzo ; il pourrait être le précurseur des récits historiques écrits. Le fait même de sculpter une stèle verticale et polie est également une nouveauté.

13 L'offrande 4, trouvée dans la cour de basalte de La Venta, utilise, quant à elle, le jade et la serpentine pour raconter un événement historique : les figures trapues témoignent de la maîtrise olmèque de ces matériaux. Le jade, pierre très dure omniprésente dans l'univers mésoaméricain, trouva chez les Olmèques ses sculpteurs les plus zélés. Six pierres et quinze figurines de jade et de serpentine ont été disposées de manière à ce qu'une figure en granit se trouve face au groupe fait de pierres précieuses. Les pierres placées derrière rappellent les colonnes de la cour en contrebas de La Venta où fut faite cette offrande ; il est fort possible que la

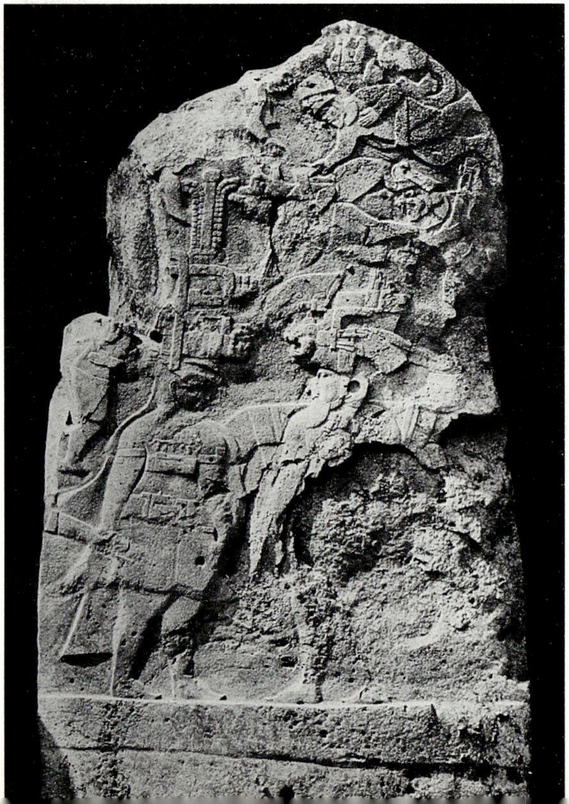

12 Stèle 3, La Venta. Sur un fond stylisé, deux seigneurs olmèques se rencontrent. La barbe et la coiffe imposante du personnage de droite ont valu à ce monument le surnom d'« Oncle Sam ». Préclassique moyen.

13 *(A droite)* Offrande 4. Comme les dépôts monumentaux (fig. 9), l'offrande 4 fut ensevelie après avoir été ainsi disposée. L'unique figure de granit semble regardée avec hostilité par celles en pierres précieuses vertes. Préclassique moyen.

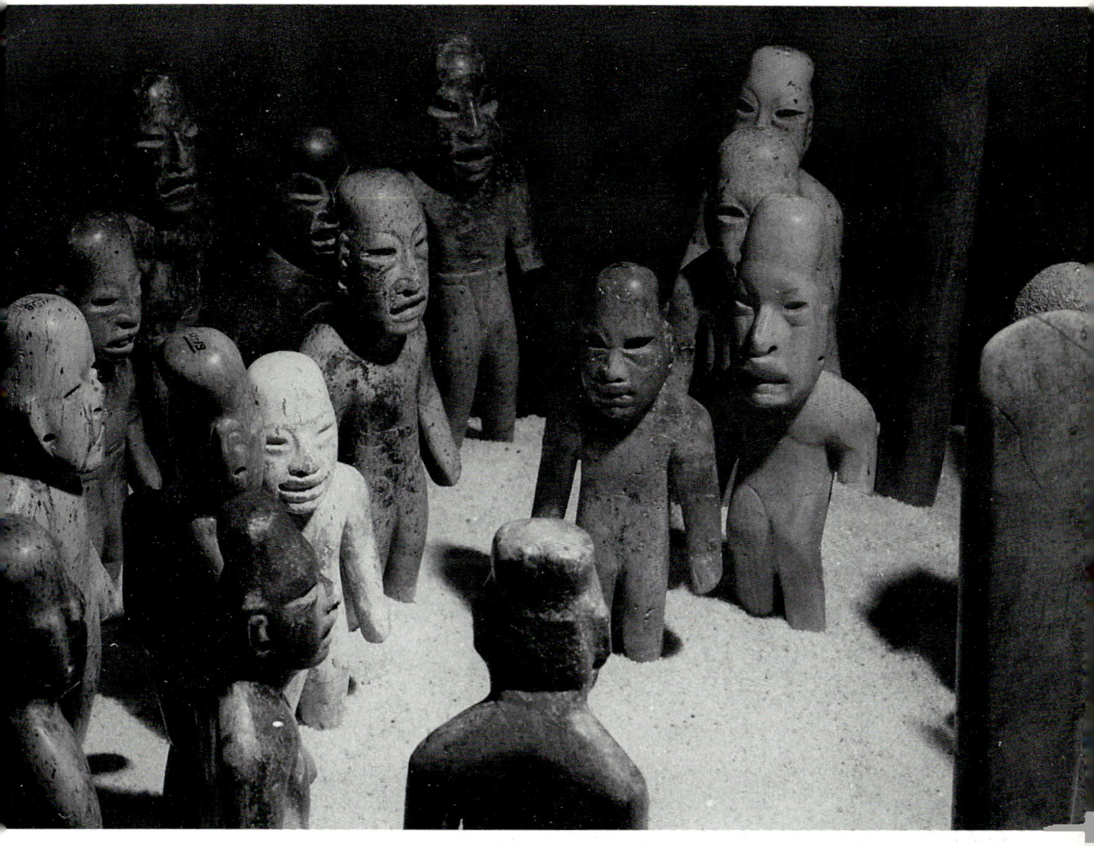

scène reproduise une action à l'encontre de la figure isolée, événement qui se serait déroulé à quelques pas seulement de l'emplacement choisi pour disposer ce tableau en réduction. Environ un siècle après avoir été enterrée, cette offrande fut déterrée, puis de nouveau ensevelie, comme s'il avait été nécessaire de s'assurer de l'existence de cet événement. Elle fut exhumée avec une précision indiquant que son emplacement était connu et que cette information était retransmise de génération en génération. D'autres figurines de jade isolées furent également découvertes. 15, 16 Aux formes chaudes et aux postures presque félines, elles font partie des objets qui attirèrent l'attention des collectionneurs au début du siècle. Elles faisaient probablement partie d'un groupe de statuettes semblable à celui de l'offrande 4.

La plus belle et la plus grande des sculptures olmèques de pierre verte est la statuette de Las Limas. Lors de sa découverte en 1965, les villageois la prirent 14

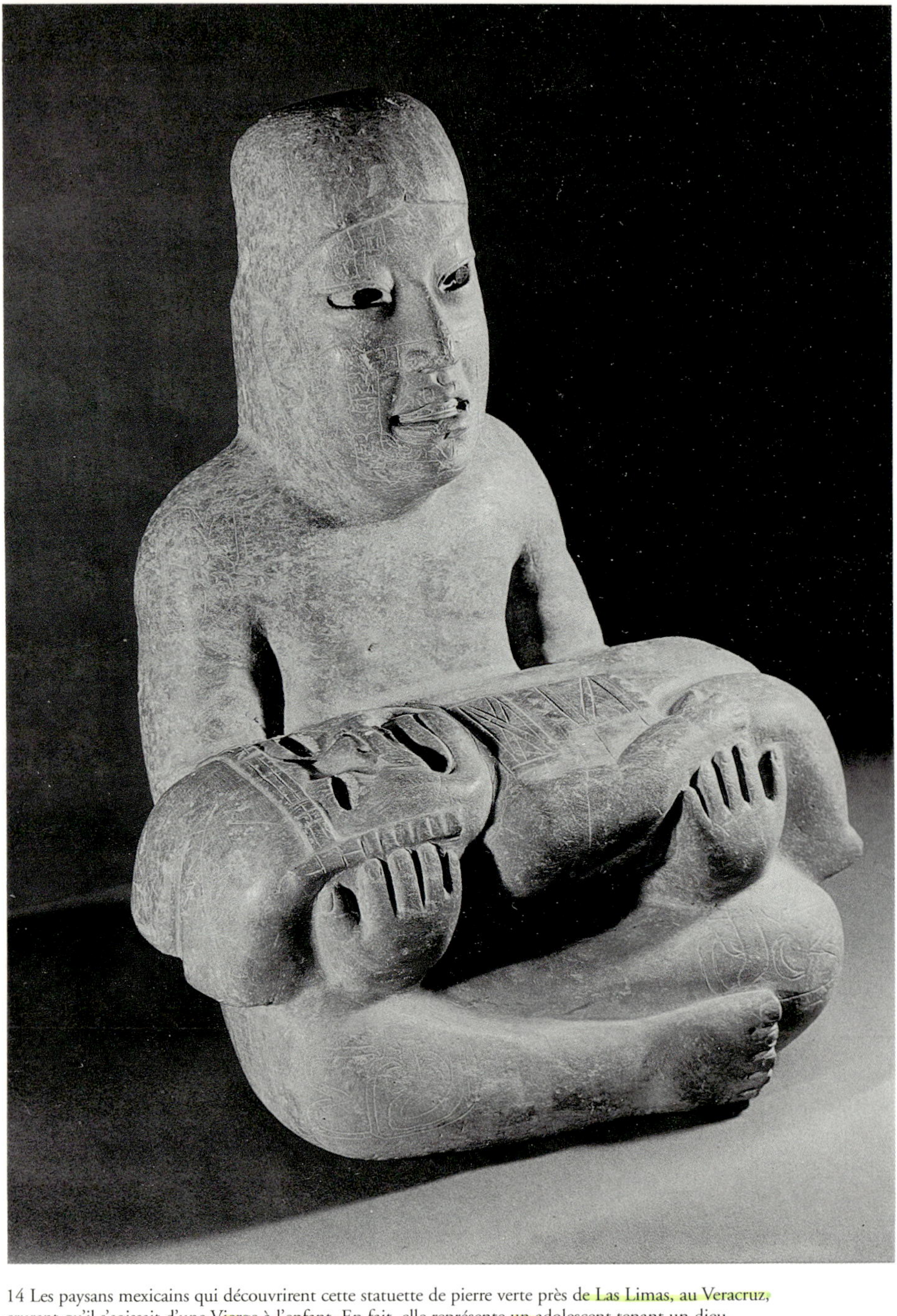

14 Les paysans mexicains qui découvrirent cette statuette de pierre verte près de Las Limas, au Veracruz, crurent qu'il s'agissait d'une Vierge à l'enfant. En fait, elle représente un adolescent tenant un dieu olmèque de la pluie sur ses genoux. Préclassique moyen.

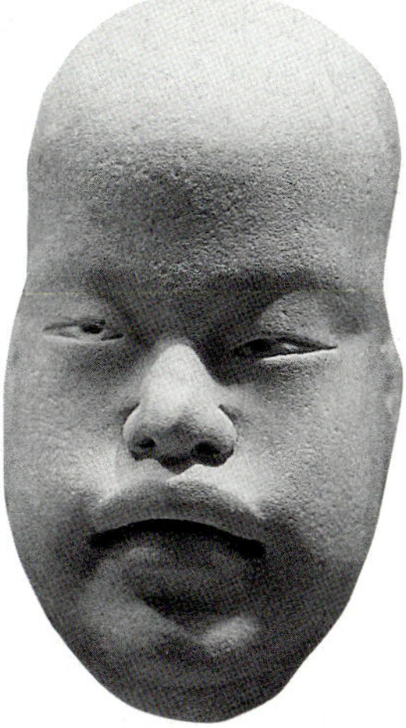

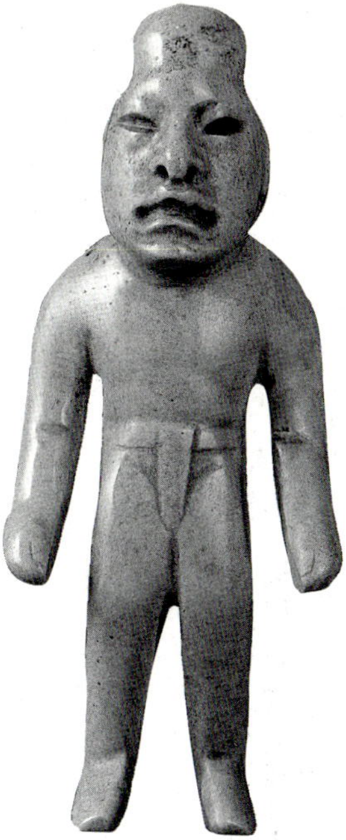

15 Cette tête olmèque de jade provient du Guatemala ; peut-être y fut-elle vendue ou faisait-elle partie d'un héritage.

16 *(A droite)* Dans le jade dur, les sculpteurs olmèques créaient de petites formes humaines qu'on a envie de tenir en main. Préclassique moyen.

pour une vierge miraculeuse et l'apportèrent à l'église de Las Limas. Mais il ne s'agit bien évidemment pas d'une Vierge à l'enfant chrétienne. Une jeune personne, de sexe indéterminé, tient un bébé sur les genoux, référence possible à une descendance légitime. Le bébé a le visage monstrueux du dieu olmèque de la pluie et les genoux, les épaules et le visage de l'adulte sont incisés de nombreux symboles et notamment de quatre masques de personnages surnaturels appartenant au panthéon olmèque.

Exceptée la découverte, il y a de nombreuses années, d'un masque olmèque en bois dans une grotte, tous les témoignages des arts périssables olmèques semblaient avoir été effacés par le temps, jusqu'à ce que des *campesinos* emmènent les archéologues mexicains Ponciano Ortíz et María del Carmen Rodríguez à El Manatí où ils découvrirent une série inhabituelle de dépôts dans ce qui est aujourd'hui une mangrove. De puissants bustes olmèques en bois, mesurant pour certains près de la moitié de celui d'un homme, ont été conservés dans la boue pendant 3 000 ans, avec des offrandes indiquant que ces portraits faisaient partie de gros ballots. Des balles en caoutchouc émergent aussi de la boue d'El Manatí, témoignages des jeux de jadis.

Les spécialistes des Olmèques au début du XXe siècle avaient réfléchi à la relation entre les sites du Golfe et les objets isolés retrouvés au Guerrero, au Chiapas et au Mexique central. On sait que les Olmèques recherchaient le jade et d'autres matières premières et la présence répandue d'objets olmèques dans les Hautes Terres est connue. Les céramiques, par exemple, ont mal survécu dans le sol riche en pétrole du Veracruz, alors qu'on les trouve en abondance dans les Hautes Terres, souvent associées à des objets qui sont manifestement d'origine locale. Depuis la découverte en 1983 du site de Teopantecuanitlán, il est clair que certains Olmèques se considéraient chez eux au Guerrero.

18 A Xochipala, au Guerrero, des figurines pleines, qui semblent animées, deviennent une tradition indigène vers 1500 av. J.-C. Les gestes expressifs, les formes naturelles de la chevelure ou des seins, la souplesse des bras et des jambes associent ces figures rares et anciennes aux plus belles céramiques de l'Antiquité du Nouveau Monde. Beaucoup d'entre elles, féminines ou masculines, sont nues ; elles portaient peut-être jadis des bijoux et des vêtements périssables.

17 Encadrant une cour en contrebas à Teopantecuanitlán, quatre sculptures presque identiques représentent le dieu du Maïs olmèque. Bien que situées à plus de 600 km du centre du pays olmèque, ces sculptures reprennent néanmoins l'imagerie olmèque habituelle. Préclassique ancien.

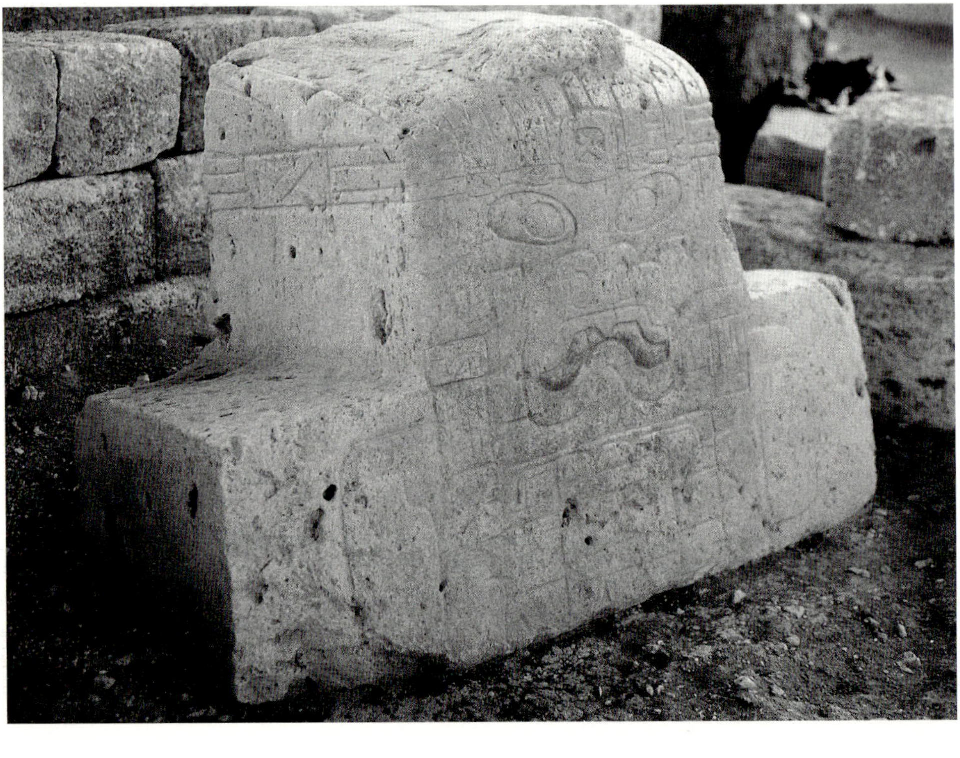

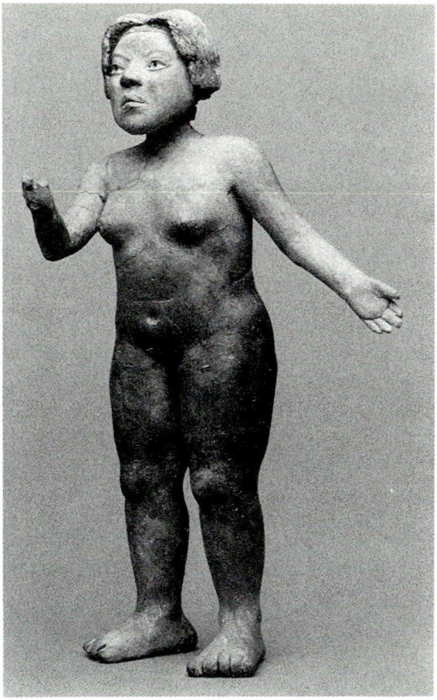

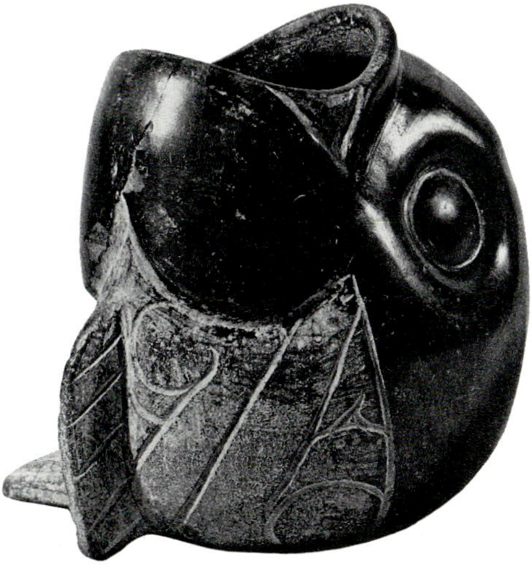

19 Vase en forme de poisson trouvé à Tlatilco. Les céramiques de cette briqueterie de la périphérie de Mexico montrent la variété des oeuvres en terre cuite des Hautes Terres. Les effigies d'animaux, notamment de canards et de poissons, sont courantes. D'autres vases présentent les symboles stylisés de l'art olmèque. Préclassique moyen.

18 *(Ci-dessus)* Figure céramique féminine trouvée à Xochipala. La surface de cette figure extraordinaire est parsemée d'hématite. Jadis, elle était sans doute habillée de vêtements périssables. Préclassique ancien.

20 *(A droite)* « Bébé » creux, figure en céramique trouvée à Las Bocas. Un motif de timbre à bascule associé à une divinité olmèque se répète le long de sa colonne vertébrale. Préclassique ancien /moyen.

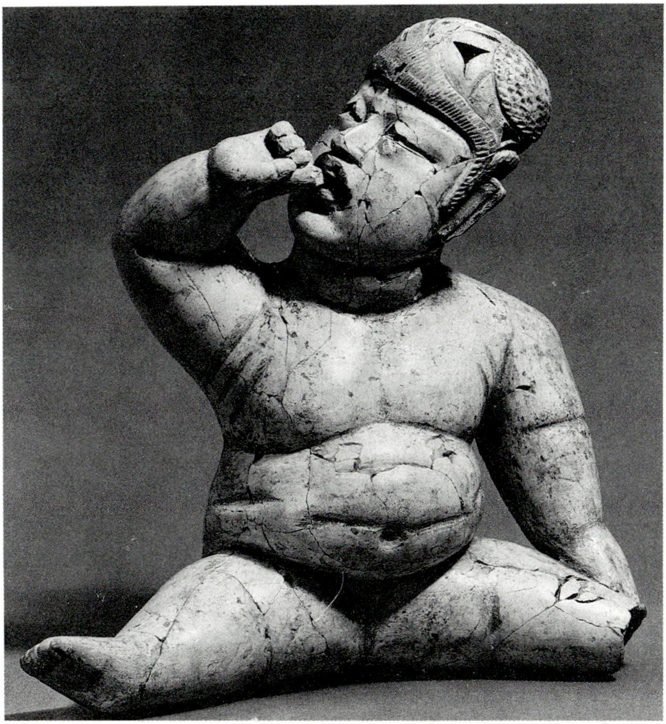

Ce sont peut-être de telles traditions locales qui attirèrent les Olmèques dans la région : sur la rive opposée de la Mezcala s'étend Teopantecuanitlán, qui prospéra de 1400 à 600 av. J.-C. et où fut érigée la plus grande construction entre 1000 et 800 av. J.-C. Durant cette courte période, les seigneurs olmèques bâtirent une cour monumentale en contrebas, bordée de blocs de travertin vert et soulignée par d'étranges sculptures en T sur les côtés ouest et est. Ces sculptures représentent les dieux du Maïs olmèques qui définissent les quatre coins de l'univers. Plus tard,
17 dans l'idéologie maya, le dieu du Maïs renaît sur un terrain de jeu de balle : à Teopantecuanitlán, comme pour témoigner d'une croyance similaire, un terrain de jeu occupe une grande partie du patio en contrebas.

A Tlatilco, dans la banlieue actuelle de Mexico, un cimetière a révélé le culte de figurines peut-être dédiées à la fertilité. Les seins gonflés et les grosses cuisses étaient mis en valeur, ainsi que les tailles fines. Les cheveux et le visage étaient l'objet d'une grande attention ; ces figurines sont souvent appelées « jolies dames » (ou *pretty ladies*). D'autres sont grotesques et possèdent deux visages, caractéristique qui séduit certains artistes du début du XXe siècle.

Les « jolies dames » de Tlatilco ont été découvertes à côté de grandes figures céramiques de style olmèque, présentes aussi à Las Bocas, Altihuayán, Tlapacoya et ailleurs au Mexique central – d'autres, incomplètes, ont été découvertes dans les sites de la côte. Le kaolin blanc et souple au grain fin de Las Bocas a permis aux artistes de créer parmi les plus belles de ces figures. Bien que beaucoup de ces sculptures semblent représenter des bébés, la chair flasque et tombante évoque aussi la vieillesse, peut-être d'une façon assez proche des représentations médiévales du Christ enfant où apparaissent à la fois la vieillesse et la petite enfance.

20 La figure creuse du Metropolitan Museum suce son pouce ; ses cheveux sont coiffés en forme de casque. Un motif rouge avec croix, bandes et aile, probablement réalisé avec un timbre à bascule, se répète le long du dos du bébé. Des motifs semblables, ciselés sur des vases de céramique, tel celui de la main-patte-aile, sont des répétitions du système symbolique olmèque, des références codées à des divinités spécifiques, et font penser à l'écriture. D'autres céramiques ont été exécutées comme des effigies en volume, tel le poisson de la figure 19.

D'autres œuvres olmèques importantes ont été identifiées dans les années 1930 à Chalcatzingo, au Morelos. D'étranges figures et des créatures fantastiques ont été sculptées en trois groupes distincts sur la surface d'un grand ensemble naturel de rochers, un bouchon de lave qui marque un col à l'extrémité nord de l'Etat actuel de Morelos et l'accès à la riche vallée de Puebla. La plus frappante de ces
21 sculptures, appelée localement « El Rey », représente un souverain sur son trône (peut-être une femme, car la figure porte une sorte de jupe). Il peut s'agir d'un suzerain ou d'un gouverneur olmèque qui montrait jusqu'où s'étendait le pouvoir

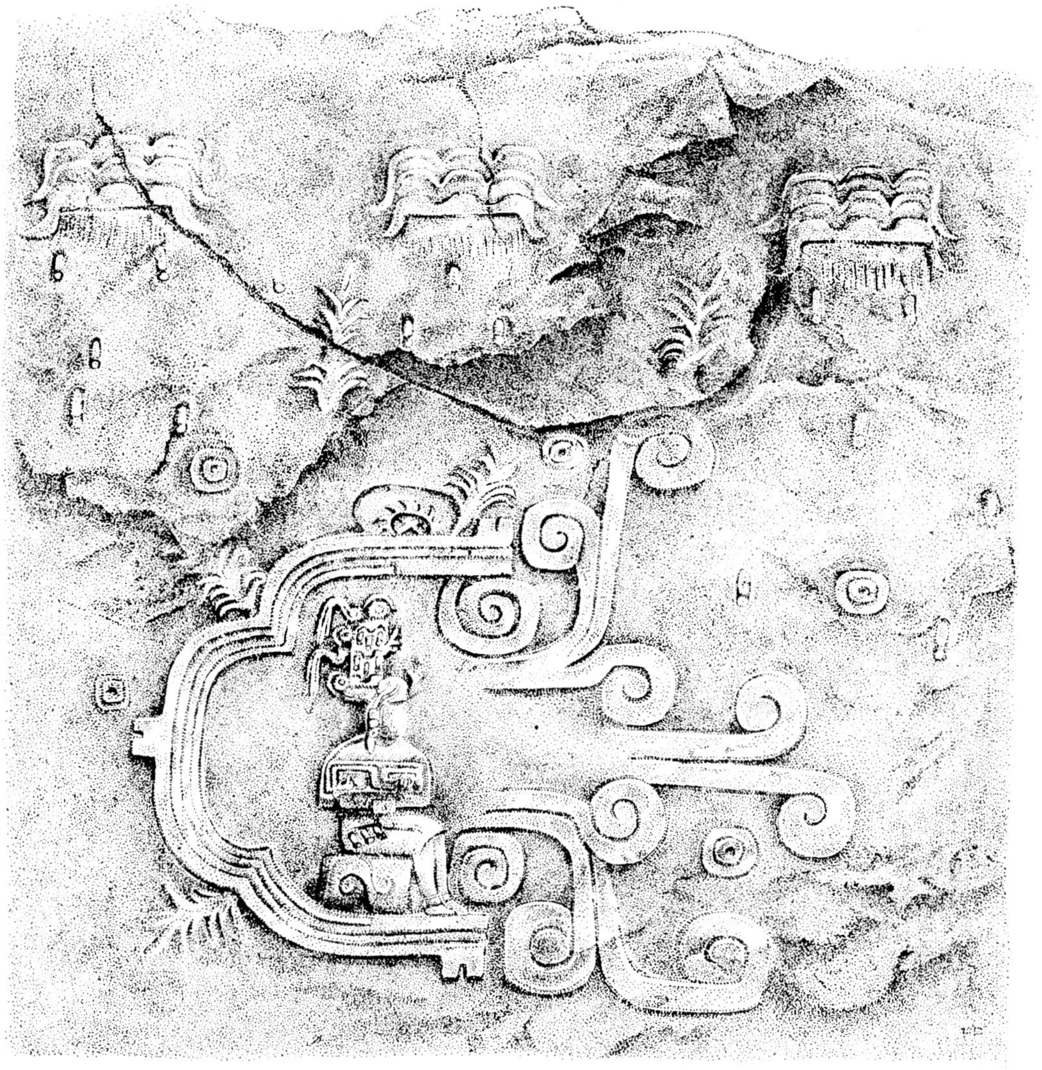

21 Petroglyphe 1, Chalcatzingo. Placé à l'entrée d'une caverne dans un paysage stylisé où pousse du maïs, un souverain olmèque, sans doute une femme, est assis sur un trône. Préclassique moyen.

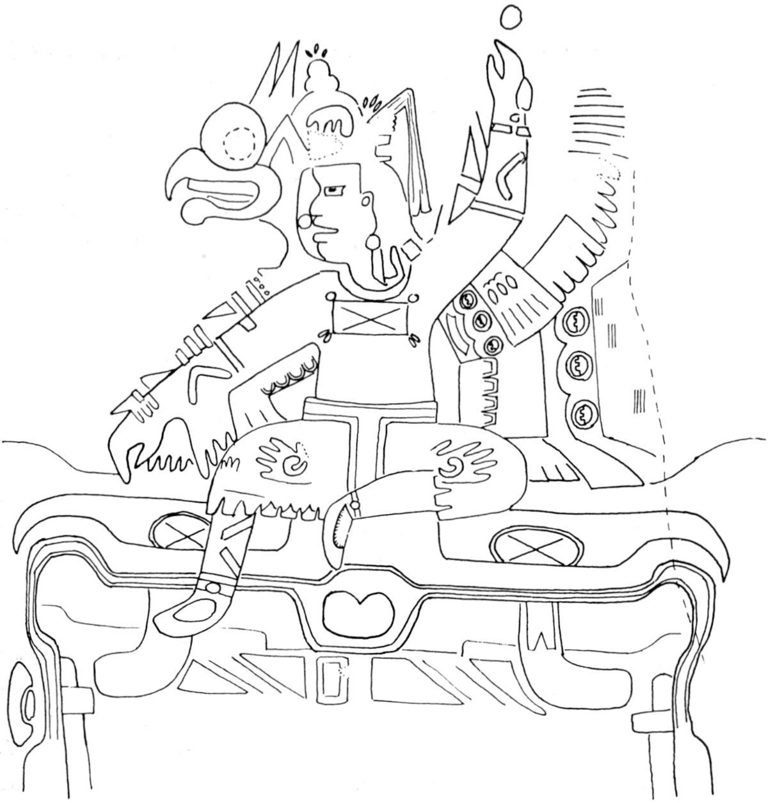

22 Peinture rupestre à Oxtotitlán. Le visage du souverain apparaît à la manière d'une vision par rayon X, à l'intérieur d'un costume d'oiseau. Dessin de David Joralemon. Préclassique moyen.

imposé par les Olmèques dans cette région frontière, loin de la Côte du Golfe et du centre de leur civilisation. Elle est assise dans la coupe d'une caverne ou d'une
11 niche, comme la figure en volume de l'autel 4 à La Venta. Dans le pétroglyphe, la caverne se trouve dans un paysage stylisé où des gouttes de pluie de forme phallique tombent sur de jeunes plants de maïs. Le pétroglyphe 4, quant à lui, représente de grands félins attaquant des figures humaines aux caractéristiques surnaturelles. Les contours des formes humaines ont sans doute été tracés à partir d'ombres projetées. Les pétroglyphes de Chalcatzingo sont très variés : certains représentent des Olmèques faisant la guerre, d'autres de simples motifs naturels, des courges par exemple.

Les premières peintures mésoaméricaines n'existent plus que dans des cavernes ; leur état et leur présentation ressemblent assez à l'art paléolithique des grottes françaises, toute proportion gardée. De beaux exemples ont été découverts dans les grottes d'Oxtotitlán et de Juxtlahuaca au Guerrero. A Juxtlahuaca, une de ces peintures représente ce qui semble être l'accouplement d'un homme avec un jaguar femelle, origine possible de la race des « hommes-jaguars » si présente dans l'imagerie olmèque. Une sculpture très endommagée du centre du pays olmèque illustre un accouplement similaire, mais il s'agit cette fois d'une femme et d'un jaguar mâle.

A Oxtotitlán, une grande peinture de 3,8 × 2,5 m, placée 10 m au-dessus de 22
l'entrée de la grotte, représente un seigneur olmèque vêtu d'un costume d'oiseau vert, et dont le dessin permet de voir le visage et les membres à travers le costume à la manière d'une vision par rayon X. L'œil de l'oiseau était sans doute incrusté d'une pierre précieuse et le seigneur arbore, lui, une pierre de jade à la narine. Son trône ressemble à celui de l'autel 4 à La Venta. La palette variée de ces peintures olmèques anciennes comportait des verts et des rouges vifs, bien qu'on ait aussi retrouvé des peintures plus simples en noir et blanc. Selon Kent Reilly, ce seigneur est un chaman métamorphosé qui sort de la grotte en volant.

Loin au sud, à Copán, au Honduras, les rois de l'époque, qu'ils fussent mayas ou olmèques, étaient enterrés selon le cérémonial olmèque ; des pierres et des colliers de jade ainsi que des vases ornés des symboles olmèques les accompagnaient. Loin du centre du pays, à Xoc, au Chiapas, un pétroglyphe représente un Olmèque portant une lourde charge. On se demande ce que contient le ballot de ce seigneur : s'agit-il d'objets de culte, peut-être même d'une sculpture comme la hache Kunz ? Un plant de maïs, dessiné sur l'enveloppe du ballot, montre l'importance de la plante dans l'idéologie olmèque. Mais quel que soit le contenu du ballot, la présence même des Olmèques en un endroit si éloigné de leurs origines côtières évoque la possibilité d'une large dissémination de leur culture. En établissant des contacts du Honduras au Guerrero, les Olmèques auraient presque pu prétendre à la définition des limites géographiques de la Mésoamérique.

Au Préclassique récent, et assurément avant 100 av. J.-C., la culture olmèque s'affaiblit et déclina pour des raisons encore inconnues. Première grande civilisation mésoaméricaine à prendre son essor, à prospérer et à décliner, elle influença toutes celles qui suivirent.

CHAPITRE TROIS

Le Préclassique récent

Au Préclassique récent, les Olmèques dominaient encore quelques régions, mais les grands centres de La Venta et de San Lorenzo étaient déjà éclipsés à la fin du Préclassique moyen. Les contacts olmèques avec les régions éloignées étaient apparemment rompus ; ainsi, les céramiques du Mexique central ne s'inspiraient plus du symbolisme de la culture olmèque. Parmi les principaux sites olmèques connus, seul Tres Zapotes jouit d'une occupation et d'un essor constants au Préclassique récent (c'est-à-dire de 400 à 100 av. J.-C. et peut-être 200 ans de plus). Toutefois, il existait à cette époque un foyer mineur de culture olmèque dans les Hautes Terres du Guatemala, et quelques têtes monumentales, plus petites, y étaient encore exécutées. Plus surprenant peut-être, c'est à cette époque que les Mésoaméricains apportèrent leur contribution la plus durable aux grandes civilisations du Nouveau Monde en créant des systèmes complexes d'écriture et de calendrier. La période, par sa confusion, a peut-être favorisé le développement d'un système symbolique uniformisé.

La désintégration des longues routes commerciales olmèques rendit sans doute possible le développement de styles régionaux et ethniques puissants en art et en architecture sous le gouvernement d'élites locales indépendantes. C'est ainsi que les Zapotèques prospérèrent à Monte Albán, dans l'Oaxaca, qui demeura leur capitale pendant 1 500 ans. A l'ouest du Mexique, les tombes en forme de puits de l'élite locale étaient remplies de belles céramiques. Les Mayas construisirent les premières cités du Petén. Toutefois, les réalisations les plus intéressantes de l'art et de l'architecture du Préclassique récent sont apparues sur la côte de Belize et dans les Hautes Terres du Guatemala et du Chiapas.

LES SYSTÈMES D'ÉCRITURE ET DE CALENDRIER

L'origine de tous les systèmes calendaires mésoaméricains – même s'ils divergèrent beaucoup par la suite – remonte au Préclassique récent. Deux façons de mesurer le temps, le calendrier de 260 jours et le calendrier de 365 jours, furent élaborées au tout début de la période ; elles étaient en général employées simultanément. Intellectuellement parlant, le système le plus important fut un peu plus tardif : il s'agit d'une mesure continue, appelée Compte long, utilisée conjointement avec les calendriers de 260 et de 365 jours. Il est important d'étudier brièvement les modes de fonctionnement de ces trois systèmes tels qu'ils apparaissent dans les inscriptions anciennes, non seulement pour comprendre comment sont datés les monuments, mais aussi pour apprécier les concepts du temps exprimés dans l'art et l'architecture mésoaméricains.

Le calendrier de 260 jours est le plus ancien et le plus important de Mésoa- 23
mérique. Des monuments de pierre de l'Oaxaca témoignent qu'il était utilisé dès le VIe siècle av. J.-C., époque où les Zapotèques commencèrent à noter leurs exploits ; il sert encore aujourd'hui au Guatemala pour les divinations rituelles. Le calendrier de 260 jours caractérise le haut degré de civilisation de l'ancienne Mésoamérique et constitue un des éléments de son unité culturelle. Ses origines demeurent cependant obscures. Certains ont remarqué que les 260 jours correspondent au temps qui s'écoule entre les passages successifs du soleil au zénith (lorsque le soleil est exactement au-dessus de la tête, à midi) à une latitude de 15 degrés Nord – latitude où se situent les sites importants d'Izapa et de Copán. Le passage au zénith est un phénomène relativement facile à observer sous les tropiques, mais semble un point de départ improbable pour un calendrier recensé pour la première fois au nord du 15e degré de latitude. Bien plus fondamentale dans le cycle de la vie humaine, la période de 260 jours correspond également au temps de gestation, de la première absence de sang menstruel jusqu'à la naissance. Les enfants mésoaméricains recevaient le nom du jour de leur naissance dans ce calendrier, date à laquelle on considérait qu'ils avaient accompli un cycle de 260 jours ; cette origine paraît donc bien plus probable.

Le calendrier de 260 jours n'était pas divisé en semaines ou en mois comme l'est notre année, mais en périodes de 20 jours aux noms différents. Les systèmes de calcul dans le monde ont généralement pour base les nombres 10 ou 20, selon que seuls les doigts, ou bien les doigts et les orteils sont utilisés ; en Mésoamérique la base était vicésimale plus que décimale. Ce calendrier se compose donc de 20 noms combinés avec les chiffres de 1 à 13. Ainsi, chaque jour avait un des 20 noms de jours et un des 13 chiffres, de sorte qu'il fallait 260 jours pour accomplir le cycle et qu'un même jour revienne sous sa double désignation.

Ce cycle a toujours possédé un nom spécifique dans les différentes langues mésoaméricaines ; les Aztèques l'appelaient le *tonalpohualli* et la version écrite du cycle – outil essentiel du devin – était le *tonalamatl* (*amatl* ou *amate* en espagnol moderne désigne le papier de figuier sur lequel était souvent consigné ce manuscrit). Le calendrier de 260 jours est « l'almanach » des cycles mésoaméricains.

On donnait à l'enfant le nom du jour où il était né – 13 Singe, par exemple, dans le *tonalpohualli* – et on demandait au devin ou prêtre du calendrier de consulter les augures du jour et de la période de 13 jours dans laquelle il se trouvait. Selon les Aztèques, certaines de ces périodes étaient marquées par des défauts ou des dons. Ceux qui étaient nés durant la période de 1 Mort, par exemple, risquaient de devenir ivrognes. Afin de contourner la prédiction, un jour plus propice était choisi pour célébrer la cérémonie au cours de laquelle un nom est donné au nouveau-né.

Conjointement à l'almanach, on utilisait un calendrier de 365 jours. Il correspondait en gros à l'année solaire et était divisé en 18 « mois » de 20 jours, plus 5 jours « sans nom » à la fin de l'année. Chaque groupe de 20 jours avait un nom de mois et était relié à un nombre de 1 à 20 ou 0 à 19, selon la région. Chaque année avait un nom, en général le nom et le chiffre du jour du calendrier de 260 jours qui coïncidait avec le 360e jour du calendrier solaire. A cause de la nature du calcul, seuls 4 jours peuvent être « porteurs d'année ». Ainsi, à l'époque aztèque, Quetzalcóatl était attendu chaque année appelée 2 Roseau. On ne sait pas si l'année solaire approximative était corrigée dans le calendrier pour tenir compte des jours supplémentaires qui s'accumulaient dans l'année tropicale réelle, mais, à Piedras Negras, les prêtres mayas du calendrier ont consigné les anniversaires tropicaux réels dans leurs annales. Sans l'ajout de jours intercalaires, le calendrier de 365 jours n'était pas fixe et passait, au fil du temps, d'une saison à l'autre, engendrant des fêtes de récoltes mobiles.

23 Lorsque le calendrier de 260 jours et celui de 365 jours tournaient, il fallait 52 années de 365 jours pour qu'un jour donné revienne. Cette période de 52 ans, appelée révolution du calendrier, peut être rapprochée du siècle dans notre système. La fin d'un cycle de 52 ans était célébrée notamment par les Aztèques pour qui c'était l'occasion de la cérémonie du Feu nouveau. Les 5 jours sans nom qui précédaient la fin du cycle étaient particulièrement dangereux : les dieux pouvaient choisir ce moment pour mettre fin à la vie sur terre. Certains comportements étaient nécessaires : il fallait briser tous les pots, garder les femmes enceintes à l'intérieur, éteindre les feux. A minuit avant le premier jour de la nouvelle année, on arrachait le cœur d'une victime sacrificielle et, dans sa poitrine béante, on allumait une flamme avec un brandon. Le jaillissement de lumière garantissait la lumière de l'aube et l'ouverture d'un nouveau cycle de 52 ans.

Les calendriers décrits jusqu'ici s'appuyaient sur des laps de temps relativement courts et faciles à relier à l'expérience humaine. Il est vrai que l'achèvement

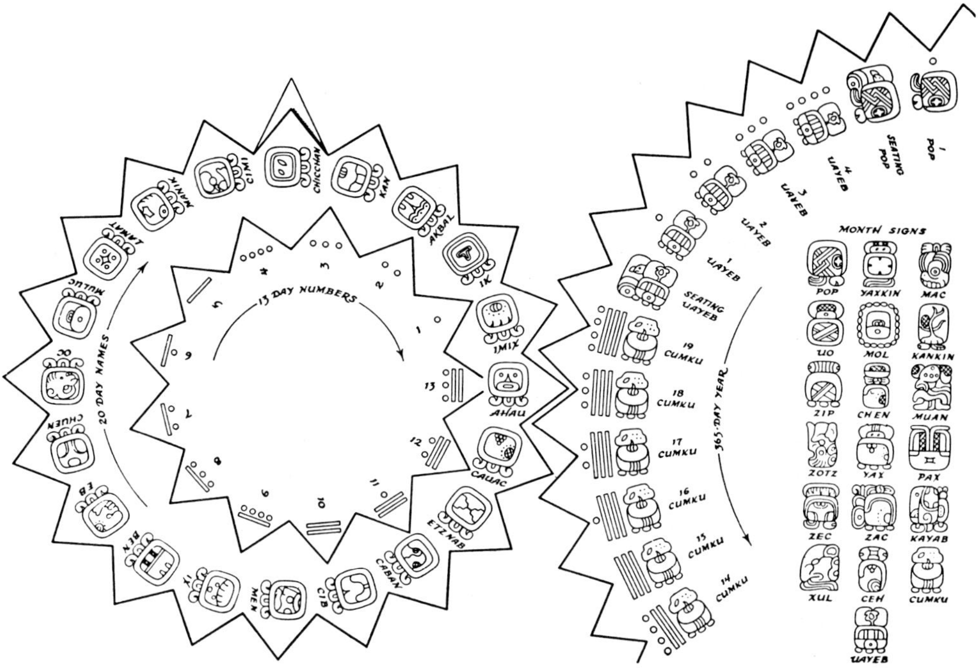

23 Toute la Méso-Amérique observait un cycle de 52 ans, créé par la combinaison du calendrier de 260 jours *(à gauche)* et du calendrier de 365 jours *(à droite)*. Il est dessiné ici comme un système d'engrenage de roues dentées et suit la notation maya standard, même si les jours et les mois avaient des noms et des symboles différents dans chaque culture.
Le calendrier de 260 jours était peut-être le plus fondamental pour les Mésoaméricains. C'est le premier pour lequel il subsiste des exemples écrits et il est encore en usage chez certains Mayas des Hautes Terres. Il est composé de 20 noms de jour (roue extérieure) et de 13 chiffres (roue intérieure) ; les deux roues tournent continuellement. Il faut 260 jours pour épuiser toutes les combinaisons.
Le calendrier de 365 jours est composé de 18 mois de 20 jours, numérotés de 0 à 19 ou de 1 à 20 selon la région, et de 5 jours néfastes (appelés Uayeb chez les Mayas). La fin du mois de Cumku et les 5 jours néfastes (les Aztèques les appelaient *nemontemi* ou jours sans nom) apparaissent sur la roue la plus grande – à droite, on voit d'autres glyphes des mois.
Ici, 13 Ahau *(à gauche)* et 18 Cumku coïncident. Il faudra attendre 52 × 365 jours (en d'autres termes, 52 ans) pour que les cycles reviennent à ce point. C'est la révolution du calendrier.

d'un cycle de 52 ans supposait une très longue vie selon les critères mésoaméricains, mais il était possible d'atteindre cet âge pour qui n'était pas décédé en bas âge, à la guerre ou en couches.

Sur de longues périodes, les dates de la révolution du calendrier devenaient difficiles à ordonner chronologiquement, car chaque nom d'année revenait tous les 52 ans. L'emploi des deux derniers chiffres de notre calendrier produit le même effet : « 36 » se rapporte-t-il au Front Populaire ou à la mort de Charles X ? Au Préclassique récent, et peut-être pour éliminer de telles ambiguïtés dans les annales historiques, un autre calendrier, le Compte long, fut introduit et ensuite perfectionné par les Mayas à l'époque classique.

Les dates du Compte long recensent tous les jours écoulés depuis un point de départ correspondant à 3114 av. J.-C. de notre calendrier – d'où le nom moderne de Série initiale. Plus tard, les Mayas considérèrent que l'an « zéro » coïncidait avec une date divine, comme l'an zéro de notre calendrier. Ce point de départ n'était pas une ardoise blanche, mais plutôt la fin d'un grand cycle antérieur. Pour les Mayas, le premier jour du calendrier, 4 Ahau 8 Cumku était aussi le dernier jour de l'ancien cycle, ou 13.0.0.0.0. Ce jour-là, les dieux avaient mis en place les trois pierres du foyer de la création, ce qui avait donné naissance à la civilisation. Dans le Compte long, le temps était noté par périodes de 400 ans, 20 ans, un an (dans ce système, toutes les années avaient 360 jours), 20 jours, un jour – c'est à dire en cinq séquences, de la plus grande à la plus petite. La plupart des dates du Classique récent commencent par 9 périodes de 400 ans, ainsi 9.10.0.0.0 correspond, par exemple, à 633 de notre ère. Ce calendrier permet de situer les événements sans ambiguïté. Pour les Mayas en particulier, il donna matière à des œuvres d'art ; les artistes transformèrent les caractères simples en superbes calligraphies. Bien que d'autres cultures connaissaient sans doute l'existence de ces dates initiales, la pratique ne s'enracina que dans les régions olmèques et mayas.

Les dates du Compte long sont faciles à lire. Elles étaient toujours placées au
24 début des inscriptions, selon un système de barres et de points, chaque barre valant 5 points. L'invention du chiffre nul, qui occupe une place semblable au zéro, permit de franchir une étape intellectuelle. Dans l'histoire de l'humanité, il n'apparut que dans les systèmes numériques indo-arabe et mésoaméricain. Les Mayas le représentaient en général par une croix de Malte, inspirée peut-être par le corps humain aux quatre membres tendus indiquant les 20 doigts. Dans les manuscrits postclassiques, un coquillage représente le chiffre nul, et dans les inscriptions mayas classiques, une tête ou une figure entière peuvent le remplacer.

La première date recensée du Compte long, 36 av. J.-C., figure sur la stèle 2 à Chiapa de Corzo. L'abandon du système au Xe siècle (909 de notre ère à Toniná est la dernière date recensée) marque en général la fin du Classique. Le *katun* (période de 20 ans) fut conservé jusqu'au XVIe siècle, ce qui permit d'établir une relation entre les systèmes mésoaméricain et européen.

L'importance pour l'historien d'art et l'archéologue de ce calendrier d'une grande précision ne doit pas être sous-estimée : lorsqu'il existe des inscriptions, les données calendériques permettent d'établir une chronologie exacte du Classique maya comme nulle part ailleurs dans le Nouveau Monde. On peut ainsi montrer que des monuments de style légèrement différent ont été construits à

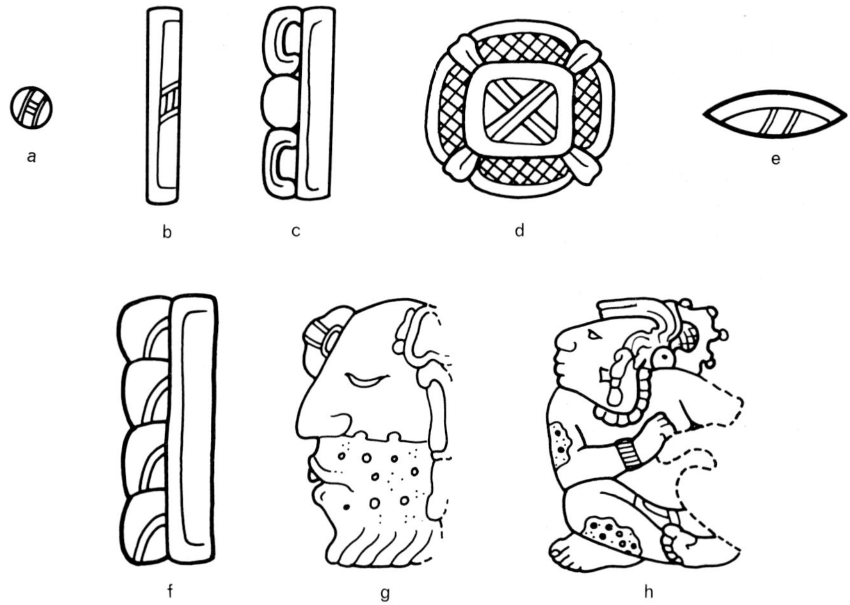

24 Les Mayas utilisaient trois symboles de base dans leur système numérique : le point pour un (a), la barre pour cinq (b) et, pour représenter le chiffre nul semblable à notre zéro, une croix de Malte (d) au Classique (qui devint un coquillage stylisé au Postclassique). Le chiffre six est représenté par la combinaison d'un point et d'une barre (c) – l'espace au-dessus et en dessous du point est indiqué par une forme particulière qui n'est pas comptée.
Outre cette numération standard, les Mayas du Classique introduisaient parfois une variante sous forme de tête ou de figure entière : ainsi, le chiffre neuf, sous sa forme commune (f) (quatre points et une barre) devient une tête (g) ou une figure entière (h).

dix ans d'intervalle, ce qui permet ensuite de dater des monuments et des céramiques ne comportant pas d'inscriptions de dates, même s'ils se trouvent à l'extérieur de la zone maya.

Les Mayas ont inscrit des centaines de dates, du Classique en général, mais il leur est aussi arrivé de calculer des dates mythologiques dans le passé ou l'avenir lointains. Sur certaines inscriptions, les dates occupent un tiers ou la moitié des glyphes. Durant des années, les chercheurs n'ont progressé que dans le déchiffrement des dates de l'écriture maya, ce qui a conduit certains d'entre eux, notamment Sir Eric Thompson, à avancer que les écrits ne concernaient que le calendrier, qu'ils étaient des glorifications du passage du temps. La même idée sous-tendait l'opinion selon laquelle les figures sculptées sur les monuments mayas devaient être des prêtres anonymes du calendrier. Comme nous le verrons, l'hypothèse de Thompson, ainsi que celle faisant des Mayas un peuple pacifique dont la vie était supervisée par les prêtres astronomes, furent abandonnées lorsque les chercheurs élucidèrent le sens des inscriptions autres que les dates.

Au Préclassique récent, des inscriptions sans rapport avec le calendrier, accom-
30 pagnées ou non de dates, apparurent. Dans de longs passages, des glyphes, correspondant peut-être des noms ou des événements, sont associés à des figures. Mais, peu de progrès ont été faits jusqu'ici dans la lecture de ces glyphes du Préclassique récent autres que des dates. En revanche, parmi les premières inscriptions mayas, on trouve des objets olmèques retaillés, comme si un héritage olmèque était retravaillé avec le nom d'un nouveau propriétaire. Sur un beau pectoral olmèque en pierre verte, conservé à Dumbarton Oaks, par exemple, a été gravé un long texte maya, peut-être à la fin du Préclassique récent.

25 La découverte, au milieu des années 1980, d'une immense stèle gravée à La Mojarra, au Veracruz, dans la région considérée comme le cœur du pays olmèque, a dévoilé une élégance et une adresse dans l'écriture ancienne insoup-

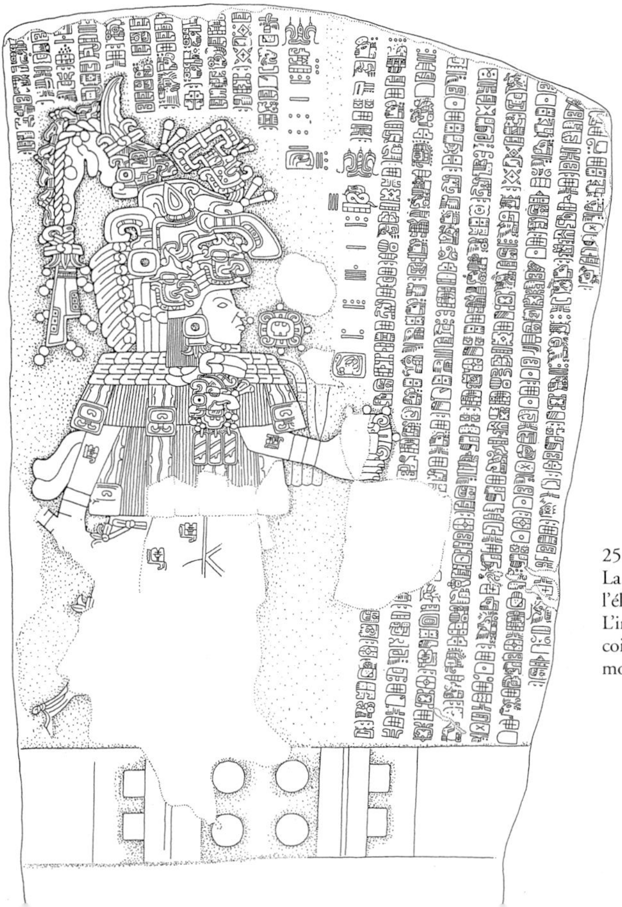

25 Cette stèle en beau calcaire dense trouvée à La Mojarra représente un seigneur vêtu de l'élégant costume du IIe siècle de notre ère. L'imagerie du dieu Oiseau, évidente sur la coiffure, prédomine également sur d'autres monuments de l'époque.

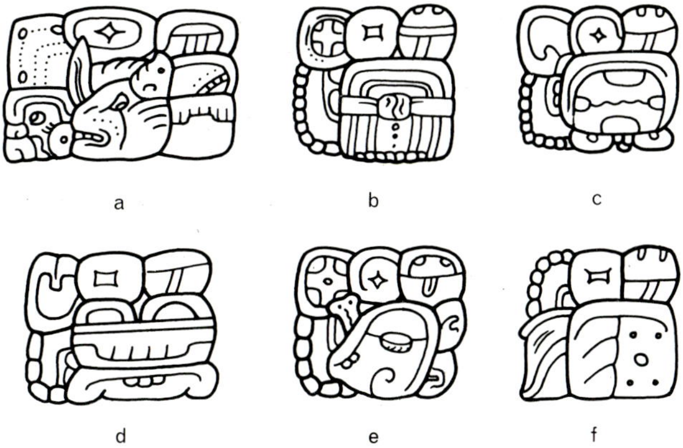

26 Les glyphes emblématiques mayas désignent une lignée ou un lieu. En voici quelques exemples : (a) Copán (forme classique ancienne), (b) Tikal, (c) Palenque, (d) Yaxchilán, (e) Bonampak, (f) Piedras Negras.

çonnées jusqu'alors. Deux dates du Compte long sont inscrites en colonnes au centre du monument et indiquent l'an 143 et 156 de notre ère. Les autres signes et leur syntaxe ont été reconnus mais les chercheurs demeurent dans l'incapacité de les « lire ». Le seigneur debout, paré de la coiffe du dieu Oiseau, porte les insignes royaux que les Mayas de l'ère classique imiteront par la suite, y compris l'assemblage de pierres sur la poitrine.

En 1839, John Lloyd Stephens trouva dans la région maya des inscriptions et crut qu'elles représentaient un système unique utilisé de Copán, au sud, à Chichén Itzá, au nord. Il était certain qu'un jour, un nouveau Champollion relèverait le défi et déchiffrerait les noms des anciens rois et de leurs royaumes. Cent vingt ans plus tard et quatre-vingts ans après le déchiffrement des dates en Compte long, deux découvertes apportèrent un début de réponse. Elles permirent également d'expliquer pourquoi les Mayas (et sans doute les Olmèques et les Zapotèques avant eux) s'intéressaient tant aux calculs chronologiques : il leur fallait un moyen de fixer les données historiques dans le temps. Heinrich Berlin remarqua en 1958 qu'un ensemble particulier de glyphes terminait beaucoup de textes mayas ; toutefois, l'élément principal de ce groupe variait d'un site à l'autre. Il devint rapidement évident que ces ensembles de glyphes faisaient référence à des lieux, à des familles ou aux deux à la fois. (De la même façon, Orléans fait référence à une famille et à une ville françaises.) La plupart de ces glyphes en provenance de sites mayas et comportant des inscriptions ont été identifiés. Le 26
texte de la stèle 24 de Naranjo, par exemple, comporte deux « emblèmes » différents, selon le terme de Berlin. On pense au commerce, à la guerre, à une alliance ou à un mariage comme signification possible de cette inscription ; en effet, la grosse femme représentée sur le monument était une étrangère qui épousa un

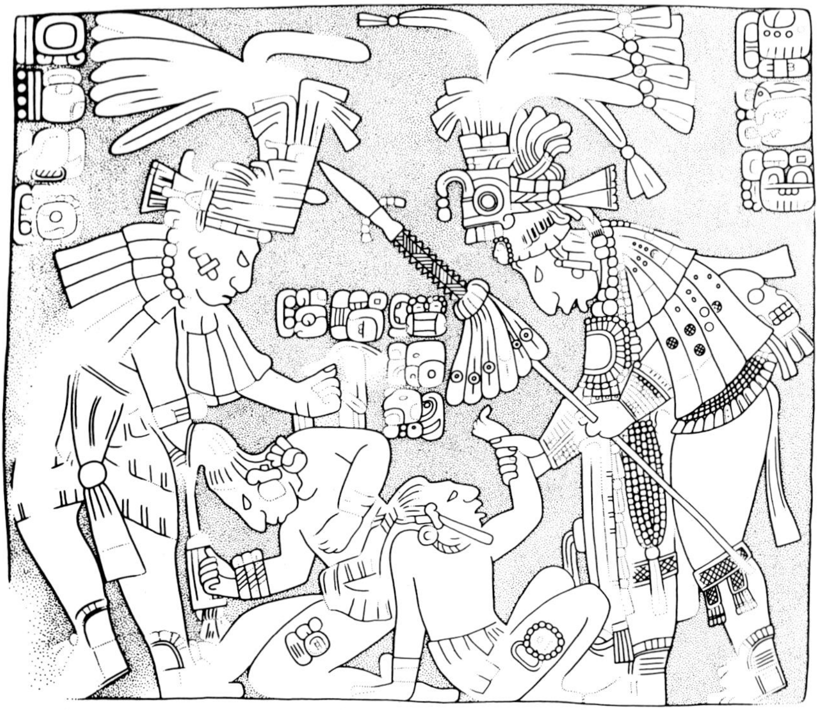

27 Linteau 8, Yaxchilán. Oiseau-Jaguar, à droite, capture « Crâne orné de Perles », dont le nom est inscrit sur la cuisse et au bas de la colonne de glyphes à gauche. Oiseau-Jaguar est le second glyphe de la colonne de droite ; il est suivi par le glyphe de l'emblème de Yaxchilán. Classique récent.

homme de la dynastie de Naranjo. L'emblème de Naranjo et celui de son lieu d'origine apparaissent tous deux dans le texte.

A peu près à l'époque ou Berlin travaillait sur les emblèmes, Tatiana Proskouriakoff expliquait comment l'arrangement des dates à Piedras Negras suggérait leur caractère historique. Elle supposa l'existence de verbes – en rapport avec la naissance, l'accession au pouvoir, la capture… – et de noms – « Oiseau-Jaguar » et « Bouclier-Jaguar » à Yaxchilán, par exemple. Elle montra aussi l'importance des femmes royales et décela la présence d'un glyphe servant « d'indicateur féminin ».

27 Le linteau 8 de Yaxchilán nous montre comment elle soupçonna ces inscriptions de contenir des références à des événements historiques. Un crâne dans un cartouche orné de perles figure sur la cuisse du captif, à droite ; le même glyphe

apparaît en quatrième position dans le texte, en haut à gauche. Les deux premiers glyphes donnent la date correspondant à 755 de notre ère. Et, d'après la syntaxe maya moderne et la fréquence du troisième glyphe dans des passages en rapport avec des hommes armés et des prisonniers, Proskouriakoff a supposé que le troisième glyphe était un verbe, signifiant sans doute « capturer », puisque c'est l'action représentée. A droite, le texte continue. Le dernier glyphe a déjà été identifié comme un emblème de Yaxchilán (cf. fig. 26d) ; le glyphe précédent est une tête de jaguar avec un petit oiseau au-dessus. En raison de sa fréquence dans les textes de 750 à 770 de notre ère, Proskouriakoff en a déduit que ce glyphe était le nom du souverain de la région et elle l'a appelé « Oiseau-Jaguar ». Ainsi, si on ne tient pas compte de la légende au centre de la scène, le texte pourrait signifier : « Le 7 Imix 14 Tzec [755 de notre ère] fut capturé Crâne orné de Perles par le seigneur Oiseau-Jaguar, de la lignée de Yaxchilán ».

A la même époque, Yuri Knorosov terminait à Saint-Pétersbourg ses recherches établissant la valeur phonétique des différents éléments constituant les glyphes. A la différence de Proskouriakoff et de Berlin, qui travaillaient sur des inscriptions classiques, Knorosov prit comme sujet d'étude le manuscrit du XVIe siècle de Diego de Landa, évêque de Mérida, et les trois manuscrits mayas postclassiques existant en Europe. Landa avait demandé à un Maya cultivé d'écrire des caractères mayas à côté des lettres de l'alphabet espagnol. Il avait ainsi recueilli une trentaine de glyphes. Knorosov les utilisa pour commencer à établir la valeur phonétique des textes.

Le glyphe de la capture du passage décodé par Proskouriakoff avait déjà attiré l'attention de Knorosov. Il lut les trois éléments du glyphe comme étant *chu-ca-ah* ou *chucah*, c'est-à-dire la troisième personne du verbe « capturer » dans de nombreux dialectes mayas d'aujourd'hui. Du fait de la publication des travaux de Proskouriakoff, les interprétations phonétiques de Knorosov commencèrent à être bien reçues.

Ces progrès dans la compréhension de la nature de l'écriture maya changèrent la perception des chercheurs envers les Mayas anciens. Le premier groupe de glyphes déchiffrés devait révéler leur sédentarité ; le suivant soulignait le rôle d'individus et leur quête du pouvoir dans diverses cités mayas. Quelques coups de crayon avaient donc suffi à rendre obsolète et indéfendable la vision d'un peuple pacifique. En conséquence, on se mit à chercher des preuves de comportements culturels semblables en Mésoamérique et le désir de déchiffrer d'autres écritures prit un nouvel essor.

Les Zapotèques utilisaient aussi l'écriture pour consigner des noms et des lieux. Les noms correspondaient à la position dans le calendrier de 260 jours et
les lieux mentionnés étaient ceux qu'avaient conquis les seigneurs prospères de 30

Monte Albán. Javier Urcid a récemment identifié plusieurs éléments qui manquaient au calendrier ; l'écriture pourrait donc avoir été plus complète que ne le supposaient les chercheurs.

Les Mixtèques du Postclassique (et sans doute de périodes précédentes, mais ces manuscrits ont disparu) conservaient leur généalogie sur des manuscrits logographiques. Les noms sont soit les noms correspondant aux jours du calendrier soit des logographes (images représentant des mots) qui apparaissent dans un premier temps attachés physiquement à des individus donnés. Les événements sont symbolisés par des signes compréhensibles par le plus grand nombre : cordon ombilical pour une naissance, couple assis sur une natte de roseau pour un mariage. Avec ce type d'écriture, le lecteur doit mettre des mots sur l'histoire
180 dont les lieux, les dates, les événements et les personnes sont consignés.

Chez les Aztèques, l'écriture à base de dates et de logographes prédominait également. Elle était utilisée par les individus pour les manuscrits divinatoires et les généalogies, et par l'Etat pour garder trace du prodigieux tribut recueilli dans toute la Mésoamérique. A l'époque de la Conquête, l'écriture aztèque était perfectionnée au point de comporter à la fois des indicateurs phonétiques et une sorte d'écriture en rébus où les homophones servaient de substituts. Les manuscrits rituels signalaient les fêtes et les divinations ; les histoires et les généalogies faisaient remonter les lignées jusqu'à un passé surnaturel ; les livres de comptes énuméraient les impôts recueillis. Néanmoins, la poésie raffinée récitée au temps de la Conquête ne fut sans doute pas écrite avant l'introduction de l'alphabet romain.

L'art et l'architecture du Préclassique récent

MONTE ALBÁN

L'évolution la plus spectaculaire de l'Oaxaca eut lieu à Monte Albán. La cité fut fondée au début du Préclassique ancien, sans doute comme capitale des Zapotèques. Un affleurement montagneux dominant trois vallées importantes du
62 centre de l'Oaxaca fut remodelé en une grande acropole. Lors de la première occupation, un axe principal, orienté approximativement nord-sud fut tracé et quelques structures furent érigées pour définir la grande place comme centre rituel.

Monte Albán ne possède pas de source naturelle ; on peut donc légitimement supposer qu'il fallait une organisation sociale poussée pour pouvoir nourrir une communauté vivant bien au-dessus des vallées fertiles. Différentes hypothèses pour expliquer le choix de cette montagne éloignée ont été avancées ; toutes

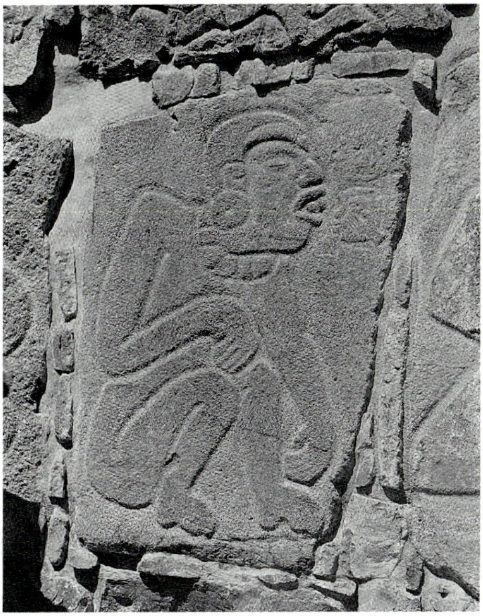

28 Danzante de Monte Albán.
Ces figures flasques et mutilées, dont on a cru longtemps qu'elles « dansaient », pourraient être des prisonniers de guerre sacrifiés. Monte Albán I.

s'appuient sur la présence du plus important des temples anciens, le temple des Danzantes, et la nature de ses reliefs. Certains chercheurs ont fait de Monte Albán un site d'unification pacifique, d'autres ont vu dans son écriture et son art précoces des modèles de conquête et de domination plus caractéristiques de la Mésoamérique.

Les Danzantes, ou « danseurs », ont été appelés ainsi au XIXe siècle à cause 28
de leurs postures libres et relâchées. Au Préclassique récent, plus de 300 de ces figures ont été sculptées chacune sur une dalle, et environ 140 de ces dalles ont été incorporées au temple des Danzantes. A peu près autant ont été placées dans le monticule J, structure un peu plus tardive, et d'autres ont été réutilisées plus tard. Au temple des Danzantes, les dalles sont disposées de sorte qu'une partie d'entre elles tournent le dos à la grande place, tandis que d'autres tapissent un étroit passage et d'autres encore encadrent la façade principale. Certaines figures, notamment les « nageurs », forment une volée de marches. D'après les connaissances actuelles, les figures ne seraient pas placées les unes par rapport aux autres.

Chaque dalle est différente par son imagerie, mais toutes ont été travaillées selon une technique d'incision simple au relief réduit. On suppose que le sculpteur a suivi une esquisse au charbon de bois tracée sur la pierre. La plupart des corps sont des représentations frontales ou de trois-quarts, tandis que les têtes sont de profil. Toutes les figures sont masculines. Les mains et les pieds pendent mollement. Les yeux fermés de la plupart indiquent la mort. Si certaines gardent un collier ou une boucle d'oreille, elles sont toutes nues, signe habituel d'humiliation en Mésoamérique. Des motifs en volute sortant de l'aine révèlent une pratique ancienne de mutilation génitale dans l'Oaxaca. Quelques-unes sont accompagnées de glyphes dans des cartouches, sans doute des noms.

Il s'agit, vraisemblablement, de victimes de guerre. Pour Richard Blanton, qui a étudié les colonies précoces dans les vallées et à Monte Albán, le temple des Danzantes pourrait être un mémorial guerrier, élevé au début de l'expansion de Monte Albán, pour commémorer la fin des divisions et des luttes entre les trois vallées. Les galeries de prisonniers apparurent plus tard en art, notamment chez les Mayas au Classique ; il s'agit en général de mémoriaux d'un genre différent. Ainsi, le mur nord de la salle 2 des peintures de Bonampak représente un groupe de prisonniers torturés, placés aux pieds des guerriers vainqueurs situés, eux, debout sur un escalier. Si on voulait repeupler l'escalier des « nageurs » du temple des Danzantes, on obtiendrait une scène semblable. Dans l'art maya plus récent, il est évident que les prisonniers étaient exposés pour mieux louer les prouesses des vainqueurs et non pour dissuader des horreurs de la guerre. Conformément aux habitudes mésoaméricaines, le message de Monte Albán mettait en valeur le pouvoir détenu par ceux qui dominaient la vallée.

Un peu plus tard, sans doute après 200 av. J.-C., les Zapotèques édifièrent le monticule J au centre de la place de Monte Albán. A l'époque, les lignes direc-

29 Monticule J, Monte Albán. La position spectaculaire et la forme en flèche de la structure sont visibles du sud. Monte Albán II.

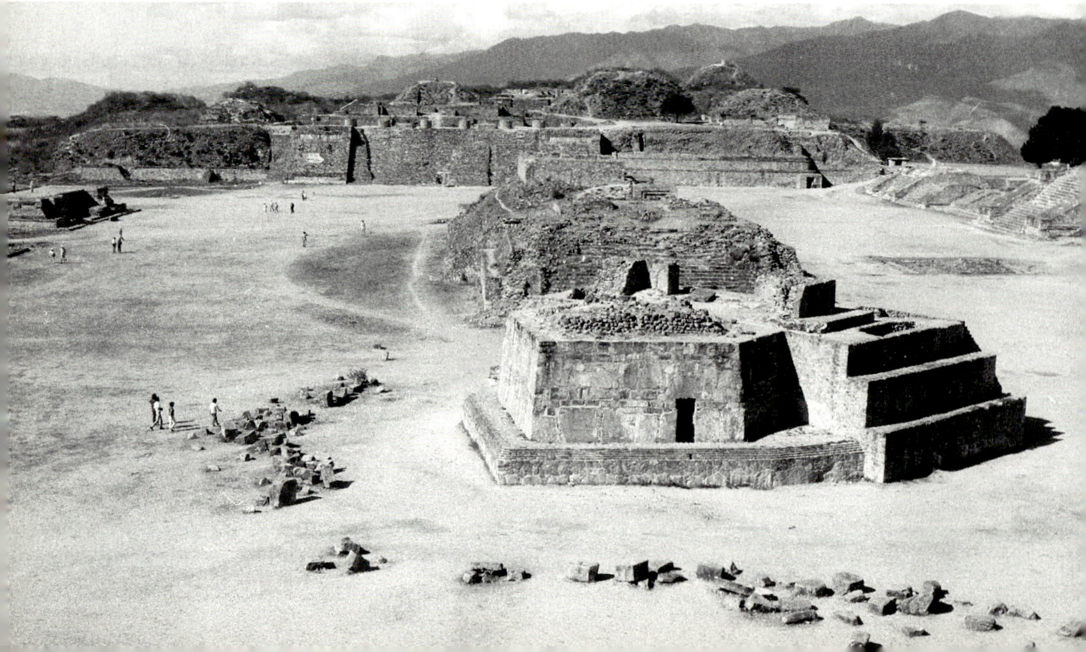

trices symétriques de la place étaient déjà tracées, mais le monticule J, de forme insolite, fut placé bien en vue et en dehors de l'axe. La structure ressemble à une flèche tournée vers le sud-ouest, mais sa configuration étrange ne peut être observée 29 ni du nord ni de l'est. Vue du nord-est, la construction apparaît comme une volée de marches encadrée par de larges rampes. La pointe de l'édifice est criblée de tunnels voûtés où les blocs sont inclinés jusqu'à se toucher, donnant ainsi l'impression d'un passage en forme d'arche pointue, mais sans soutien structurel. Ces étranges tunnels et la forme inhabituelle de la structure ont fait penser que le monticule J avait une fonction astronomique, idée confirmée par des études récentes. A Cabellito Blanco, à 50 km à l'est, une structure presque identique a été découverte. Au passage au zénith, les deux monticules indiquent des étoiles particulièrement brillantes. Le monticule J est donc l'un des premiers édifices mésoaméricains que l'on peut considérer comme un marqueur chronographique géant. Il avait pour but de rendre compte du passage du temps ; il est intéressant de noter qu'il apparaît à peu près au moment même où le système du calendrier écrit se généralise.

L'évolution de l'écriture est aussi reflétée par le monticule J. Les dalles sculptées, à la technique semblable à celle du temple des Danzantes, étaient placées le long de la façade, du mur saillant et dans les tunnels. Sur ces dalles, si les mutilations génitales persistent, les figures arborent des costumes plus détaillés. L'écriture aussi est bien plus complexe ; elle semble relater des batailles avec des dates et des noms de lieux, à la différence des récits de conquêtes plus généraux du temple des Danzantes. Les sculptures du monticule J se caractérisent par une 30 incision grossière, sans doute réalisée après une esquisse au charbon de bois. Sur l'une, une tête est représentée à l'envers sous un nom de lieu, signe de conquête, et les glyphes l'accompagnant semblent indiquer une date du calendrier de 52 ans.

Monte Albán était le principal centre de l'Oaxaca au Préclassique récent, mais il n'était pas le seul. Au sud-ouest, à Dainzú, un autre grand affleurement montagneux fut occupé. L'architecture principale s'élevait dans la vallée ; le grand

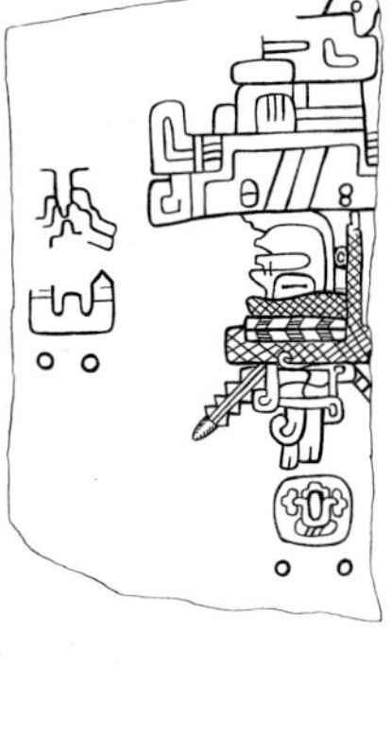

30 Ce glyphe signifiant « colline », gravé sur un bloc du monticule J et indiquant un nom de lieu, comporte la tête à l'envers d'un seigneur, sans doute pour mentionner sa défaite.

temple était orné de dalles sculptées selon la même technique que les Danzantes, représentant pour la plupart des personnages masqués ou casqués, peut-être des joueurs de balle. Au-dessus, sur le pic de la montagne, des marches et des salles étaient taillées à même le roc : le site faisait sans doute office de sanctuaire religieux.

Les fouilles minutieuses des tombes de Monte Albán ont permis une reconstitution chronologique exacte bien avant la confirmation par datation au carbone. On appelle Monte Albán I et Monte Albán II les deux périodes les plus anciennes. Les périodes successives apparaissent surtout dans les céramiques ; d'autres innovations architecturales du Préclassique récent, telles la construction des terrains de jeu de balle maçonnés ou l'emploi de colonnes, indiquent l'évolution régulière vers les formes classiques.

La plupart des objets retrouvés dans les tombes de Monte Albán I étaient de
simples offrandes de céramiques grises. Une forte ressemblance avec les conven-
tions olmèques apparaît sur les vases à effigie les plus anciens, dont les plus beaux
proviennent de Monte Negro, situé également dans l'Etat actuel d'Oaxaca. Les
yeux un peu bridés et la bouche aux coins tombants sont typiques de ces objets
anciens. A Monte Albán II, les qualités techniques qui caractérisent les offrandes
funéraires plus récentes sont déjà présentes, bien que d'un style distinct. Les
grandes effigies creuses à forme animale ou humaine étaient nombreuses. Si la
20 technique des grandes figures céramiques dérivait de celle des Olmèques, l'ima-
gerie était particulière à l'Oaxaca.

32 Une grande figure debout, soigneusement modelée et datant de cette époque,
tend les mains comme pour éloigner les pilleurs de tombes ; Alfonso Caso a trouvé cette figure et d'autres semblables à l'entrée des tombes. Des pumas et des jaguars creux, grandeur nature, portaient des écharpes et des ornements qui indiquaient leur caractère surnaturel : ces gardiens servaient sûrement à détourner les pilleurs potentiels de ces entrées aux enfers ! Les figures montrent toutefois une gamme étendue d'expressions humaines. Le Scribe de Cuilapán, légèrement asymétrique, les épaules de hauteur inégale, la bouche un peu ouverte, semble représenter simplement un jeune homme en contemplation.

Les beaux objets olmèques en jade trouvés dans l'Oaxaca étaient peut-être des
trésors détenus à l'origine par les Zapotèques anciens. A Monte Albán II, les
31 Zapotèques étaient devenus d'adroits lapidaires. L'une de leurs plus belles œuvres
de l'époque est l'assemblage de ceinture en jade représentant une chauve-souris
au nez en feuille. Cet objet était sans doute porté à la taille ou sur la poitrine. (La
87 plaque de Leyde faisait à l'origine partie d'un de ces assemblages réalisé par les
Mayas.)

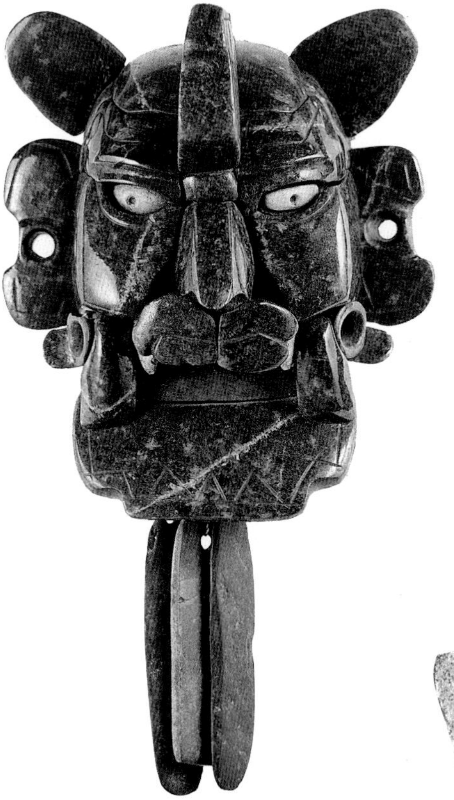

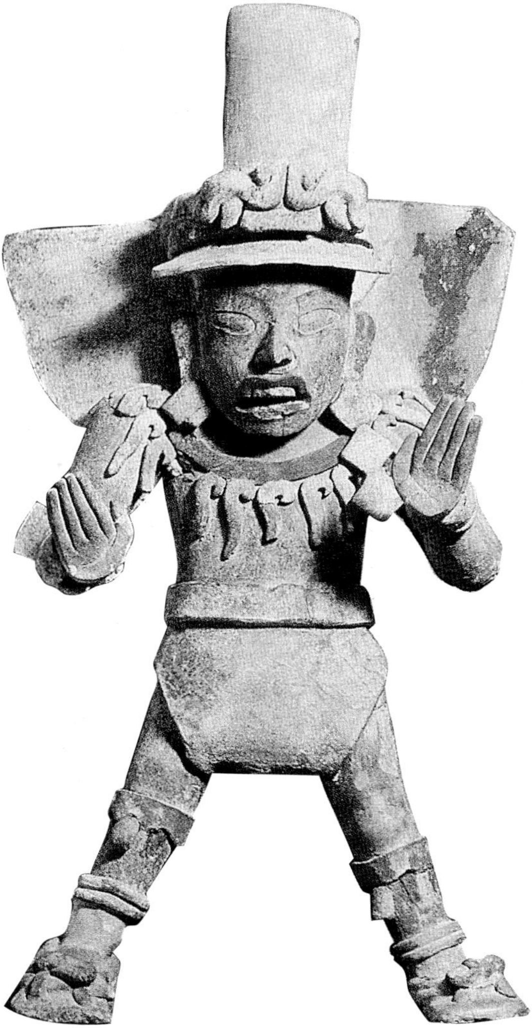

31 Un ancien roi de Monte Albán fut enterré avec cet assemblage de jade représentant une chauve-souris. Il le portait sans doute sur la poitrine, comme le seigneur de La Mojarra (cf. fig. 25) ou en ornement de ceinture, comme plus tard les seigneurs mayas (cf. fig. 85, 87). Monte Albán II.

32 *(A droite)* Cette grande figure creuse funéraire de Monte Albán II aux mains tendues décourage quiconque de violer l'espace des morts.

L'histoire de l'ouest du Mexique ancien montre à bien des égards une évolution distincte du reste de la Mésoamérique. Ainsi, rien ne prouve que les calendriers mésoaméricains y étaient connus ou utilisés. Le lien entre la région et les grandes civilisations demeure obscur : ni l'art ni l'architecture ne témoignent de contacts directs. De plus, il n'y a pas d'épanouissement culturel à une époque précise et il paraît probable que les expansions politiques des Olmèques et des Aztèques ont à peine touché la région. Cela ne signifie pas pour autant que les œuvres d'art manquent de subtilité ou de savoir-faire. Les figures et les groupes céramiques de l'ouest du Mexique – la provenance archéologique de la plupart n'est pas connue – sont parmi les œuvres les plus belles de Mésoamérique. Charmé par leur absence apparente de symbolisme élitiste, l'artiste contemporain Diego Rivera en réunit une collection importante – aujourd'hui à l'Anahuacalli Museum de Mexico – et il intégrait souvent des dessins s'inspirant de ce style dans ses peintures murales. Inutile de dire que la demande de sculptures céramiques de l'ouest du Mexique a non seulement encouragé le pillage des anciennes tombes, mais aussi alimenté une industrie de faux et de pastiches. Peter Furst, en rapprochant les pratiques chamaniques modernes des Huichol aux céramiques du Mexique occidental, leur a attribué des significations rituelles spécifiques et a permis à ces sculptures d'être intégrées à la tradition mésoaméricaine plus vaste.

Par souci de commodité, les objets de l'ouest du Mexique sont ici regroupés selon leur provenance géographique, notamment les Etats de Colima, Jalisco et Nayarit et un fleuve, la Mezcala. Ils ont comme point commun le contexte dans lequel ils ont été trouvés : les tombes en forme de puits. Ces tombes à puits, creusées entre un et six mètres sous terre, étaient composées d'un conduit étroit menant à une chambre. De nombreuses dépouilles étaient déposées dans la chambre, et cette pratique s'échelonna sur une période considérable. Il est rare de pouvoir dater avec certitude les tombes, mais la plupart d'entre elles remontent au Préclassique récent ; toutefois, elles vont du Préclassique ancien au Classique ancien. La découverte en 1993 d'une tombe intacte a révélé que les familles utilisaient sans doute leurs cryptes durant des générations, ajoutant des corps et des offrandes au fil du temps. Une des chambres contenait plus de 300 vases, dont beaucoup d'effigies.

Les premières œuvres connues de l'ouest du Mexique proviennent du complexe Capacha, au centre du Colima. D'après la datation au carbone, les objets des tombes à puits remontent à 1500 av. J.-C. Parmi ceux-ci figurent des vases à anse-goulot en étrier très semblables à ceux trouvés sur la côte nord du Pérou dans des sites contemporains. Y eut-il des liens entre les deux régions ? Dans l'ensemble, on pense que les contacts entre les civilisations mésoaméricaines et andines furent intermittents tout au plus, quand bien même ils existèrent (les Aztèques, par exemple, ne savaient rien des Incas à l'époque de la Conquête) ; toutefois, ces vases prouvent peut-être l'existence de tels contacts. Les cultures, les techniques de tissage et de céramique, ainsi que le savoir de l'élite, ont pu être échangés à cette époque précise, traversant peut-être l'Equateur. D'autre part, le récipient à anse-goulot en étrier, pratique pour transporter l'eau sans qu'elle se renverse ou s'évapore, a pu être inventé simultanément pour répondre à des besoins semblables dans les deux régions.

Deux principaux types de figures ont été trouvés au Colima ; ils reflètent sans doute une suite chronologique. Les figures plates – souvent considérées comme les plus anciennes – aux postures animées, parfois groupées, présentent une technique de pastillage et d'incision. Mieux connues, les figures creuses en argile rouge sont, elles, polies avec soin et souvent parsemées de concrétions minérales blanches, noires et grises qui se sont déposées lentement dans la tombe au cours des siècles. La plupart de ces figures sont également des récipients, les goulots correspondent en général aux queues des effigies d'animaux. Les chiens indigènes sans poils ont été traités de façon particulièrement réaliste : ils jouent, dorment, se mordillent. D'autres, comme le chien à masque humain, ont sans doute un 33
sens dépassant le charme anecdotique. Des appuis-tête en forme de demi-chien ont également été trouvés et l'on s'imagine la tête du défunt reposant sur le dos de l'animal qui porte son maître dans l'au-delà. Les potiers du Colima façonnaient l'argile en forme de courges et de gourdes, modèles de tous les vases. La plupart des figures humaines sont des hommes prêts à frapper avec leurs massues. Comme les grands félins de Monte Albán II, elles éloignaient peut-être les visiteurs indésirables, mais du fait de la corne unique que beaucoup portent sur le front, il pourrait s'agir de figures chamaniques servant à la communication entre les vivants et les morts. Ces cornes sont peut-être aussi les pointes de conques portées comme marques de souveraineté.

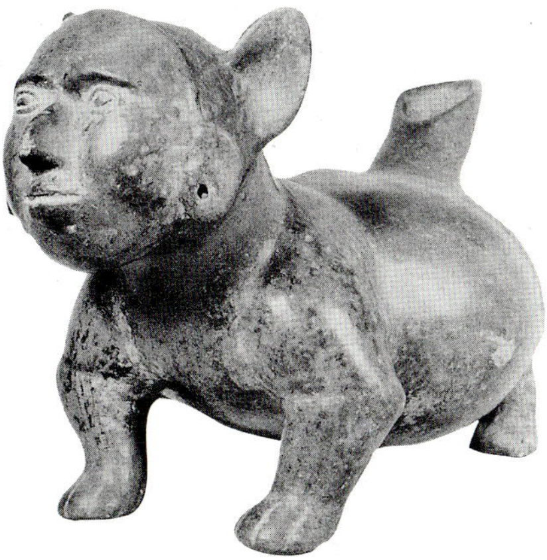

33 Chien en terre cuite à masque humain, style du Colima. De nombreux chiens indigènes sans poils ont été immortalisés dans l'argile du Colima, mais le masque de celui-ci en fait une créature assurément surnaturelle.

Les objets des tombes à puits du Jalisco sont d'un style différent de celui des autres céramiques de l'ouest du Mexique. Les potiers de cette région ont créé de petites figures pleines ainsi que d'autres plus grandes et creuses. Certaines des plus petites ont été retrouvées assemblés en groupes évocateurs ; elles ont une tête pointue et représentent des musiciens et des acteurs.

L'architecture cérémonielle découverte au Mexique occidental est limitée, malgré la carte des grands monticules d'adobe dressée récemment par Phil Weigand. La plus importante structure en pierre se trouve à Ixtlán del Río, au Nayarit ; elle comporte une plate-forme circulaire à degrés ressemblant à un gâteau de mariage. Il se peut qu'elle soit assez récente, mais des édifices circulaires semblables, construits en matériaux périssables, ont été trouvés à l'ouest du Mexique et il s'agirait donc d'un modèle utilisé durant plusieurs générations. Il ne faut donc pas s'étonner si des éléments architecturaux circulaires apparaissent souvent dans les groupes cérémoniels de figures du Nayarit ; en général, les céramiques du Nayarit comportent plus d'éléments architecturaux que d'autres styles régionaux. Les figures situées dans ou près de maisons couvertes de chaume sont l'un des thèmes les plus courants ; les groupes où des figures très petites se tiennent sous des maisons ont été interprétés comme des scènes funéraires en rapport avec l'ensevelissement.

Les terrains de jeu de balle occupent une place importante dans le répertoire et peut-être découvrira-t-on un jour de véritables terrains en pierre dans la région du Nayarit. Les scènes avec figures montrent en tout cas l'importance précoce des jeux de balle dans cette région. Dans le groupe de la figure 34, deux équipes de trois ou quatre hommes jouent avec une balle de la taille d'un ballon de football. Des douzaines de spectateurs les regardent : ils se blottissent les uns contre les autres sous une couverture ou serrent tendrement un enfant dans leurs bras ; l'artiste a su saisir la chaleur de la vie quotidienne.

Les potiers du Nayarit façonnaient aussi de grandes figurines creuses, souvent des couples homme-femme, qui sont peut-être des portraits de mariage ensevelis avec les morts. Les motifs éclatants des anciens textiles du Nayarit sont repris par la peinture à l'engobe des costumes. Les robes droites revêtues par les hommes du Nayarit sont rares en Mésoamérique, et Patricia Anawalt a attiré l'attention sur la présence de ce genre de vêtements dans les Andes à la même époque, ce qui évoque de possibles contacts entre les deux régions. Le couple
35, 36 illustré ici doit être de haut rang, à en juger par les ornements raffinés des oreilles et du nez ; les figures tiennent des instruments, peut-être pour apporter un accompagnement musical dans la mort.

Le drainage de la Mezcala à l'ouest du Mexique a entraîné la découverte d'un grand nombre d'objets de pierres fines d'époque inconnue. Les Aztèques convoi-

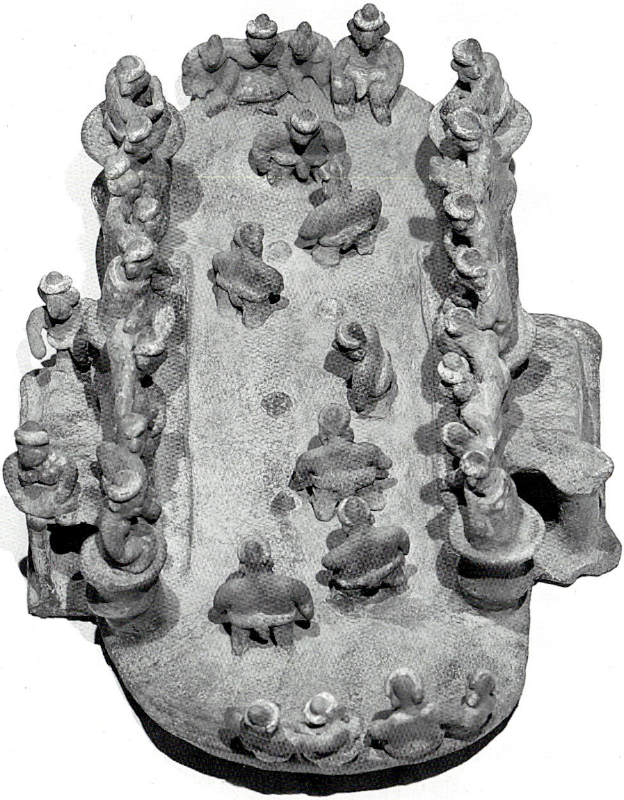

34 Deux équipes de joueurs s'affrontent sur ce terrain de jeu de balle en argile de style Nayarit ; des spectateurs attendent avec impatience l'issue du jeu.

35, 36 *(Ci-dessous)* Homme et femme de style Nayarit. Ces couples de figurines étaient souvent placés dans les tombes à puits, peut-être pour accompagner des couples mariés ensevelis. L'homme à gauche porte une peau de castor sur la tête, fourrure associée aujourd'hui encore aux transformations chamaniques.

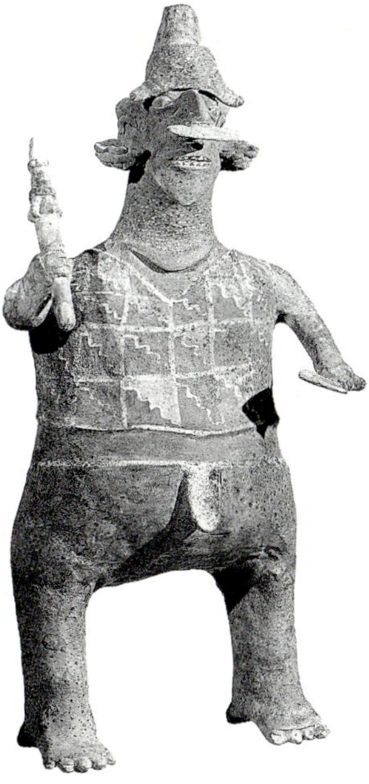

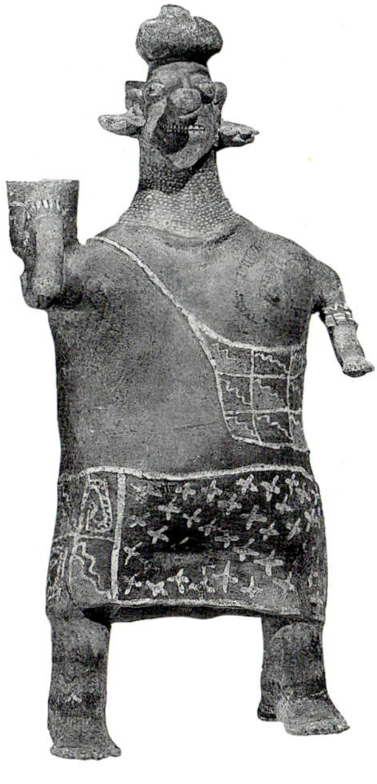

taient tellement les sculptures de serpentine, de granit et d'onyx (le *tecali* aztèque) qu'ils les exigeaient en tribut et les ensevelissaient au Templo Mayor de Tenochtitlán. Longtemps la question de la datation de ces objets s'est posée mais Louise Paradis a récemment pu, grâce au radiocarbone, confirmer la date très précoce (v. 300 av. J.-C.) que des artistes comme Miguel Covarrubias soupçonnaient depuis longtemps.

En sciant leurs éléments à la ficelle, les artistes de Mezcala ont créé de nom-
37 breuses petites maquettes de temples. Leurs façades ne se retrouvent pas dans l'architecture connue de la région ; elles évoquent, en fait, ce qui se faisait dans l'Oaxaca. Certaines ressemblent, par exemple, à celles du monticule X de Monte Albán, qui remonte au Préclassique récent et il est intéressant de noter que des maquettes de temples ont été retrouvées dans divers sites de Monte Albán II.

Les artisans de Mezcala fabriquaient aussi beaucoup d'objets utiles en pierre : on connaît des lames, des haches et des bols. La pierre elle-même était admirée par les artisans de Mezcala.

LA RÉGION MAYA

D'importantes évolutions se produisirent dans la région maya au Préclassique récent. Au Préclassique moyen, les Olmèques entretenaient des contacts avec la

37 Maquettes de temples en pierre, de style Mezcala. Ces miniatures témoignent peut-être de façades de temples depuis longtemps disparues.

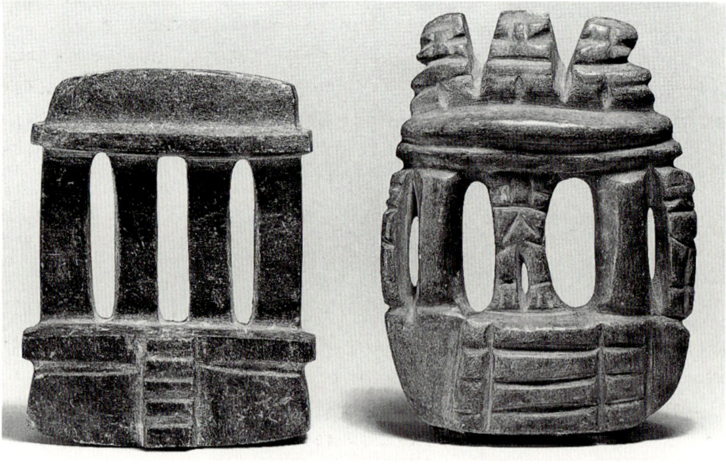

côte Pacifique ; leurs sculptures ont été retrouvées du Chiapas au Salvador. Au Préclassique récent, apparurent divers centres de peuplement avec des styles d'art et d'architecture apparemment indigènes, notamment dans les Hautes Terres du Chiapas et du Guatemala, à Izapa, Kaminaljuyú, Abaj Takalik et El Baúl, exécutés par des artistes n'étant pas tous d'origine maya. Les fouilles au centre du Petén – à Uaxactún et Tikal, lieu d'épanouissement du Classique ancien – ont montré que ces deux implantations existaient au Préclassique récent. Toutefois, à cette époque, un autre site du Petén, El Mirador, les surpassait par la taille et l'importance. Ailleurs, sur la côte caraïbe, Cerros est le site le mieux connu.

Dans les Hautes Terres, il ne subsiste des constructions, souvent en matériaux périssables, du Préclassique récent que de grands monticules d'adobe. De plus, à Kaminaljuyú (où se trouvait sans doute l'architecture la plus importante du Préclassique récent des Hautes Terres), seules quelques structures ont pu être dégagées avant que le programme immobilier de la ville de Guatemala ne recouvre la plus grande partie des ruines anciennes. Ailleurs, des structures plus récentes abritent encore des constructions anciennes. Le plus bel édifice des Hautes Terres est sans doute la grande plate-forme E-III-3 de Kaminaljuyú, qui recouvrait deux tombes somptueuses, selon un modèle suivi par l'architecture maya classique plus récente.

A Cerros, au Belize, à l'embouchure de la New River, des architectures nouvelles et spectaculaires furent capitales dans la formation des modèles mayas classiques. Vers 100 av. J.-C., il y eut un élan sans précédent dans la construction. Tous les édifices existants furent rasés et d'autres furent érigés autour d'un blocage propre et neuf ; certains dépassaient 20 m de haut. A Lamanaï, en amont de la New River, des structures encore plus grandes s'élevaient dans la cité. Des façades en stuc ornées de masques géants encadrant des escaliers sont courantes à Cerros et à Lamanaï. Les masques affichent une imagerie nouvelle et codifiée. 38
Des symboles solaires *(kin)*, associés à des éléments du jaguar, parent les joues des grands visages surnaturels. Les masques feraient donc référence au Soleil Jaguar, identification iconographique du soleil la nuit et puissance surnaturelle importante chez les Mayas classiques. Cette imagerie et cette architecture se répandirent – presque comme une nouvelle orthodoxie – en d'autres lieux, notamment au centre du Petén, et insufflèrent peut-être une unité idéologique qui, en quelques générations, renforça le Classique ancien.

Les fouilles passionnantes effectuées récemment à El Mirador et Nakbé, au nord du Petén, ont permis la découverte d'une civilisation maya à la prospérité jusqu'ici inconnue, datant du Préclassique moyen et du début du Préclassique récent. L'idéologie puissante qui unissait les Mayas apparut d'abord sous forme de monuments ; peut-être était-elle déjà partagée et transmise par l'écriture sur

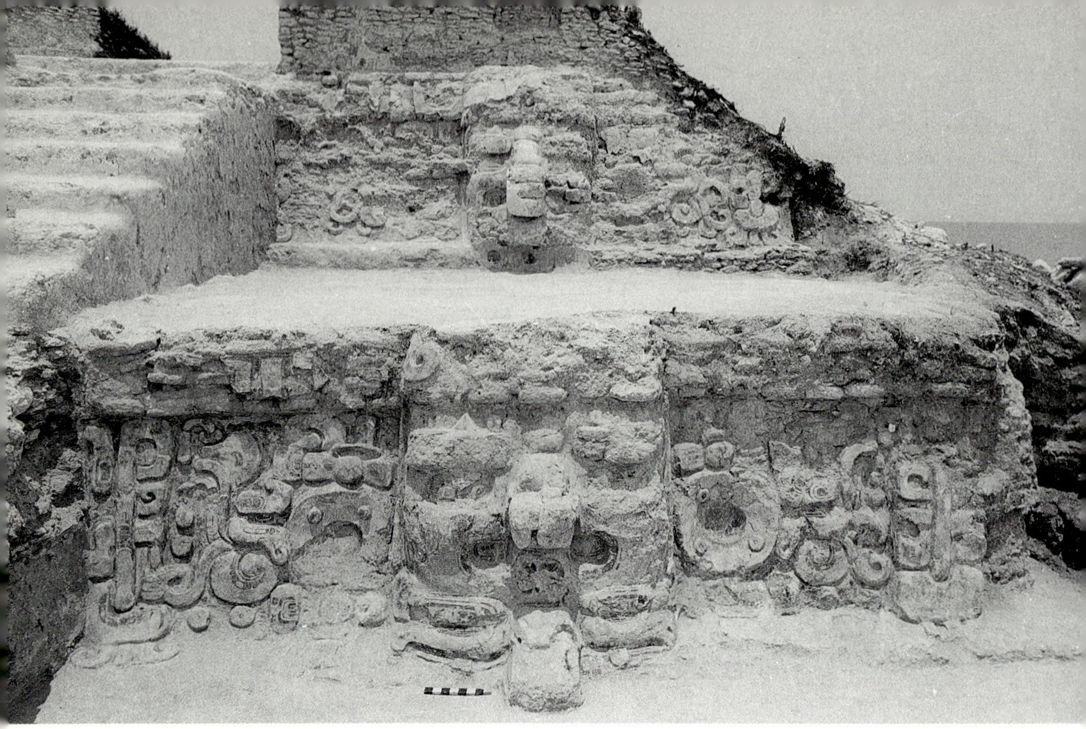

38 Structure 5, Cerros. D'immenses masques ornent les façades des structures mayas de Cerros ; ils apportent la preuve de l'apparition soudaine d'un culte solaire. Préclassique récent.

des supports périssables.

Certaines des formes pyramidales les plus grandes de l'Amérique ancienne furent érigées au Petén au Préclassique récent pour proclamer la puissance du dieu Oiseau et du Soleil Jaguar, entre autres dieux, dont le pouvoir s'imposait encore aux fidèles à l'époque de la conquête espagnole. Seuls quelques fragments
39 de sculptures en pierre ont été retrouvés mais, à Nakbé, Richard Hansen a découvert une stèle sculptée presque complète, datant du Préclassique moyen ou récent, où l'on voit deux figures debout – première représentation possible des jumeaux héroïques. Les décombres d'El Mirador ont livré des fragments sculptés liés de manière plus évidente aux œuvres mayas du Classique ancien. A l'époque où Tikal et Uaxactún commençaient à devenir des Etats puissants, les ennemis d'El Mirador durent ravager le centre de la cité sur le déclin et éliminer toute trace de sa gloire passée.

Simultanément à ces changements spectaculaires dans les Basses Terres, des faits nouveaux se produisaient dans les Hautes Terres. Au Préclassique récent, faisant suite peut-être à l'emploi de matériaux périssables ou s'inspirant directement des formes olmèques, les sociétés des Hautes Terres se mirent à édifier systématiquement des sculptures monumentales en pierre. Des rochers ronds – aux précédents olmèques probables – furent sculptés dans de nombreux sites, mais d'autres formes, comme les stèles et les autels, prédominaient. Malgré l'expansion du culte de la « stèle », comme on l'appelle souvent, l'imagerie et le style restèrent différents dans les divers centres des montagnes : Izapa, Kaminaljuyú et Abaj Takalik.

Les Mayas du Classique récent remirent en place les monuments d'Izapa, mais la plupart des stèles et des autels du site furent sculptés au Préclassique récent. Beaucoup d'autels (servant peut-être de trônes à des seigneurs) ont la forme de crapauds ou de grenouilles, symboles possibles de la terre. Un monde surnaturel figure sur les stèles et beaucoup de dieux-clés des récits religieux classiques mayas font leur apparition sur les stèles d'Izapa. De plus, l'art narratif, caractérisé par un déroulement et une histoire, se manifeste à Izapa pour la première fois. Ainsi, sur une stèle, une figure debout au bras arraché semble faire appel au dieu Oiseau perché sur un arbre-caïman ; il s'agit apparemment d'une interprétation de l'histoire des jumeaux héroïques et de Vuqub Kaquix telle qu'elle apparaît dans le *Popol Vuh* rédigé au milieu du XVIe siècle.

Sur la stèle 1 d'Izapa, Chac, dieu de la pluie et de la foudre, est debout dans 40

39 Stèle 1, Nakbé. Ces deux figures sculptées constituent peut-être la première représentation maya encore existante des jumeaux héroïques. A gauche, la figure à la fourrure de jaguar sur la joue pourrait être Xbalanque faisant face à son frère Hunahpu. Préclassique moyen/récent.

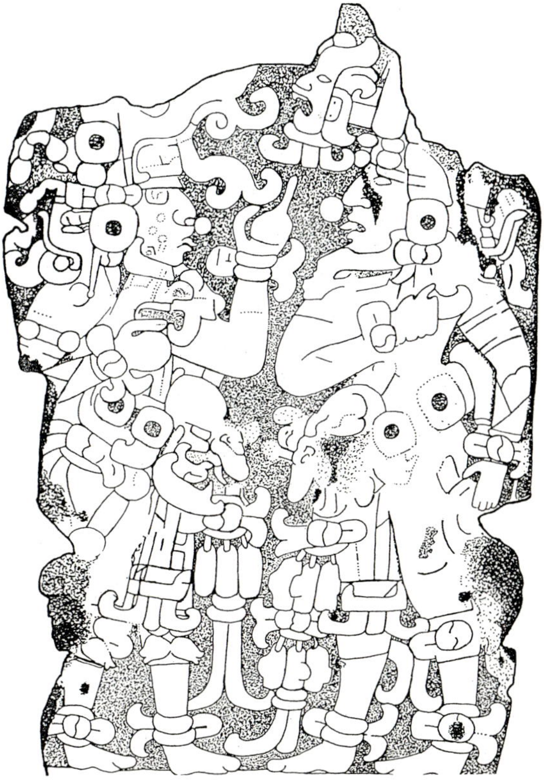

l'eau et pêche avec un filet, portant sur son dos son panier déjà bien rempli. Mille ans plus tard, sur deux os enterrés dans la tombe du souverain A à Tikal, on voit trois Chac se quereller, attraper des poissons à la main et mettre leurs prises dans des paniers semblables. Dans cette ancienne représentation d'une des plus importantes divinités mayas, Chac a déjà le museau reptilien qu'il conservera jusqu'à la Conquête. Chac était sans doute le patron des pêcheurs, en plus du dieu de l'orage.

41 La stèle 5 illustre une genèse mythique à partir d'un arbre central. La flore apparaît rarement dans l'art maya ou olmèque – les deux traditions les plus en rapport avec Izapa – et l'arbre de la stèle 5 est surnaturel ; il s'en écoule des formes humaines qui semblent libérées par la grande figure de droite. Celle-ci fore avec son nez une ouverture dans le tronc. La scène paraît conçue pour une lecture orale ; les éléments sont disposés comme s'il s'agissait d'un récit simultané. Le vieux couple en bas à gauche qui fait des divinations à l'aide de grains pourrait être le couple originel (mentionné dans des sources plus récentes) dont descend toute l'humanité. Des arbres du monde, peut-être apparentés à celui d'Izapa, apparaissent aussi à Palenque et dans des manuscrits mixtèques et du Mexique central.

Les bords supérieurs et inférieurs des scènes d'Izapa indiquent le ciel et la

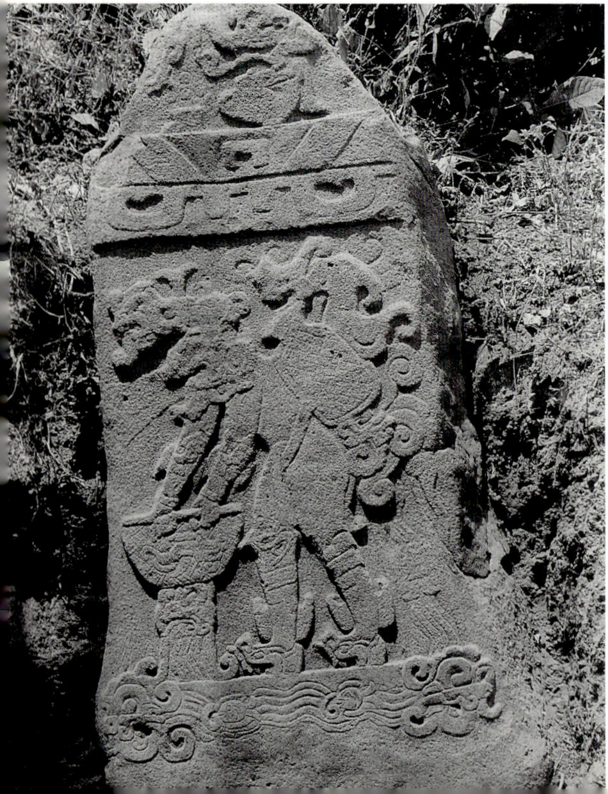

40 Son panier à poissons sur le dos, Chac, dieu de la pluie, pêche au filet des poissons dans l'eau sur laquelle il marche. Chac fait partie de la poignée de dieux mayas présents dans l'iconographie du Préclassique récent. Izapa, stèle 1.

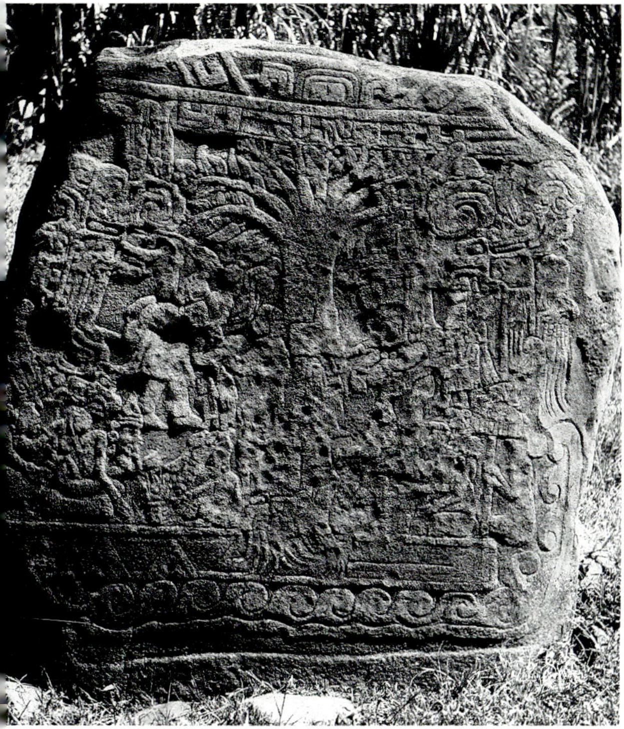

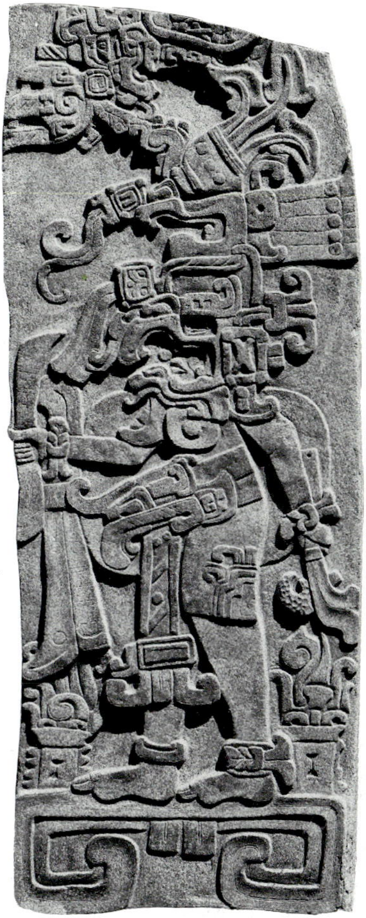

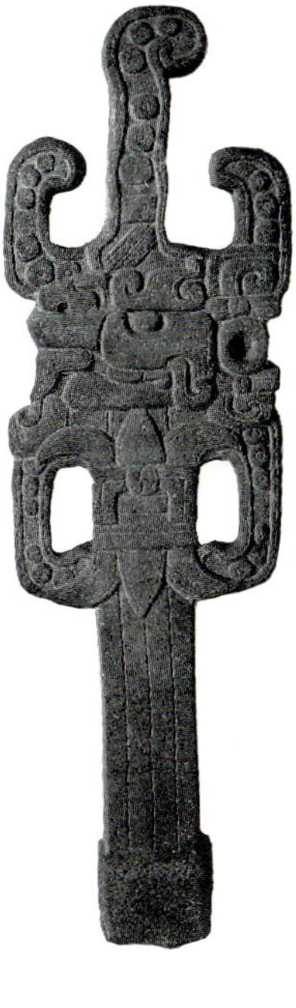

41 *(Ci-dessus, à gauche)* La stèle 5 d'Izapa pourrait expliquer les croyances d'Izapa concernant les origines du monde : des créatures humaines et surnaturelles s'écoulent de l'arbre au centre, tandis qu'un vieux couple se tient en bas à gauche. Des symboles du ciel apparaissent dans la marge supérieure et l'eau définit la marge inférieure. Préclassique récent.

42 *(Ci-dessus, à droite)* Stèle 11, Kaminaljuyú. Ce guerrier debout porte un costume d'oiseau et brandit une hache. Il est encadré par un dieu du ciel en haut et des symboles terrestres en bas. Préclassique récent.

43 *(A gauche)* Silhouette sculptée dans le style de Kaminaljuyú, censée avoir été trouvée à Santa Cruz Quiché au XIXe siècle. Le « nœud papillon » au centre est typique des armes de sacrifice et les traits avec des perles au-dessus pourraient représenter du sang. Préclassique récent.

terre, des conventions utilisées là pour la première fois. Comme les autres monuments d'Izapa, ces stèles insistent sur les scènes mythologiques et surnaturelles. L'intérêt pour l'histoire, manifeste sur les monuments mayas plus récents, est apparemment absent d'Izapa.

Kaminaljuyú marque le grand épanouissement du Préclassique récent dans les Haute Terres ; c'est là que furent découvertes les plus riches sépultures de la région. De nombreux monuments du même style ont également été trouvés dans un rayon de plus de 80 km. De belles stèles sculptées comportent à la fois des
42 figures surnaturelles et humaines. La stèle 11 représente un seigneur debout orné des attributs du dieu Oiseau, comme le souverain de La Mojarra (fig. 25) à peu près contemporain. Son œil regarde à travers le masque et son manteau s'évase dans son dos comme des ailes. Un ancêtre flotte dans le ciel et deux braseros fument à ses pieds. Ses pieds en relief s'appuient sur un toponyme et la surface martelée de la lame avec un manche à droite révèle une adresse que les Mayas des Basses Terres n'acquirent que des siècles plus tard. D'autres figures humaines sont des silhouettes, comme celle, insolite, de la figure 43. Cette œuvre étrange paraît être un silex excentrique personnifié. Des éléments en forme de perles figurent sur la « lame ». Ces « points » ou « perles » représentent souvent le sang dans l'art classique : il pourrait s'agir d'une lame ensanglantée commémorant un sacrifice rituel.

A Abaj Takalik, des combinaisons de stèles-autels furent aussi érigées, comme à Izapa, mais avec une imagerie différente. Sur la stèle 2, deux figures encadrent une colonne de texte avec une date du Cycle 7 (c'est-à-dire, avant l'an 41 de notre ère). Comme la stèle 3 de La Venta, la stèle 11 de Kaminaljuyú et les portraits du Classique ancien de Tikal, la marge supérieure comporte un être surnaturel. Les deux hommes en dessous étaient sans doute des figures historiques. Sur la stèle 5, deux figures encadrent aussi une colonne de texte, ici une date lisible en Compte long, 8.4.5.17.11 (126 de notre ère). La posture irréaliste – torse de face, jambes et visage de profil – était une convention très répandue qui devint plus tard typique des représentations du Classique ancien maya.

Le IIe siècle de notre ère vit la fin de cet art des Hautes Terres du Guatemala ; les évolutions se concentrèrent au centre du Petén où le Classique ancien commença à prendre forme. Le Classique ancien maya puisa son imagerie mythique dans les formes créées à Izapa et déjà connues dans les Basses Terres, et trouva les conventions des portraits historiques à Abaj Takalik. L'épanouissement du Classique ancien à Tikal et Uaxactún reposait à l'évidence sur les sculptures des Hautes Terres et sur l'architecture de la côte caraïbe et d'El Mirador. Les réalisations artistiques et architecturales du Classique s'appuyaient sur celles du Préclassique récent.

Au Préclassique ancien et moyen, la présence olmèque avait profondément marqué les sites – notamment par les objets des tombes – des vallées du Mexique central, mais elle cessa au Préclassique récent. Les implantations n'étaient pas des cités et ne possédaient pas de centres cérémoniels importants. Il s'agissait plutôt de villages évolués. Ainsi, à Tlatilco, on continua à façonner des figurines au Préclassique récent ; à l'ouest, à Chupícuaro (aujourd'hui enfoui sous un lac artificiel du Guanajuato), de jolis vases et figurines aux motifs rouges et géométriques peints à l'engobe étaient fabriqués.

Au plus tard en 100 av. J.-C., deux nouveaux centres furent établis dans la vallée de Mexico : Teotihuacán au nord et Cuicuilco au sud. Placés comme des rivaux aux extrémités opposées de la vallée, ils connurent une croissance spectaculaire en superficie et en population. A Cuicuilco, une immense plate-forme circulaire (135 m de diamètre à la base), principale construction, s'élevait au-dessus de quatre degrés concentriques comme un gâteau de mariage géant. Vers 50 av. J.-C., le volcan Xitli entra en éruption et ensevelit presque tout Cuicuilco. Une autre éruption se produisit environ 150 ans plus tard. Comme la population de Pompéi, celle de Cuicuilco s'enfuit. Teotihuacán n'avait plus de rivale ; elle grandit rapidement en taille et en puissance.

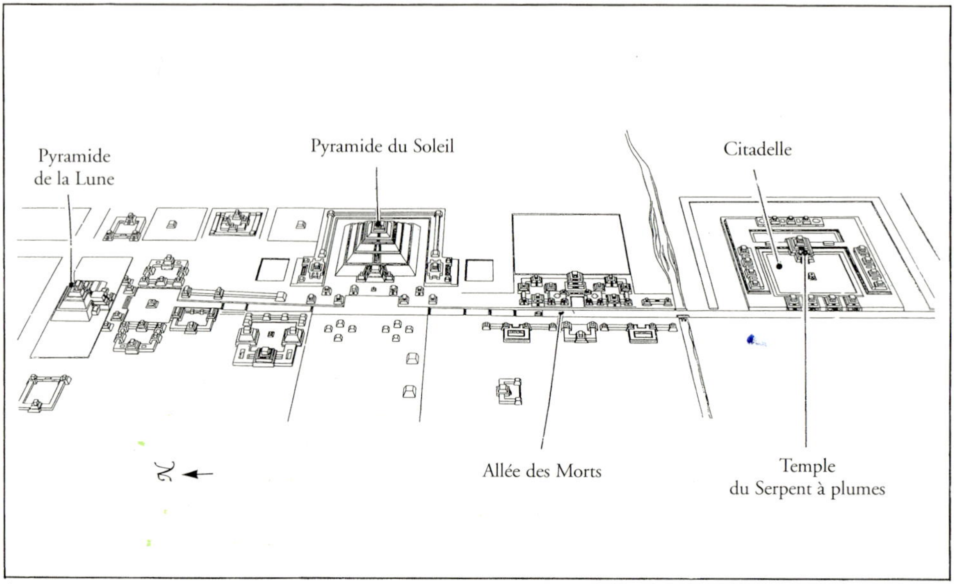

44, 45 Teotihuacán : vue isométrique *(ci-dessus)* de l'axe principal nord-sud, l'Allée des Morts ; vue aérienne oblique *(ci-dessous)* côté nord. Les interstices de la grille étaient entièrement remplis par des édifices près du centre de la cité.

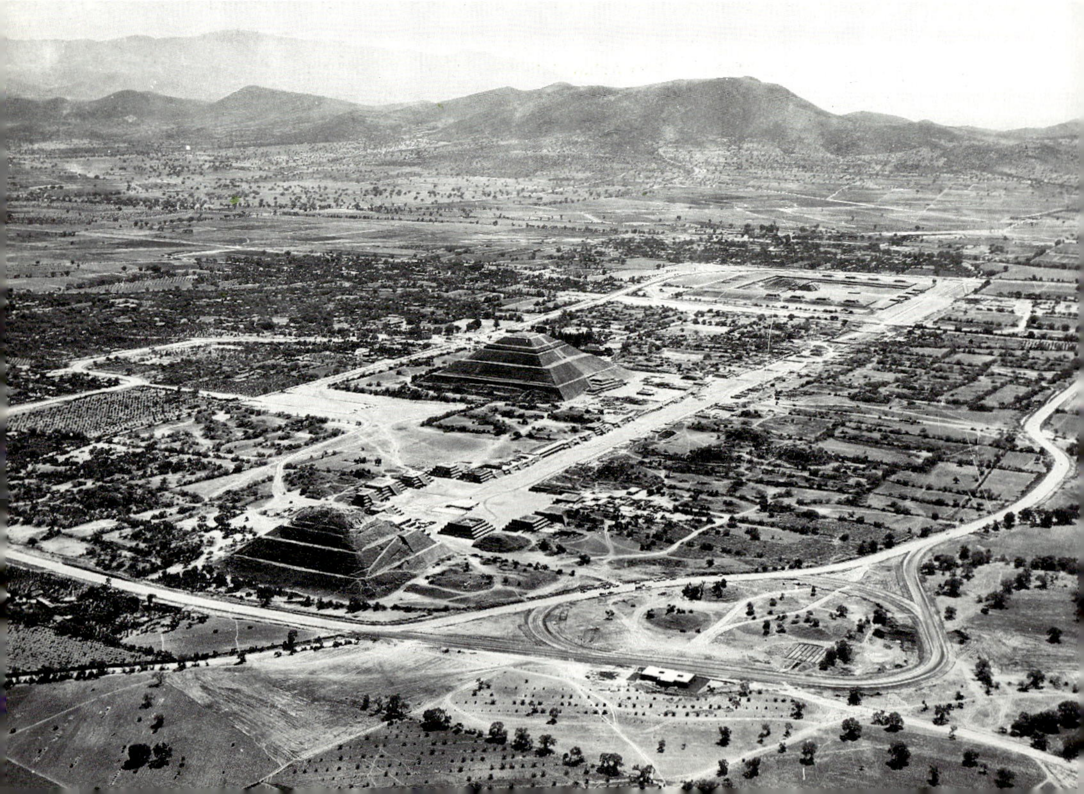

CHAPITRE QUATRE

Teotihuacán

La grande cité de Teotihuacán – métropole de quelque 125 000 habitants à son apogée, dans la vallée de Mexico – a eu, sur le commerce et l'art du Nouveau Monde, un impact comparable à celui de Constantinople dans l'Ancien Monde. La cité prestigieuse et influente ne fut concurrencée plus tard que par Tenochtitlán, capitale des Aztèques, et pourrait être la première grande Tollan, « lieu des roseaux », centre de civilisation imité par des cultures de toute la Mésoamérique. Même en ruine, Teotihuacán conserva beaucoup d'importance et ne fut jamais « perdue ». Plus tard, pour les Aztèques, elle devint le site d'un mythe cosmique et le dernier souverain, Moctezuma II, s'y rendait en pèlerinage.

Des années de recherches archéologiques ont permis de dresser un plan plus détaillé que celui des autres cités mésoaméricaines, mais des questions importantes demeurent, comme l'origine ethnique de sa population urbaine et puissante. Les noms de la cité et des édifices viennent des Aztèques ; certains pourraient bien être ceux employés jadis, y compris « Teotihuacán », qui, d'après Thelma Sullivan, signifie « lieu de ceux qui connaissent le chemin des dieux ». Des études récentes ont permis d'appréhender la complexité de la religion. Une divinité féminine, la « Grande Déesse », dominait les rituels des cavernes et des montagnes, la divination, et était peut-être associée au soleil ; un dieu masculin, le « Dieu de l'Orage » régnait sur l'eau et les orages, comme plus tard son homologue aztèque, Tláloc.

On parle d'ère « Classique » pour désigner la période durant laquelle les Mayas ont utilisé les inscriptions en Compte long, de 250 à 900 de notre ère environ – époque autrefois considérée comme pacifique et théocratique en Mésoamérique. Si la notion d'une théocratie pacifique a été abandonnée, le terme « Classique » demeure, ne serait-ce que pour définir la richesse, la variété et l'évolution de l'art et de la société de l'époque. Des études archéologiques récentes ont montré que la période classique a en fait commencé au plus tard en 150 de notre ère, avec l'essor de Teotihuacán. Elle a survécu à l'incendie de Teotihuacán en 650 et les traditions classiques se sont prolongées durant deux siècles au moins à Cholula, dans la vallée de Puebla.

Au Préclassique tardif, au nord-ouest de la cité, parmi les implantations dispersées, figuraient des enceintes de cavernes élaborées, notamment sur le site qui devint ensuite celui de la Pyramide du Soleil. Au début de notre ère, les Teotihuacanos avaient commencé à modifier entièrement la grotte : entrée élargie, salles recouvertes d'un mortier de boue. Une ligne fut tracée vers l'ouest ; elle reliait l'entrée de la grotte, l'apparition des Pléiades lors des deux passages annuels au zénith et la course du soleil aux mêmes dates, formant ainsi un puissant axe est-ouest. Perpendiculairement à cet axe, un autre fut tracé ; il se terminait au volcan Cerro Gordo. A la fin du premier siècle de notre ère, ces deux axes constituaient la base de la grille qui détermina tous les emplacements à Teotihuacán. Le rituel était centré sur la Pyramide de la Lune (150 de notre ère), le Temple du Serpent à plumes (200) et la Pyramide du Soleil (225). Des complexes d'habitations basses remplirent les interstices au cours des siècles ; le grand centre cosmopolite prospéra et atteignit son apogée vers 400-600. L'archéologie a fourni la preuve du voisinage d'ethnies différentes et de barrios d'artisans, mais tous vivaient le long de la grille immuable. Des kilomètres plus loin, des structures isolées se conformaient encore à la géométrie à angle droit de la cité et aux orientations fixées par la grille. (Avec une population estimée à 125 000 personnes par l'archéologue René Millon, Teotihuacán était la sixième cité du monde par sa taille en 600, époque où le demi-million d'âmes de Constantinople faisait d'elle le plus grand centre urbain du monde.)

44, 45 A Teotihuacán, l'architecture est faite à la fois de volume et d'espace – volume pour les grands temples, espace ouvert pour les places, les enceintes de temples, les allées rituelles, et espace intérieur dans les enceintes des palais. S'il est souvent difficile, en Mésoamérique, de distinguer les palais et les bâtiments administratifs des édifices religieux et des habitations, le profil particulier appelé

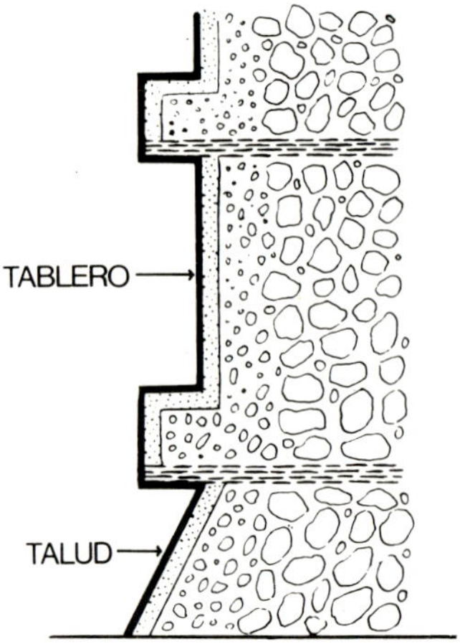

46 Le *tablero* vertical s'appuie sur le *talud* incliné. Ce schéma montre la mise en œuvre typique de nombreuses structures de Teotihuacán. L'extérieur est recouvert de plâtre fin et poli.

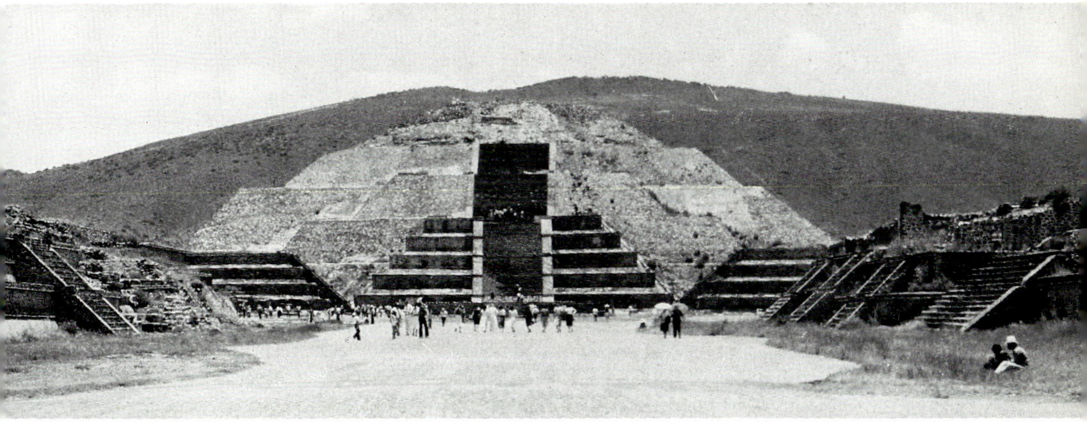

47 La Pyramide de la Lune à Teotihuacán, encadrée au loin par le Cerro Gordo, un volcan éteint.

« *talud-tablero* » délimite souvent l'architecture sacrée de Teotihuacán, notam-
ment pour les petites structures et dans les enceintes de palais. Le *talud* incliné 46
(talus) soutient le *tablero* vertical (entablement) sur la surface duquel on trouve
souvent des ornements architecturaux ou des peintures de stuc. Plus peut-être
que tout autre aspect de la culture, le talud-tablero marque l'influence de Teoti-
huacán dans des régions lointaines ; ces profils en adobe à Kaminaljuyú, à près 59
de 1 100 km au sud, sont une manifestation provinciale de la grande cité.

Le plan architectural des axes ne se limitait pas à l'orientation de la cité ; il ordonnait les angles de vue pour les participants au rituel. L'axe nord-sud, nommé « Miccaotli » ou Allée des Morts par les Aztèques, était bordé de sanctuaires voués aux ancêtres ; quelques-uns contiennent peut-être encore des tombes ignorées et des offrandes pour les morts. Et, l'Allée des Morts, par ses différents niveaux, obligeait les piétons à monter et descendre des marches et, en tant qu'élément architectural à deux dimensions, requérait l'attention. Ce type de progression rappelle le passage dans la caverne sous la Pyramide du Soleil, où les fidèles devaient s'agenouiller, puis ramper, pour ensuite marcher debout.

L'Allée des Morts mène à la Pyramide de la Lune, puis au-delà, au Cerro 47
Gordo, volcan éteint au cône effondré. La Pyramide de la Lune, un peu plus
petite que la Pyramide du Soleil, possède aussi une immense cour en plein air.
Dédiée à la Grande Déesse et à son culte, cette pyramide semble dompter la
montagne et concentrer ses forces vers la cité, tout en remerciant et invoquant le
volcan grondant pour la pluie et l'abondance. La disposition de la montagne et
de la pyramide frappe le regard, comme si les hommes avaient voulu placer leurs

œuvres en parfaite harmonie avec le paysage. En Mésoamérique, ces configurations saisissantes, lieux de transformation liminale, servaient d'entrée dans le sacré ; les Teotihuacanos les exploitaient du mieux qu'ils pouvaient en axant leurs cultes sur les montagnes et dans les cavernes et en les célébrant par l'architecture.

53 Bien qu'il ait été plus tard recouvert partiellement d'une pyramide toute simple, le Temple du Serpent à plumes est toujours resté visible avec son élégant déploiement de coiffures de Serpents Guerriers sévères, vus de face, flottant au-dessus des ondulations d'un Serpent à plumes. Situé au centre d'une grande enceinte – la Citadelle, qui est peut-être le palais d'un ancien souverain charismatique –, le Temple du Serpent à plumes célèbre et commémore la guerre. Récemment, les archéologues ont exploré la structure ; ils ont découvert plus de cent squelettes, presque tous victimes de massifs sacrifices humains rituels, dédiés apparemment au culte de la guerre.

48 La Pyramide du Soleil est l'une des plus grandes structures de la Mésoamérique précolombienne ; avec ses 61 m (sans compter la superstructure périssable qui la couronnait certainement), c'était l'une des structures les plus hautes et les plus vastes d'Amérique du Nord jusqu'au XXe siècle. Construite au-dessus de la grotte aux multiples salles, possible centre de la pratique religieuse et de l'ordre civil à Teotihuacán, la Pyramide du Soleil commémorait peut-être l'origine de l'homme et la sortie de la grotte. La grotte comme lieu d'origine de l'Homme se retrouve dans la mythologie aztèque : leurs ancêtres auraient surgi de sept grottes, « Chicomoztoc », avant de se diriger vers Tenochtitlán. La grotte de Teotihuacán serait-elle le lieu sacré de l'origine de l'humanité ?

48 Pyramide du Soleil à Teotihuacán.

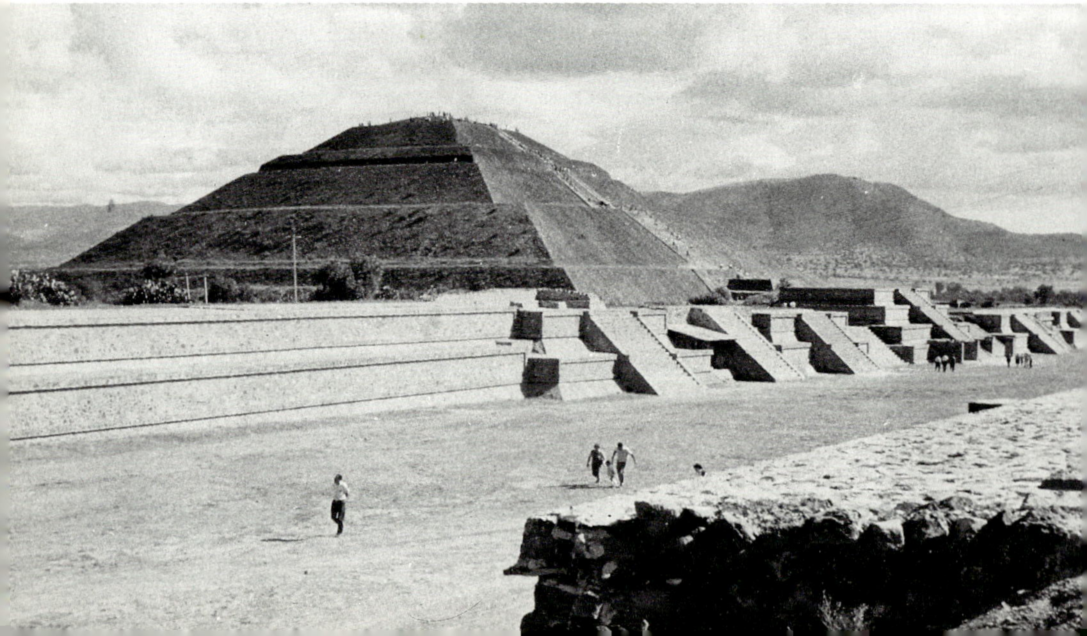

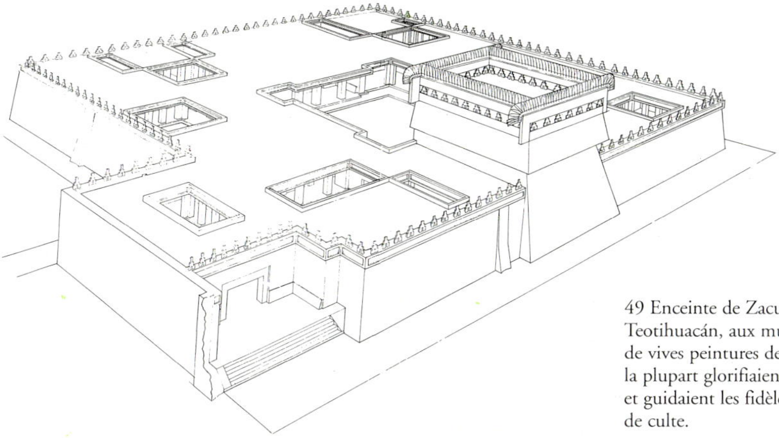

49 Enceinte de Zacuala à Teotihuacán, aux murs couverts de vives peintures de stuc dont la plupart glorifiaient la dévotion et guidaient les fidèles vers des salles de culte.

La Pyramide du Soleil, reconstruite au moins deux fois, se compose de cinq niveaux géants. Le large escalier est le point de mire de l'édifice. La volée de marches unique se divise en deux, puis se fond de nouveau en une seule : les fidèles qui gravissaient les marches apparaissaient et disparaissaient plusieurs fois pour le spectateur resté en bas. Comme toute l'architecture mésoaméricaine, les structures de Teotihuacán constituaient la toile de fond des rituels et des événements publics. Les chercheurs ne sont pas tous d'accord sur le culte célébré à la Pyramide du Soleil : centre cérémoniel du dieu de l'Orage ou autre lieu de culte de la Grande Déesse, honorée peut-être dans les cavernes en-dessous.

Des enceintes résidentielles de tailles diverses remplissaient les espaces vacants 49
de Teotihuacán. L'accès à ces enceintes, très limité, se faisait souvent par une porte unique, ce qui assurait sécurité et intimité à l'intérieur. Compte tenu du bruit et de la confusion inévitables dans cette ville de commerçants et d'artisans affairés, les habitants devaient se sentir soulagés lorsqu'ils passaient du vacarme de la rue à l'isolement de leurs résidences paisibles. On peut comparer cette vie urbaine à celles des cités pré-modernes de l'Ancien Monde, mais elle n'avait pas d'équivalent dans le Nouveau Monde. Chaque quartier résidentiel possédait trois sanctuaires et une plate-forme pour les rituels semi-publics, ainsi que de nombreuses habitations. Les enceintes de Teotihuacán, construites selon des normes conventionnelles et avec des matériaux courants, furent sans doute édifiées par l'État. Les archéologues ont trouvé récemment des traces de sortes de taudis serrés contre les logements.

Ces enceintes abritaient parfois des étrangers, comme l'indique la découverte du barrio « d'Oaxaca » ; des Zapotèques y vivaient dans des logements typiques de Teotihuacán, mais leurs sépultures restaient zapotèques et on y a trouvé des urnes de l'Oaxaca. Les Zapotèques de Teotihuacán importaient aussi de l'Oaxaca des céramiques utilitaires. Ces enclaves étrangères étaient peut-être des ambassades ou les résidences des marchands. On y préparait aussi des produits de luxe dans des styles étrangers pour les habitants. Teotihuacán était vraiment une cité cosmopolite.

LA SCULPTURE

La sculpture de Teotihuacán, massive et prismatique, conserve un caractère « lithique » qui a attiré l'attention du sculpteur moderne Henry Moore sur les styles mésoaméricains. Par son matériau et sa géométrie, elle est semblable à l'architecture. La sculpture et la peinture de Teotihuacán, statiques et sereines, ont longtemps échappé à toute interprétation ; l'absence de personnalisation est si poussée que l'expression artistique a souvent été considérée comme le reflet d'une mentalité de groupe qui idéalisait l'uniformité. La sculpture la plus importante de Teotihuacán est la grande figure féminine de la Grande Déesse, jadis placée dans la cour de la Pyramide de la Lune (*cf.* frontispice). La fente de sa tête rappelle les œuvres olmèques, mais son aspect de « bloc » ressemble peu à la sculpture olmèque plastique et en volume. Si on place la fente de la tête de la sculpture dans l'axe de la Pyramide de la Lune, elle se trouve dans l'alignement de la
47 dépression du Cerro Gordo ; la figure, en portant les mains à son corps, semble extraire l'eau de son *huipil*, le vêtement qu'elle porte sur la poitrine, comme si elle libérait la puissance de la montagne sur son peuple.

Une sculpture insolite a été trouvée à La Ventilla, enceinte résidentielle périphérique de Teotihuacán. Il pourrait s'agir d'un marqueur ou d'une pierre servant de bannière dans un jeu de balle dépourvu de son habituel terrain maçonné. Chacun des quatre éléments de la sculpture possède un motif en volute recherché et imbriqué. Ce type de volute est typique de la sculpture classique du Veracruz, notamment sur le site d'El Tajín, où il existait onze terrains de jeu de balle. Sur l'une des peintures d'un talud du Tlalocán (voir plus loin), de petites figures animées jouent à un jeu autour d'une sculpture semblable à celle de La Ventilla.

50 Les sculptures sans doute les mieux connues de Teotihuacán sont les masques ; Esther Pasztory pense qu'ils devaient être attachés à des supports périssables et former de grands ensembles qu'on habillait et qu'on vénérait. Les visages de ces masques en serpentine, onyx (le *tecali* aztèque) ou granit sont limpides, ano-

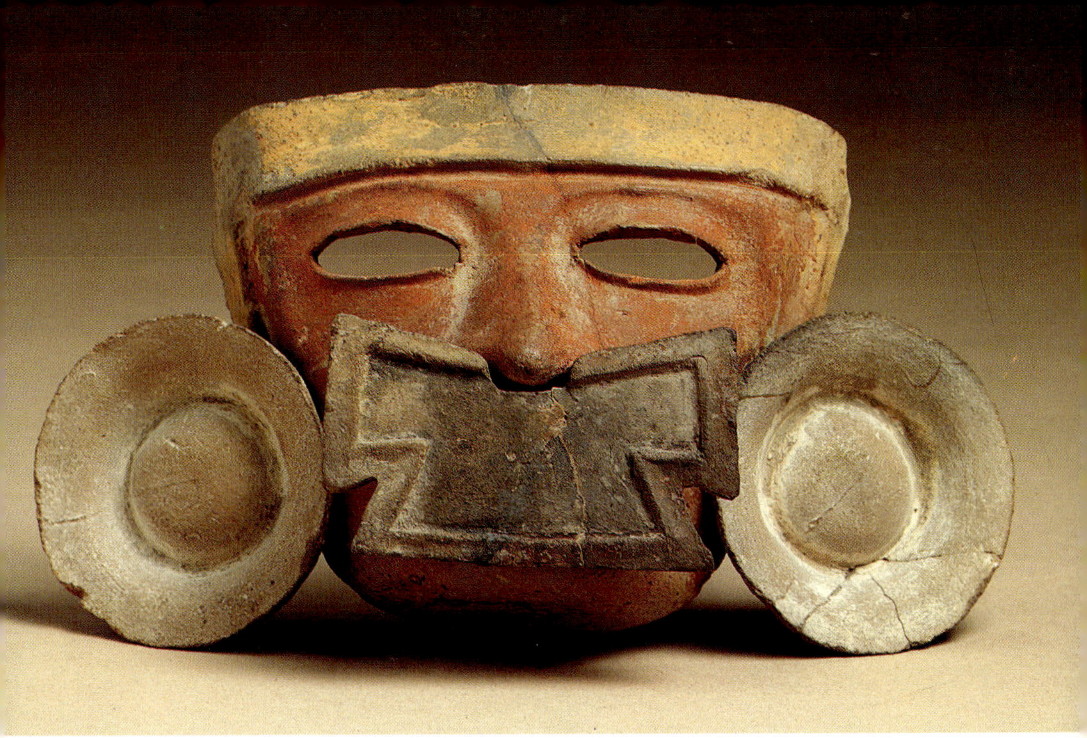

50 Il n'y a pas de trous pour respirer sur les masques de Teotihuacán qui donnaient vie aux ballots funéraires ou à ceux des dieux. L'application en forme de papillon sur la bouche indique un personnage de haut rang.

nymes, androgynes et sans âge. On peut comparer la fig. 50 au frontispice : ces sculptures possèdent le même visage impersonnel que les masques de pierre. Des traces de dépôts dans les trous de certains masques indiquent que les yeux étaient incrustés de coquillages ou de pyrite. On a trouvé quelques masques avec une mosaïque intacte de coquillages et de turquoises ; ces incrustations, malgré leur beauté, ne retirent rien à leur anonymat.

Parmi les figurines de céramique, fabriquées durant toute l'histoire de Teoti- 51
huacán, les plus anciennes – toutes petites, agiles et peut-être habillées jadis – sont les plus attachantes. Comme les sculptures en pierre, ces miniatures, trouvées en abondance, affichent le masque impersonnel de Teotihuacán. A partir de 450, elles furent produites en série au moule ; leur iconographie s'enrichit, mais cette technique les cantonna à des poses statiques. A Teotihuacán, les céramiques comme les figurines évoluèrent vers une production en série.

De grandes sculptures céramiques ont également été découvertes. Sur de
grandes urnes polychromes, des faces humaines et animales apparaissent dans des 54

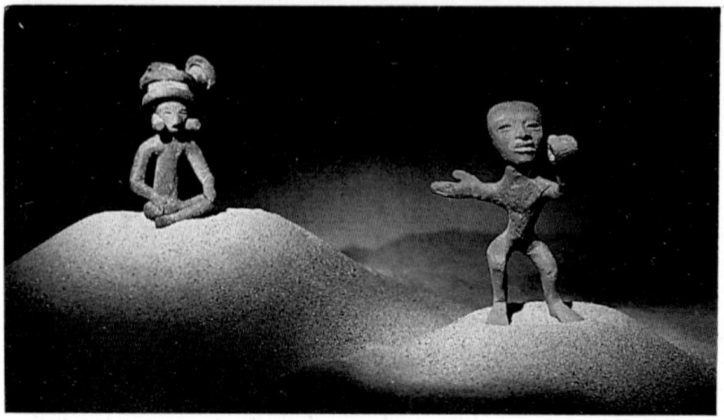

51 Petites figurines d'argile, Teotihuacán, modelées dans des attitudes vivantes. Classique ancien.

constructions presque architecturales élaborées à partir d'éléments produits en série. Les surfaces planes attirent l'attention sur le visage tridimensionnel en retrait. Il se peut que les Teotihuacanos aient eux-mêmes démonté ces ensembles et reconstitué des divinités différentes à partir des composants.

L'obsidienne et les coquillages précieux servaient à créer de beaux objets souvent trouvés dans les sépultures. Des fouilles récentes au Temple du Serpent à
52 plumes ont livré quarante colliers semblables, composés chacun de coquillages façonnés à l'image de dents humaines, parfois accompagnés de mâchoires complètes, symboles puissants et inquiétants des prouesses guerrières et sacrificielles.

52 Au second siècle de notre ère, les Teotihuacanos ensevelirent au moins cent victimes d'un sacrifice humain sans précédent. Environ quarante colliers de mâchoires humaines réelles ou figurées témoignent de l'importance de cette pratique.

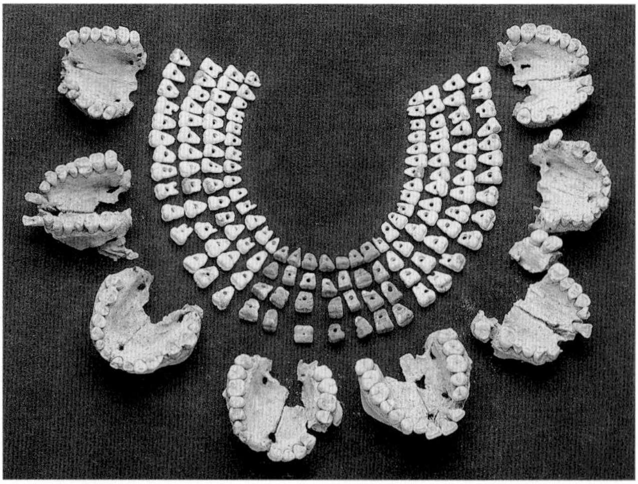

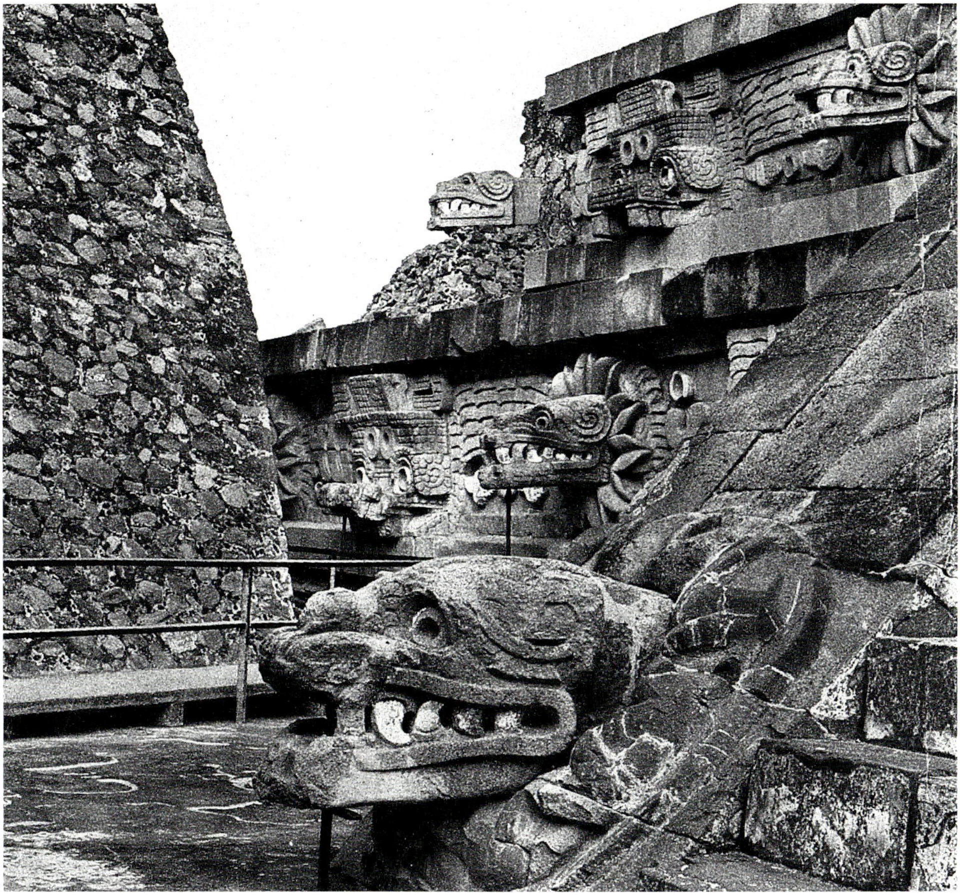

53 Temple du Serpent à plumes, Teotihuacán. Au début du siècle, les archéologues ont enlevé le revêtement extérieur de la structure et ont fait apparaître une grande partie de la façade peinte et sculptée d'une construction plus ancienne.

LA PEINTURE

Il est difficile de séparer l'histoire de la peinture de celle de la sculpture architecturale à Teotihuacán, car les ornements peints sur les édifices anciens semblent avoir ouvert la voie à la peinture. Le plus bel ornement architectural de Teotihuacán, celui du Temple du Serpent à plumes, se trouve à l'extrémité ouest d'une 53
grande enceinte, peut-être le palais du souverain. Sur la façade de type talud-tablero, nettoyée et restaurée entre 1917 et 1920, les immenses têtes de serpent à

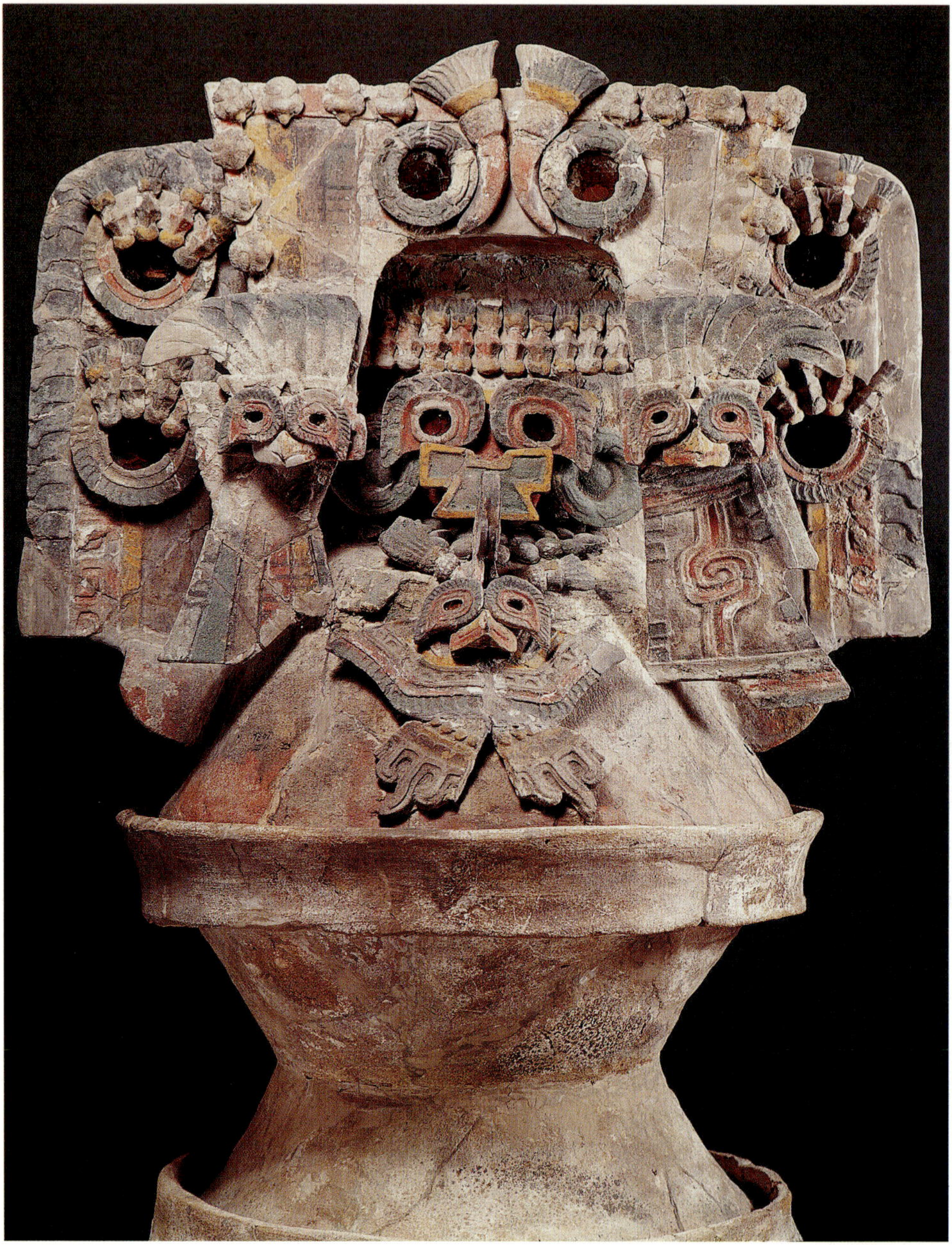

54 Cette grande urne à imagerie de chouette, dont les petits et les grands éléments standardisés étaient produits en série, servait au culte de la guerre à Teotihuacán. La chouette de Teotihuacán entra dans l'inventaire de l'iconographie guerrière de Mésoamérique.

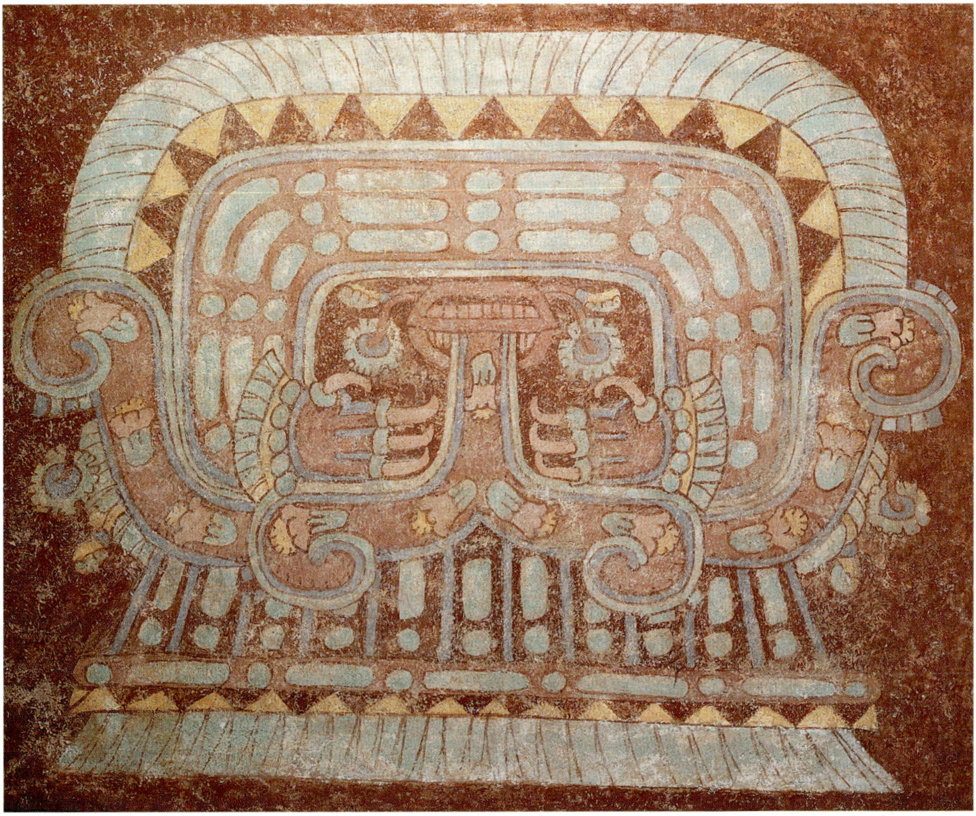

55 Déesse griffue de Teotihuacán récent ; sa tête à l'envers est renversée en arrière, peut-être même coupée comme celle des déesses de la terre aztèques plus récentes. Des fleurs sortent de sa bouche, symbole de la fertilité renouvelée par le sacrifice.

56 Peinture murale en stuc de Tetitla, Teotihuacán. Un homme en costume de jaguar à motif de filet est à genoux sur un chemin marqué d'empreintes de pas qui mène à un temple.

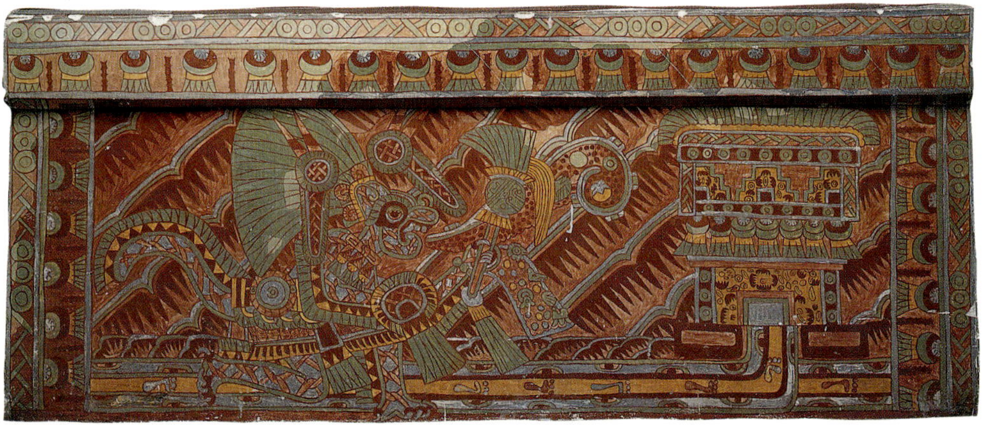

plumes de la rampe pèsent chacune plus de quatre tonnes ; des tenons ouvragés tiennent l'ensemble. Ces sculptures étaient peintes et il s'agit sans doute du plus ancien programme de peinture encore visible à Teotihuacán ; des traces de bleu, rouge, blanc et jaune apparaissent encore. Au IIIe siècle de notre ère, une véritable peinture à fresques remplaça la plupart des ornements sculptés, la palette s'aviva, les tons de rouge clair prédominèrent ; le pigment principal de la plupart était l'hématite et les images en résultant rappellent les tapisseries médiévales ou les tapis persans. Les traits étant peu marqués, les œuvres sont parfois difficiles à déchiffrer, surtout lorsqu'elles sont en partie érodées. Toutefois, la plupart des peintures présentaient des motifs répétitifs permettant de les reconstituer à partir de simples fragments.

Des peintures murales couvraient les tableros durant toute l'existence de Teotihuacán ; les complexes de logements, notamment, étaient peints de couleurs vives. On a tenté d'établir une chronologie, mais la gamme de sujets et la nature des peintures de 400 à 750 semblent avoir été très stables : les images de guerre, de divinités et de sacrifice étaient les plus nombreuses. Dans le complexe d'Atetelco et ailleurs, des gabarits standards furent sans doute utilisés pour obtenir une répétition des modèles qui, pour un visiteur inattentif, ressemble à du papier peint. Un même gabarit n'était toutefois employé que dans un seul complexe et jamais au-delà d'une enceinte.

Beaucoup de peintures ont un caractère didactique : elles montrent aux spectateurs la conduite appropriée, et indiquent notamment comment exécuter un sacrifice, comme l'illustrent les nombreuses figures de profil qui portent des sacs d'encens et sont debout, à côté d'épines d'agave et de balles d'herbe. Des rangées
56 de figures de profil, y compris le dieu Jaguar vêtu d'un filet, encadrent des portes et guident les processions. Des temples, des nuages et une végétation abondante forment des arrière-plans soignés. La procession de guerriers de Techinantitla suit un chemin marqué d'empreintes de pas ; des phrases en volutes « fleuries » sortent de la bouche des figures : des glyphes de noms rares sont placés devant chacune. Le gland à trois gouttelettes de chaque coiffure représente un cœur arraché.

La frontalité était réservée aux dieux et des représentations de la Grande Déesse étaient peintes dans toute la cité. De remarquables images la représentant dominent les fresques du patio du « Tlalocán », ainsi nommé par Alfonso Caso qui y voyait une représentation du paradis de l'eau aztèque, bien avant l'identification de déesses féminines à Teotihuacán. Sur les tableros supérieurs de chaque mur, la Grande Déesse émet des gouttelettes bleu-vert tandis que deux acolytes de profil l'assistent et font des offrandes. Des plantes sortent de sa tête, sur lesquelles volettent des papillons et rampent des araignées. En-dessous, sur le talud, d'innombrables petits individus folâtrent dans l'eau qui coule d'une montagne ;

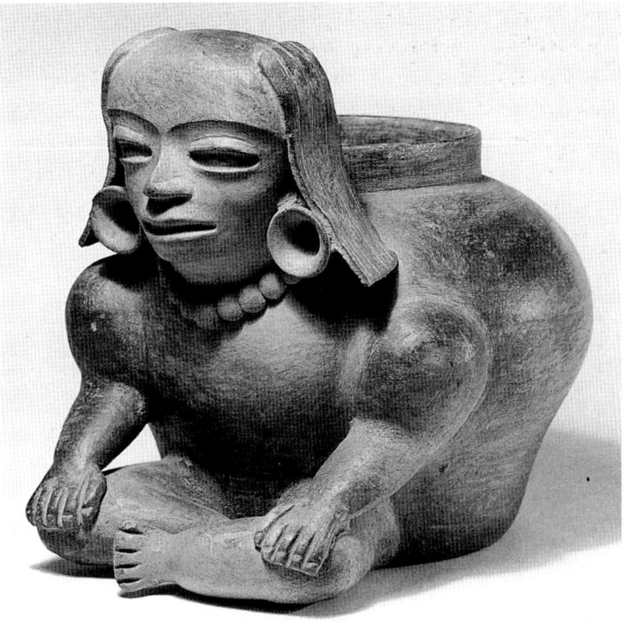

57 Les potiers de Teotihuacán créaient des céramiques appréciées dans toute la Mésoamérique pour leur finesse extraordinaire. Ce bossu portait peut-être du maïs ou du gruau sur son dos.

des volutes exubérantes de discours suggèrent des exclamations de joie. On peut interpréter cette imagerie répétée de la montagne comme une invocation du concept que les Aztèques appelleront plus tard *altepetl*, eau-montagne, indiquant un foyer de civilisation.

Beaucoup de peintures échappent à l'identification. Une étrange déesse grif- 55
fue, la tête et la poitrine inversée, est peut-être l'ancêtre de la déesse féminine décapitée, fréquente dans l'art aztèque, laquelle renverse aussi la tête en arrière, mais dont le sang jaillit en général du cou. Comme beaucoup de peintures de Teotihuacán, des plumes étaient peintes à fresques en malachite bleu-vert, puis cerclées d'un fin trait de contour rouge.

Beaucoup de céramiques étaient stuquées, avec une chronologie et une imagerie en général semblables aux peintures monumentales ; d'autres étaient réalisées en argile orange fine (comme celle de la figure 57) et souvent stuquées elles aussi (céramiques dites *Thin Orange*). Les vases en stuc possèdent des couvercles 58
lourds et ourlés aux peintures correspondant à celles de la panse ; de petites

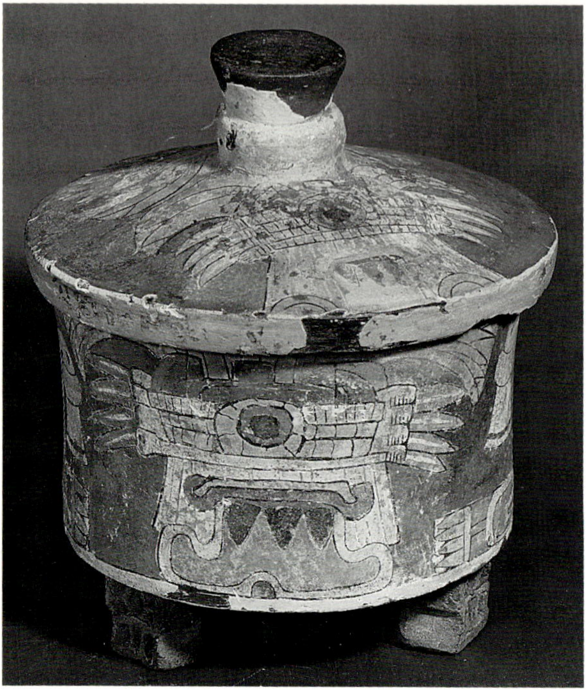

58 Vase tripode en stuc de style Teotihuacán. Des symboles de Tláloc, dieu de l'Orage, ornent le vase et son couvercle. Les tripodes sont caractéristiques des céramiques de Teotihuacán. Classique ancien.

découpes d'argiles constituent les trois pieds de ces vases tripodes. Sur une *olla*, jarre ouverte, un Tláloc aux yeux exorbités peint en bleu vif porte lui-même une *olla*. A l'époque de la Conquête, Tláloc était censé se servir de vases semblables pour verser de l'eau sur la terre.

LA FIN DE TEOTIHUACÁN

Les faibles précipitations et les sécheresses de plus en plus sévères ne firent qu'exacerber les difficultés de construction et d'entretien de la cité. En effet, un cercle infernal se mit en place : la préparation de la chaux pour le mortier et le stuc demandait de grandes quantités de bois pour brûler le calcaire ou les coquillages et, plus Teotihuacán grandissait, plus les forêts du voisinage se réduisaient. Avec le déboisement, vinrent l'érosion des sols, la sécheresse et les mauvaises récoltes. En réponse, Teotihuacán érigea encore plus de temples et réalisa un nombre croissant de peintures, perpétuant ainsi le cycle. La Grande Déesse ne pouvait plus rien : la cité était condamnée. Selon la datation au carbone, Teotihuacán fut ravagée vers 650, la zone des temples fut incendiée et sauvagement pillée. Les coupables étaient peut-être des peuples semi-nomades vivant tout près, au nord, des peuples qui avaient pu souffrir de l'expansion de Teotihuacán. La carte de Teotihuacán indique une grande densité de constructions le long du périmètre nord qui formait un mur dans une cité par ailleurs ouverte. La cité garda une partie de ses habitants, mais ne retrouva jamais son importance et la production artistique et architecturale cessa.

Durant l'essor de Teotihuacán, le magnétisme de la grande cité attira les gens des vallées voisines et provoqua donc leur dépeuplement. Inversement, le déclin de Teotihuacán permit ensuite à d'autres cités du Mexique central de se développer.

Loin au sud, dans les Hautes Terres du Guatemala, Kaminaljuyú était de toute évidence l'endroit où Teotihuacán était entrée en contact avec le Classique maya, notamment durant le Classique ancien, époque où les Mayas s'étaient familiarisés avec cette idéologie étrangère et avaient recherché des objets de style Teotihuacán. La prospérité de Kaminaljuyú datait du Préclassique récent mais, au Classique ancien, plusieurs structures de style Teotihuacán y furent édifiées. Parmi celles-ci figure notamment une reproduction à petite échelle de la Pyramide de la Lune, construite en adobe. Les tombes de Kaminaljuyú étaient rem- 59
plies d'objets luxueux, preuve des richesses accumulées par ceux qui servaient d'intermédiaires entre les Teotihuacanos et les Mayas.

Durant l'essor et le développement de Teotihuacán, Cholula, dans la vallée de Puebla, prospéra aussi. Curieusement, au moment de l'incendie de Teotihuacán, Cholula subit aussi un dépeuplement. Toutefois, au Postclassique, la cité fut reconstruite et s'étendit. La plupart des sources ethno-historiques font un lien entre Cholula et Quetzalcóatl, du moins à l'époque de la conquête espagnole, mais ce lien pourrait être plus ancien.

Pendant près de 2 000 ans, la pyramide principale de Cholula fut utilisée et 60
reconstruite pour finalement se retrouver coiffée d'une église coloniale. Les

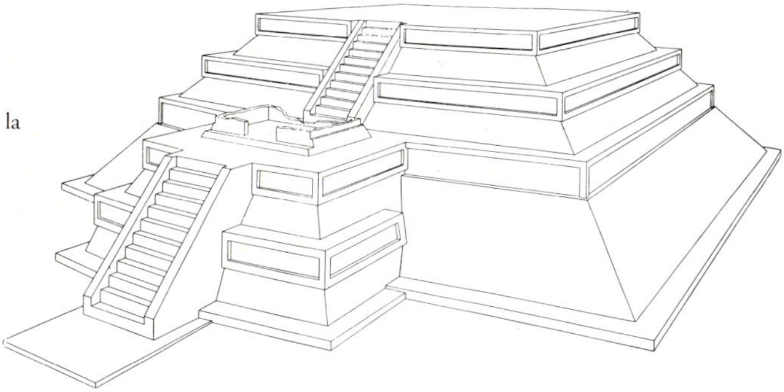

59 Reconstitution de B-4, Kaminaljuyú. Sur ce site du Guatemala, des édifices de pur style Teotihuacán ont été réalisés à échelle réduite en adobe pendant l'apogée de la grande cité. Classique ancien.

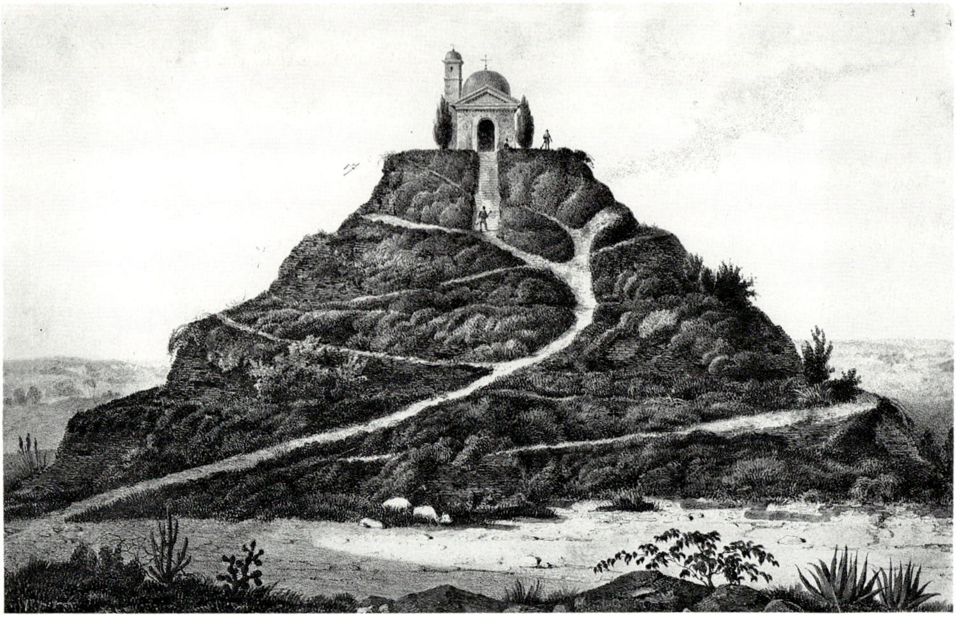

60 La pyramide principale de Cholula connut longtemps un grand succès et profita sans doute du déclin de Teotihuacán. Une église coloniale couronne au moins 1500 ans de constructions préhispaniques. Ce dessin assez fantaisiste de 1834 présente la grande pyramide comme s'il s'agissait du Mont du Calvaire.

explorations archéologiques de l'Institut national mexicain d'anthropologie et d'histoire (INAH) ont révélé de nombreux aspects de la construction de la pyramide. Ainsi, au Classique ancien, des peintures couvraient l'extérieur du temple en talud-tablero. Ces œuvres en stuc illustraient de grands rites de boisson ; d'après George Kubler, les peintres étaient de plus en plus ivres au fur et à mesure de leur exécution, comme semblent le montrer les dernières scènes !

Un talud incliné plus long que ceux connus à Teotihuacán caractérise les anciennes pyramides de Cholula ; et cette différence nous donne à penser que la population de Cholula résista à la domination de Teotihuacán à l'instar de la cité de Tlaxcala, et ce malgré la proximité avec la métropole. A l'époque de la Conquête, un peuple de langue nahuatl occupait le site. Malgré des années d'études archéologiques sur Teotihuacán, l'identité ethnique de ces habitants demeure inconnue. Etaient-ils de langue nahuatl, comme les Toltèques et les Aztèques tardifs ? Etaient-ils des Totonaques ou des Otomís, lesquels, à l'époque de la Conquête ne dominaient déjà plus le Bassin de Mexico ? Personne ne le sait.

CHAPITRE CINQ

Monte Albán, Veracruz et Cotzumalhuapa au Classique

La période classique a connu l'épanouissement culturel le plus étendu de l'histoire mésoaméricaine. Au Mexique central, nous l'avons vu, Teotihuacán était la cité la plus grande, la plus puissante et la plus prestigieuse de l'histoire ancienne du Nouveau Monde. Au sud, au Yucatán, au Guatemala, au Honduras et au Chiapas, les Mayas, tout aussi importants, étaient connus pour leur grande diversité régionale plus que pour le pouvoir monolithique qui caractérisait Teotihuacán. Toutefois, d'autres régions favorisèrent aussi le développement du Classique. Des styles d'art et d'architecture classiques et indépendants s'épanouirent à Monte Albán dans l'Oaxaca, dans plusieurs sites du Veracruz, dont El Tajín, et à Cotzumalhuapa sur la côte pacifique du Guatemala. Aucune autre période de l'histoire mésoaméricaine ne vit la création d'autant d'œuvres d'art et d'architecture aussi belles et diverses. Ce fut une grande époque de contacts : de même qu'il existait des échanges entre Teotihuacán et les Mayas, il y avait des contacts entre l'Oaxaca et Teotihuacán et entre El Tajín et Cotzumalhuapa. Ces cités n'étaient pas à l'abri des troubles qui mirent fin à la période classique : Monte Albán et El Tajín subirent le dépeuplement puis l'abandon et les deux régions connurent ensuite des évolutions distinctes au Postclassique.

LA CIVILISATION CLASSIQUE DE MONTE ALBÁN

A Monte Albán, le pas entre les styles zapotèques évolués d'art et d'architecture du Préclassique récent et la phase classique fut aisément franchi. Il restait quelques témoins artistiques et architecturaux du Préclassique récent et l'acropole avait déjà été aplanie artificiellement. La plupart des édifices encadrant la grande place datent cependant du Classique, que ce soit à Monte Albán IIIa (Classique ancien, jusqu'à 400 de notre ère) ou à Monte Albán IIIb (Classique récent, de 400 à 900, selon les archéologues). Les principales architectures reflètent l'attention accordée à la topographie naturelle des vallées environ-

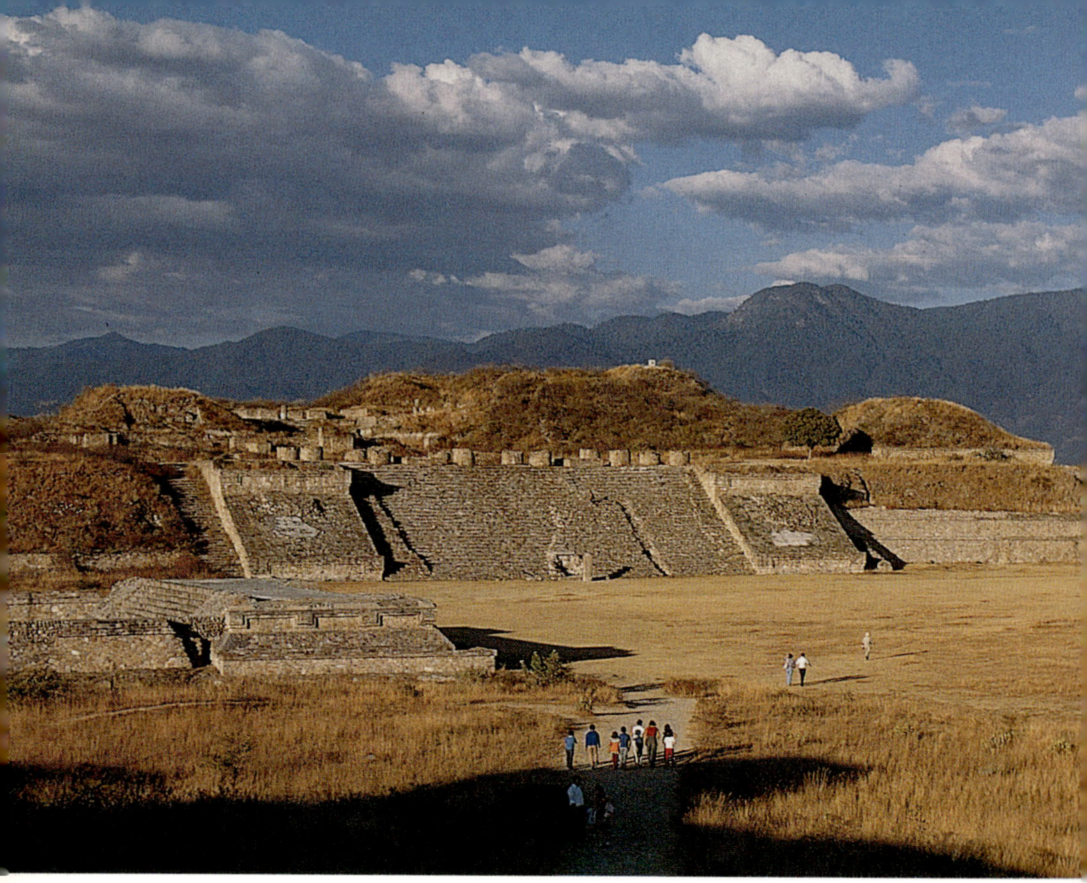

61 Vue de la place de la cité montagneuse de Monte Albán vers le monticule nord.

nantes. Il est difficile de saisir la relation entre l'acropole et les montagnes sur des photographies, mais la succession d'élévations et de dépressions des structures artificielles à l'ouest de la place reprend si précisément celui de la barre montagneuse occidentale que l'acropole de Monte Albán constitue une
61 réplique en miniature de la vallée du centre de l'Oaxaca. Ce phénomène encore visible aujourd'hui permet d'imaginer combien elle devait être frappante pour les gens de l'époque.

Le plan conçu pour reproduire le rythme des formes naturelles explique
62 sans doute la symétrie bilatérale approximative de l'acropole. Les édifices ne sont pas disposés sur un axe ou une grille. A la différence du plan de Teoti-

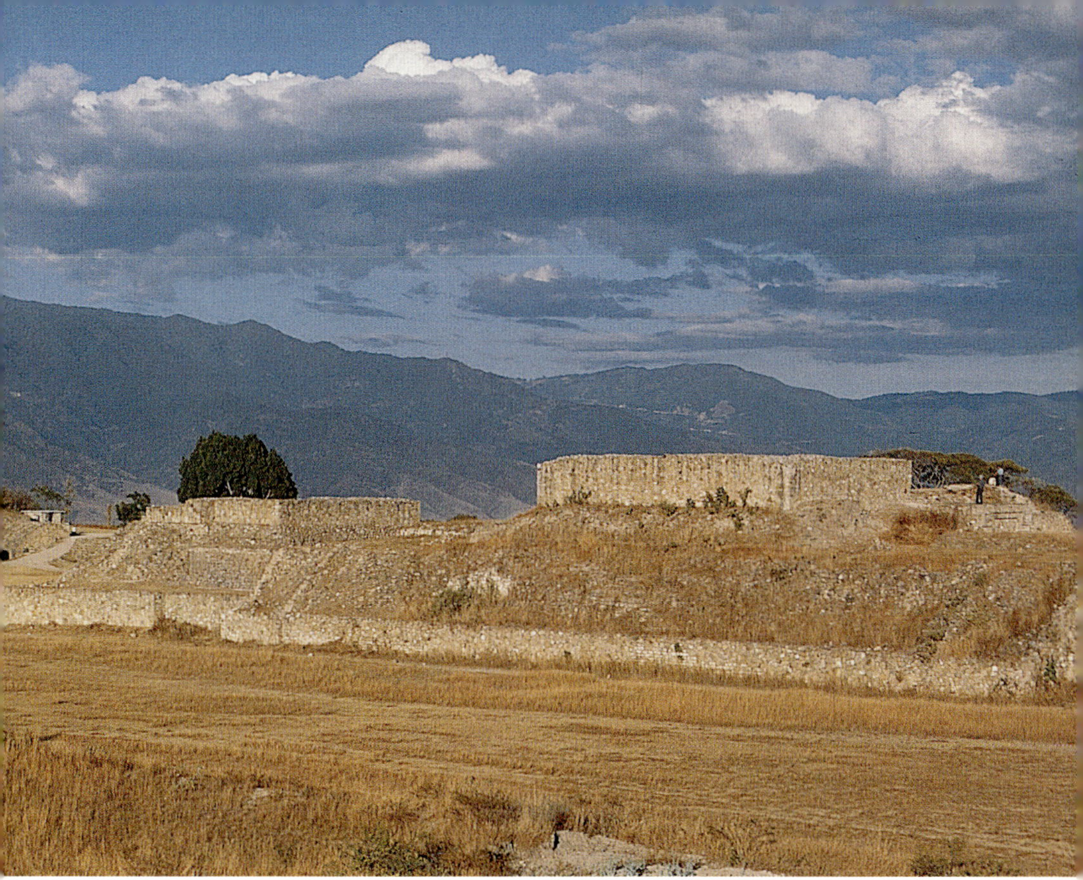

huacán, ils ne rayonnent pas à partir d'un point central, mais encadrent plutôt 44
l'espace négatif de la place. Toutefois, par son orientation générale nord-sud, le plan de Monte Albán évoque bien plus un axe que les plans organiques des cités mayas.

L'organisation générale de l'acropole de Monte Albán rappelle aussi l'Allée des Morts à Teotihuacán. La grande allée conçue pour les processions est bordée de temples bas et modulée par les différences de niveaux. Les monticules nord et sud de Monte Albán délimitent le centre cérémoniel et obligent à monter et à descendre le long de l'allée processionnelle. Néanmoins, le centre cérémoniel de Monte Albán est de taille réduite par rapport à celui de Teotihuacán : la place de Monte Albán et les temples l'entourant tiendraient tous sous le Temple du Soleil.

Les constructions du Classique ont rendu l'ensemble du site – la place et ses édifices – plus privé. Un mur entourait plus de 2,5 km² de l'acropole. Ainsi, en approchant la place par l'est, l'accès physique et visuel était bloqué par de nombreux bâtiments presque contigus. Les rampes et les escaliers de ces édifices sont très nombreux et l'accent est mis sur l'alternance de ces deux formes.

Les angles de la place ne sont plus ouverts : au nord-est, par exemple, les Zapotèques construisirent un terrain de jeu de balle en forme de I. (Cette forme de terrain était spécifique à la région au Classique, mais au Postclassique, les terrains fermés en forme de I avec des murs inclinés étaient aussi très répandus au Mexique central.) A l'ouest de la place, des enceintes similaires furent érigées de part et d'autre du Temple, plus ancien, des Danzantes. On suppose que ces édifices, appelés systèmes IV et M, étaient des amphithéâtres : les fidèles se rassemblaient dans la cour fermée et assistaient aux rites qui se déroulaient sur la façade principale. Les superstructures périssables ont disparu,
64 comme toutes celles de Monte Albán. Les façades des tombes et les petites maquettes de temples en pierre trouvées dans les tombes indiquent que la moulure de profil, typique de Monte Albán, était répétée au niveau de la corniche. Cette moulure, enroulée autour des angles extérieurs, consolidait la structure, tout comme les moulures en tablier des structures mayas de la même époque. La moulure, avec ses deux strates distinctes, présente un motif qui ressemble au symbole du ciel, ce qui pourrait indiquer le caractère sacré de l'architecture ainsi délinéée.

Au Classique, l'enceinte du palais nord fut agrandie et devint de plus en
62 plus inaccessible, notamment à Monte Albán IIIb. Une fois la construction achevée, il fallait gravir le monticule nord, longer une colonnade et descendre dans une cour semblable à celles de Teotihuacán mais plus petite et en contrebas par rapport aux structures voisines. Il fallait ensuite suivre un passage étroit, monter et descendre des marches avant d'accéder aux salles du palais. Cet accès restreint possède un équivalent à Teotihuacán, notamment dans l'enceinte de Quetzalcóatl, et dans la région maya où le centre de l'enceinte A-V
81 d'Uaxactún devint pratiquement inaccessible au Classique récent.

Au sud, comme l'a montré récemment Javier Urcid, un ancien palais fut
63 démoli et les linteaux sculptés furent dressés comme des stèles, ce qui modifiait le sens de lecture de leur imagerie. Ainsi, comme le palais sud, de nombreux

62 Plan de Monte Albán.
Monticule et palais nord. Terrain de jeu de balle. Grande place. Monticule H. Monticule J. Monticule et palais de la Barrière sud. Système IV. Temple des Danzantes. Système M.

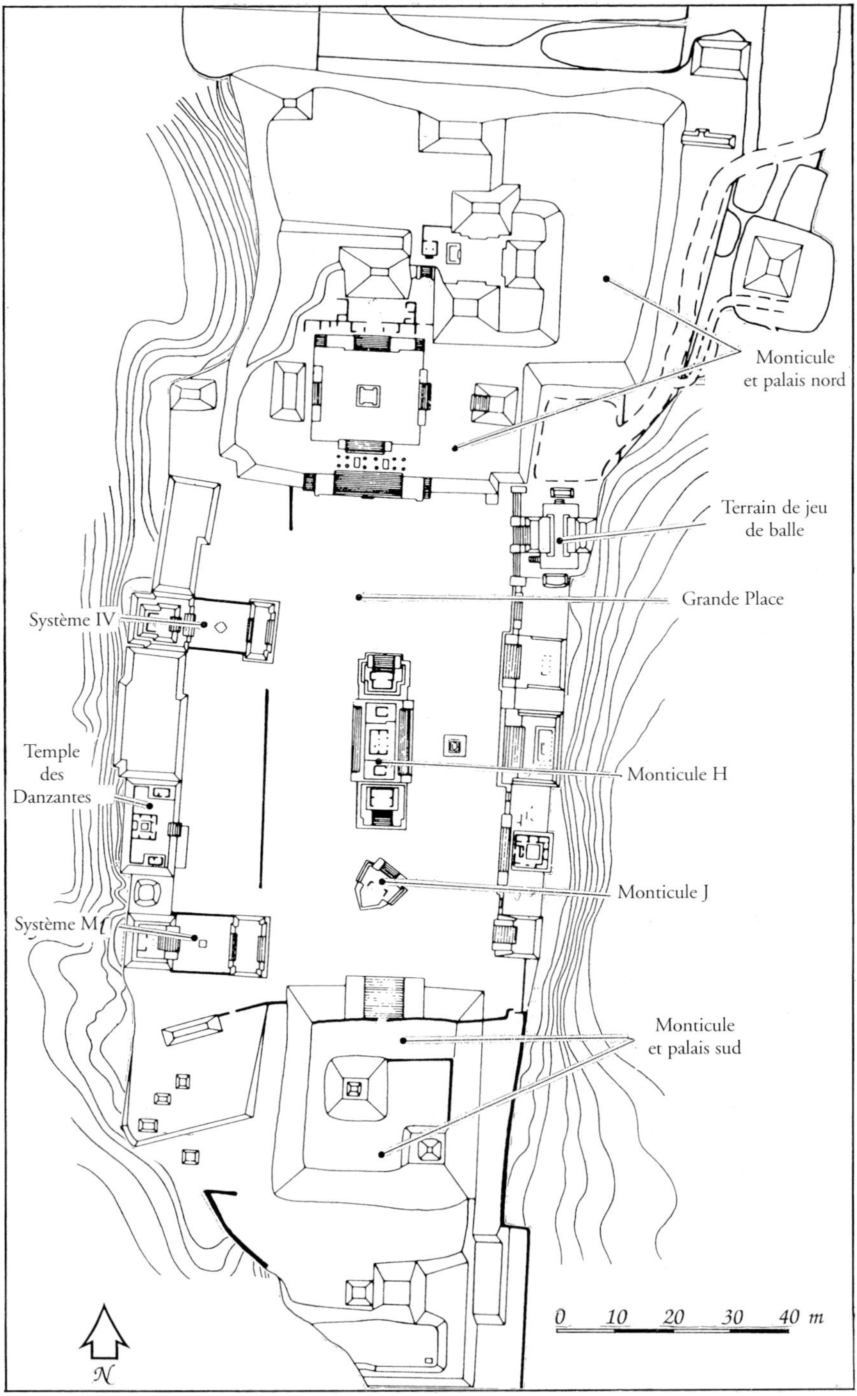

Monticule
et palais nord
Terrain de jeu
de balle
Grande Place
Système IV
Temple
des
Danzantes
Monticule H
Monticule J
Système M
Monticule
et palais sud
0 10 20 30 40 m
N

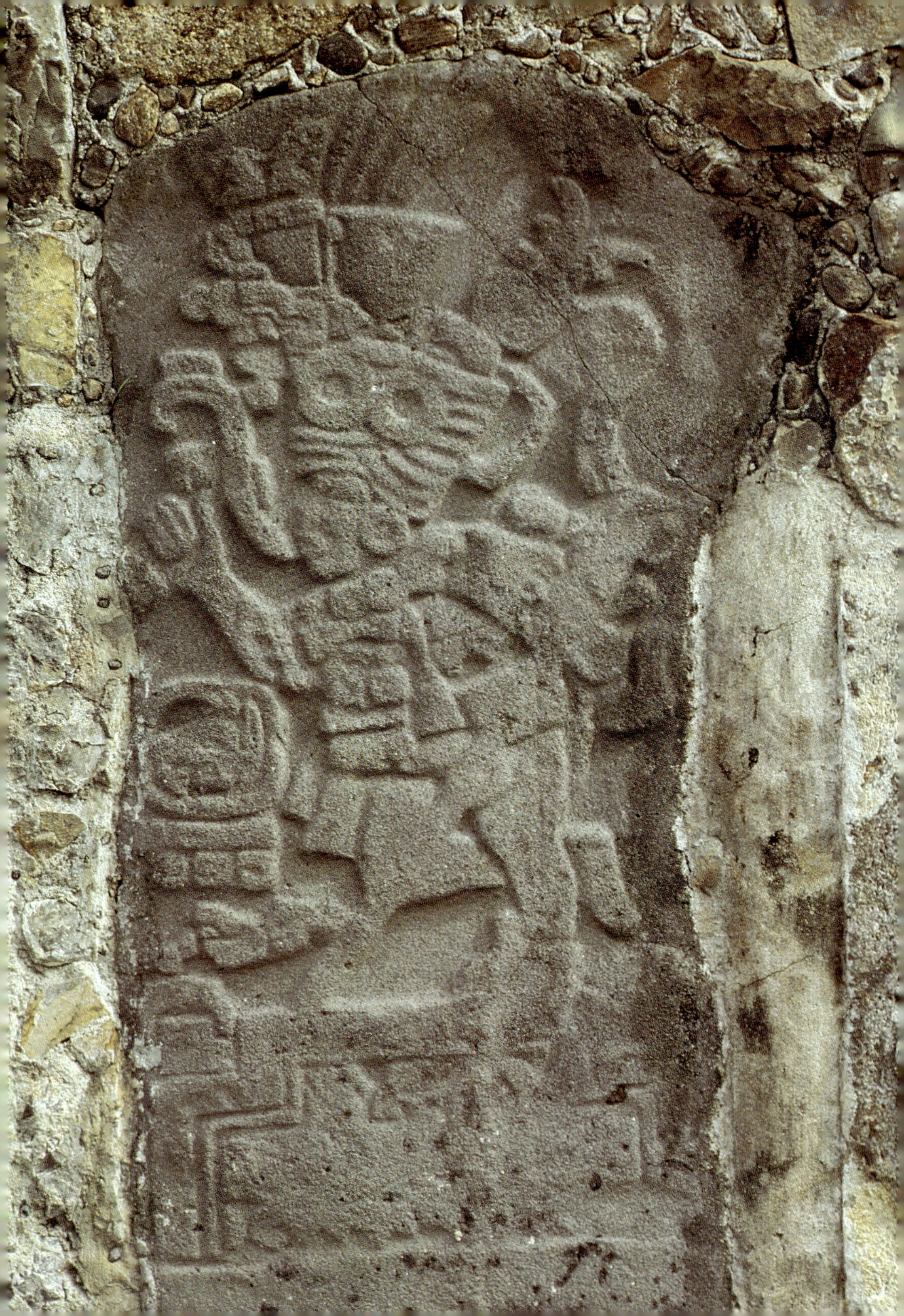

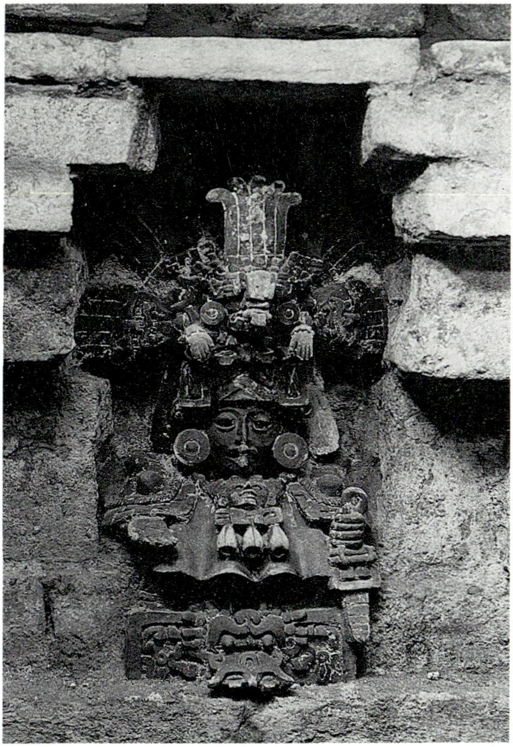

63 *(Ci-contre)* Stèle 4, montrant un souverain debout, Monte Albán IIIa. Comme les rois mayas du Classique ancien, les seigneurs de Monte Albán adoptèrent la mode de Teotihuacán. Le glyphe 8 Cerf apparaît à gauche ; il mentionne soit un nom, soit une date.

64 Façade de la tombe 104, Monte Albán. Une belle urne en céramique demeure en place à l'entrée de la tombe. Monte Albán IIIa.

monuments furent reconstruits au fil du temps et regroupés, pour la plupart, à l'extrémité sud pour honorer les seigneurs zapotèques. Certains personnages sont des guerriers ; d'autres discutent, semble-t-il, avec des visiteurs Teotihuacanos. Les Zapotèques portent de hautes coiffes aux motifs semblables à ceux des urnes en céramique (voir plus loin) ; elles diffèrent des coiffes à glands des Teotihuacanos. Des glyphes donnent des dates du calendrier de 260 jours ou des noms du calendrier. Des volutes indiquent le chant ou la parole, comme dans l'art de Teotihuacán. Les figures sont sculptées de profil dans un style plat et linéaire.

Alfonso Caso a dirigé les fouilles à Monte Albán pour le compte du gouvernement mexicain dans les années 1930. Outre la restauration des structures, il recherchait également l'emplacement de sépultures. Beaucoup de tombes souterraines ont ainsi été découvertes, certaines sous des structures et d'autres aménagées dans des chambres à part ; elles pouvaient se situer dans l'enceinte principale ou dans des zones résidentielles. Les structures qui bordent l'enceinte étaient peut-être dédiées au culte des ancêtres, comme beaucoup

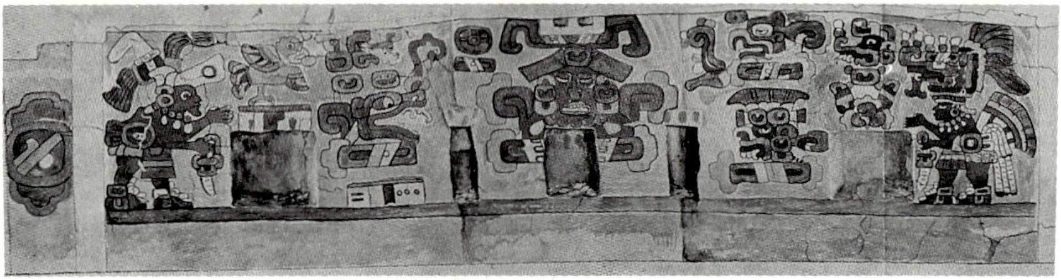

65 Peinture intérieure, tombe 104, Monte Albán. L'exécution hâtive – coulures et gouttes de peinture – laisse penser que la décoration finale de cette tombe raffinée fut exécutée au dernier moment. Peinture reconstituée. Monte Albán IIIa.

d'édifices mayas mais cela n'a toujours pas été prouvé. Caso a découvert de belles chambres funéraires recelant des trésors datant de l'époque la plus ancienne jusqu'à celle de la Conquête. Beaucoup de tombes du Classique 64-66 étaient peintes ; parmi celles-ci, les tombes 104 et 105 sont les mieux conservées. La tombe 104 serait antérieure à la tombe 105, chronologie qui reflète la différence entre Monte Albán IIIa et IIIb. La palette de la tombe 104 est dominée par le bleu et le jaune, celle de la tombe 105 par les tons rouges, comme les peintures de Teotihuacán plus récentes. Toutes deux montrent des coulures et des gouttes de peinture, signes d'une exécution hâtive.

L'architecture, la sculpture et la peinture de la tombe 104 possèdent une unité intéressante. Sur l'encadrement de la porte d'entrée se trouve l'habituelle moulure de profil en surplomb ; la porte est surmontée d'une très belle figure 64 céramique portant la coiffe de Cocijo, dieu de la pluie. Un seul squelette fut trouvé dans la tombe, les pieds au niveau de la porte de la chambre. De petites

66 Peinture intérieure, tombe 105, Monte Albán. Les peintres ont ici choisi une palette plus sombre et plus rouge, plus semblable à celle de nombreuses œuvres de Teotihuacán. Monte Albán IIIb.

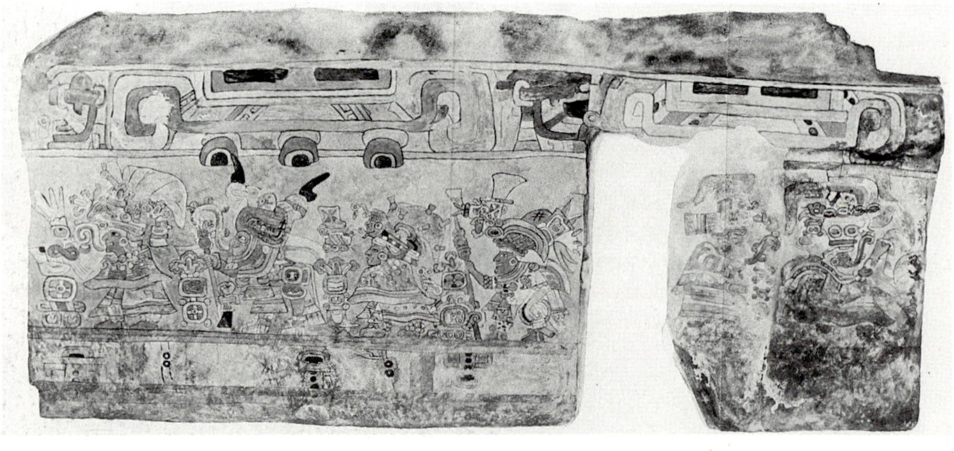

urnes identiques avaient été placées le long du corps et d'autres récipients se trouvaient dans les trois niches découpées dans le mur. Deux figures de profil ont été peintes sur les murs latéraux ; elles assistent l'image cultuelle présentée de face au fond de la tombe. L'une d'elle est un vieux dieu portant une coiffure en filet ; Michael Coe a signalé sa ressemblance avec le dieu maya N. Du point de vue iconographique, Cocijo et plusieurs dieux du maïs dominaient l'art religieux de Monte Albán, mais les dieux et les pratiques rituelles zapotèques demeurent parmi les moins bien connus de la Mésoamérique ancienne.

Par sa composition, cette peinture ressemble à la scène centrale de la peinture murale de Tepantitla à Teotihuacán, à la composition déroulée de la stèle 85
31 de Tikal, ou même aux peintures plus iconiques de Río Azul. L'importance 88
accordée à la symétrie et à la frontalité fait de Teotihuacán la source probable de ces compositions. L'usage de conventions semblables, à Monte Albán et à Tikal, atteste de l'influence profonde de Teotihuacán et du talent des artistes locaux qui furent capables d'adapter cet art à leurs propres traditions. Curieusement, de telles peintures funéraires n'ont jamais été remarquées à Teotihuacán, où les peintures sont généralement, il est vrai, placées dans un contexte destiné aux vivants et non aux morts. La découverte d'une tombe importante à Teotihuacán pourrait toutefois modifier cette perception.

Dans la tombe 104, chaque figure latérale désigne d'un geste la niche devant 65

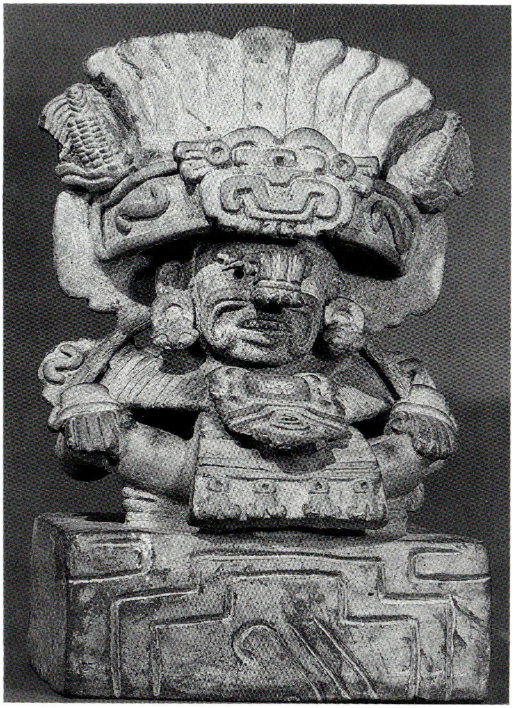

67 Ce dieu du maïs, l'un des dieux de la fertilité de l'Oaxaca ancien, porte des marques faciales distinctives. Il est assis sur un probable glyphe de « colline » donnant un nom de lieu, peut-être « colline du maïs ».

elle, orientant ainsi l'offrande ; l'image cultuelle centrale paraît sortir de la niche, comme si elle était soutenue par les offrandes placées à l'intérieur. Ces peintures devaient guider ceux qui assistaient aux rites funéraires et perpétuer ceux-ci.

66 Sur les murs des côtés et du fond de la tombe 105, neuf couples, composés d'un homme et d'une femme, sont représentés marchant accompagnés de glyphes donnant sans doute leurs noms. Un signe et un chiffre du calendrier sur le mur de devant indiquent probablement le nom de l'occupant et la date de sa mort. Des symboles ressemblant aux moulures de Monte Albán forment le registre supérieur et des signes en rapport probable avec la terre figurent sous les pieds des figures. Les neuf couples représentent les ancêtres qui accueillent le défunt dans l'au-delà. Certaines coiffures comportent des éléments Teotihuacán démodés qui sont peut-être une sorte de costume « d'époque » indiquant leur ancienneté.

31 A Monte Albán, la fabrication des grands vases creux à effigie atteignit son
64, 67 apogée au Préclassique ancien. Au Classique, l'urne avait supplanté le vase creux dans les sculptures funéraires. Ces urnes se composaient de vases cylindriques en grande partie cachés par les sculptures de figures humaines. Les traces de brûlé dans les vases sont rares ; ils devaient contenir de la nourriture ou des boissons pour le défunt plutôt que des offrandes brûlées. Ils ont été trouvés à l'entrée des tombes et dans les sépultures, mais leur provenance reste méconnue. La plupart sont coiffés d'une divinité ; ainsi la figure de la tombe 104 revêt une coiffe représentant Cocijo, le dieu de la pluie de l'Oaxaca. Les traits autour des yeux de la fig. 67 en font le « dieu du glyphe L ». Le maïs de la coiffure donne aussi un caractère de fertilité à cette figure. Plus on découvre que l'imagerie de l'Amérique ancienne se réfère à des personnages historiques ayant existé, plus il est possible de penser que les physionomies marquées de nombreuses urnes de l'Oaxaca sont effectivement des portraits.

La décoration des urnes était faite de couches successives d'argile malléable jusqu'à obtention d'une riche texture en volume. Puis, comme à Teotihuacán, les éléments furent produits en série. Certains visages humains ressemblent aux masques de pierre contemporains de Teotihuacán. Beaucoup d'urnes possèdent un aspect linéaire marqué, malgré leur volume, et peuvent être inscrites dans un rectangle. En cela, elles se conforment à une géométrie semblable à celle observée dans de nombreuses peintures de Teotihuacán.

A la fin du Classique, Monte Albán subit un dépeuplement lent et constant ; la culture de l'Oaxaca se déplaça vers d'autres centres, mixtèques pour certains. Puis Monte Albán devint une nécropole et un lieu de pèlerinage encore fréquenté de nos jours.

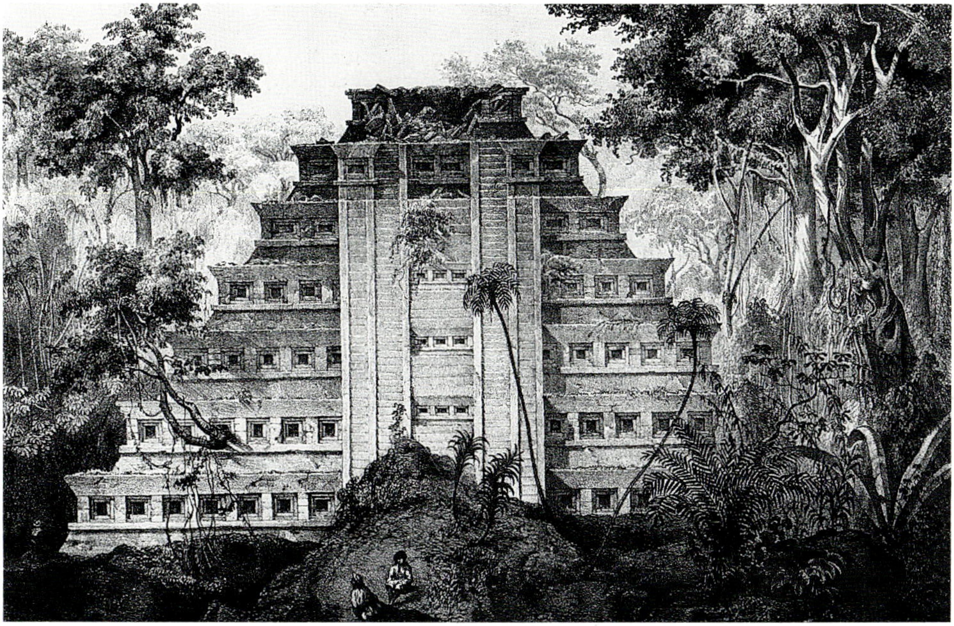

68 La Pyramide des Niches à El Tajín, telle qu'elle apparaît dans le récit de voyage au Nouveau Monde en 1829 de Carl Nebel. Classique ancien.

LE VERACRUZ CLASSIQUE

Au Classique, divers styles artistiques s'épanouirent le long de la côte du Veracruz. Aujourd'hui, la région est habitée par les Totonaques, mais il n'est pas certain qu'ils aient été à l'origine de la grande culture du Classique. Il y a mille cinq cents ans, les Huaxtèques et les Otomis occupaient une partie de ce territoire, et à l'époque de la Conquête, les Olmeca-Xicalanca dominaient le commerce de la côte. Il ne sera question ici que des composantes du « Veracruz classique » sans attribution ethnique. Au Classique, les contacts avec Teotihuacán et la région maya étaient évidents, mais l'art et l'architecture du Veracruz classique s'appuyaient aussi sur l'héritage olmèque du Préclassique.

El Tajín, cité la plus importe de la région par son architecture, doit son nom au dieu de la pluie totonaque. Les pluies abondantes ont produit une forêt dense où se rencontrent plaines et montagnes. La côte du Veracruz était connue pour ses terres agricoles verdoyantes dès l'époque préhispanique et les Aztèques convoitaient le maïs, le cacao et le coton cultivés dans la région. La découverte d'El Tajín remonte à la fin du XVIIIe siècle, époque où les sites

mayas commencèrent à attirer l'attention en Occident. En 1829, l'explorateur allemand Carl Nebel visita le site et les belles lithographies en couleurs qu'il publia plus tard évoquent une atmosphère mystérieuse semblable à celle des
68 ruines mayas. Les premiers voyageurs considéraient la Pyramide des Niches comme l'édifice le plus important d'El Tajín ; il l'est dans le sens où il domine le principal centre cérémoniel, au milieu de centaines d'hectares de ruines, malgré sa taille relativement petite (environ 26 m de côté et moins de 20 m de haut). On pense que la pyramide fut achevée avant 600 de notre ère. Sur une élévation naturelle au-dessus du centre cérémoniel, se dresse un groupe de structures, Tajín Chico, postérieur aux constructions qu'il surplombe.

La Pyramide des Niches est constituée de six degrés de type talud-tablero exceptionnellement chargés ; elle abrite une pyramide semblable, plus petite et donc plus ancienne. Chaque entablement supporte une rangée de niches, 365 en tout : la pyramide est donc en rapport avec l'année solaire. Chaque niche mesure environ 60 cm de profondeur. Bien que l'idée qu'elles contenaient des offrandes soit tentante, il n'en existe aucune preuve. Les niches n'avaient peut-être pour but qu'un effet visuel : par beau temps, elles se reflètent et miroitent au soleil et donnent l'illusion d'un mouvement constant.

Certains éléments insolites rapprochent la Pyramide des Niches de l'architecture maya de Copán ; El Tajín pourrait avoir été en contact direct avec ce
110 site. L'escalier hiéroglyphique de Copán et la Pyramide des Niches possèdent des rampes au même motif de grecque. Lors des fêtes publiques, des seigneurs assis devaient figurer sur les contreforts de la pyramide des Niches, créant ainsi un assemblage très proche, en plus petit, de l'escalier hiéroglyphique de Copán. De plus, la seule véritable stèle d'El Tajín a été trouvée au pied de la Pyramide des Niches. A certains égards, elle fait penser à un essai rudimentaire maya et, par le traitement en volume, le costume et la pose, elle est comparable aux stèles de Copán.

Les structures basses à galeries de Tajín Chico semblent avoir surtout servi de résidences aux nobles. Les motifs géométriques des façades pourraient correspondre aux modèles contemporains d'Uxmal, au Yucatán, ou avoir une valeur toponymique. Dominant le groupe, l'édifice des Colonnes, aujourd'hui effondré, mais jadis très important, comporte des colonnes sculptées colossales. Elles sont historiées tout autour ; beaucoup mentionnent les exploits d'un souverain tardif, 13 Lapin.

Au moins onze terrains de jeux de balle ont été localisés au cœur d'El Tajín. Aucun autre site mésoaméricain ne possède autant d'aires de jeu maçonnées : El Tajín était probablement le lieu de grands jeux cérémoniels, de même qu'Olympie était le point de rencontre reconnu des athlètes de toute la Grèce antique.

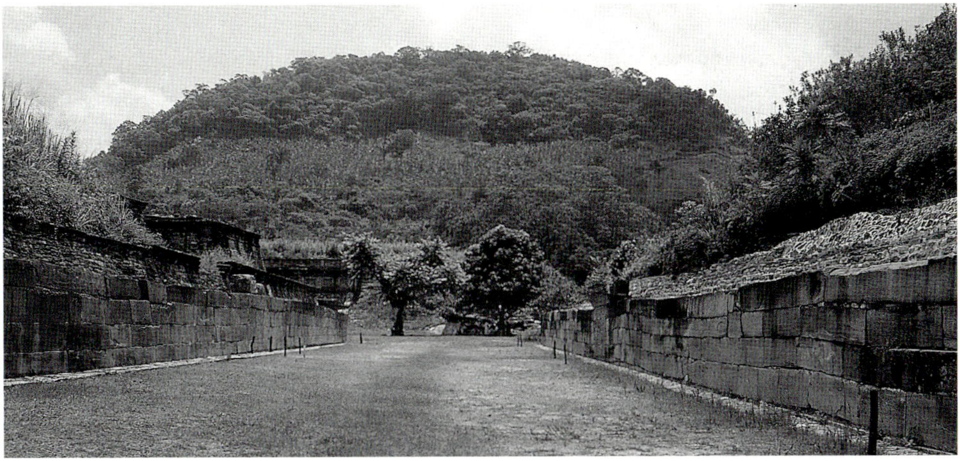

69 Le terrain de jeu de balle sud d'El Tajín encadre la montagne et canalise sa puissance vers la place.

El Tajín devait aussi être un centre important de récolte du caoutchouc et les balles de caoutchouc noir avec lesquelles on jouait y étaient sans doute fabriquées. Peut-être les familles parrainaient-elles leur propre terrain, ou chaque souverain était-il obligé d'en faire construire un nouveau. Quoi qu'il en soit, les terrains étaient nombreux et leurs murs présentent la sculpture architecturale la plus étendue du Veracruz Classique. Comme ceux d'autres sites mésoaméricains, les seigneurs d'El Tajín plaçaient les bâtiments en fonction des lignes fortes du paysage. Les terrains de jeu illustrent cette caractéristique : leurs parois 69
« encadrent » un aspect du paysage, comme une colline, par exemple.

Six panneaux historiés relatent un mythe ou une histoire de jeu de balle sur 70
les surfaces verticales du terrain sud. Sur le premier panneau, les participants s'habillent pour l'épreuve ; sur un autre, un joueur cache un couteau derrière son dos. Sur le panneau de la fig. 70, qui se déroule sur un terrain de jeu (mais bizarrement, avec un profil architectural différent de celui du terrain sud), deux joueurs maintiennent à terre un troisième et se préparent à lui arracher le cœur. Un squelette descend en se tordant du bord supérieur, sans doute pour prendre le sacrifice qui va lui être présenté, tandis qu'un autre squelette à gauche sort d'une jarre. Sur un autre panneau narratif, le dieu de la pluie perce son pénis, peut-être pour donner du pulque, la boisson enivrante du rituel.

A l'époque de la Conquête, le jeu de balle était pratiqué à diverses occasions. En tant qu'épreuve athlétique, il donnait souvent lieu à des paris. Il pouvait également s'agir d'un combat de gladiateurs où étaient éprouvées la force et la volonté de vivre d'un prisonnier ou d'un esclave. Le sacrifice des joueurs indique que le jeu servait aussi à offrir aux dieux du sang humain. Au Classique, le jeu de balle était sans doute pratiqué pour toutes ces raisons, non seulement à El Tajín, mais aussi dans la région maya et à Cotzumalhuapa ; il devait aussi être considéré comme une métaphore cosmique, nécessaire pour nourrir le Soleil. De plus, le jeu de balle jouait un rôle dans la guerre. Il se déroulait dans l'enceinte cérémonielle et permettait une représentation contrôlée de la guerre. L'utilisation du jeu de balle comme métaphore pour d'autres combats était connue à l'époque de la Conquête ; elle apparaît clairement dans un texte quiché maya, le *Popol Vuh*, où la confrontation entre la vie et la mort est formulée comme un jeu de balle.

Les reliefs du terrain de jeu de balle sud ont sans doute été exécutés *in situ* :
152 comme à Chichén Itzá, la surface sculptée est constituée de plusieurs pierres plates. Un double contour caractéristique est employé pour tous les motifs, mais surtout les volutes. Les reliefs paraissent avoir pour origine les styles olmèques du Préclassique moyen et récent, ainsi que le style curviligne préclassique récent d'Izapa. Le double contour est si caractéristique du Veracruz classique qu'il indique la provenance et la date relative d'objets découverts dans
59 des lieux éloignés comme Teotihuacán ou Kaminaljuyú.

Trois sortes d'objets, souvent ornés de motifs en volute, ont été trouvés en abondance en Mésoamérique : des jougs, des *palmas* et des *hachas*. La plupart

70 Panneau sculpté du terrain de jeu de balle sud d'El Tajín. Un perdant malheureux au jeu de balle est sacrifié par deux vainqueurs, tandis qu'un troisième les regarde. Un dieu de la mort descend de la bande figurant le ciel pour prendre l'offrande. Classique récent.

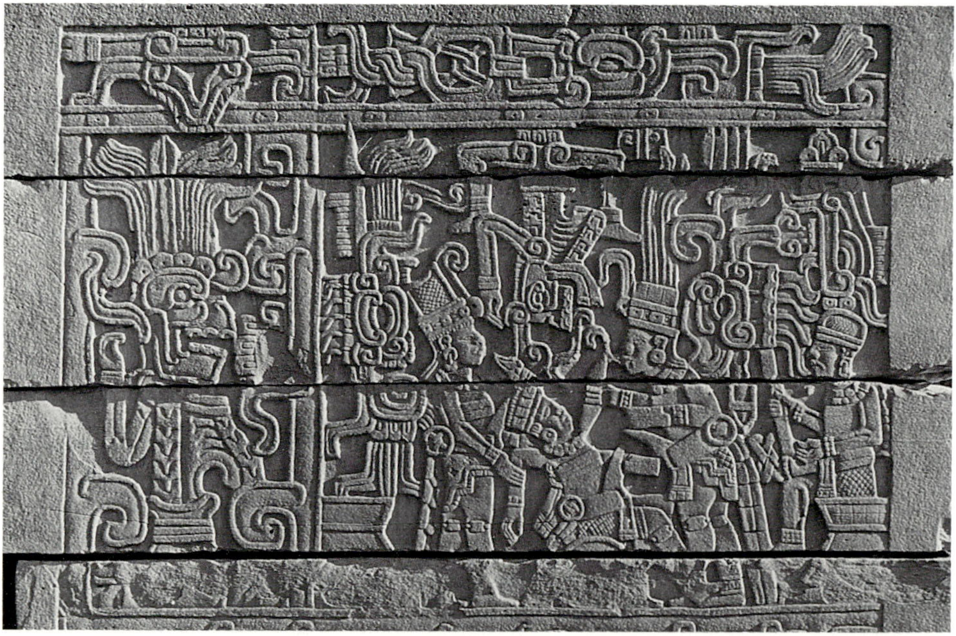

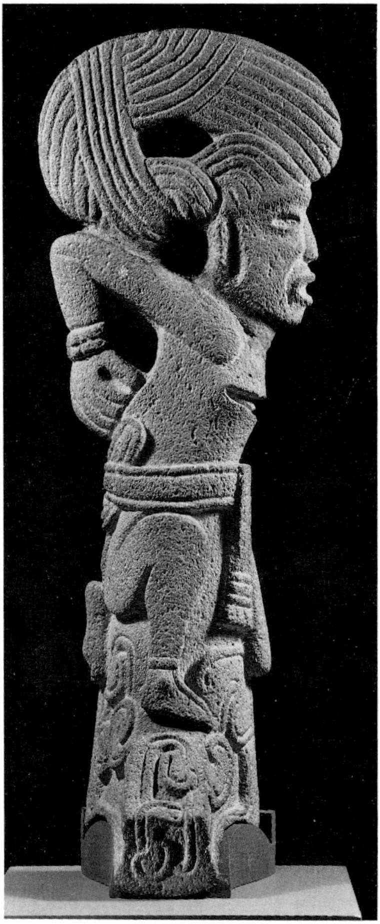

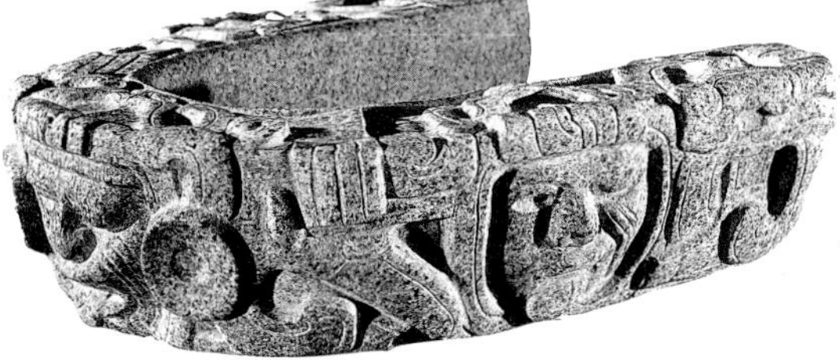

72 Trois faces (deux sont visibles) du joueur de balle perdant, chacune avec un œil crevé, ornent ce joug de pierre, sans doute porté par le joueur victorieux à l'occasion de cérémonies. Sur les panneaux du terrain de jeu de balle sud (fig. 70), les joueurs portent des jougs semblables.

73 Les *hachas* de style Veracruz classique telles que celle-ci servaient peut-être de marqueurs portables sur le terrain de jeu. Classique récent.

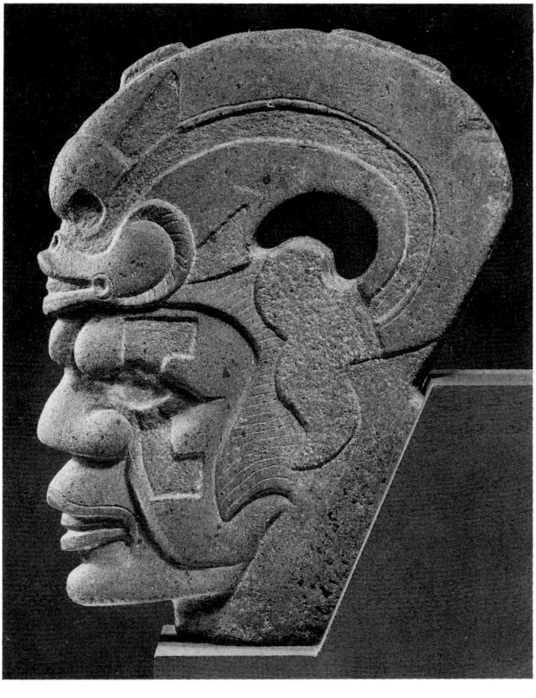

71 *Palma* en pierre de style Veracruz classique. Le malheureux personnage a eu le cœur arraché. Sur la fig. 70, la *palma* part de la taille, comme si elle était insérée directement dans le joug. Malgré ces illustrations, on ne sait pas bien comment étaient utilisés ces objets dans le jeu de balle. Classique récent.

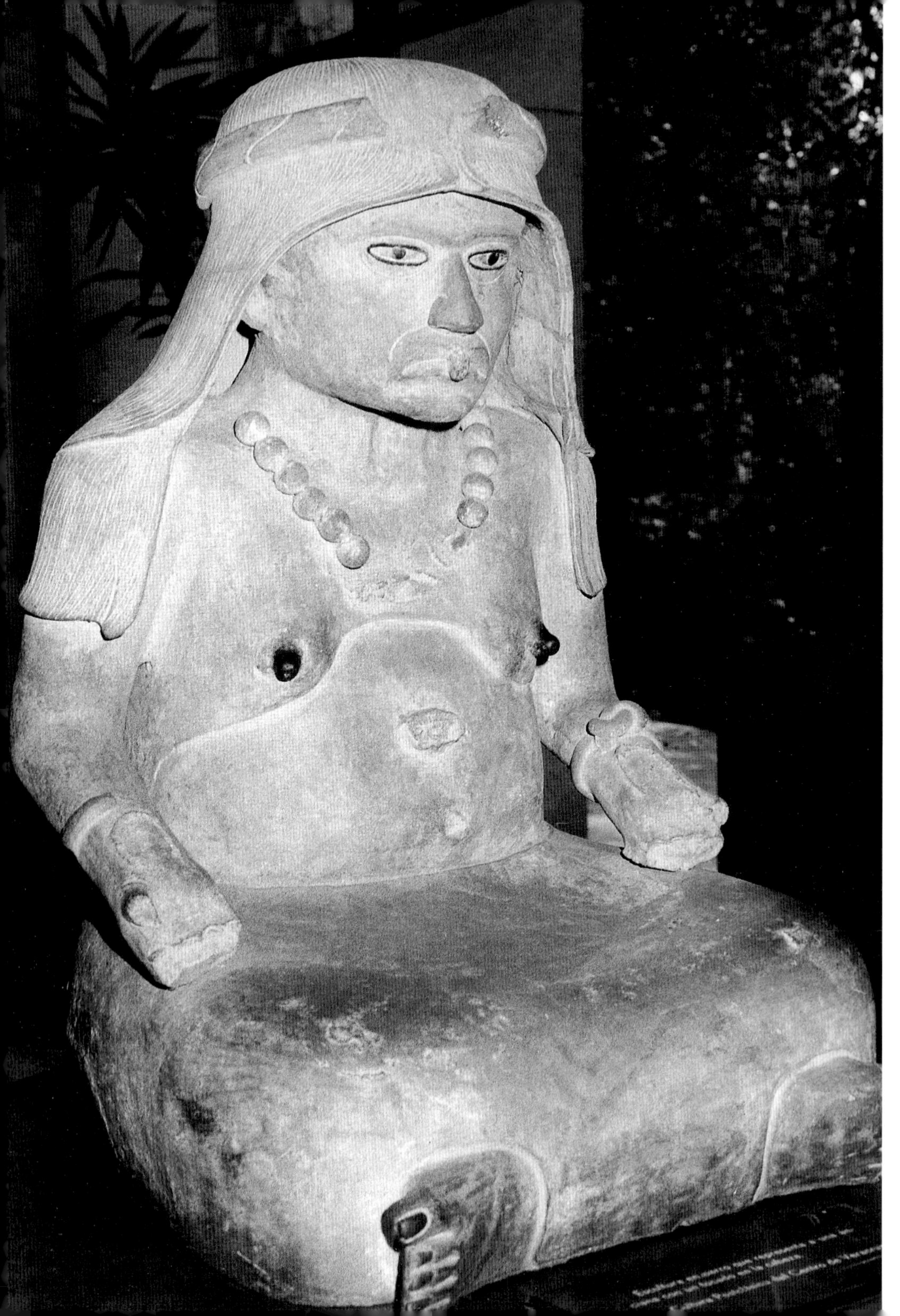

74 *(Ci-contre)* Grande sculpture céramique féminine creuse, de style Veracruz classique récent. De l'asphalte noir, un dérivé du pétrole appelé localement *chapapote*, a été utilisé pour rehausser la sculpture. On continua à créer des œuvres de ce type au Postclassique.

75 *(A droite)* Stèle 8, Cerro de las Mesas. Les monuments de ce site montrent des ressemblances avec les œuvres mayas. Celle-ci possède une date en série initiale de style maya, correspondant à un jour de l'année 514 apr. J.-C.

76 *(Ci-dessous)* Figurine d'argile creuse au « visage souriant », provenant peut-être de Las Remojadas où de nombreuses sculptures céramiques semblables ont été trouvées. Classique récent.

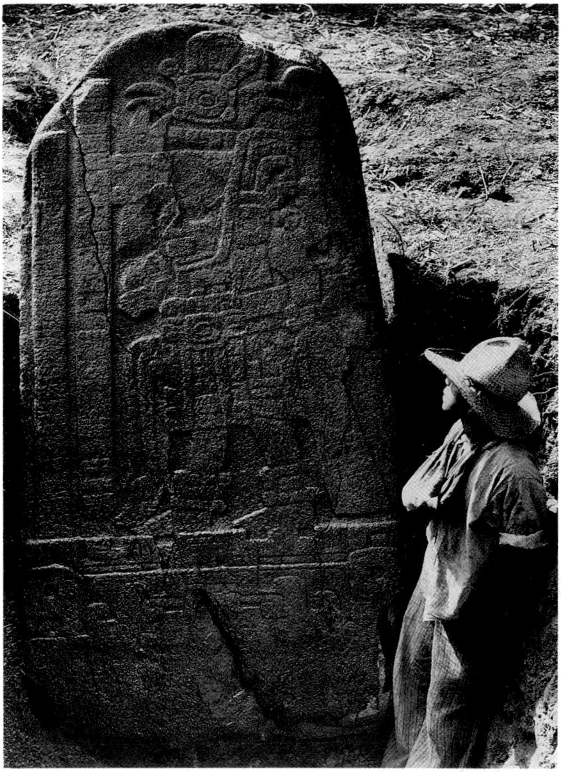

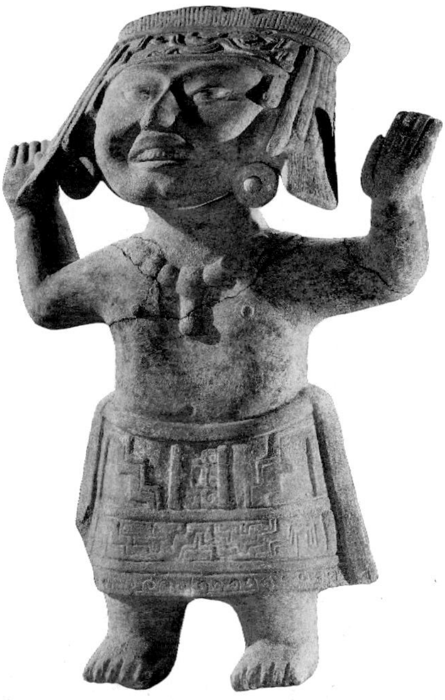

77 *(Ci-dessous)* Figurine à roulettes du Veracruz classique. De petites figures céramiques à roulettes comme celle-ci ont été découvertes parmi les vestiges du Veracruz classique, mais la roue ne fut apparemment jamais utilisée à des fins pratiques dans la Mésoamérique ancienne.

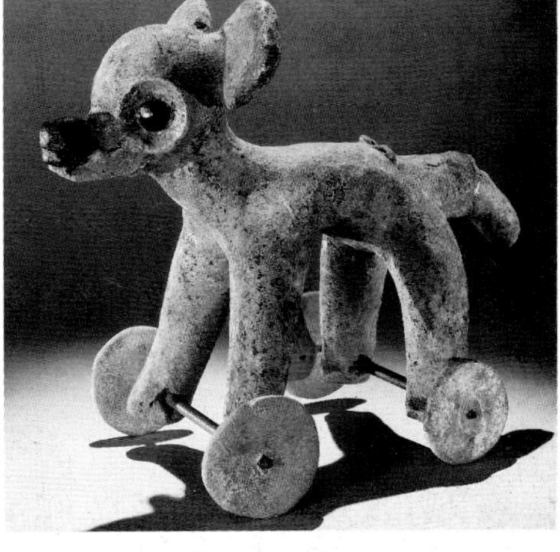

proviennent du Veracruz ; toutefois, on a découvert à Palenque et à Copán l'at-
tirail de jeu de balle du Veracruz, dans un contexte contemporain à l'abandon de
ces sites. Dans une sépulture au moins, un joug de jeu de balle encadrait la tête
70 d'un seigneur défunt. Les joueurs sur le relief du terrain de jeu de balle sud mon-
72 trent comment étaient portés deux de ces objets. Les jougs étaient ajustés autour
de la taille et attachés sur le côté. Le doute subsiste quant à la possibilité de por-
ter ces encombrants objets de pierre (leur poids déplaçait certainement le centre
de gravité du joueur) ; un bon athlète devait sans doute pouvoir les manier. Les
71 *palmas* étaient insérées dans les jougs au niveau de la taille et montaient jusqu'au
73 milieu de la poitrine. Les *hachas* servaient peut-être de marqueurs pour le jeu. Les
volutes des jougs sont parfois d'une beauté et d'une complexité exceptionnelles ;
souvent, le dessin ne peut être compris que lorsqu'il est entièrement déroulé.
Certains motifs soulignent des thèmes du jeu lui-même.

De grandes sculptures de pierre du Classique ont été trouvées sur d'autres
sites du Veracruz, notamment à Cerro de las Mesas, mieux connu pour l'im-
mense cache de jades olmèques découverte dans un contexte classique. Cer-
taines stèles du site portent des inscriptions en Compte long qui correspondent
75 aux dates mayas du Classique ancien. Une date correspondant à 514 de notre
ère est inscrite sur la stèle 8 qui représente un personnage, sans doute un sou-
verain de la région. Curieusement, il porte un emblème de bouclier sur sa coif-
fure, du type de celui qui apparaît dans le glyphe du nom de Pacal à Palenque,
le roi maya qui arriva au pouvoir à la fin du siècle.

De belles sculptures céramiques creuses furent produites dans divers centres
du Veracruz à cette époque, continuation possible d'une tradition remontant
aux artisans olmèques et qui dura jusqu'à la Conquête ; l'époque précise de cer-
taines pièces est donc douteuse. La provenance exacte de la plupart des sculp-
tures est aussi incertaine. Quelques-unes peuvent être attribuées à des sites, mais
76 la plupart d'entre elles ont été découvertes isolément. Celles de Remojadas, par-
ticulièrement vivantes, se caractérisent souvent par des « visages souriants »,
résultat possible de rituels extatiques. On a également découvert des couples
charmants, parfois sur des balançoires, et de petits animaux placés sur des rou-
77 lettes. Ces jouets sont la seule utilisation connue de la roue en Mésoamérique.
Les potiers peignaient souvent ces sculptures avec un asphalte noir et brillant,
appelé localement *chapapote*, dérivé naturel du pétrole (on ne connaît pas
d'autre usage de l'abondant pétrole du Veracruz à l'époque précolombienne).

Les grandes figures creuses sont sans doute postérieures, bien que la chro-
nologie ne soit pas certaine. Beaucoup représentent des divinités. La figure 74
montre une grande femme assise. D'autres sont debout, les bras tendus, peut-
être en un geste d'accueil ou pour écarter un pilleur de tombe ou de cache. Des

serpents s'imbriquent pour former leur ceinture et certains représentent peut-être une *cihuacóatl*, femme serpent, considérée au Postclassique comme une divinité malfaisante.

COTZUMALHUAPA ET LE « CLASSIQUE MOYEN »

Des contacts étroits existaient entre le Veracruz classique, Monte Albán et Teotihuacán au milieu du Classique, notamment aux VIe et VIIe siècles, à la fin de la splendeur de Teotihuacán. Les recherches récentes ont révélé l'importance du style régional d'art et d'architecture connu grâce à Santa Lucía Cotzumalhuapa et ses environs. Malgré sa situation sur la côte du Guatemala et sa proximité de la région maya, Cotzumalhuapa participa à l'épanouissement de la région pan-mésoaméricaine et présente des caractéristiques proches de celles d'autres cultures classiques. L'isthme de Tehuantepec rendait peut-être la communication plus aisée entre le Veracruz et la côte pacifique.

Les créateurs de l'art de Cotzumalhuapa n'étaient sans doute pas mayas et,

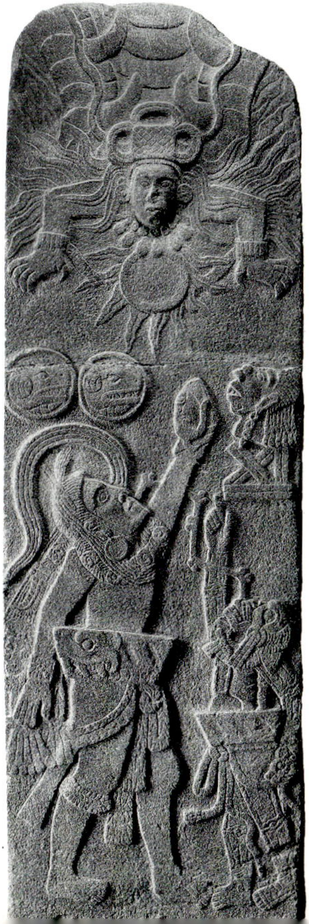

78 Stèle 3, Santa Lucía Cotzumalhuapa. Un joueur de balle et un dieu de la mort, tous deux portant des jougs, sont debout devant un temple. Ils tendent le bras vers un soleil scorpion pour lui présenter un cœur humain.

s'ils ont souvent été assimilés aux Pipils (de langue nahuatl au Guatemala à l'époque de la Conquête), on ne connaîtra probablement jamais leur origine ethnique. On sait cependant qu'ils sculptaient des stèles et des panneaux où abondaient les jeux de balle, les sacrifices humains et les soleils. Les glyphes étaient écrits dans des cartouches ronds – certains semblent appartenir à un calendrier du Mexique central, mais aucun n'a été déchiffré avec certitude. Les figures des monuments, en général longues et estompées, ont des proportions semblables à celles des vases mayas du Classique récent trouvés dans les sites des Hautes Terres du Guatemala comme Nebaj. Les mains et les pieds gauches et droits sont souvent confondus dans les représentations de Cotzumalhuapa.

Les rituels du jeu de balle où s'affrontaient des hommes et des êtres surna-
78 turels apparaissent sur plusieurs stèles. Divins ou non, les personnages portent un équipement semblable à celui du Veracruz ; beaucoup de *hachas*, de jougs et de *palmas* ont été recueillis sur les sites de Cotzumalhuapa. Les divinités solaires descendant du haut des monuments annoncent les « dieux plongeant » postclassiques de la côte caraïbe. Les visages de ces divinités sont exécutés de face et en haut-relief ; ils contrastent de manière frappante avec le bas-relief des figures de profil ci-dessous. Les quelques monuments en volume se rattachent peut-être à la tradition de la sculpture en ronde bosse de Copán.

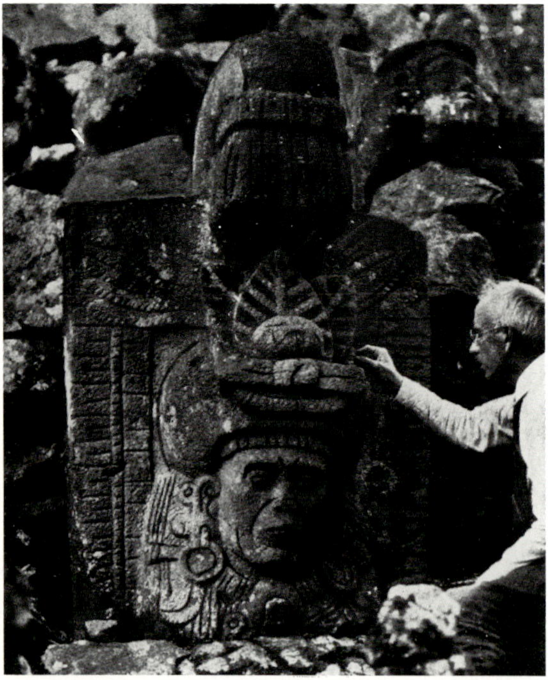

79 Sylvanus G. Morley agenouillé à côté d'une stèle fragmentaire de Pantaleón, de style Cotzumalhuapa. Des portraits en volume comparables de la période classique sont connus à El Tajín et Copán.

CHAPITRE SIX

Le classique ancien maya

Au Classique, dès 150, la cité de Teotihuacán était devenue un centre d'une grande importance culturelle, mais il fallut attendre cent ans – vers 250 – pour que les Mayas entrent dans une période de prospérité et d'influence majeures. Les Mayas édifièrent alors des temples aux voûtes en encorbellement et des stèles de pierre avec des dates en Compte long et des portraits de souverains. Tous ces éléments étaient apparus indépendamment bien avant 250, mais cette date, début de leur emploi combiné, permanent et répandu, instaure la période classique chez les Mayas des Basses Terres.

Durant les trois cents premières années du Classique ancien maya (250-550), l'essor des cités se limitait au Petén central, notamment aux sites de Tikal et Uaxactún. Les liens avec Teotihuacán étaient forts et les élites locales adoptaient son style de costume et de sépultures. Toutefois, vers la fin du Classique ancien – au VIe siècle –, de nombreux autres sites mayas commencèrent à se développer, parmi lesquels Calakmul, Yaxchilán, Caracol et Piedras Negras. La compétition mena à la guerre et Tikal, la plus grande et la plus puissante, subit des dommages terribles du fait d'Etats moins importants. En même temps, la profonde influence de Teotihuacán s'estompa ; les éléments des motifs et des costumes, s'ils ne disparurent pas, furent tellement intégrés au répertoire maya qu'ils cessèrent d'être étrangers. Au Classique récent (600-900), Tikal n'était que l'une des nombreuses cités mayas bien établies : Palenque à l'ouest, Uxmal au nord, Altun Ha à l'est, Copán et Quiriguá au sud. A son apogée, Tikal comptait probablement une population de 50 000 habitants ; les cités mayas étaient donc beaucoup plus petites que Teotihuacán. Elles étaient liées par une même utilisation de l'écriture hiéroglyphique, mais la sculpture et l'architecture monumentales révèlent le régionalisme et l'innovation.

Les fouilles de Tikal et Uaxactún (littéralement « huit pierres », nom donné par Sylvanus G. Morley en référence aux dates anciennes du cycle 8 qu'on y trouve, et aussi homonyme approximatif de « Washington » en hommage au commanditaire), ont révélé beaucoup de ce qu'on sait du Classique ancien.

Les études des années 1920 sur l'architecture et les céramiques d'Uaxactún avaient montré aux archéologues que le groupe E, ensemble isolé d'édifices, était la partie la plus ancienne du site. Afin de rechercher les origines de la grande civilisation maya, la structure E-VII fut démontée couche par couche et révéla
80 la des phases successives de construction. La plus ancienne, appelée E-VII-sub, est une petite pyramide radiale d'à peine plus de 8 m de haut ; les escaliers des quatre faces sont encadrés par des façades sculptées de masques géants. L'orientation principale, vers l'est, est indiquée par une stèle au pied des marches. Au niveau supérieur, des trous pour des piquets signalent l'endroit où s'élevait une superstructure périssable ; pour les archéologues cela signifie que la pyramide devait être antérieure à l'usage généralisé de superstructures permanentes. En fait, E-VII-sub semble être une pyramide protoclassique qui précéda sans doute les nombreux monuments de pierre datés. On sait maintenant que la plupart des sites du Petén possèdent des structures protoclassiques de ce type ; E-VII-sub n'est donc pas un prototype, comme le pensait Morley.

E-VII-sub est un observatoire. A partir d'un point situé sur l'escalier est, les lignes qu'on peut tracer jusqu'aux trois petites pyramides en face sont celles du lever du soleil aux solstices et aux équinoxes. Le plan de E-VII-sub en forme de
24 croix de Malte ressemble au signe maya d'achèvement, de même que les plans

80 E-VII-sub, Uaxactún. Cette pyramide radiale fut sans doute achevée avant l'édification sur le site des premiers monuments de pierre du Classique ancien. Une structure périssable couverte de chaume se dressait au sommet de la pyramide.

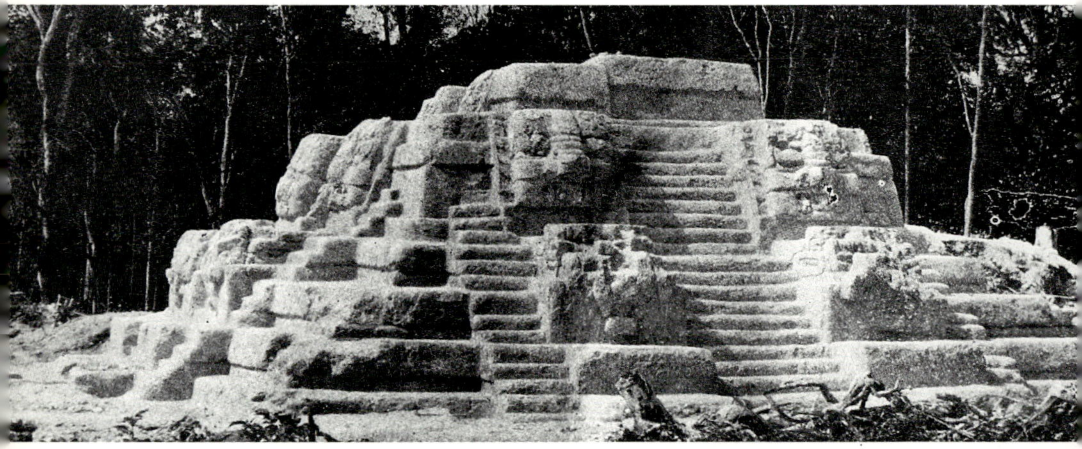

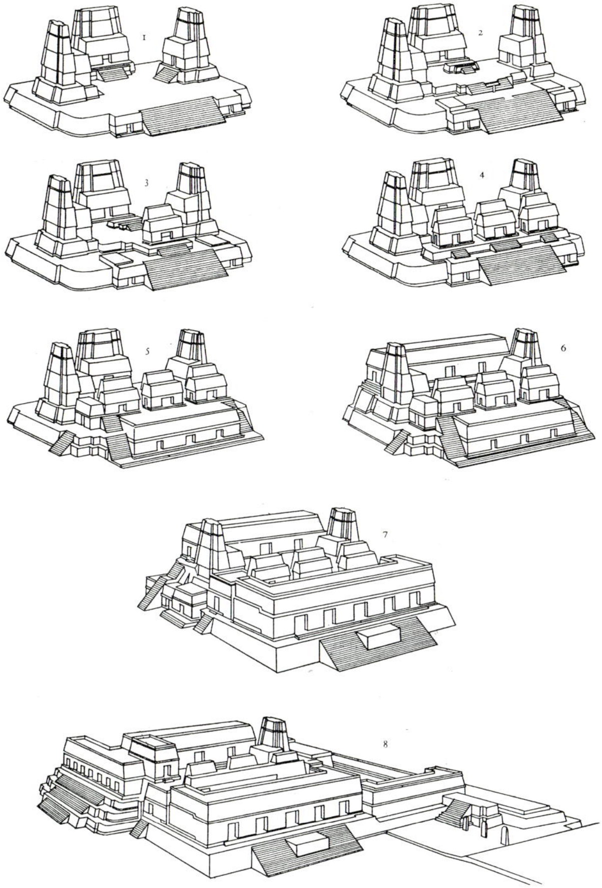

81 En s'appuyant sur l'exploration historique d'Uaxactún, Tatiana Proskouriakoff a dessiné des reconstitutions (dont ces dessins sont des adaptations) des huit phases principales de l'évolution architecturale du site. Les sanctuaires isolés du Classique ancien furent remplacés par des galeries à salles multiples au Classique récent.

d'autres structures radiales qui, pour la plupart, indiquent la fin d'une période de
temps donnée. A E-VII-sub, il s'agit de l'année solaire, comme au Castillo de Chi- 149
chén Itzá, construit beaucoup plus tard. Au Classique récent, à Tikal, des pyra-
mides radiales jumelles furent construites sur des plates-formes pour commémo-
rer la fin des *katun*, périodes de vingt ans ; en revanche, la croix de Malte qui sert
de frontispice au manuscrit mexicain Féjervary-Mayer du Postclassique récent est
un calendrier de 260 jours. Ainsi, les configurations radiales, de leur apparition à 181
Uaxactún jusqu'à la Conquête, indiquent le passage du temps et les structures
ayant cette forme sont en général des marqueurs chronographiques géants.

Les fouilles du groupe A à Uaxactún ont mis à jour un autre type de

81 construction. Un complexe de trois temples, A-V, a été transformé et agrandi durant au moins 500 ans ; on y enterrait rituellement des seigneurs et des monuments de pierre importants. Le terme « temple » s'applique en général à une plate-forme élevée coiffée d'une superstructure relativement petite où étaient faites les offrandes. Les nouveaux temples étaient édifiés au-dessus des tombes luxueuses de personnages importants ou, dans certains cas, au-dessus des inscriptions commémorant ces personnages ; on suppose donc qu'il s'agissait de sanctuaires à la mémoire des ancêtres. Comme on le verra, le culte des ancêtres était très important dans la religion et l'architecture classiques mayas.

A la fin du Classique ancien, de petits temples masquaient la cour des trois temples d'origine du complexe A-V, agrandis au fil du temps. Au Classique récent, les sanctuaires à chambre unique de A-V furent remplacés par des structures à galeries et à chambres multiples, édifices considérés généralement comme des palais (souvent appelés structures de « type aligné » par les archéologues). Ces palais modifiaient radicalement l'accès à la plate-forme intérieure et aux sanctuaires ; leur fonction changea sans doute en même temps que leur forme. Les sépultures des nouvelles structures, moins recherchées, étaient réservées aux femmes et aux enfants. Finalement, lorsque les galeries eurent remplacé tous les sanctuaires sauf un, A-V devint un grand complexe administratif et bureaucratique, où la plupart des événements avaient lieu à l'abri de tout regard et où les activités laïques étaient plus nombreuses que les activités sacrées. On peut donc considérer le temple isolé, près de A-V, comme un nouveau centre d'activité religieuse qui abritait sans doute une tombe somptueuse.

A Uaxactún, de nombreux éléments propres aux plans des cités mayas peuvent être observés. Le doux relief karstique du Petén offre des îlots solides séparés par des *bajos* marécageux. Les Mayas construisaient leurs sites de sorte que les groupes d'architecture monumentale sur la terre ferme soient reliés par des *sacbes*, routes surélevées enduites de stuc blanc qui traversaient les marécages. Ainsi, la ligne des structures élevées est brisée par des étendues dégagées. Le résultat est comparable à Manhattan, où un terrain moins ferme a rendu impossible la construction de gratte-ciels entre Midtown et Wall Street : les îlots de construction sont reliés par les grandes avenues nord-sud. A Uaxactún, les groupes A et B sont reliés par une chaussée unique et se font face de part et d'autre de l'axe nord-sud du *sacbe*.

A Tikal, de nombreuses années de fouilles dans la plus prestigieuse des cités anciennes mayas ont mis à jour une architecture et une urbanisation complexes. Comme à Uaxactún, le Classique ancien de Tikal est dominé par une pyramide radiale massive avec des masques en stuc très endommagés située au centre du complexe appelé Mundo Perdido (« Monde perdu »). De petits temples sont

83 *(A droite)* Les rois du Classique récent de Copán enterraient soigneusement leurs édifices du Classique ancien ; la couleur, le stuc et les détails subsistent. L'édifice qui apparaît ici, appelé Rosalila, renfermait les tombes d'anciens rois – un édifice plus petit, mais tout aussi recherché, est caché à l'intérieur.

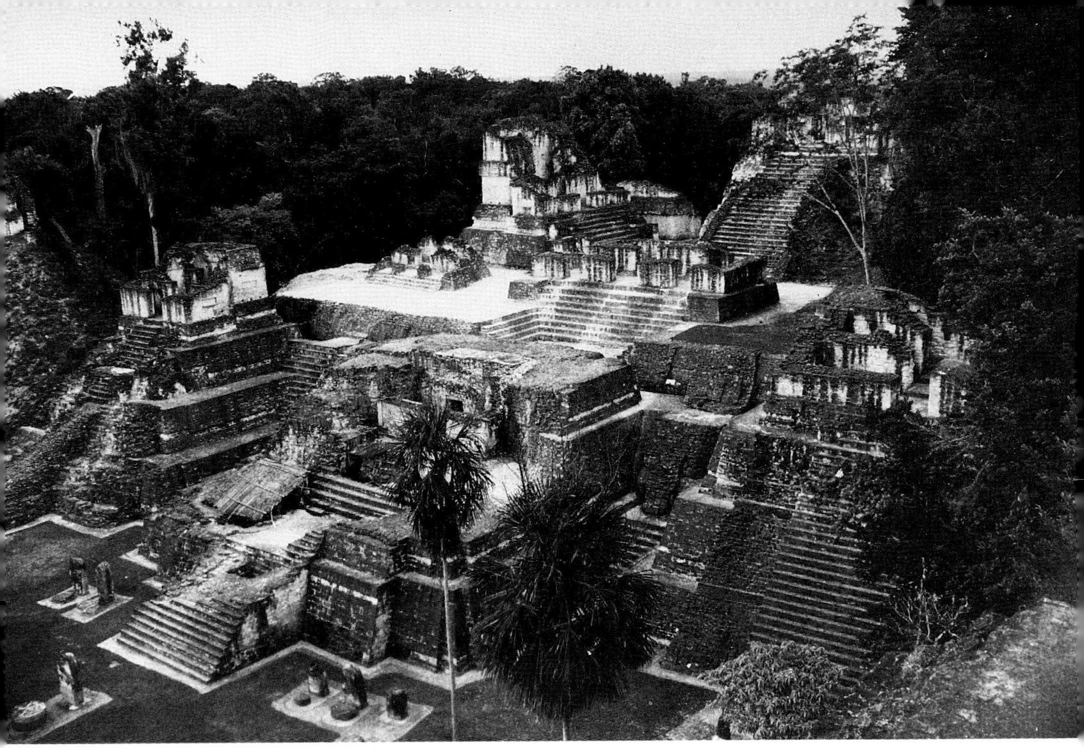

82 Les rois du Classique ancien de Tikal étaient ensevelis dans les structures de l'acropole nord *(au centre)*. Au Classique récent, le Temple II *(à gauche, hors du cadre)* et le Temple I (d'où a été prise cette photographie) encadraient les ancêtres.

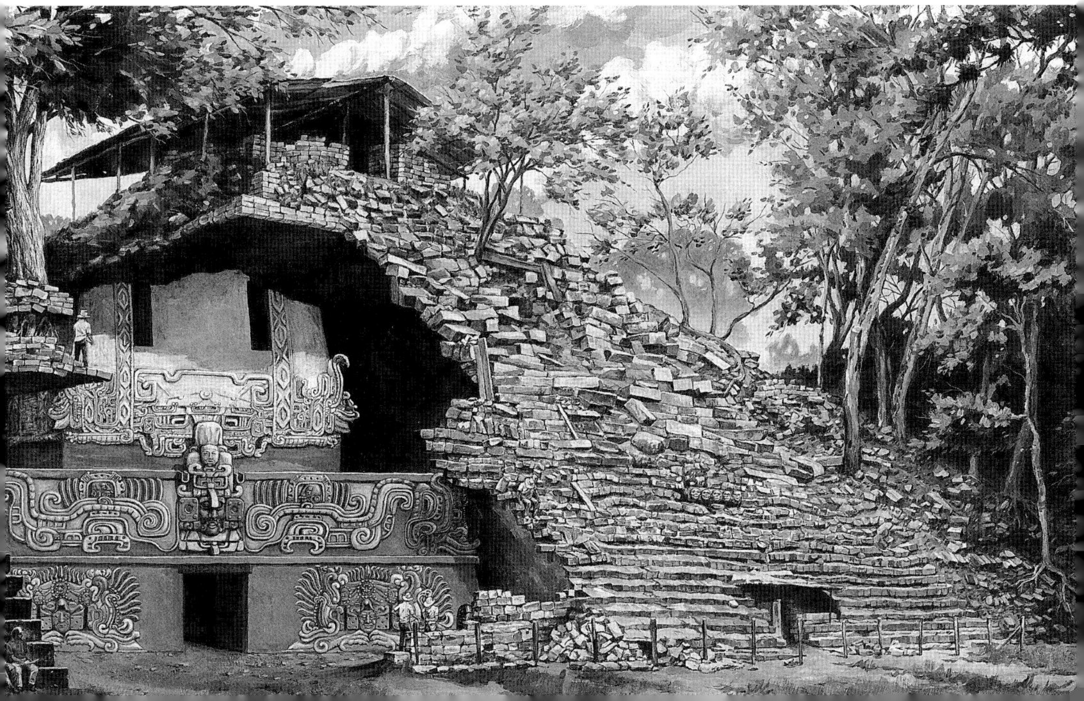

alignés sur un côté ; au nord-ouest, face à la pyramide, un grand édifice de type talud-tablero rappelle ceux de Teotihuacán, mais avec des proportions différentes. Etait-ce un centre de culte pour les dieux étrangers ou un sanctuaire construit pour les résidents immigrés ?

L'acropole nord et la grande place existaient avant 250 de notre ère ; elles ponctuaient le fort contraste entre masse et espace, l'opposition nord-sud, qui persista tout au long de l'histoire de la cité. (L'axe est-ouest, tout aussi marqué, créé par les temples I et II, ne fut établi qu'au Classique récent.) Les temples
82 massifs groupés sur l'acropole nord servaient avant tout de monuments funéraires aux souverains du Classique ancien. Ainsi, la structure 34 abritait la tombe au mobilier luxueux du roi surnommé Nez retroussé par les archéologues. Après sa mort, la stèle 4 (le monument de son avènement) fut placée en face de la tombe. L'acropole nord, une fois terminée, devait exprimer l'esprit de la royauté.

Les pyramides funéraires du Classique ancien sont ramassées, avec des moulures massives en tablier aux angles. En creusant, les archéologues ont atteint les plus vieilles constructions de Copán, à l'intérieur de la grande acropole : ils
83 ont découverts des édifices anciens et massifs aux ornements de stuc pour la plupart parfaitement conservés. A l'extérieur de ce qui est peut-être la plus vieille structure encore à découvrir, figure le glyphe du fondateur de la dynastie de Copán, Yax Kuk Mo' ; sa tombe pourrait se trouver à l'intérieur.

Dans les structures du Classique ancien de Tikal et d'Uaxactún, apparaissent les types d'architecture les plus répandus qui subsistent de la période classique maya : grands marqueurs chronographiques, monuments aux ancêtres (sans doute religieux) et structures administratives. Alors qu'ailleurs dans le monde les édifices destinés à certaines fonctions adoptent chacun des formes différentes, voire des ordres architecturaux distincts, chez les Mayas du Classique, le style architectural ne différenciait pas les structures religieuses des bâtiments civils. Toute l'architecture maya est composée de plates-formes surélevées et de chambres à voûte en encorbellement, disposées selon des combinaisons diverses, ce qui rend parfois difficile l'identification précise de leur fonction.

La voûte en encorbellement a parfois été traitée de faux arc, mais la clé de voûte n'était pas un objectif de l'architecture maya. Pour former l'encorbellement, des murs maçonnés étaient construits à la hauteur désirée. Au départ de la voûte, des pierres plates étaient placées de plus en plus proches les unes des autres jusqu'à être coiffées d'une seule pierre. Le poids et la masse des murs empêchaient l'effondrement, tout comme les traverses dont beaucoup sont encore en place. Elles étaient sans doute utiles pour monter les murs. Les crêtes faîtières suivent souvent les lignes de l'encorbellement, et l'on retrouve aujourd'hui encore cette architecture en pierre dans les maisons mayas à toit de chaume. A Palenque, le concept de la maison au toit de chaume a été repris dans la construction du Palais : des feuilles de schiste ont été placées de manière à imiter le chaume au surplomb de la mansarde. Sur les bâtiments du Classique récent de la région Puuc, où les lignes verticales pures l'emportaient sur le profil à la Mansart, l'ornement architectural au niveau de la voûte représentait des maisons mayas couvertes de chaume, comme pour indiquer au spectateur la relation entre les constructions permanentes en pierre et les demeures humbles et périssables. Il s'agit d'une véritable transformation de formes simples en formes permanentes et élevées.

SCULPTURE

A peu près au moment où les Mayas se mirent à employer la voûte en encorbellement, ils commencèrent aussi à édifier des monuments de pierre où étaient sculptés les portraits des souverains et le récit de leurs exploits. Les rois disposaient du pouvoir d'être honorés sur un support permanent pendant leur vie et sans doute d'être commémorés de manière posthume comme des divinités. Le premier de ces monuments de date et de provenance certaines, la stèle 29 de Tikal, a été découvert en 1959 par des archéologues dans une décharge 84
ancienne. (D'autres stèles ont été trouvées sur des piles d'ordures ou intégrées à des édifices après avoir été taillées ; mais certaines avaient été ensevelies avec respect et d'autres sont restées visibles durant toute la période maya.) Sur une des faces du fût grossièrement sculpté de la stèle 29 figure le portrait d'un souverain assis et, sur l'autre, une date en Compte long, 8.12.14.8.15 (292 de notre ère). Ces dates indiquent des événements importants et les noms des acteurs ; malheureusement, le bas de la stèle a été cassé et perdu, nous privant ainsi du récit complet.

Les formes rondes et irrégulières sont typiques des représentations des anciens seigneurs mayas. La main droite est enroulée, comme dans une mitaine, et serre une barre cérémonielle contre le corps – beaucoup de rois mayas du Classique portent cet objet. Un ancêtre, dans la partie supérieure de la stèle, regarde en bas, comme les divinités en haut des stèles tardives de La Venta. De la main gauche, le souverain porte l'image d'une figure surnaturelle, appelée en général dieu Jaguar des Enfers, qu'on reconnaît à sa dent en forme de tau, à son oreille de jaguar et au « beignet » sur le nez. Tous les anciens souverains de Tikal tiennent cette divinité ; c'est sans doute un patron de la cité. Le roi porte

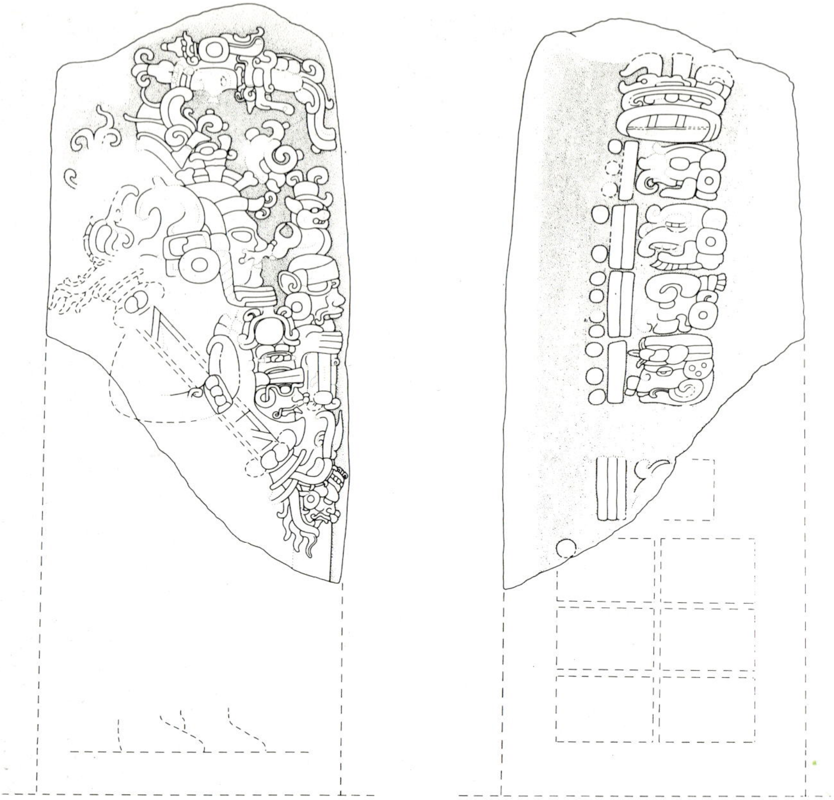

84 La stèle 29 de Tikal mentionne la plus ancienne date contemporaine maya en Compte long, 8.12.14.8.15, qui correspond à un jour de 292 de notre ère. Ce roi ancien porte le masque d'un dieu et présente un autre dieu ; le portrait de son père regarde en bas dans la marge supérieure. Dessin de William R. Coe.

aussi un masque, son crâne est rasé de part et d'autre d'une bande de cheveux centrale à laquelle sont attachés des os.

La stèle 4, qui a peut-être été replacée sur la grande place au Classique récent, célèbre l'accession au pouvoir en 380 d'un souverain appelé Nez retroussé. Les surfaces inégales et le bas-relief du monument sont très semblables à ceux de la stèle 29, mais le sujet est plus visible. Nez retroussé est assis, comme son prédécesseur, et porte le dieu Jaguar des Enfers sur sa main droite, mais son visage est représenté de face. Il arbore une coiffure composée d'une tête de jaguar à plumes vue de face et un collier de coquilles Saint-Jacques. Ce costume imite le style Teotihuacán, de même que la représentation frontale ; ces éléments, ainsi que les quelques excentricités de l'inscription ont mené à

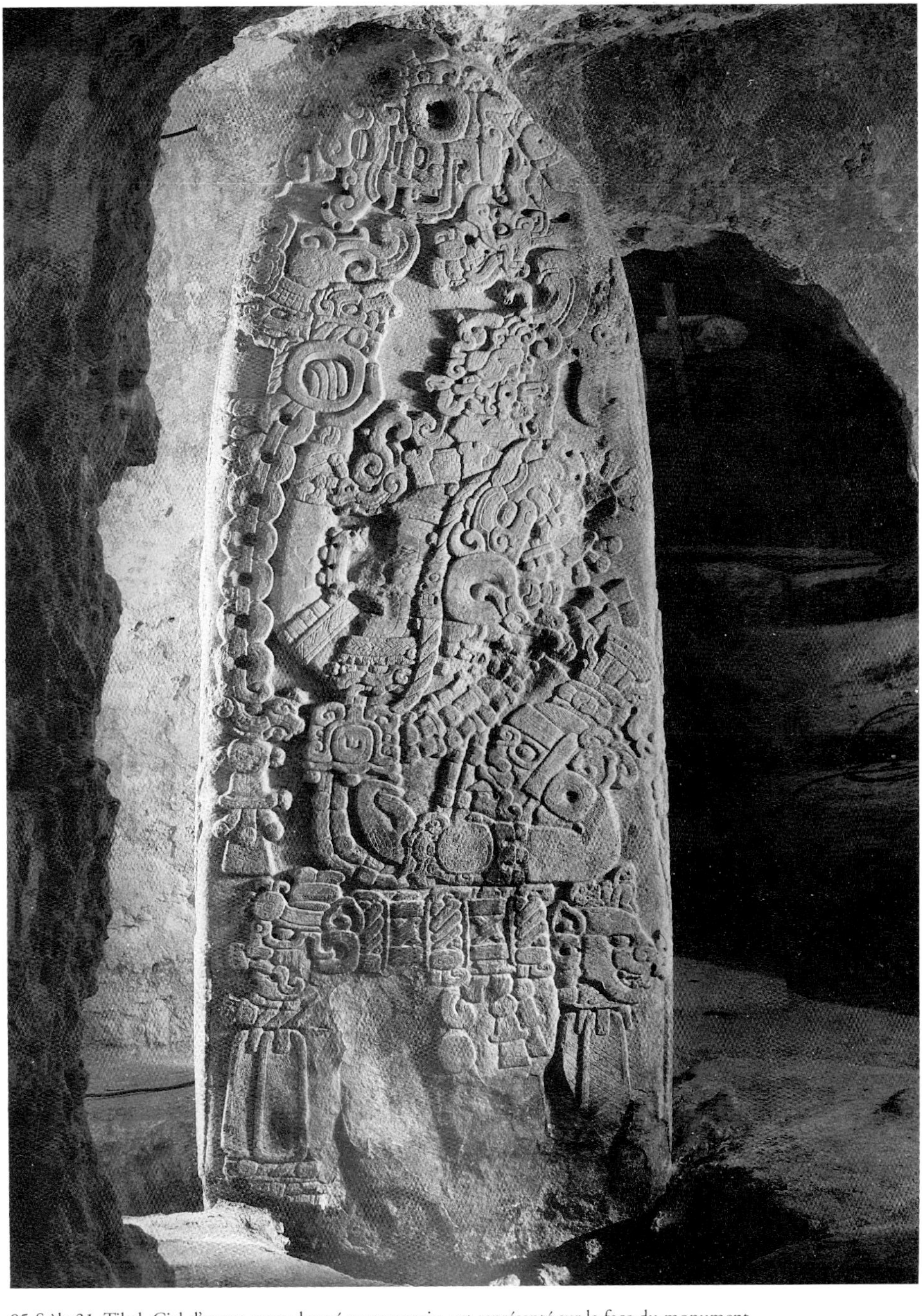

85 Stèle 31, Tikal. Ciel d'orage, nom donné au souverain, est représenté sur la face du monument. Il est encadré sur les côtés (non représentés) par des guerriers en costume de style Teotihuacán, ou peut-être par deux faces du même guerrier ; le long texte au dos rappelle la dynastie de Tikal au Classique ancien, jusqu'à 9.0.10.0.0 (445).

l'hypothèse selon laquelle Nez retroussé pourrait avoir été un usurpateur, un étranger marié à une femme de Tikal, ou peut-être un Maya « mexicanisé » venant de Kaminaljuyú dans les Hautes Terres du Guatemala. A l'époque prestigieuse de Teotihuacán, Nez retroussé affirmait son pouvoir en adoptant ces conventions.

85 Vers 9.0.10.0.0. (445), la stèle 31 fut érigée par un souverain appelé Ciel d'orage. Comme la stèle 29, la stèle 31 fut soustraite à la vue du public dans l'Antiquité ; au Classique récent, son fût cassé fut hissé en haut de la structure 31 et enterré sous un sanctuaire avec des offrandes brûlées. Ciel d'orage est sculpté d'une manière semblable au souverain de la stèle 29, dans un style considéré comme délibérément conservateur, invoquant peut-être la légitimité du passé. Ciel d'orage porte tout un attirail rituel, témoignage de sa haute charge. Il tient le dieu Jaguar des Enfers au creux de son bras gauche ; du bras droit, il tend la coiffure de la royauté pour se couronner lui-même. Ce type de sculpture est davantage la représentation des signes d'une charge que le portrait d'un individu.

A la différence de la stèle 29, la stèle 31 présente une surface lisse et uniforme, un calcaire au grain plus fin a été choisi et elle est sculptée sur ses quatre faces. En « déroulant » le dessin, on découvre que Ciel d'orage est encadré par deux personnages aux costumes Teotihuacán plus simples qui portent des *atlatls*, ou propulseurs, dans une main et un bouclier dans l'autre. On peut aussi considérer qu'il s'agit de deux vues latérales du même individu debout derrière Ciel d'orage, car le bouclier et les armes sont inversés. Sur le bouclier le plus visible figure Tláloc, un des dieux de la pluie de Teotihuacán ; toutefois, on sait maintenant qu'il était associé à la guerre et au sacrifice dans toutes les cultures classiques. S'il est tentant d'interpréter ces deux figures comme des preuves de la présence militaire de Teotihuacán à Tikal, il est tout aussi probable, au vu du texte en haut, qu'elles représentent Nez retroussé, le père de Ciel d'orage, en costume « d'époque ».

Les monuments d'Uaxactún ont subi dans l'ensemble une érosion telle que rares sont ceux qui restent lisibles et seules quelques dates en Compte long subsistent. A la fin du Classique ancien, des monuments furent érigés dans beaucoup d'autres sites. Dans certains cas, ces premières œuvres hésitantes préfigurent les styles régionaux qui s'y épanouirent. Le monument 26 de Quiriguá montre un souverain de face, comme tous les monuments plus récents de ce site. Son style s'inspire sans doute des conventions employées sur les sculptures
93 enroulées autour des monuments de pierre du Petén central et des vases anciens placés dans des caches : les objets transportables ont pu influencer les développements provinciaux. A Yaxchilán, le monument figuratif le plus

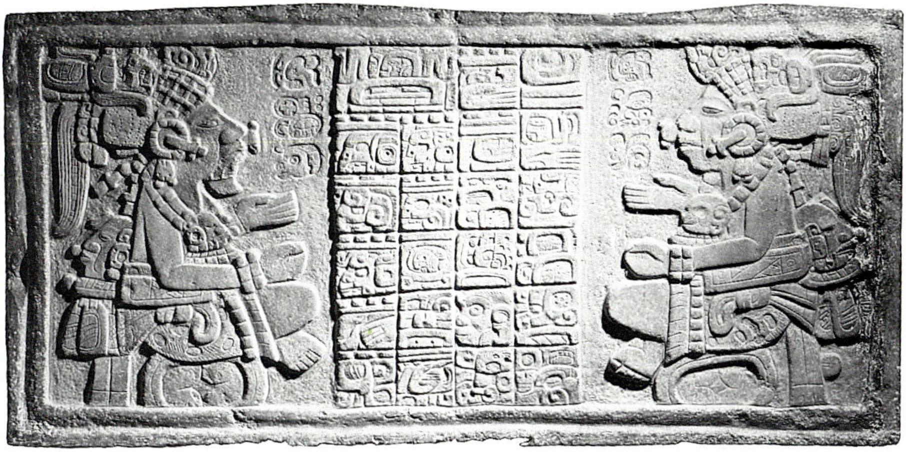

86 Le panneau Po doit son nom au glyphe qui apparaît sur les trônes où sont assises les deux figures ; ce panneau mural représente deux souverains de Bonampak du Classique ancien.

ancien représente un seigneur qui se tient debout de profil et fait le geste « d'asperger » ou « d'éparpiller ». Les motifs à figures multiples apparurent d'abord loin du Petén ; le panneau Po pourrait être la plus ancienne œuvre de pierre où 86 deux seigneurs se font face, de part et d'autre d'une série de glyphes. Toutefois, malgré ces développements, la composition et les thèmes des sculptures de pierre du Classique ancien étaient limités par rapport aux œuvres exubérantes du Classique récent.

En 1864, des ouvriers creusant un canal près de Puerto Barrios au Guatemala tombèrent sur l'une des sculptures les plus remarquables du Classique ancien, ainsi que sur une cache de cloches en cuivre du Postclassique. Le super- 87 be jade translucide, appelé plaque de Leyde, était jadis un élément de fantaisie du costume, l'une des trois plaques de jade qui pendaient d'une barre ou d'une tête de jade portée à la taille. L'imagerie fait penser à une sorte de stèle portative, car le portrait du souverain au recto et l'inscription au verso ressemblent aux monuments de Tikal de la même époque. Le seigneur maya est debout au-dessus d'un captif attaché et à plat ventre ; il tient dans les bras une barre-serpent flexible. L'ancienneté apparaît aussi dans les mains ressemblant à des mitaines et les jambes de profil.

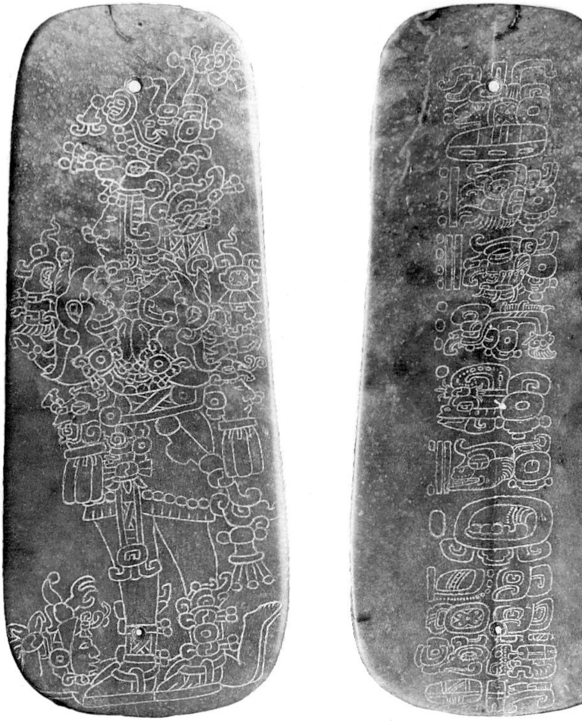

87 Plaque de Leyde. Sur cet élégant ornement de jadéite – peut-être une « stèle portative » – un seigneur maya se tient fièrement debout sur un captif. La date, 8.14.3.1.12, correspond à un jour de l'année 320.

PEINTURE

Plusieurs peintures murales du Classique ancien ont survécu aux ravages du temps. La plus belle est peut-être celle de la tombe d'abord visitée par des pillards
88 à Río Azul, au nord-est du Petén. Une date maya correspondant au début du Ve siècle et un texte sont encadrés par des divinités, dont le dieu du Soleil maya, à droite, avec le glyphe *kin* (soleil) sur la joue. Sur les murs latéraux, des symboles onduleux avec des perles figurent sans doute la surface liquide de l'Inframonde. Le défunt devait être couché la tête vers le texte et le corps à peine immergé dans le monde liminaire et liquide qui, pour les Mayas, était l'entrée de l'au-delà. Les niches des offrandes sont semblables à celle de la tombe 104 contemporaine de Monte Albán (fig. 64).

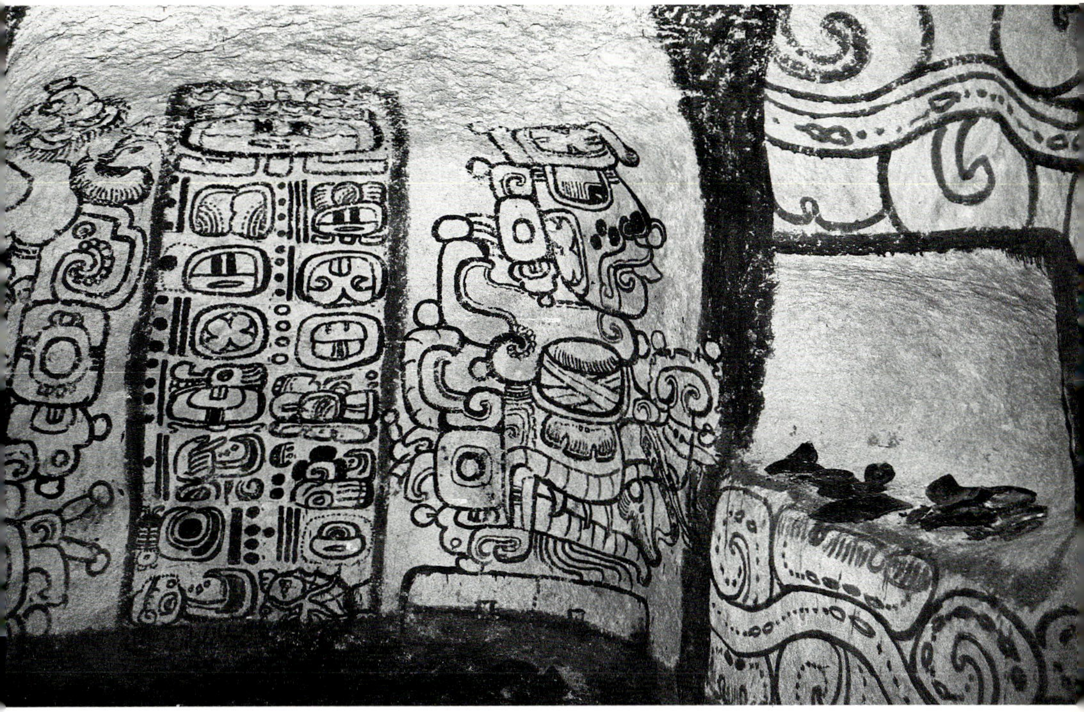

88 L'archéologue Ian Graham a mentionné le premier cette tombe de Río Azul à la belle peinture monochrome, après sa découverte par des pilleurs de tombes. Une date en Compte long, 8.19.1.9. 13 (417), y figure. Le glyphe en bas de la colonne de gauche signifie naissance – peut-être dans le sens de la renaissance dans l'Inframonde.

La peinture monochrome de Río Azul est exécutée avec un pigment d'hématite rouge-brun sur un stuc crème ; le trait est assuré, ferme et très calligraphique : chaque coup de pinceau se termine comme un coup de fouet. Les peintures contemporaines de Tikal (sépulture 48) sont moins bien exécutées, même si la configuration est semblable : une date en Compte long est entourée par des symboles précieux, peints de façon asymétrique sur les murs de la chambre. Une scène polychrome éclatante découverte à Uaxactún et presque aussitôt détruite représentait des musiciens, des familles, du sang répandu et la rencontre de seigneurs importants.

La découverte des grandes tombes de Tikal a révélé le luxe et le faste des rites funéraires au Classique ancien et a souvent donné un sens et un contexte à beaucoup d'objets de provenance inconnue. Les rois mayas préparés pour l'enterrement étaient souvent magnifiquement équipés pour le voyage et la transformation dans l'Inframonde ; par son iconographie, le mobilier funéraire reflète ces soucis.

Nez retroussé mourut vers 425. Il fut porté sur une litière dans sa tombe – d'abord une structure périssable au pied de ce qui devint, après sa mort, la structure 34. Il fut sans doute accompagné par une longue procession de musiciens qui déposèrent dans la tombe leurs instruments, des carapaces de tortues et des bois de cervidés. D'autres membres de la procession portaient peut-être des costumes
135 exotiques, comme ceux peints plus tard sur les murs de Bonampak : des écailles de crocodile on été retrouvées dans la tombe. Neuf personnes, peut-être ces mêmes membres de la procession, furent ensuite sacrifiées et placées à côté du roi mort. Parmi les belles céramiques de la tombe, certaines étaient remplies de boissons fraîches et mousseuses au chocolat ou de gruau de maïs. L'imagerie, la forme et la technique de ces vases évoquent la forte influence de Teotihuacán, mais la plupart d'entre eux ont été fabriqués dans la région. Ils ressemblent souvent à ceux produits à Kaminaljuyú, dans les Hautes Terres du Guatemala, où les sépultures renferment des objets exotiques semblables : il pourrait s'agir dans les deux cas d'une tradition de Teotihuacán, bien qu'on n'y connaisse pas de sépultures royales comparables.

Les vases tripodes, à couvercle et stuqués, étaient les plus fréquents dans les offrandes funéraires royales mayas à la fin du IVe et au Ve siècles. La forme et la technique s'inspirent peut-être des vases contemporains de Teotihuacán auxquelles elles s'apparentent ; les produits mayas sont toutefois fuselés à la « taille » et leurs couvercles, moins lourds, ont souvent des boutons anthropomorphes ou zoomorphes. La tête humaine du couvercle de la fig. 90 donne l'impression que le vase lui-même est humain. Dans certains cas, l'application de stuc est associée à l'incision de l'argile lorsque celle-ci a atteint un stade où elle est dure comme du cuir. Les deux techniques apparaissent parfois ensemble avec une finesse éblouissante. Certaines céramiques, dont celles trouvées récemment à Río Azul, possèdent des couvercles « à pas de vis » ; d'autres ont des crécelles à la base du bol. La peinture des céramiques de cette époque reprend souvent l'imagerie purement maya, mais l'influence de Teotihuacán est également sensible : sur un bol de la tombe de Nez retroussé figurent des divinités du Mexique central.

Dans les tombes du Classique ancien ont également été trouvées des effigies céramiques en deux parties. Celle, particulièrement belle, de la tombe de Nez

89 Les bols à rebord basal étaient les plus répandus pour l'élite maya avant l'introduction du cylindre tripode venant de Teotihuacán. Ce vase, à la fois sculpté et peint à l'engobe, évoque une partie de la cosmogonie maya : un cormoran chevauche une tortue ; tous deux sont des éléments du ciel nocturne. Classique ancien.

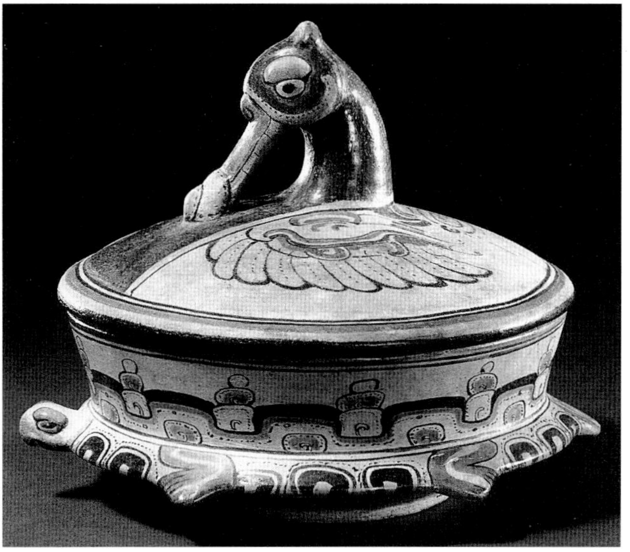

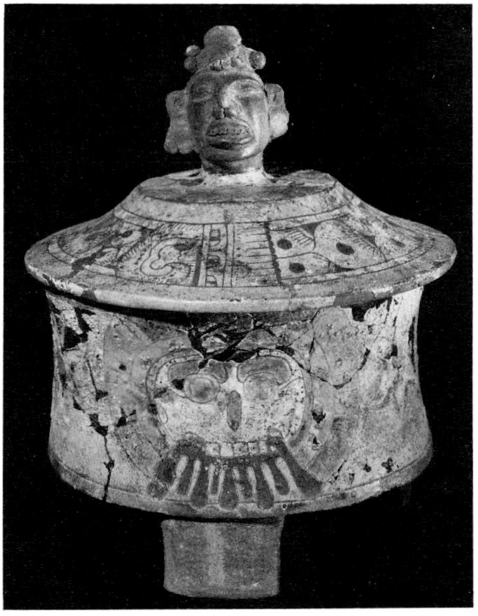

90 Vase maya du Classique ancien, sépulture 10, Tikal. Ce vase tripode de la tombe de Nez retroussé est typique des pots de l'époque à Teotihuacán, mais le couvercle anthropomorphe est purement maya.

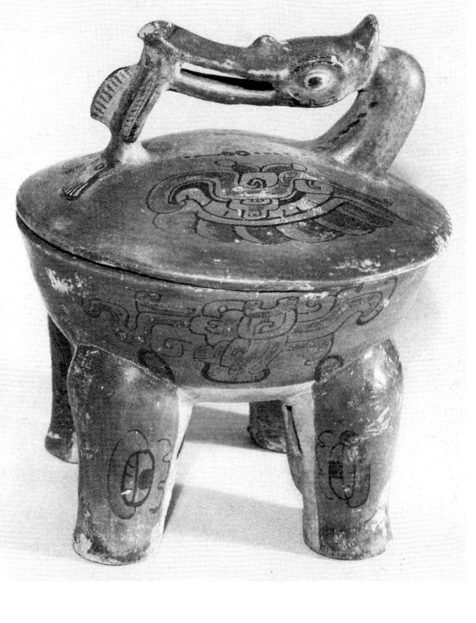

91 Quatre museaux de pécari renversés supportent un cormoran qui pêche au sommet d'un vase avec couvercle, figures appartenant toutes à la cosmogonie maya.

92 retroussé représente un vieux dieu trapu, assis sur un tabouret formé de fémurs humains croisés, qui tient dans ses mains un crâne humain. Environ vingt-cinq ans plus tard, un seigneur de Tikal fut enseveli sans tête, sans fémurs et sans pieds. Il a peut-être été ramené du champ de bataille dans cet état ; toutefois, son squelette mutilé pourrait aussi apporter la preuve qu'on recueillait des reliques pour les personnages royaux. Des années plus tard, le souverain A de Tikal fut enterré avec une collection d'os sculptés, dont certains étaient des fémurs humains. Ce vieux dieu pourrait donc être le patron d'une forme particulière de sacrifice associé au culte des ancêtres et au démembrement.

D'autres belles céramiques étaient fabriquées au Classique ancien. Les bols à rebord basal, souvent avec des couvercles en forme de dôme, précédèrent l'intro-
89 duction de vases tripodes dans la région maya. Certains pots, peints à l'engobe, possèdent une palette très étendue, malgré la basse température de cuisson. Des vases tétrapodes se rencontrent avec les bols à rebord basal ; beaucoup adoptent des formes de jaguar ou d'oiseau. Les plus beaux, en argile sombre, ont été gravés au stade de la consistance du cuir, puis polis après cuisson. Les artistes aimaient le jeu entre les surfaces et les volumes de ces vases, à l'instar des céramistes Moche contemporains dans les Andes. Sur le vase de la figure 91, un cormoran en volume mange goulûment un poisson qui passe d'une image en deux dimensions à une sculpture en volume. Comme beaucoup de peuples d'Asie, les Mayas se servaient sans doute des cormorans pour la pêche.

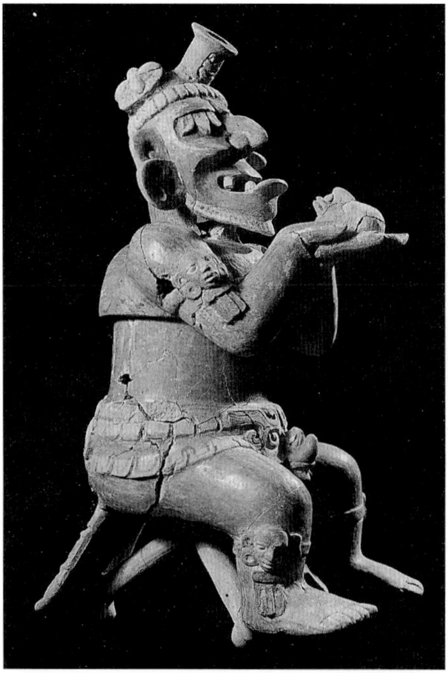

92 Cette effigie en deux parties a été trouvée dans la tombe de Nez retroussé à Tikal. La fumée de l'encens placé à l'intérieur s'élevait en volutes par la bouche et le petit conduit sur le front du vieux dieu, qui tient dans ses mains une tête coupée. Il est assis sur un tabouret fait de fémurs croisés.

Des vases sculptés avec applications ont été extraits de caches ; beaucoup se composent de deux parties : en bas, un visage humain et en haut, une ou deux coiffures surnaturelles. D'autres représentaient simplement des dieux et devaient recevoir des offrandes. Chac, le dieu de la pluie, apparaît fréquemment dans ces céramiques. On le reconnaît aux volutes de ses yeux, à sa dent de requin, aux 93
nageoires de poisson sur ses joues et aux coquillages sur ses oreilles ; c'est sous cet aspect qu'apparaît un souverain de Tikal sur la stèle 2.

Les jades du Classique ancien possèdent des lignes douces et courbes, à l'inverse de la technique plus agressive au foret et à la scie du Classique récent. Le jade est soit gravé, incisé soit sculpté en forme d'homme ou d'animal. Une belle et 87
grande tête en jade du Classique ancien représente un souverain de Copán du début du VIe siècle. Des masques de mosaïque protégeaint parfois les visages de rois morts et encore très récemment un exemplaire, particulièrement beau, a été découvert à Calakmul.

RELATIONS EXTÉRIEURES

L'une des questions les plus importantes qui demeurent à propos du Classique ancien maya est sa relation avec Teotihuacán. On a pensé à une domination militaire de la cité ainsi qu'à une dépendance économique des Mayas. Ces deux idées dérivent en partie de la connaissance qu'on a de la domination plus tardive des Aztèques en Mésoamérique. Il existe des preuves de contacts profonds et suivis entre le Mexique central et la région maya ; de même, l'architecture provinciale de style Teotihuacán dans les Hautes Terres à Kaminaljuyú pourrait conforter l'idée 59
d'une occupation directe par les Mexicains du centre. Mais qu'en était-il des Basses Terres ? Si les souverains de Tikal et d'Uaxactún adoptaient le costume des Mexicains du centre, ils portaient néanmoins les insignes mayas de leur charge et les événements de leur règne étaient gravés sur une invention maya – la stèle – en écriture maya. Il est vrai que l'imagerie religieuse du Mexique central était si répandue qu'on peut suspecter la présence d'un culte étranger. Teotihuacán, bien établie au IIe siècle, était sans doute considérée comme un foyer de culture par les Mayas qui copièrent les céramiques, les armes et même les pratiques sacrificielles de la cité. Néanmoins, ces indices révèlent seulement que les Mayas imitaient leurs contemporains du Mexique central et confectionnaient des objets similaires ; ils n'indiquent pas que les Teotihuacanos envahirent et occupèrent le Petén. Ce n'est pas parce que les habitants de Boston à la fin du XIXe siècle portaient des soies chinoises, mangeaient dans de la porcelaine chinoise et s'asseyaient sur des sièges chinois qu'ils étaient sous la domination chinoise.

Teotihuacán est caractérisée par son plan : sa grille et son architecture à angles droits. Elle ne ressemble en rien au plan asymétrique de Tikal qui relève plus du hasard avec ses édifices groupés, son architecture aux moulures arrondies et ses proportions diverses. A Tikal, une seule structure vraiment de type *talud-tablero*, comme à Teotihuacán, a été dégagée. La cité voisine de Yaxha, très influencée par Teotihuacán, a créé un plan urbain qui suit en partie des « rues », adaptation possible du plan de Teotihuacán à la géographie du Petén ; ses chaussées et ses édifices groupés en font toutefois une cité vraiment maya. Les contacts avec Teotihuacán apportèrent aux familles royales une vie de plus en plus cosmopolite et somptueuse, ce qui n'effaça pas pour autant le caractère fondamentalement maya de la civilisation du Classique ancien, notamment tel qu'il est exprimé par l'écriture, l'architecture et la majeure partie de l'iconographie.

Comme il n'existait pas d'inscriptions connues à Tikal et à Uaxactún pour la période allant de 530 à 580, Sylvanus G. Morley a admis un arrêt de la production culturelle, qu'il a appelé « hiatus », et s'en est servi pour séparer le Classique ancien du Classique récent. L'influence de Teotihuacán qui avait profondément touché la religion, le rituel et le style artistique de Tikal cessa brusquement. Diverses hypothèses ont été avancées pour expliquer cette interruption (Morley pensait que Tikal avait fondé des colonies à Copán et ailleurs à cette époque) et l'absence de véritable « hiatus » hors du Petén central a été confirmée ces dernières années. Une découverte récente à Caracol, au Belize, paraît donner l'explication la plus plausible : d'après l'autel 21 de Caracol, au milieu du VIe siècle, Tikal fut assiégée et vaincue par ses ennemis, avec à leur tête les seigneurs de Caracol. Quels qu'aient pu être les objectifs de cette guerre, Caracol profita d'une expansion économique, alors que la population réduite de Tikal était accablée par la misère et assistait à la destruction des monuments et des bâtiments. La dynastie de Tikal se divisa : une branche s'établit dans la région de Petexbatun, ce qui mena à de nouvelles guerres au VIIe siècle. Les cités éloignées de ce conflit interminable semblent avoir tiré profit de la distance qui les en séparait. Lorsque la production culturelle à Piedras Negras, Palenque et Copán retrouva sa vigueur au début du VIIe siècle, des changements profonds survinrent dans l'art, l'architecture et les céramiques.

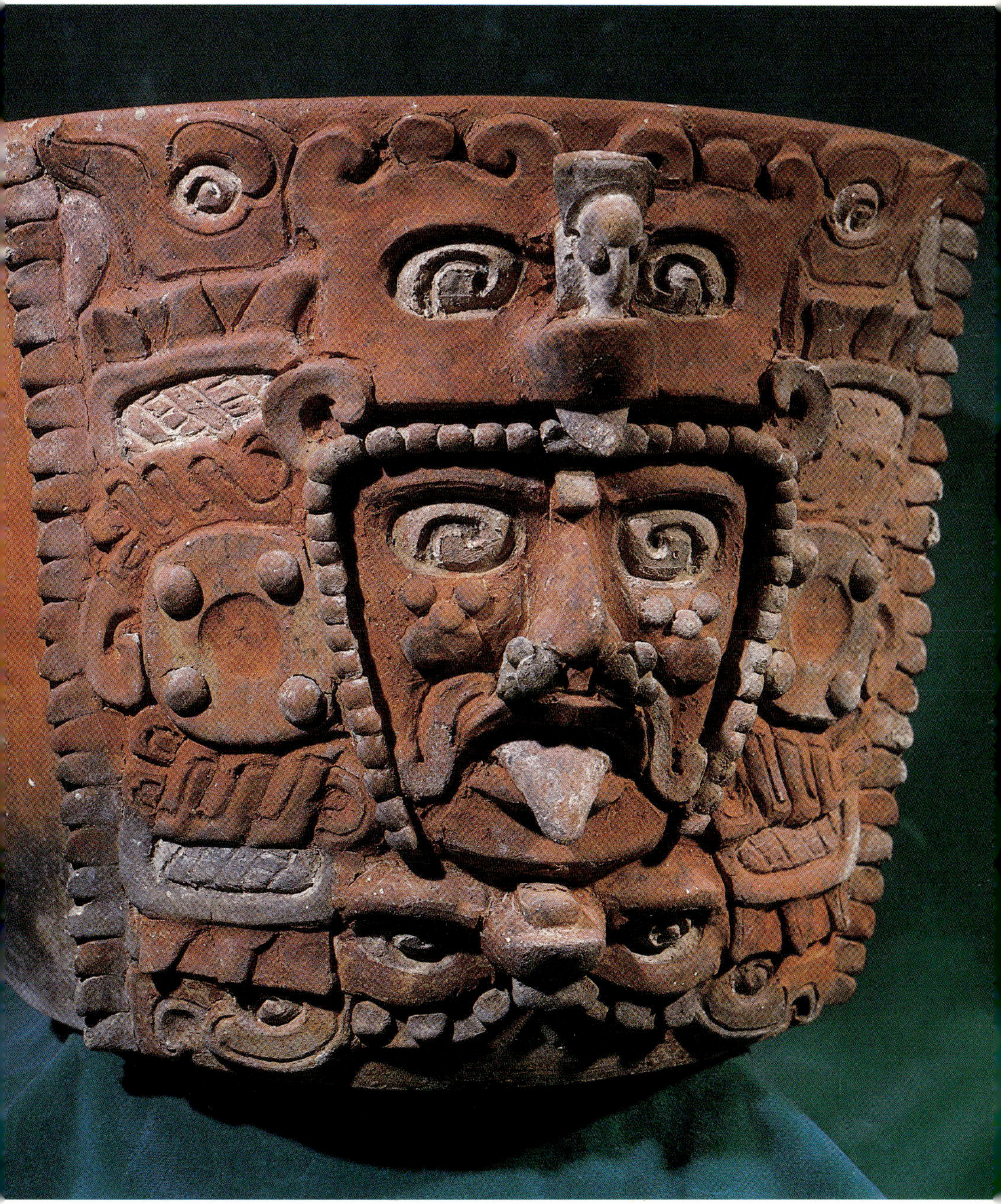

93 Parmi les dieux majeurs mayas, Chac apparaît souvent sur les vases anciens placés dans des caches, en général avec une langue en dent de requin et des yeux en volutes. Des perles et des petits morceaux d'argile en application ont été placés par couche pour donner cette image.

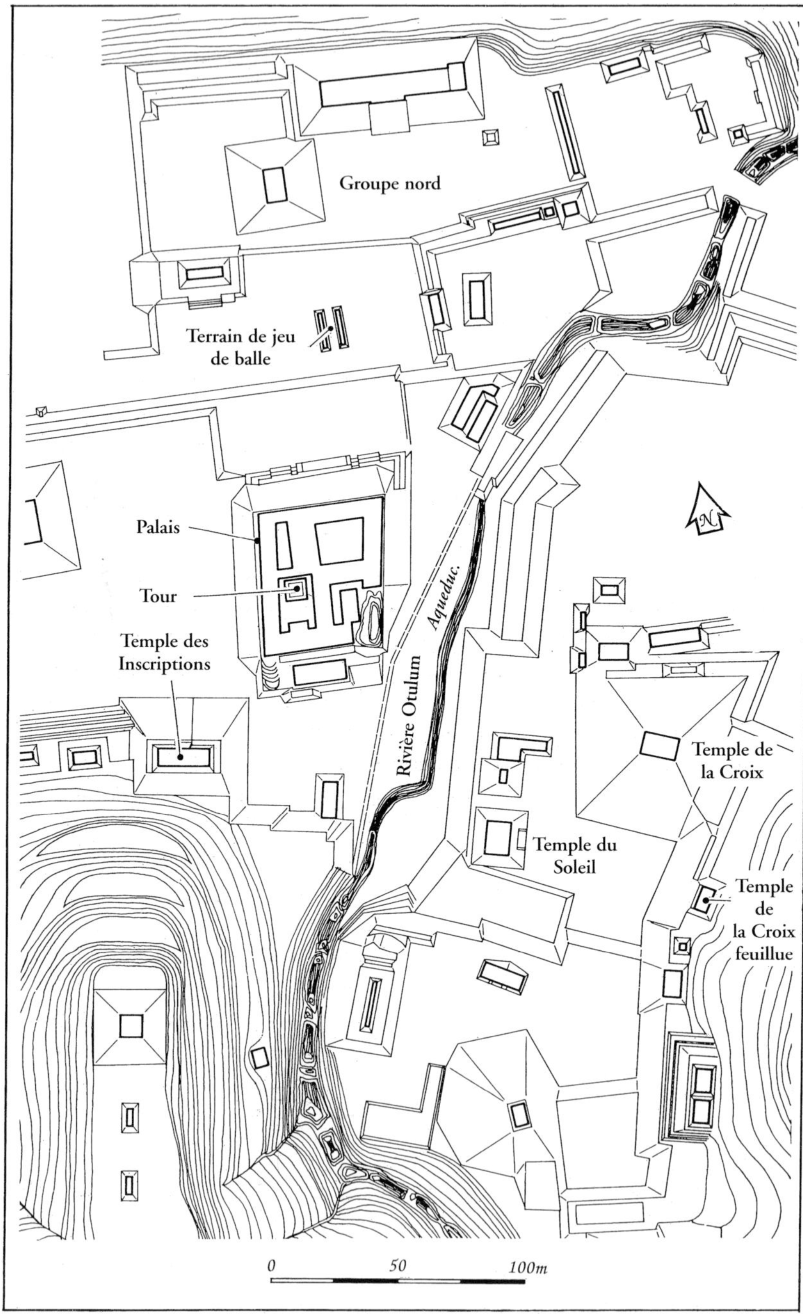

94 Plan de la cité maya de Palenque, Classique récent.

CHAPITRE SEPT

Le Classique récent maya

L'art et l'architecture du Classique récent maya ont longtemps été les plus appréciés de Mésoamérique. Avant même que, dans les années 1840, les voyages de John Lloyd Stephens et de Frederick Catherwood fassent connaître au public les grands temples pyramidaux et les sculptures de pierre, Alexander von Humboldt avait remarqué le naturalisme d'une grande part de l'imagerie maya, et ceux qui étudiaient l'art ancien avaient fait l'éloge de l'habileté avec laquelle les anciens Mayas dessinaient les personnages. L'art maya du Classique récent est sans conteste très humain et l'attention portée aux personnes, dans les peintures élégantes de Bonampak comme dans les stèles solennelles et en volume de Copán, a toujours attiré l'homme occidental moderne, de même que les bâtiments du Classique récent qui sont remarquablement bien conservés. De plus, l'épanouissement simultané de styles différents et une production artistique abondante caractérisent cette période.

La plupart des cités mayas étaient déjà abandonnées aux forêts tropicales à l'époque de la conquête espagnole et elles étaient trop éloignées et trop en ruines pour être pillées au XVIe siècle. C'est seulement depuis la Seconde Guerre mondiale que des routes ont ouvert le royaume des anciens Mayas aux visiteurs modernes et depuis 1980 que la forêt est exploitée de manière de plus en plus exagérée – une pratique lourde de conséquences pour les anciennes cités, la flore et la faune de la forêt sans parler des Mayas modernes.

Au VIe siècle, les cités du Petén déclinèrent, minées par la guerre. En même temps, des régions périphériques – le Chiapas, le bassin de l'Usumacinta, le Belize et les Basses Terres du sud – commencèrent à prospérer et détournèrent la puissance économique et la vitalité culturelle du centre.

ARCHITECTURE

Vers 600, sur les contreforts de l'*altiplano* du Chiapas, Palenque, la plus occi-

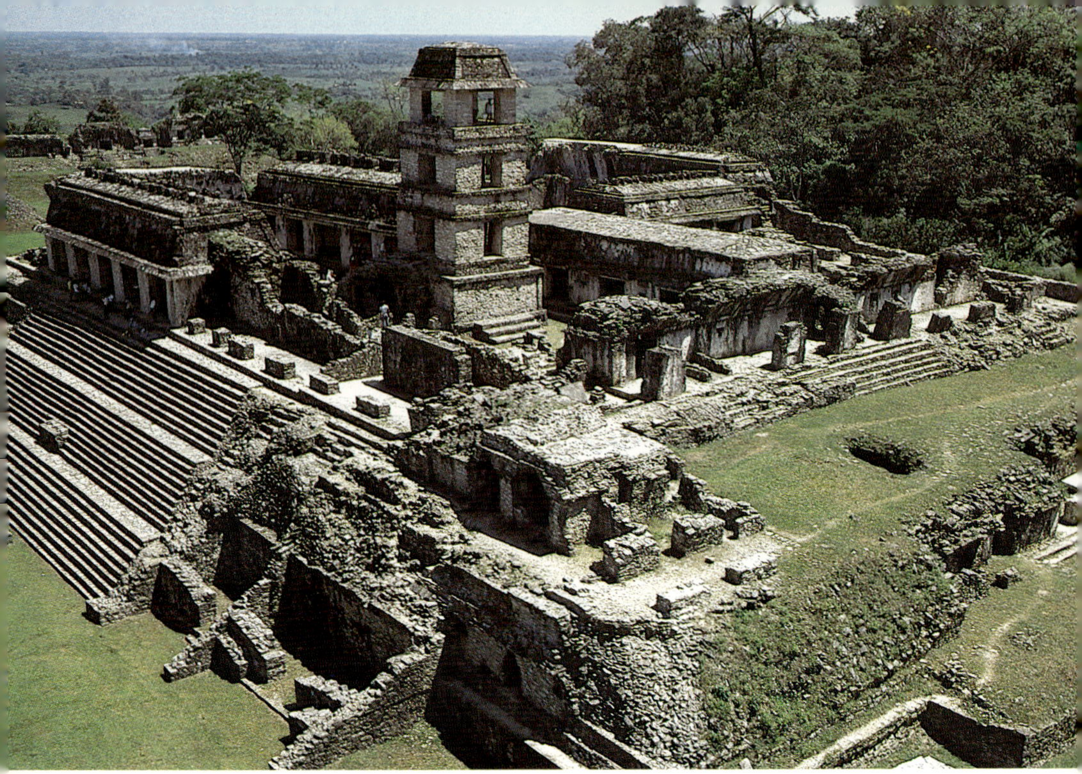

95 Palais de Palenque vu du sud-ouest. Derrière la tour s'étend la cour est, célèbre pour ses sculptures de captifs (fig. 96). Au premier plan, un dédale de passages souterrains parcourt la coupe du Palais. Classique récent.

dentale des grandes cités mayas, s'engagea dans une période d'expansion. Pendant 150 ans et sous l'égide d'une poignée de souverains – surtout le grand roi Pacal (la lecture phonétique de son nom signifie « bouclier » en maya) et ses deux fils – la superficie, la splendeur et l'importance de la cité ne cessèrent de
94 croître. Sa disposition suit la topographie onduleuse du site : les temples couronnent et soulignent les élévations naturelles. La rivière Otulum traverse la cité et des canalisations apportent l'eau courante au Palais. Il n'y a pas de *sacbes* dans le plan architectural, mais trois niveaux de construction sont visibles à flanc de colline.

Au Classique ancien, la maçonnerie du Petén était lourde et maladroite, les crêtes faîtières laissaient peu d'espace à l'intérieur. A Palenque, les architectes
97 prirent une autre option esthétique : ils édifièrent des voûtes en encorbelle-
98 ment parallèles, avec une crête faîtière légère et évidée au-dessus du mur central. Non seulement cette innovation libérait un espace intérieur plus vaste,

mais elle stabilisait l'ensemble de la construction et c'est en partie grâce à elle que l'architecture de Palenque est si bien conservée. Pour la première fois dans l'histoire architecturale mésoaméricaine, une masse solide fut remplacée par une carcasse ajourée.

Ce qui subsiste du Palais de Palenque fut sans doute construit en cent ans ;
les bâtiments intérieurs nord-sud sont plus anciens que les colonnades exté- 95
rieures et la tour. La maison E, à la différence des autres bâtiments du Palais,
était peinte en blanc et ornée de fleurs. Une inscription la désigne sous le nom
de « maison des fleurs blanches ». Des panneaux commémorant l'accession de
plusieurs souverains étaient placés dans les structures du Palais et certaines
scènes reflètent le luxe de la vie de la cour. Le beau trône de la maison E était
placé sous le Panneau ovale du Palais et la porte donnant sur la cour est était
entourée d'un dragon bicéphale en stuc du type de celui qui forme le bord des
stèles d'accession à Piedras Negras. La cour est était ornée de grandes dalles de 96
calcaire grossier où étaient sculptées des figures asservies aux traits épais et
déformés, dont une avec un énorme pénis marqué de cicatrices. Des rituels
sacrificiels combinés à ceux de l'accession au pouvoir dans le Palais informaient
des droits et des responsabilités des rois.

La gracieuse tour à trois niveaux, unique exemple encore existant dans l'ar-

96 Des dalles sculptées étaient assemblées pour former le grand talud incliné des captifs dans la cour est du Palais de Palenque. Les seigneurs de la région entraient dans la cour par l'escalier qui était encadré par ces humbles figures. Classique récent.

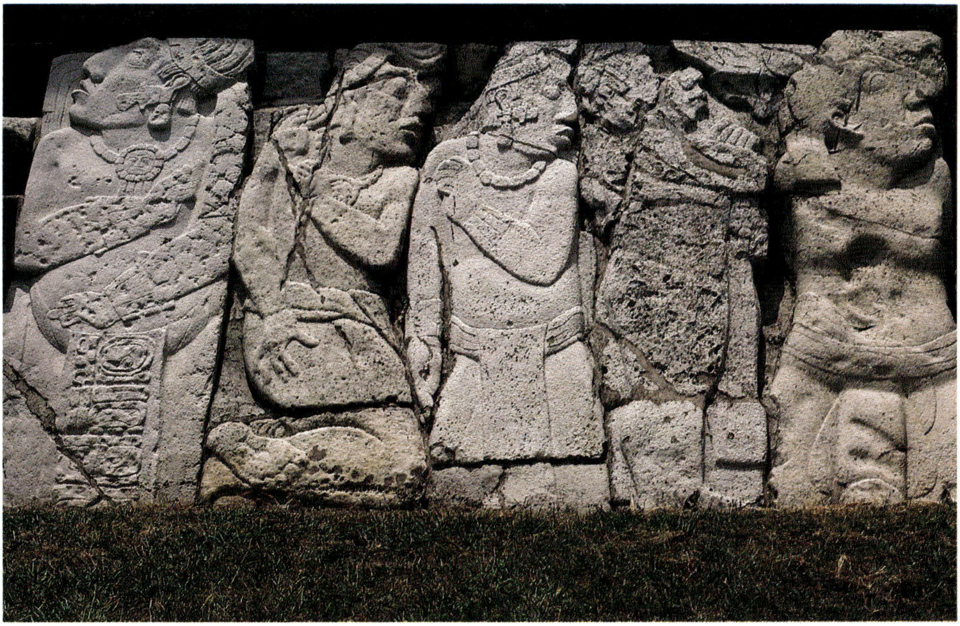

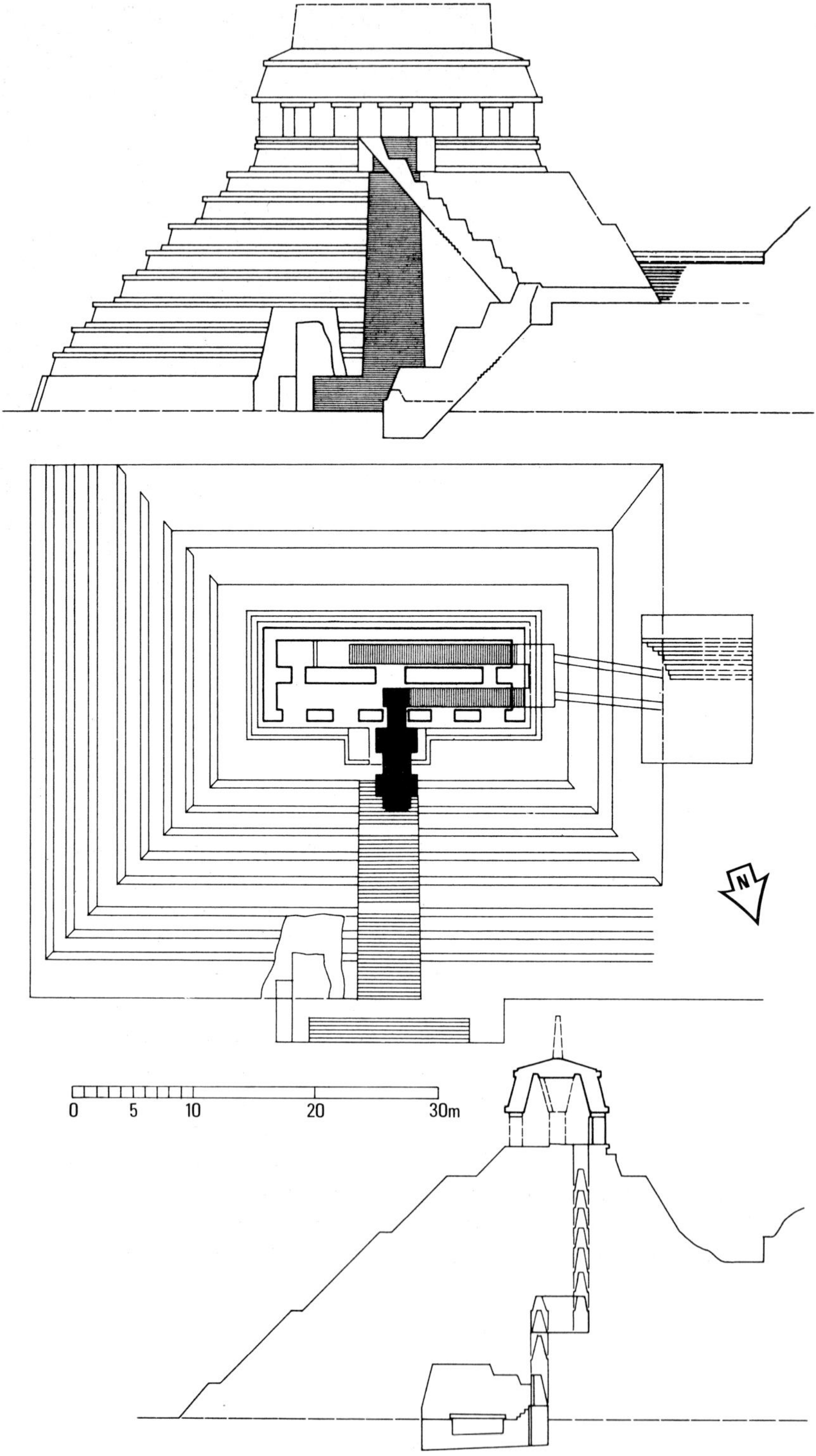
N
0
5
10
20
30m

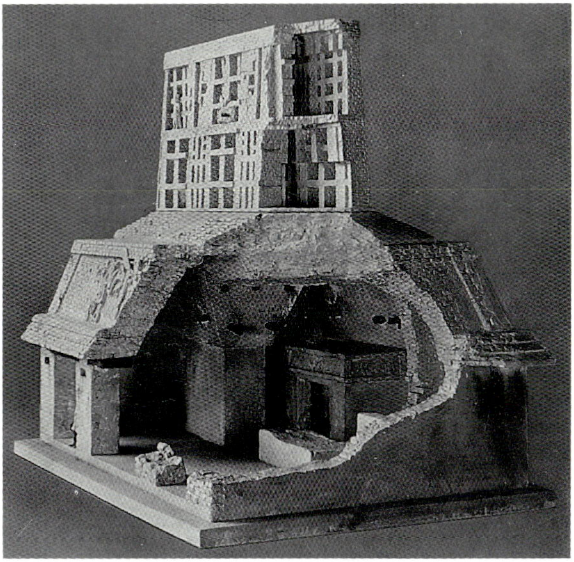

97, 98 Section, élévation et plan des édifices de Palenque. *(Page de gauche)* Elévation, plan et section du Temple des Inscriptions. *(A droite)* Maquette en coupe du Temple de la Croix : la crête faîtière légère s'appuie sur le mur central qui sépare les deux voûtes à encorbellement parallèles.

chitecture mésoaméricaine, fut édifiée lors de la phase finale de construction du Palais. D'étroits escaliers s'enroulent autour d'un noyau central et plein. Pour certains chercheurs, cette tour aurait été un observatoire astronomique, mais il pourrait aussi s'agir d'un édifice défensif car, du niveau supérieur, on embrasse toute la plaine au nord.

Le Palais, équipé de canalisations raccordées à l'ancien aqueduc, était confortable. Il servait sans doute de siège aux cérémonies royales plus que de résidence pour la famille régnante. Il faut chercher les habitations à l'est de l'aqueduc, où les fouilles récentes d'archéologues mexicains ont mis à jour d'élégants palais le long de chutes d'eau et d'étangs ; c'est ici qu'on entendait le bruit des enfants et des chiens et qu'on respirait l'odeur de cuisson des sauces épicées.

Le Temple des Inscriptions, avec ses neuf degrés, s'élève au sud du Palais. Il 99
s'insère dans la colline derrière lui qui le met en valeur. L'archéologue mexicain Alberto Ruz s'aperçut que les dalles du sol d'une pièce située à l'arrière pouvaient se soulever et il découvrit des constructions intérieures. Il dégagea l'escalier et, en 1952, révéla une tombe splendide en bas de la pyramide, dans le même axe nord-sud que l'escalier. A l'intérieur, une grande chambre en encorbellement abritait le sarcophage en forme d'utérus du grand roi Pacal, dont la dépouille était couverte de jade et de cinabre. Le couvercle du sarcophage 100
représente le roi au moment de sa mort, tombant dans l'Inframonde. Sur les

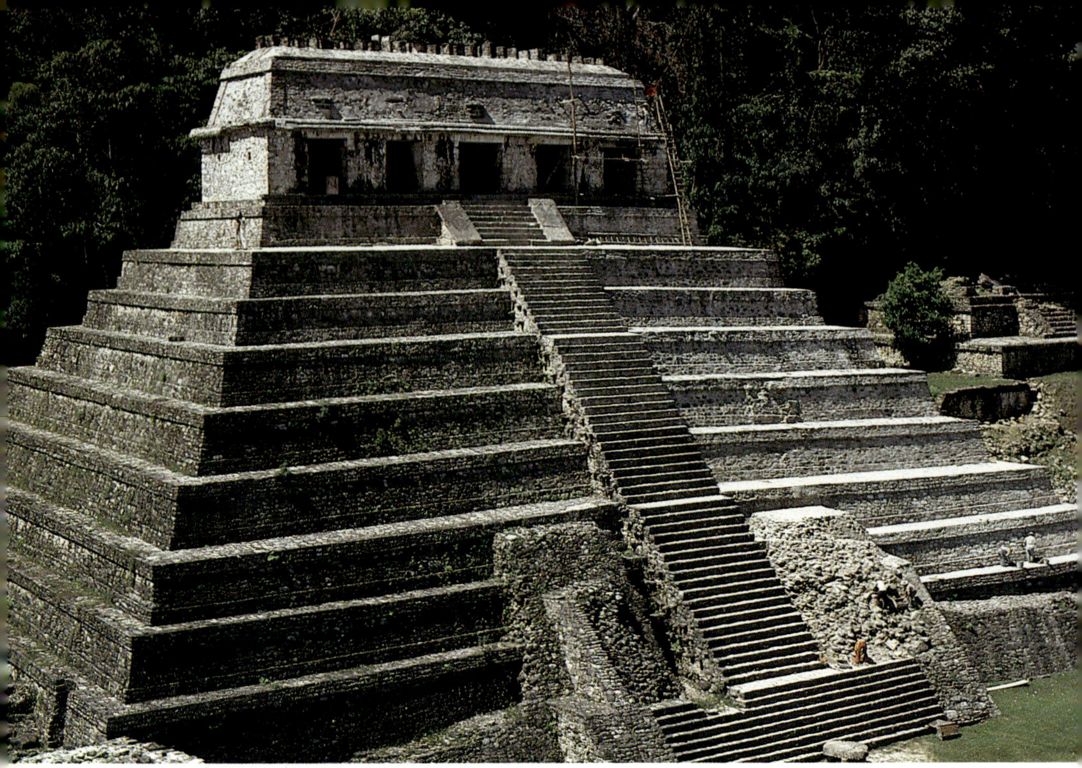

99 Temple des Inscriptions, Palenque. Le tombeau de Pacal, en bas de la pyramide, était accessible quelque temps après la mise au tombeau par un escalier intérieur qui allait de la tombe à la pièce en haut de la structure. VIIe siècle.

parois du sarcophage, les ancêtres de Pacal sortent de terre et neuf personnages en stuc figurent sur les murs. La construction a été conçue pour l'éternité : même les traverses sont en pierre (seul exemple connu) et un petit tube de pierre, le « psychoduc », relie la tombe au niveau supérieur et donc à l'air libre. Le Temple des Inscriptions est la seule pyramide mésoaméricaine construite avant la mort du souverain, sans doute selon ses instructions.

Trois panneaux couverts de longues inscriptions, dans la pièce du haut, retracent la vie de Pacal ; les stucs extérieurs représentent son fils en enfant divin, peut-être pour manifester le caractère divin du roi, même de son vivant. Les rois mayas, immortalisés dans les pyramides funéraires, étaient vénérés après la mort, les grands ancêtres étaient associés à des divinités qu'incarnaient les constellations du ciel nocturne.

Le Temple des Inscriptions comprend neuf degrés. A l'époque de la Conquête, l'Inframonde était constitué de neuf niveaux pour les Aztèques et les Mayas ;

le monument funéraire de Pacal s'appuie sur la même conception de l'au-delà : la tombe du seigneur est placée au nadir de la pyramide. A l'époque de la Conquête, le ciel possédait treize niveaux pour les Mésoaméricains, vision de l'univers qui se retrouve dans le monde maya stratifié de Pacal : treize encorbellements relient la tombe aux galeries supérieures. Plus tard, les seigneurs firent référence à l'apothéose de Pacal en édifiant des sépultures dans des pyramides funéraires plus petites vers l'ouest, où des archéologues mexicains ont découvert en 1994 une tombe intéressante.

A l'est de l'aqueduc, les trois temples du groupe de la Croix (temples du Soleil, de la Croix et de la Croix feuillue) constituent une autre innovation architecturale. Dans le plan commun à chacun, les deux galeries parallèles sont coupées à angle droit par un passage en encorbellement, ce qui forme une vaste pièce. Chaque temple comporte un sanctuaire intérieur à l'arrière. Le portail et la *cresteria* habituelle dissimulent l'espace intérieur. A Palenque, l'espace intérieur privé est aussi significatif que l'espace public négatif défini par les volumes des bâtiments.

Dans les sanctuaires du groupe de la Croix, des panneaux sculptés commé-

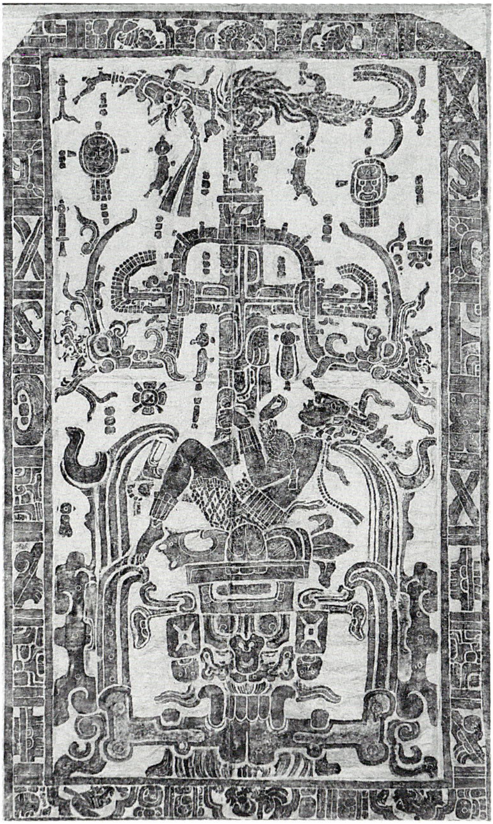

100 Couvercle du sarcophage du roi Pacal, VIIe siècle, placé en bas du Temple des Inscriptions, à Palenque ; il est représenté au moment de sa mort et se fait avaler par les mâchoires d'un squelette.

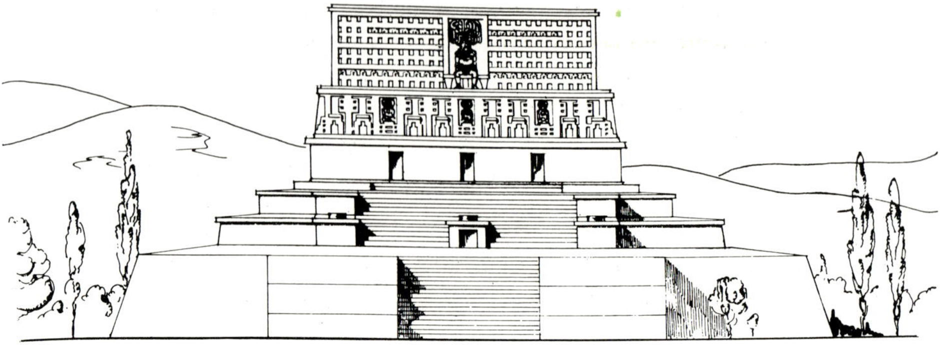

101 Elévation de la structure 33 à Yaxchilán.

morent la naissance de trois dieux, patrons de Palenque, au quatrième millénaire av. J.-C., aube de l'ère maya, mais sous la tutelle du roi de la fin du VIIe siècle Chan Bahlum, fils aîné de Pacal. Stephen Houston a expliqué que ces sanctuaires symbolisaient des étuves, lieux réservés à la naissance puis demeures pour le repos de l'image du dieu. Chan Bahlum y conservait sans doute des figures de culte.

Au Classique récent, de la fin du VIe siècle jusque vers 800, les rives des rios Usumacinta et de la Pasión, connurent aussi un essor significatif. Le commerce fluvial sur l'Usumacinta fut certainement un des moteurs de la croissance de Yaxchilán et de Piedras Negras. A Yaxchilán, la rivière entoure une langue de terre en forme d'omega. Des vestiges de piles en pierre dans le limon indiquent la présence possible d'un pont ou d'une barrière de péage. Des galeries alignées se trouvent au niveau de la place près de la rivière et sur les collines alentours. Les structures 40 et 34 célèbrent l'inauguration des souverains majeurs de Yaxchilán au Classique récent, Bouclier-Jaguar et Oiseau-Jaguar. Ces deux édifices s'élèvent sur de grandes terrasses construites dans le relief naturel accidenté et offrent une vue dominante sur la rivière.

101 Les architectes de Yaxchilán ont créé quelques bâtiments à galerie double du type courant à Palenque mais, dans l'ensemble, l'utilisation de l'espace intérieur était plus conventionnelle. De plus, ils plaçaient les crêtes faîtières directement sur les pierres coiffant la voûte, ce qui accentuait la tendance à l'effondrement des voûtes en encorbellement et rendait nécessaire l'érection de contreforts intérieurs pesants. Presque toutes les structures de Yaxchilán possèdent plusieurs portes et beaucoup ont de beaux linteaux sculptés.

Dans la cité voisine de Piedras Negras, à peine à un ou deux jours en aval de la rivière, différentes influences se mêlent. Les bâtiments sont tournés les uns vers les autres, plus que vers la rivière ; ils sont groupés de manière semblable à ceux de Palenque. Les inscriptions font penser à un développement du site du sud vers le nord sur près de deux cents ans. Les structures anciennes au sud, lourdes et massives, possèdent de grandes incrustations arrondies semblables à celles de l'acropole nord de Tikal au Classique ancien. L'acropole ouest de Piedras Negras est composée par l'enceinte d'un palais central enca- 102
drée de deux grandes pyramides funéraires, sans doute les sanctuaires des souverains 3 et 4 dans la suite dynastique. Les palais possèdent des galeries doubles en encorbellement comme à Palenque.

A Tikal, le « hiatus » de la fin du Classique ancien se prolongea jusqu'au VIIe siècle, à cause des défaites militaires et politiques successives. Au VIIIe siècle, un programme de construction de nouveaux édifices majeurs commença et dura environ cent ans. Le souverain A de Tikal eut un rôle important

102 Au Classique récent, les rois de Piedras Negras créèrent un nouveau complexe sur l'acropole ouest. A l'intérieur de palais à galeries, les rois, assis sur des trônes élégants, assistaient aux défilés ; de part et d'autre s'élevaient des pyramides funéraires. Les huit stèles du souverain 3 sont alignées à droite.

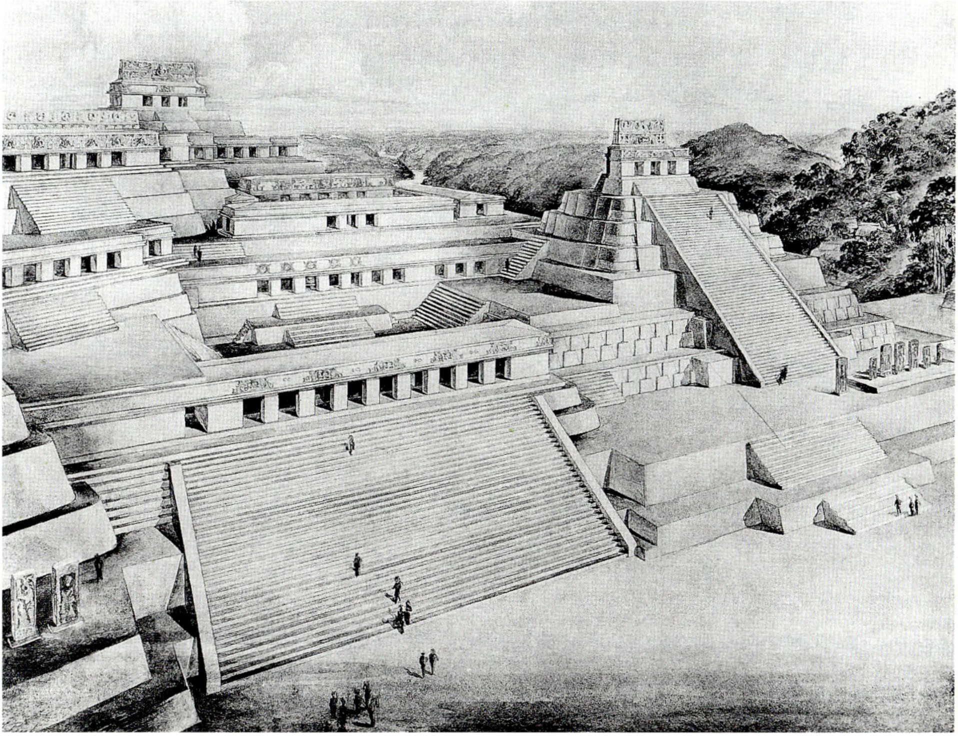

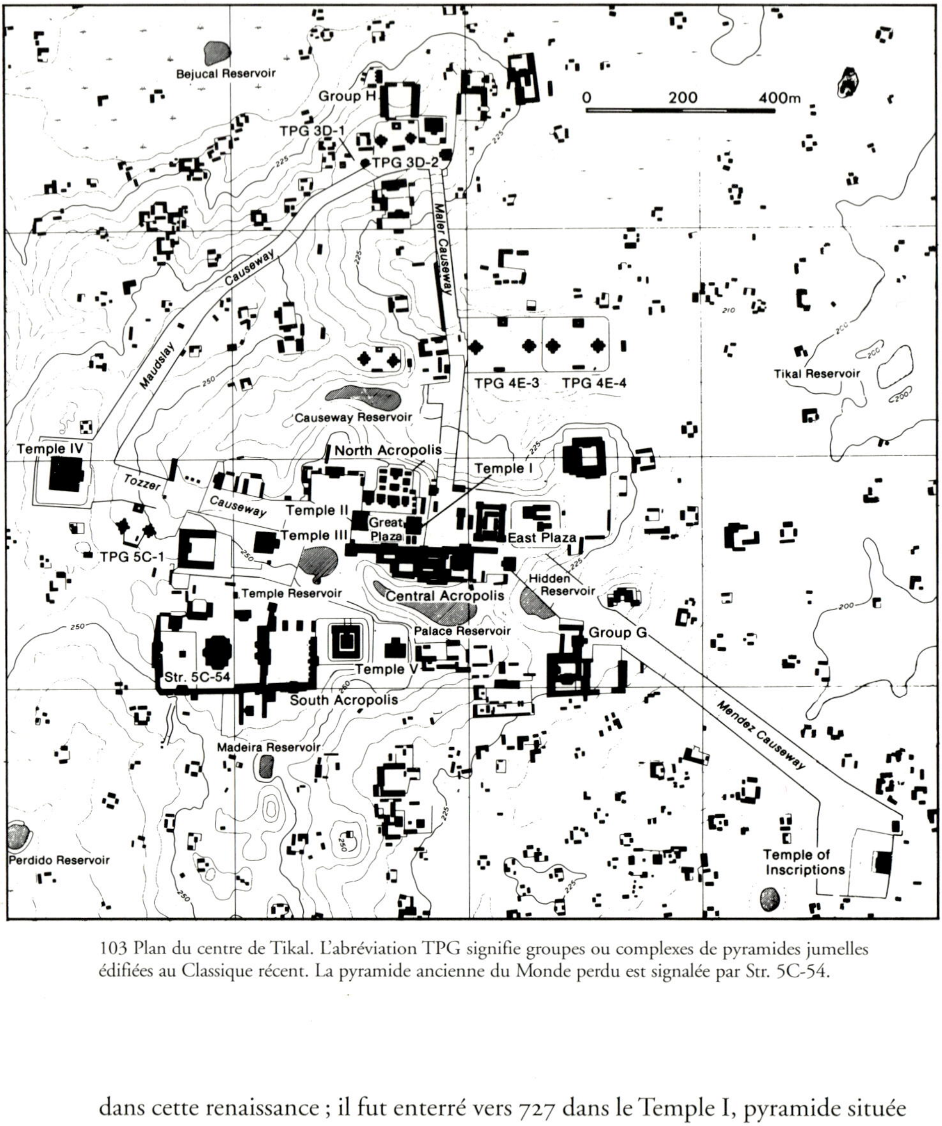

103 Plan du centre de Tikal. L'abréviation TPG signifie groupes ou complexes de pyramides jumelles édifiées au Classique récent. La pyramide ancienne du Monde perdu est signalée par Str. 5C-54.

dans cette renaissance ; il fut enterré vers 727 dans le Temple I, pyramide située en face du Temple II, achevé quelques années plus tôt. Les temples I et II modifièrent radicalement le centre de Tikal : ils transformèrent l'ancien axe nord-sud (signalé par des accumulations de bâtiments aux angles arrondis et
103 aux moulures tarabiscotées) en un axe est-ouest défini par deux structures imposantes aux lignes simples.

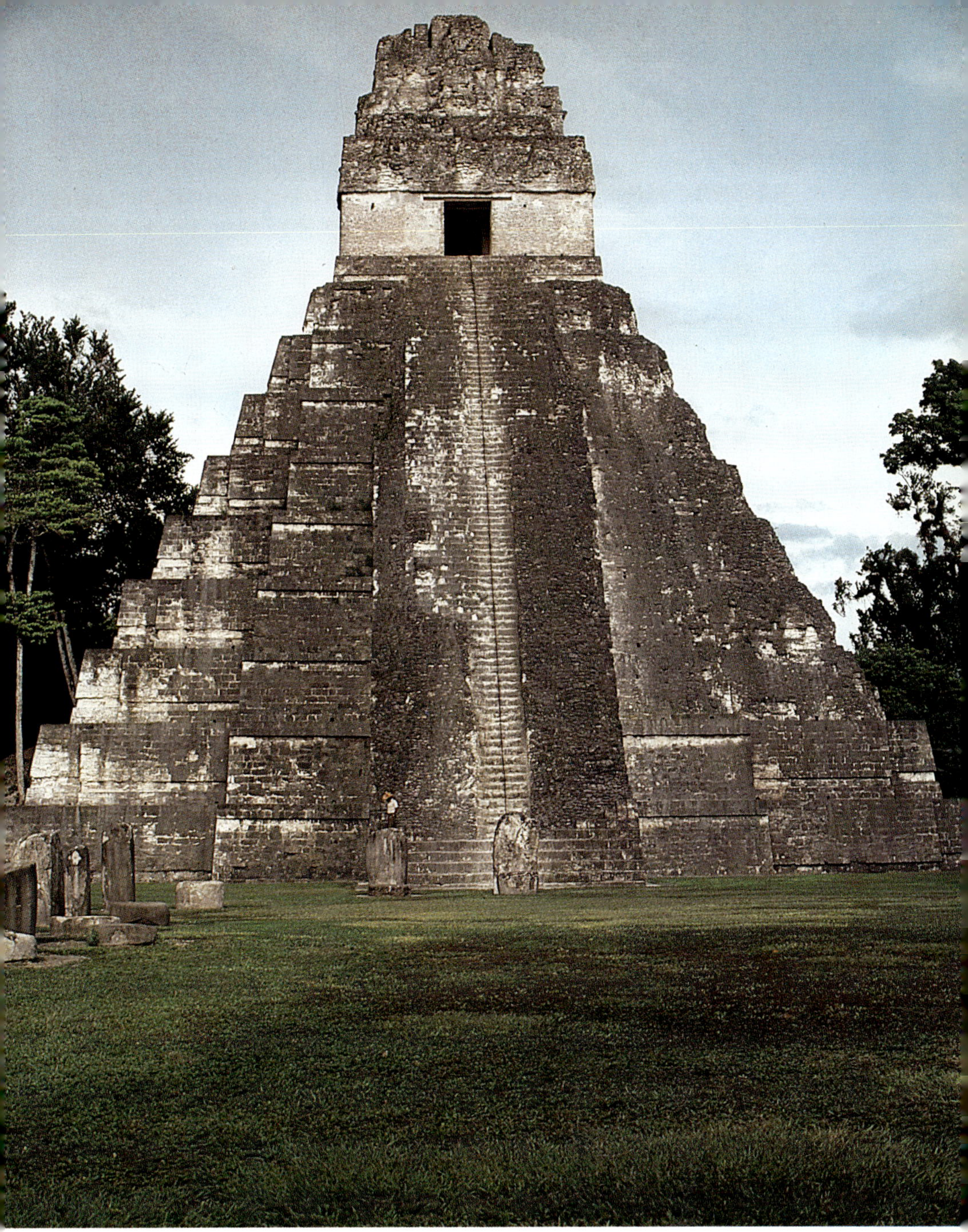

104 Le Temple I de Tikal et le Temple des Inscriptions de Palenque (fig. 99) sont les deux plus belles pyramides funéraires du Classique récent maya explorées par les archéologues. Les deux édifices possèdent neuf degrés, comme si une référence aux neuf niveaux de l'Inframonde était contenue dans l'iconographie architecturale.

104 Le Temple I, comme le Temple des Inscriptions de Palenque, est une pyramide à neuf degrés, conçu lui aussi dès le départ comme un mémorial complet, depuis les linteaux de bois sculptés au-dessus des portes jusqu'à la chambre funéraire en bas. Cet édifice complexe a certainement été dessiné avant la mort du souverain A. A la différence du temple de Palenque, la construction n'a pas commencé avant que le corps du souverain ne soit scellé dans la tombe au pied de la pyramide. Le Temple II était sans doute dédié à l'épouse du souverain A (bien qu'on n'y ait pas trouvé de tombe) : le mari et son épouse se faisaient face pour l'éternité, encadrant leurs ancêtres au nord.

D'autres temples entourent les temples I et II de la dynastie du Classique récent, comme de grands fanaux s'élevant au-dessus de la jungle. Ces pyramides, qui n'ont pas été fouillées, sont sans doute les monuments funéraires de souverains plus récents saluant respectueusement leurs aïeux. Le Temple IV, le plus grand par sa taille et sa masse, atteint 65 m, à peu près la hauteur du Temple du Soleil à Teotihuacán. Les pyramides de Tikal sont visibles à 18 km au nord, de la dernière grande hauteur avant Uaxactún.

Ces pyramides du Classique récent, bien que dégagées et dépourvues de la plupart des moulures ornementales typiques de Tikal au Classique ancien, conservent des caractéristiques de l'acropole nord autres que leur nature funéraire. Ainsi, au Temple I, une lourde crête faîtière a été placée sur les pièces étroites et sombres auxquelles on accède par une seule porte ; son poids s'appuie sur l'ensemble de la structure. Des moulures, plus fuselées que celles de l'acropole nord, couvrent les angles de la structure et créent un jeu d'ombre et de lumière sur la surface.

Au Classique récent, l'orientation est-ouest dominait non seulement la grande place, mais aussi le reste du site par des groupes périphériques, appelés
105 complexes à pyramides jumelles. Six au moins de ces ensembles architecturaux furent érigés l'un après l'autre, sans doute pour célébrer le cycle de vingt ans du *katun* recensé sur chaque groupe. La plate-forme surélevée de chaque ensemble a la forme du symbole maya de l'achèvement, et les deux pyramides radiales sur l'axe est-ouest rappellent le marqueur chronographique E-VII-sub à Uaxactún. Avec une structure alignée au sud et un sanctuaire dédié à un souverain dans la structure ouverte au nord, cette configuration répétée et bien définie de Tikal semble reproduire la grande place tout au long des chaussées.

Aucune sculpture et peu d'ornements architecturaux demeurent *in situ* pour aider à comprendre la fonction et le sens de l'acropole centrale. Ses pièces à galeries évoquent néanmoins le palais de Palenque, même si le plan d'ensemble paraît moins soigneusement organisé. De plus, la présence d'un vainqueur et de son prisonnier en stuc érodé – signalée sur une des structures encadrant une

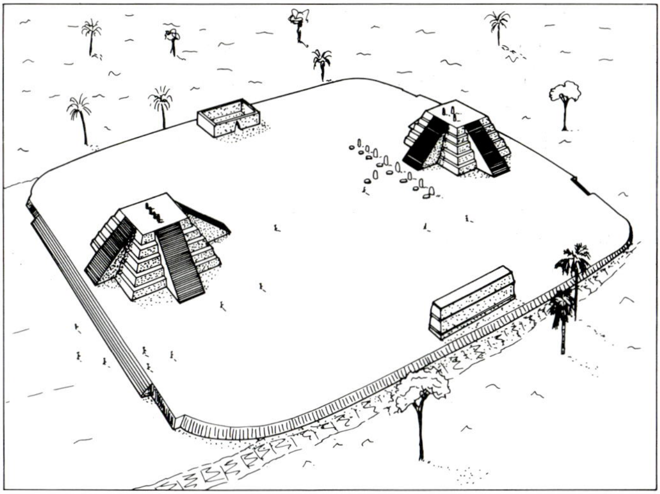

105 Reconstitution d'un complexe à pyramides jumelles, Tikal. Ces complexes, qu'on ne trouve qu'à Yaxha et Tikal, furent érigés au VIIIe siècle pour célébrer la fin du *katun*. Les autels et les stèles ont peut-être été peints dans l'Antiquité, mais aujourd'hui ils sont unis.

cour trapézoïdale au cœur même de l'acropole – laisse supposer qu'il pouvait s'agir d'un lieu de sacrifice, comme la cour est de Palenque où sont représen- 96
tés d'humbles captifs. Une rangée de quatre grands foyers constituait une sorte de cuisine institutionnelle pour les scribes, les marchands, les prêtres, les lettrés et les nobles qui travaillaient à l'Acropole centrale.

A partir des mêmes éléments de base que l'architecture maya – plate-forme, escalier, voûte en encorbellement – les architectes de Copán, au Honduras, ont créé une esthétique différente. La pierre locale est un tuf volcanique rose, marron ou vert facile à travailler : les pierres pouvaient ainsi être taillées et ajustées avec une précision rare dans les structures en calcaire de Palenque ou de Tikal. (La pierre était bien sûr taillée avec des outils en pierre.) Du reste, à Copán, comme ailleurs, les enduits de stuc servaient à cacher les imperfections. L'accent était mis sur les ornements architecturaux en tuf, en relief et en volume qui constituent le guide iconographique le mieux conservé sur le sens de l'architecture mésoaméricaine. Les façades encore debout possèdent un profil vertical pur et non l'habituel toit à la Mansart. On retrouve ces lignes simples, qui sont peut-être originaires de Copán, dans les façades du Yucatán central et de la région Puuc.

La vallée de Copán offre de superbes possibilités de mise en scène à une

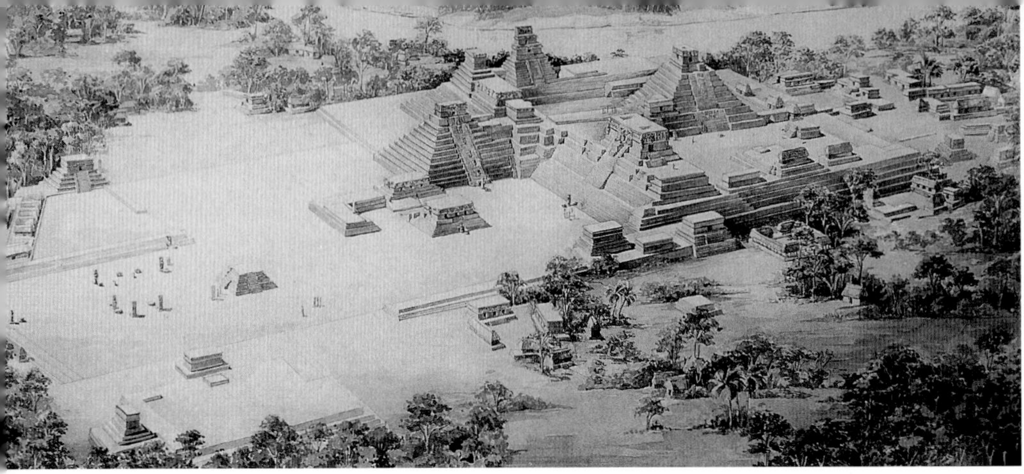

106 Au milieu du VIIIe siècle, l'acropole principale de Copán et la Grande Place étaient terminées, même si les enceintes voisines de familles fortunées continuaient à s'étendre. La rivière de Copán, derrière, engloutit plus tard des structures jusqu'à ce que les ingénieurs militaires de l'armée des Etats-Unis lui creusent un nouveau lit dans les années 1930.

architecture spectaculaire. Les urbanistes de l'époque s'en aperçurent et placèrent les édifices de façon à tirer profit des vues de la vallée et des montagnes environnantes, notamment du col entre les montagnes au nord. Ainsi, le terrain de jeu de balle paraît reproduire la vallée par sa disposition et son orientation.

106 Les pyramides et les structures du VIIIe siècle, dédiées aux rites royaux, remplissent l'acropole, couche finale d'une accumulation qui dura au moins six
107 cents ans. Les rois étaient proclamés de la structure 22. Sur l'encadrement de la pièce privée et surélevée, à l'arrière de cette structure, figure un dragon bicé-

107 Structure 22, Copán, reconstitution de la porte intérieure. On passe d'abord par les restes de la gueule d'un grand monstre pour avoir accès à cet encadrement à la sculpture remarquable. Le roi qui fit construire cette structure, 18 Lapin, fut capturé et sacrifié par les seigneurs voisins de Quiriguá.

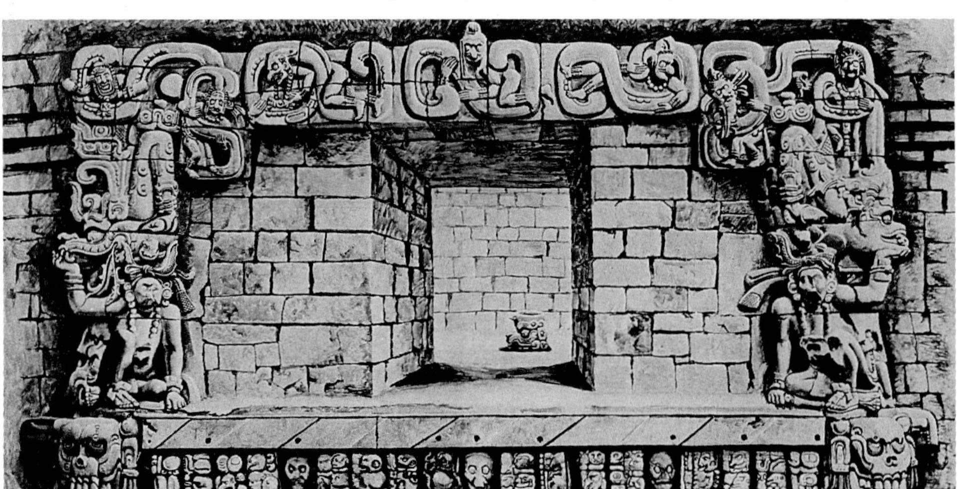

phale ; on y accède par la gueule grande ouverte d'un monstre symbolisant l'entrée d'une caverne dans une montagne sacrée. Des sculptures de jeunes dieux du maïs ornaient jadis les corniches extérieures ; la montagne symbolique était peut-être l'endroit où le roi remonta le premier épi de l'Inframonde.

Une équipe internationale d'archéologues a travaillé à l'élucidation des mystères de Copán, au centre comme à la périphérie. Juste à côté de la structure 22, Bill et Barbara Fash ont récemment reconstitué la structure 22a, apparem- 108
ment une *popol na*, maison du conseil, où s'entretenaient les conseillers du roi. Les familles locales, dont la famille Poisson, faisaient leur promotion sur la façade, leurs noms voisinant avec des motifs de tissage *(pop)*. Au sud de l'acropole, d'autres archéologues ont découvert l'existence de l'enceinte de la famille Poisson. Ce qui aurait pu sembler une promotion gratuite devait, en fait,

108 Les seigneurs de Copán construisirent une *popol na*, maison du conseil, afin probablement d'unifier les familles riches et puissantes ; elles s'y réunissaient pour conseiller et guider le roi dans son palais voisin. Sur la façade avant de la structure 22a est représenté un poisson, sans doute en référence à la famille Poisson, dont l'enceinte est au sud de l'acropole principale.

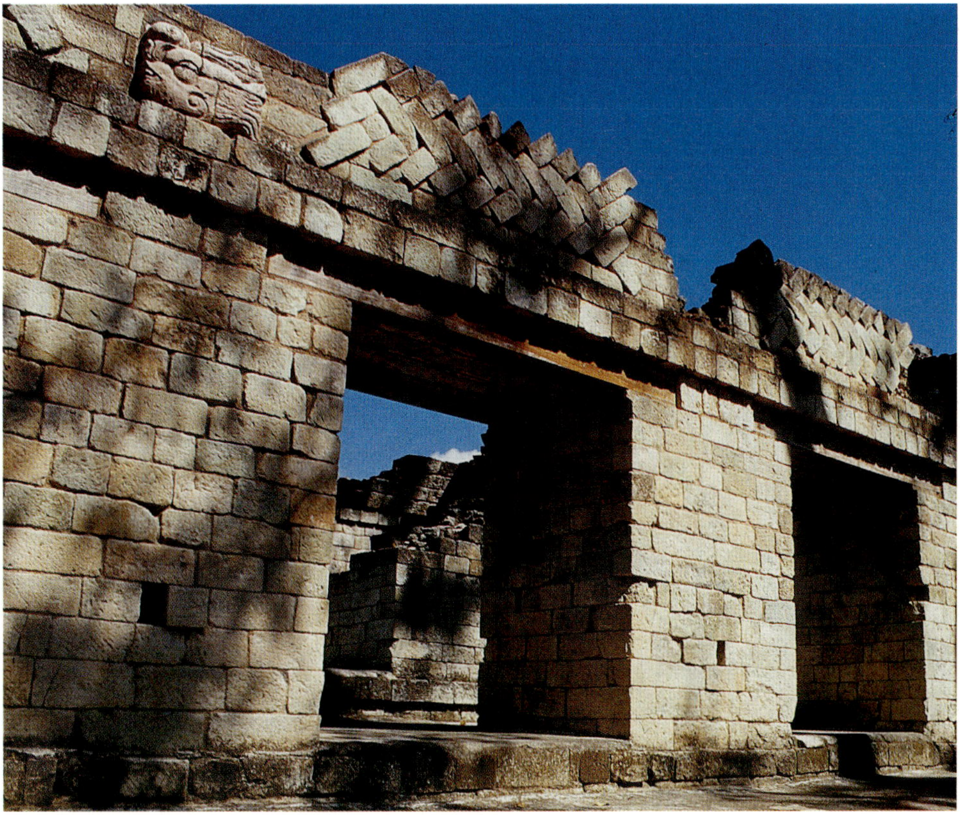

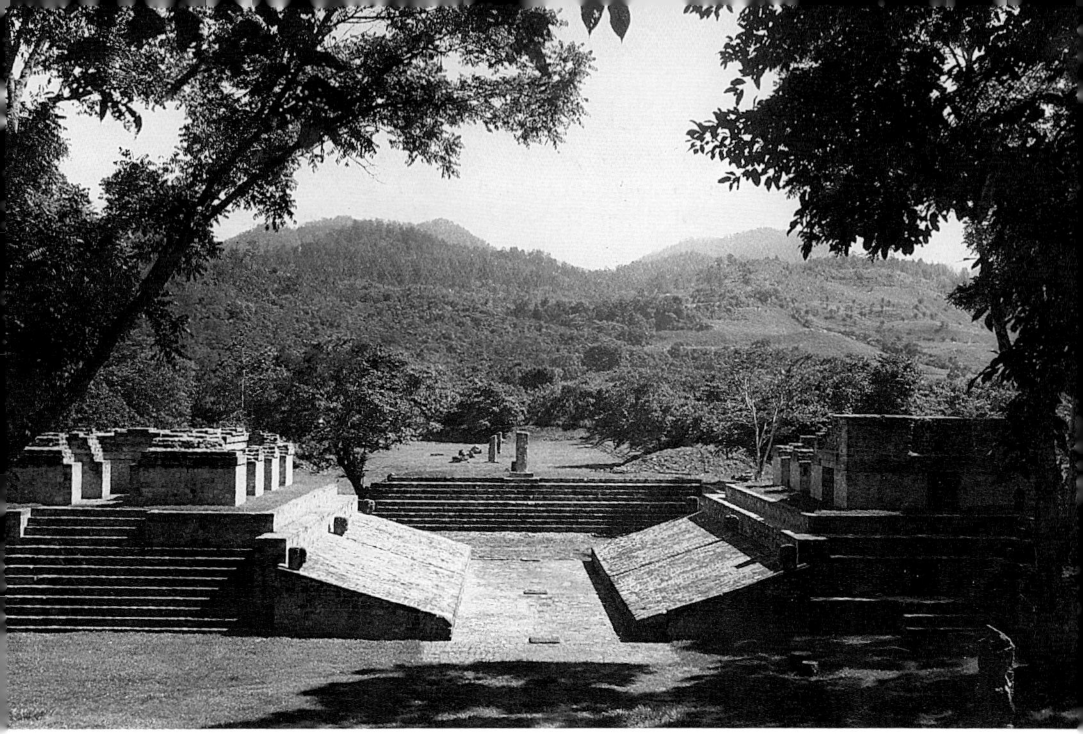

109 Le terrain de jeu de balle de Copán, l'un des édifices mayas les mieux situés, guide le regard de la Grande Place aux collines escarpées.

avoir un fondement archéologique. Au VIIIe siècle, les familles constituantes édifièrent de luxueuses demeures à quelques kilomètres du centre de la cité qu'elles commencèrent à concurrencer. La maison des Scribes, dans le groupe des Sepulturas, dévoile le raffinement et la richesse de l'aristocratie à la fin du VIIIe siècle.

L'un des derniers rois de Copán, généralement nommé Yax Pac, reconstruisit beaucoup d'édifices de l'acropole, dont la structure 11, son palais royal, et la structure 18, qui renfermait peut-être sa tombe mais qui fut pillée dans l'Antiquité. La structure 16, le plus grand édifice de l'acropole, abrite, elle, les struc-
83 tures ancestrales surnommées Rosalila et Margarita, premières pyramides funéraires connues à Copán ; ses neuf degrés semblent faire référence aux ancêtres et à la lignée royale en général, plus qu'à un seul dynaste.

Vingt-cinq mètres en dessous de l'acropole s'étend le plus grand et le plus
109 beau des terrains de jeu de balle du Classique. Comme beaucoup d'autres plus petits, il est le point de rencontre de deux zones distinctes au centre de la cité.

Des superstructures insolites surmontent les constructions parallèles des côtés est et ouest. Le plan de chacune est coupé par un couloir central allant d'est en ouest, avec des configurations en miroir au nord et au sud, semblables elles-mêmes à des terrains de jeu de balle. Dans la phase finale, des aras géants sculptés bordaient les allées.

Au sud du terrain de jeu, se dresse le grand escalier hiéroglyphique, grande 110
pyramide sur les marches de laquelle sont gravés 2 200 glyphes qui relatent l'histoire de la dynastie du Classique récent. Cinq statues de souverains de Copán assis forment des saillies sur l'escalier ; certaines sont placées directement sur des figures de captifs en deux dimensions. Aucun autre édifice maya n'allie avec autant de bonheur la sculpture, l'écriture et l'architecture. La rampe sculptée en volutes, qui ressemble à celle de la Pyramide des Niches à El Tajín, 68
est un élément inhabituel dans l'architecture maya.

Les traditions qui prirent naissance à Copán se développèrent aussi dans le Yucatán central et dans la région Puuc. A Chicanná, comme dans la plupart des centres de Chenes et de Río Bec, de grandes gueules de monstres – sans doute associées aussi aux cérémonies de la royauté – ornent les façades des

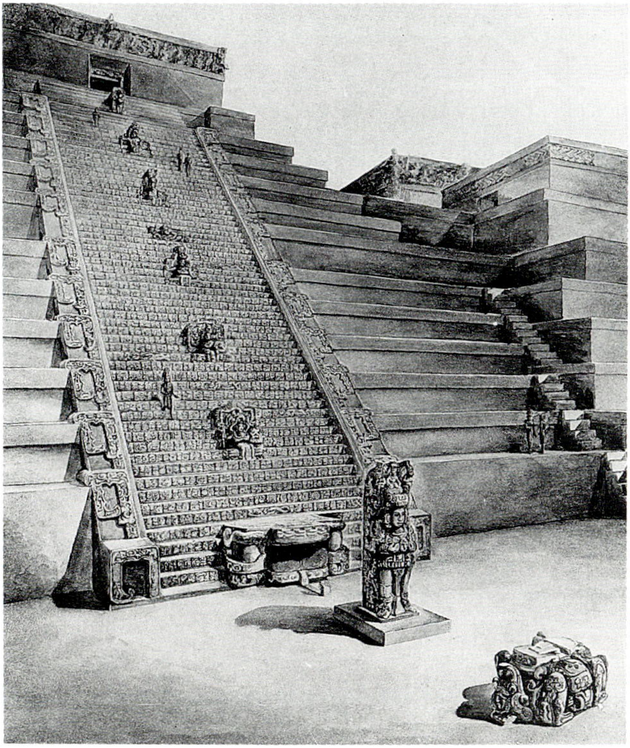

110 Avec ses 2 200 Glyphes sculptés, le texte du grand escalier hiéroglyphique de Copán est l'un des plus longs connus. Le fidèle qui gravissait les marches remontait le temps jusqu'à atteindre le sanctuaire dédié au fondateur de Copán au sommet. VIIIe siècle.

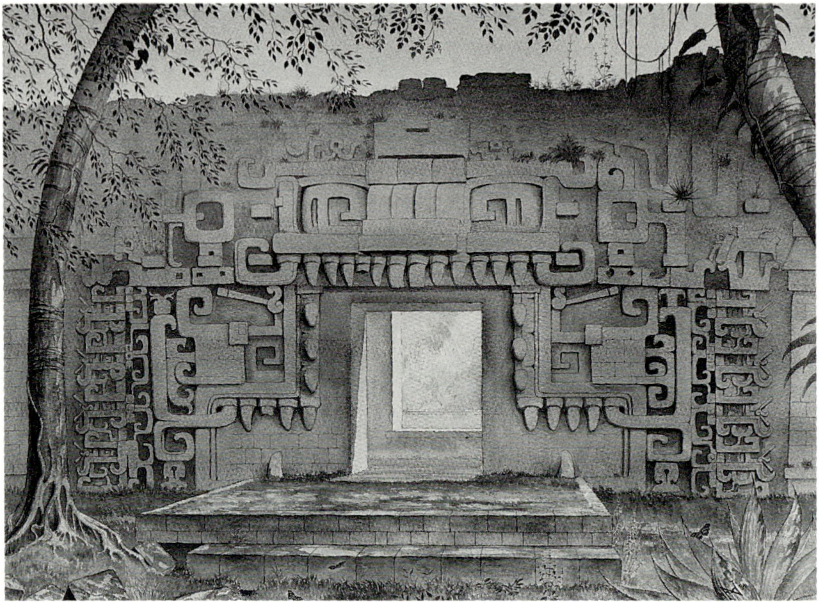

111 Aquarelle de Nigel Hughes représentant la structure principale de Chicanná. La façade, édifiée par blocs individuels recouverts ensuite d'une fine couche de stuc, figure la gueule d'un grand monstre à travers laquelle il faut passer pour entrer dans la pièce. 700-900.

structures principales. La prolifération de ce motif au Yucatán central reflète
111 peut-être la célébration répandue des rituels de l'élite. La gueule de la structure
107 de Chicanná est semblable à l'extérieur très endommagé de la structure 22 de Copán où un monstre bicéphale ornait l'encadrement intérieur d'une pièce, désormais disparue, réservée aux rites privés. En 1994, les blocs ornementaux qui tombèrent révélèrent le stuc peint en dessous.

Les structures de Chenes sont généralement basses, avec des galeries. A Río Bec, de faux temples encadrent ces galeries – « faux » parce qu'il n'y a pas d'accès au sommet. Ce sont sans doute des pyramides funéraires, associées aux palais, et des assemblages des modèles créés à Palenque et Tikal. Ainsi, on trou-
114 ve à Xpujil, au sud du Campeche, des ornements en stuc qui ont l'air d'escaliers, mais qu'on ne peut gravir, pas plus qu'on ne peut entrer dans les pièces du sommet.

L'architecture de la région Puuc au Classique final a captivé l'imagination des

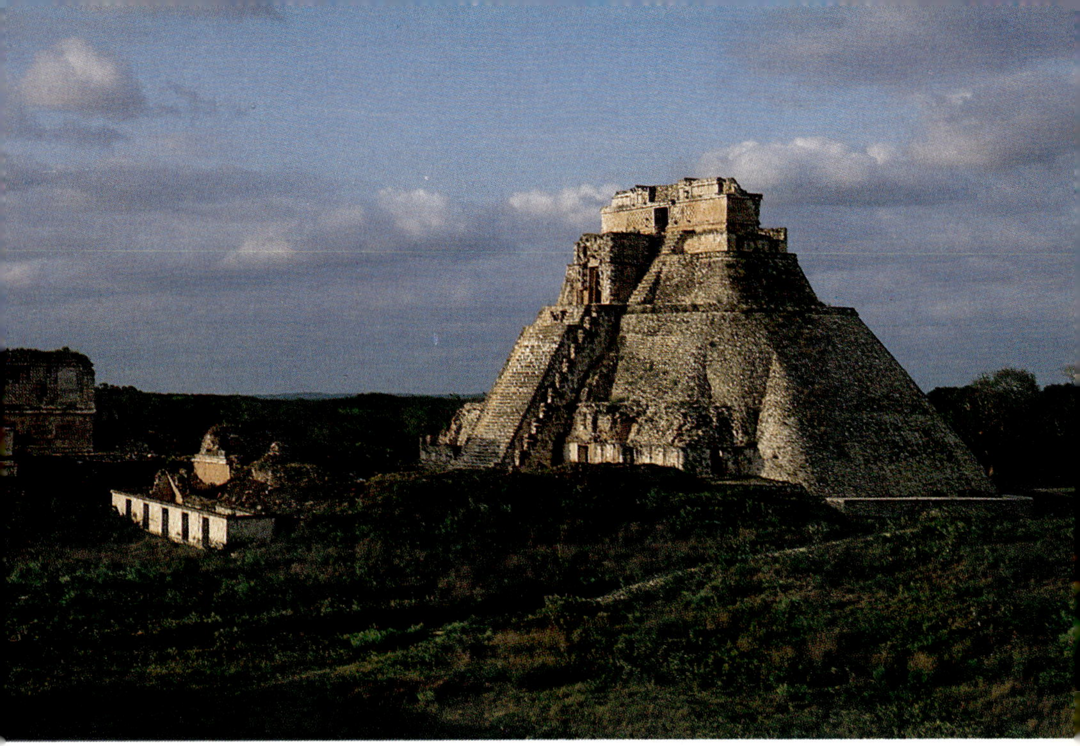

112, 113 Pyramide du Devin *(ci-dessus)* et Quadrilatère des Nonnes *(ci-dessous)* à Uxmal.

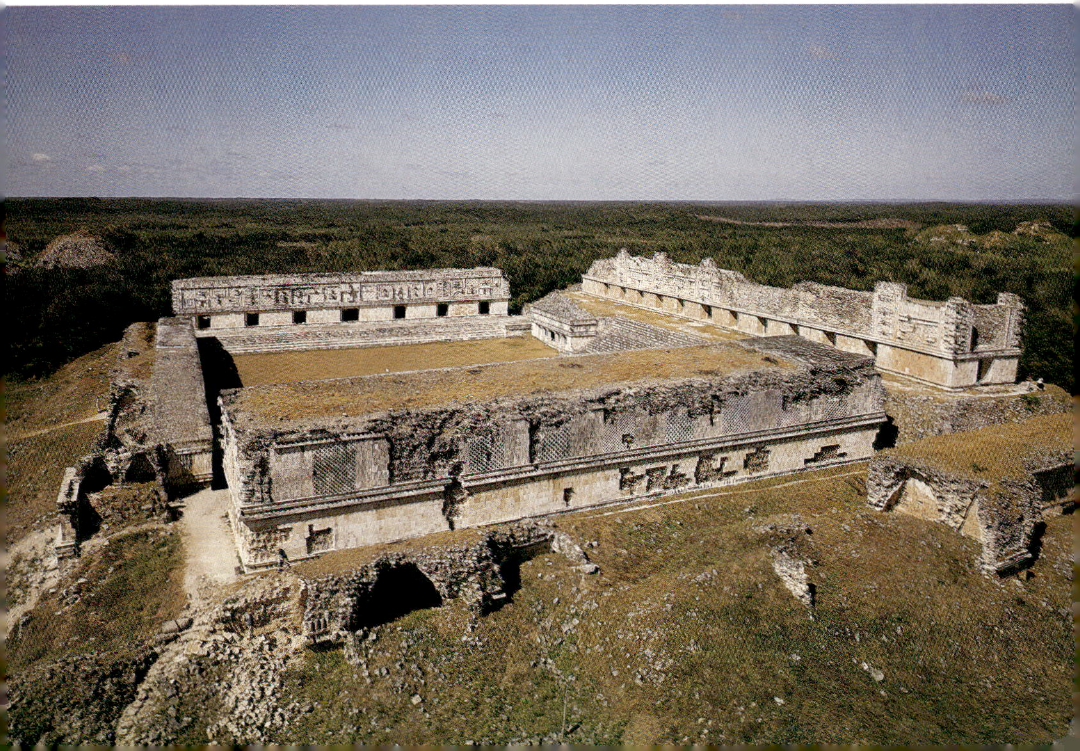

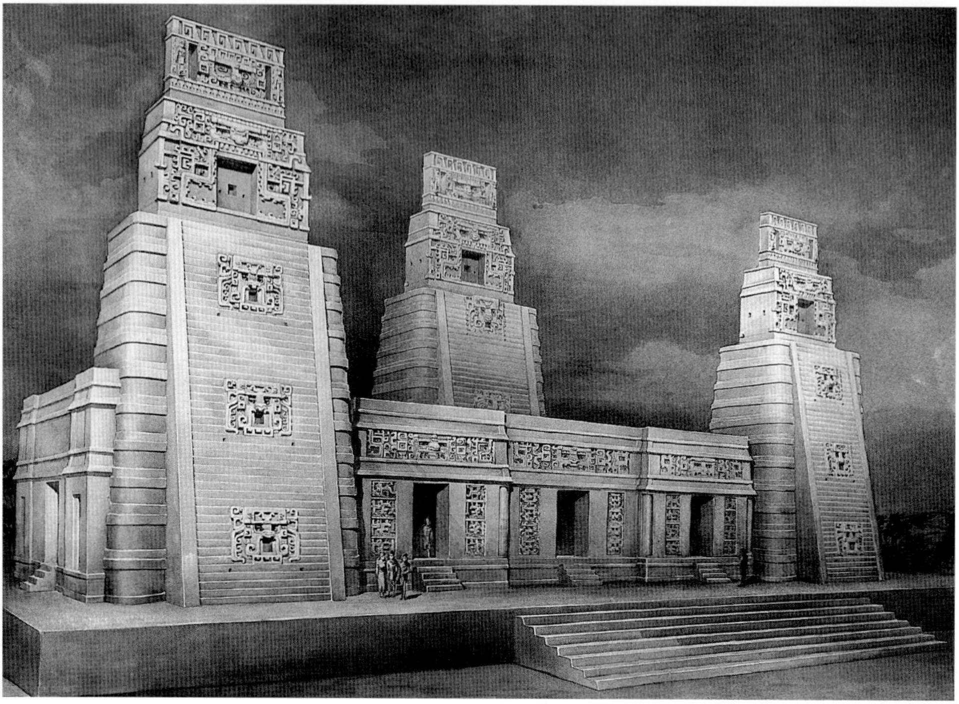

114 Ces palais et ces temples de Xpujil, disposés comme ceux de Piedras Negras (fig. 102), ne sont en fait qu'un seul bâtiment, la structure I. De fausses ouvertures couronnent des escaliers tout aussi faux, dans un style architectural du Classique récent, appelé « Río Bec » d'après un site voisin.

Européens et des Américains grâce aux écrits et illustrations de Stephens et Catherwood. Ils visitèrent Uxmal, Kabah, Sayil et Labná et dessinèrent les ruines qu'ils étudiaient ensuite. Il n'existe pas de meilleure introduction à la région et à ses vestiges que leur ouvrage de 1834. Ils furent attirés, comme l'est le voyageur d'aujourd'hui, par les élégants quadrilatères, les beaux parements de pierres et les façades de mosaïque qui reflètent les jeux changeants de la lumière vive et limpide qui inonde les collines Puuc.

Presque tout ce qui subsiste à Uxmal semble dater du IXe siècle ; la date hiéroglyphique la plus récente est 10.3.18.8.12 (907). Les façades de temples plus proches des styles du Petén et d'Usumacinta sont dissimulées par des ajouts plus tardifs : la façade ouest s'ouvre comme la gueule d'un monstre, à la manière des édifices de Río Bec ou Chenes, et l'escalier axial est à pic. S'ouvrant vers l'est, une structure de pure conception Puuc est inclinée plus progressivement jusqu'au sommet. De la cour des Nonnes, on ne voit que ce bâtiment ; on dirait un deuxième étage sur le côté est du quadrilatère.

La juxtaposition de quadrilatères et de pyramides – Quadrilatère des Nonnes et Pyramide du Devin – rappelle le palais et le Temple des Inscriptions à 112
Palenque, bien que l'expression architecturale de la région Puuc soit nouvelle. Toutefois, le palais de Palenque se développe de l'intérieur vers l'extérieur, tandis que le Quadrilatère des Nonnes semble avoir été conçu dès le départ comme un quadrilatère. Le Quadrilatère des Nonnes illustre les techniques d'avant-garde de l'architecture Puuc : des pierres en forme de « botte » pour les voûtes donnent une meilleure stabilité et rendent possibles quelques-uns des plus grands espaces voûtés de la Mésoamérique ancienne. Les « façades volantes », les crêtes faîtières légères et aériennes placées directement sur le mur de façade qui supporte le poids ainsi que les parements faits de pierres bien taillées et ajustées sans mortier qui cachent le blocage sont également apparents.

Beaucoup d'éléments du Quadrilatère des Nonnes sont repris et travaillés 113
dans le Palais du Gouverneur, le plus beau des bâtiments Puuc. Il fut sans 115
doute aussi conçu comme une partie d'un quadrilatère, mais aucun autre édifice ne fut construit. Le plan du Palais évoque trois structures reliées par des portes à voûte pointue utilisées pour la première fois afin d'ouvrir des voûtes croisées en encorbellement à l'intérieur. La plus grande largeur de la porte centrale et l'espacement irrégulier des autres portes (toutes à jambages et linteau), apparus pour la première fois dans les bâtiments est et ouest du Quadrilatère des Nonnes, rompent la monotonie ; les deux encorbellements pointus et en

115 Palais du Gouverneur, Uxmal. Construit à la mémoire du règne au Xe siècle du dernier grand souverain d'Uxmal, le seigneur Chac, c'est l'un des édifices aux proportions les plus belles et les plus élégantes de la Mésoamérique ancienne.

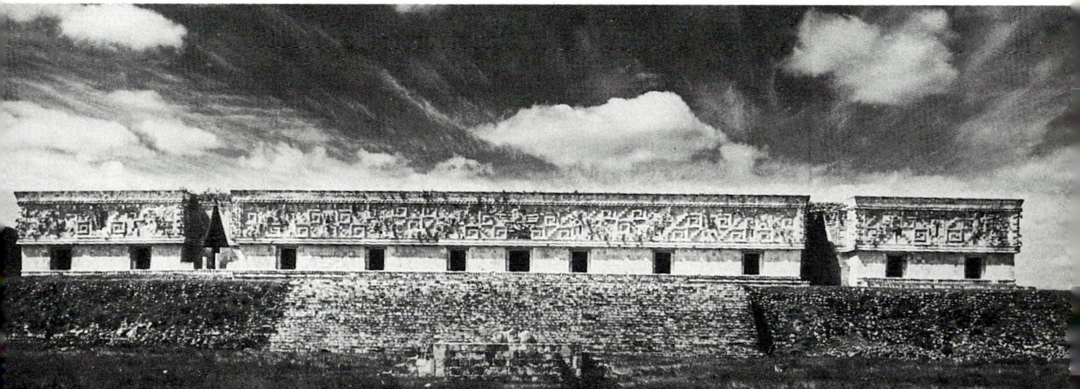

retrait disparaissent lorsqu'on regarde le bâtiment presque de profil. La légère inclinaison vers l'extérieur, ou contre-fruit, donne l'impression que l'édifice se soulève de sa plate-forme. La partie supérieure de la façade verticale est couverte d'une riche mosaïque de pierre, comme la plupart des bâtiments Puuc. Ces motifs de mosaïque, sans doute les emblèmes de certains rituels ou de certaines familles, peuvent être rapprochés des motifs textiles.

La décoration du Palais du Gouverneur comporte des masques de Chac, dieu de la pluie, des serpents, des grecques scalaires, des croisillons, des maisons mayas à toit de chaume et des bustes. Pour cette ornementation complexe, l'artiste semble s'être inspiré surtout des bâtiments est et ouest du Quadrilatère des Nonnes. Le souverain de l'époque, le seigneur Chac, du haut de sa représentation en volume au-dessus de la porte centrale, embrasse la structure, la cour et les collines en face de lui. Le palais du Gouverneur, dirigé par le souverain en personne, avec ses vingt-quatre pièces, devait être le plus grand bâtiment administratif de son temps.

116 L'élément le plus remarquable de la cité voisine de Kabah est sans doute son arc monumental isolé, unique en son genre. Un *sacbe* de douze kilomètres relie Kabah à Uxmal, et l'arc marque la fin de la chaussée surélevée. A la différence des arcs des cités européennes, qui servent d'ouverture dans un mur ou commémorent une victoire, l'arc de Kabah semble simplement indiquer l'entrée de la cité.

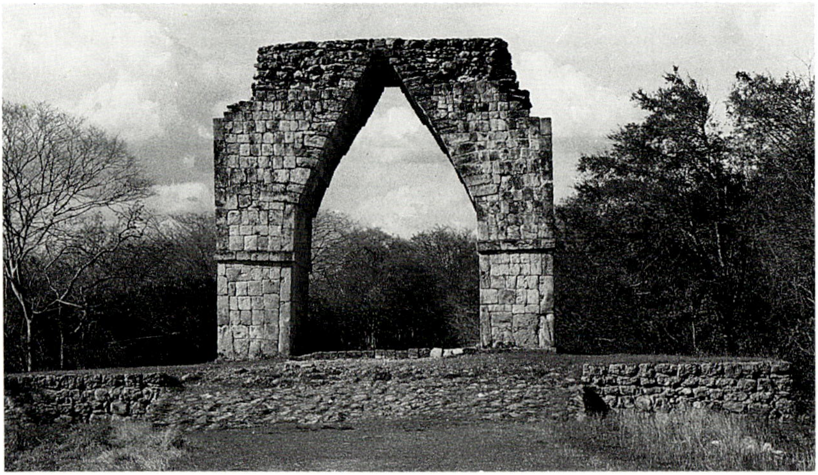

116 Le grand arc de Kabah est placé aux abords de la cité. La porte donne accès au *sacbe* (chaussée) qui relie Kabah à Uxmal, distante de douze kilomètres.

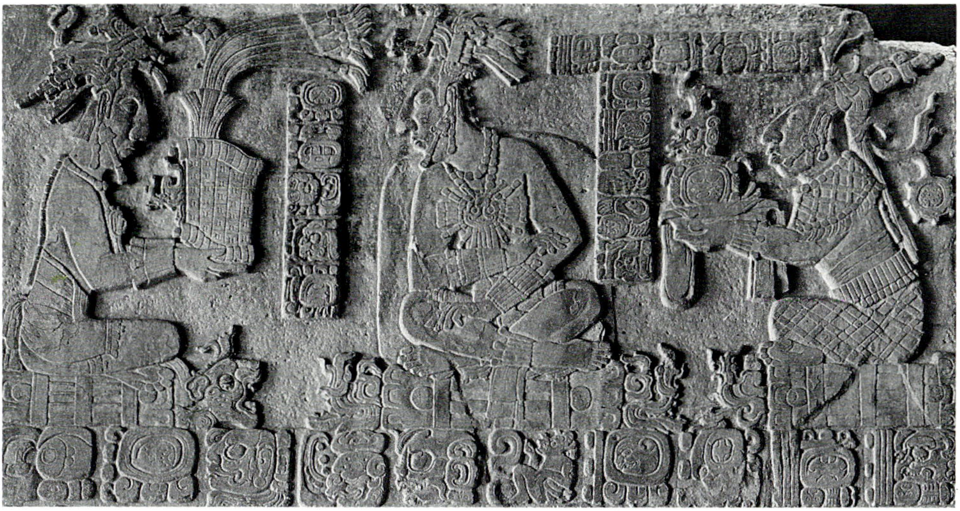

117 Panneau du Palais, Palenque. Pour commémorer son accession au pouvoir au VIIIe siècle, le seigneur Kan-Xul est figuré en train de recevoir les attributs de sa charge des mains de ses parents défunts. Pacal, à gauche, tend une coiffure faite de minces plaquettes de jade.

SCULPTURE

Au début du Classique récent, des styles régionaux marqués apparurent dans la sculpture monumentale maya. A l'ouest, notamment à Palenque et à Yaxchilán, deux ou trois personnages étaient représentés sur un seul relief ; les blocs de calcaire servaient de panneaux muraux ou de linteaux, ce qui les protégeait des éléments. Le conservatisme dominait à Tikal et dans le centre du Petén où l'imagerie des stèles se conformait aux canons établis au Classique ancien ; certaines innovations furent cependant introduites, tels les linteaux de bois sculpté. Au sud, le souci du volume transforma la sculpture de Copán, tandis qu'à Quiriguá, d'immenses monuments furent érigés.

Les artistes de Palenque choisissaient un calcaire à grain très fin pour les panneaux muraux intérieurs qui racontaient l'histoire dynastique. Le panneau 117 du Palais commémore l'accession au pouvoir du second fils de Pacal, qui devint roi de Palenque en 9.13.10.6.8 (702). On y voit un jeune roi assis entre ses parents défunts qui lui offrent les attributs de la royauté : une coiffe ornée de plaquettes de jade et un bouclier. Les personnages sont vêtus simplement et on sent que leur identité personnelle, et pas seulement leur équipement rituel, leur assure le droit de régner. Des attitudes nouvelles et peut-être moins formelles caractérisent la sculpture de Palenque au Classique récent ; les scènes de cour reflètent en partie la vie qui se déroulait à l'intérieur du palais où ont été trouvées beaucoup de sculptures.

100 Le couvercle du sarcophage, antérieur de vingt ans, est très comparable par sa technique au Panneau du Palais, mais l'imagerie de la mort est exprimée dans le registre surnaturel. Le roi Pacal allongé, dont on sait qu'il mourut vers quatre-vingts ans, est figuré en jeune homme idéalisé et sous l'aspect de deux dieux, le dieu K (d'après le système alphabétique créé au début du siècle), reconnaissable au tube enfoncé dans son front, et le dieu du maïs dont il porte la jupe cousue de perles. En tant que dieu du maïs, Pacal incarne la mort et la renaissance annuelle de cette source de vie mésoaméricaine. Le dieu K possède aussi un pied en forme de serpent, et Pacal tourne son pied droit pour en montrer la plante, peut-être pour imiter le serpent.

Un masque en mosaïque de jade a été assemblé directement sur le visage du roi défunt, sans aucune armature en bois ; deux portraits en stuc, sans doute de Pacal et de sa femme, ont été trouvés dans la tombe. Beaucoup d'autres stucs de qualité ont été découverts à Palenque, preuve d'un intérêt pour la physionomie humaine sans égal dans l'Amérique ancienne.

96 Ces portraits beaux et sensibles de la famille royale trouvent une contrepartie dans les représentations assez grossières des personnages de la cour est. Les captifs expriment la soumission devant les personnes qui se tenaient debout sur la terrasse au-dessus d'eux. Sur ces dalles, les mains, les pieds et les visages sont sommairement sculptés. Même la pierre choisie reflète le sujet : le calcaire couleur crème des panneaux d'accession est remplacé par un calcaire poreux moins approprié à une sculpture fine. Chaque dalle porte une figure et l'espace restreint de chacune évoque l'oppression. Il se peut aussi que les dalles aient été réemployées et retaillées pour les adapter à une nouvelle configuration.

Les plus belles sculptures de Yaxchilán, souvent intégrées à l'architecture sous forme de linteaux ou de marches, possèdent un style régional où le relief est exécuté sur deux plans distincts. Les figures paraissent découpées à l'emporte-pièce et les glyphes qui les entourent évoquent souvent l'architecture
119 locale. Sur la stèle 11, les figures sont debout sous une voûte en encorbelle-
118 ment ; sur le linteau 25, dame Xoc est agenouillée dans la chambre arrière d'un
édifice. Les rituels associés à la royauté étaient souvent décrits sur les monuments de Yaxchilán : capture, sacrifice, autosacrifice et visions des ancêtres ; tous semblent s'inspirer de manuscrits royaux. Les femmes y sont nombreuses ; sur le linteau 25, dame Xoc, richement vêtue, reçoit la vision d'un guerrier qui sort de la gueule d'un grand serpent. Des traces de rouge, vert et jaune sont présentes sur ce linteau et sur d'autres, ce qui confirme que la plupart des sculptures mayas étaient peintes de couleurs vives.

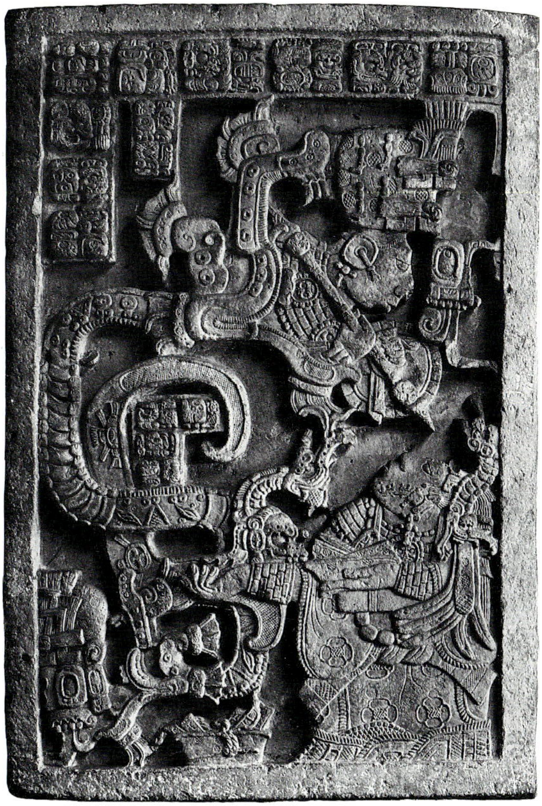

118 Linteau 25, Yaxchilán. Dame Xoc, épouse de Bouclier-Jaguar s'agenouille pour recevoir une vision : un guerrier, tenant un bouclier à la main et portant un masque de Tláloc en « radiographie », sort de la gueule d'un serpent. Le riche drapé du costume de la femme s'amoncelle à ses genoux. Les instruments servant à faire couler le sang qui ont provoqué cette vision sont dans un panier à ses pieds.

Sur la stèle 11, le grand roi Oiseau-Jaguar, sous l'aspect de Chac, est debout au-dessus de captifs attachés et préparés pour le sacrifice. Le masque en coupe d'Oiseau-Jaguar rappelle la peinture d'Oxtotitlán de l'époque olmèque, mais la suffisance est caractéristique des guerriers mayas du Classique récent. Les parents défunts du souverain sont assis plus haut, séparés de la scène par une bande de ciel. Comme à Palenque, les parents défunts étaient souvent représentés, soit en haut, soit sur le côté d'une scène, comme pour conférer la légitimité à un descendant.

Le recto de la stèle 11 illustre l'accession au pouvoir d'Oiseau-Jaguar, événe- 119
ment appuyé par le succès militaire représenté sur le verso. La stèle 11 et le linteau 25 ont sans doute été sculptés par un petit atelier dont les œuvres couvrent deux règnes. D'autres copièrent plus tard son art, mais aucun ne l'égala.

Les artistes de Yaxchilán introduisirent des poses nouvelles et vivantes dans

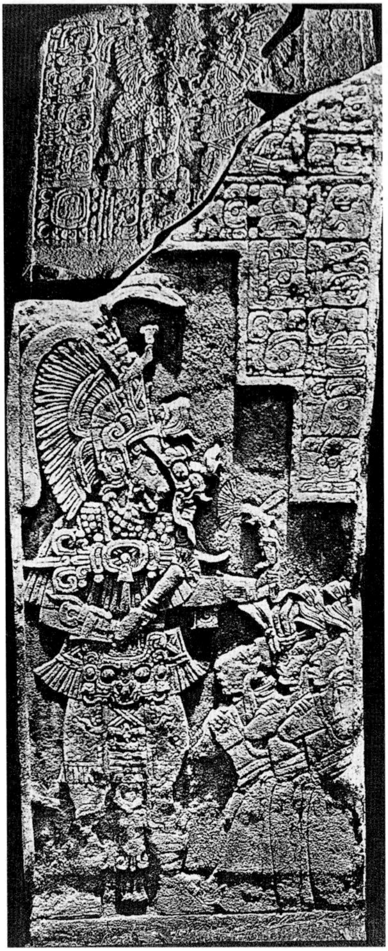 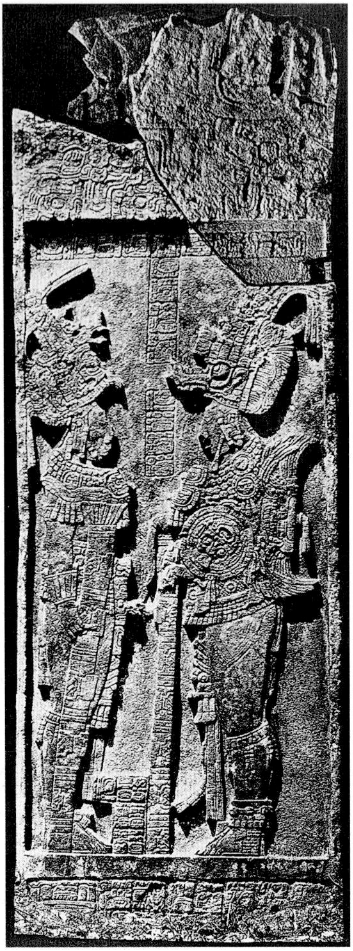

119 *(Ci-dessus)* Stèle 11, Yaxchilán. *(A gauche)* Derrière, Oiseau-Jaguar, portant un masque en « radiographie », brandit une hache au-dessus de trois captifs. *(A droite)* Côté face, Oiseau-Jaguar *(à droite)* avec son père. Milieu du VIIIe siècle.

120 *(A droite)* Stèle 14, Piedras Negras. Les souverains de ce site étaient représentés dans des niches au moment de leur accession au pouvoir. Ce jeune seigneur du VIIIe siècle porte le titre glyphique de « Carapace de Tortue ». Sa mère est debout devant lui.

121 *(Tout à fait à droite)* Stèle 12, Piedras Negras. Le dernier monument daté (795) de Piedras Negras montre un souverain dominant un groupe de prisonniers nus. En bas à droite, le sculpteur a représenté avec beaucoup de réalisme un vieil homme humble ; il s'agit peut-être d'un portrait.

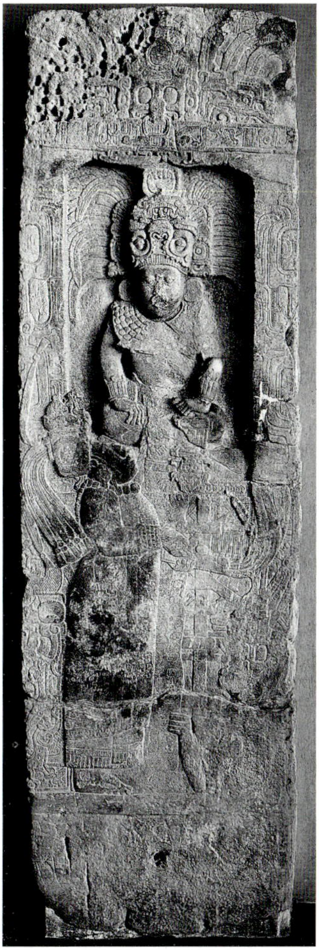 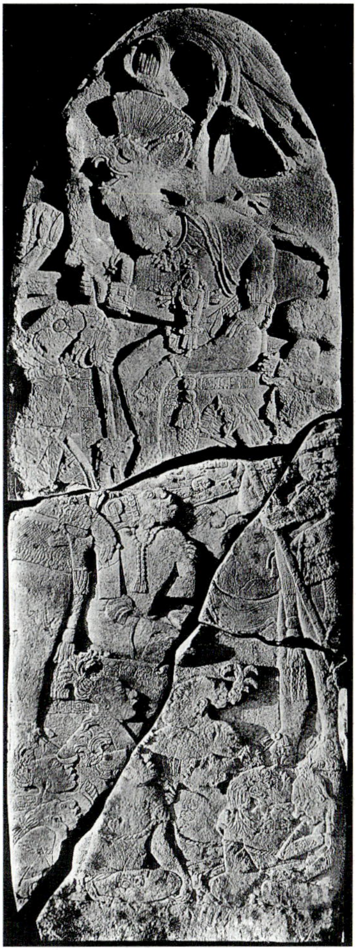

la sculpture de pierre généralement figée. Ainsi, sur le linteau 8, Oiseau-Jaguar 27
et un autre seigneur tiennent par les cheveux des captifs dont les noms figurent
sur leurs cuisses. Ces compositions dynamiques culminèrent dans les peintures
de Bonampak. Comme l'a signalé Tatiana Proskouriakoff il y a vingt ans, des
motifs en rapport avec Tláloc ornent ici les vainqueurs et, dans tout l'art du 135
Classique récent, le costume de Tláloc apparaît dans des scènes de guerre et de
sacrifice, comme on le voit sur le linteau 25.

La sculpture de Piedras Negras est en plus haut relief. Une attention particulière est apportée aux visages, exécutés en volume, notamment sur les élégantes

stèles des niches. Ces monuments commémorent l'accession au pouvoir des sou-
120 verains de Piedras Negras. Sur la stèle 14, le jeune seigneur en volume contraste
avec sa mère représentée en deux dimensions. Des empreintes de pas sont visibles sur l'étoffe qui drappe l'échafaudage placé devant la niche ; les rideaux sont ouverts en haut de la niche, comme si la scène venait d'être révélée.

Lors de la destruction du site, les ennemis de la dynastie de Piedras Negras brisèrent le trône 1 sur les marches du palais de l'Acropole Ouest où les archéologues le découvrirent dans les années 1930. Cette sculpture datant de la fin du VIIIe siècle remplaçait un trône plus ancien figurant sur le linteau 3, autre sculpture tardive, qui traite de la détente avec Yaxchilán un demi-siècle auparavant. Avec la stèle 12, ces sculptures de la fin du VIIIe siècle comptent parmi les créations les plus éblouissantes du Classique récent ; le savoir-faire dément l'amalgame entre déclin artistique et effondrement politique.

121 Sur la stèle 12, douze personnages sont groupés sur quatre niveaux, sans doute des marches, dans une composition pyramidale. Parmi les huit prisonniers attachés ensemble dans le registre inférieur, plusieurs montrent des signes de torture. Deux capitaines livrent le captif habillé, assis sur une étoffe drapée, au seigneur au-dessus. Le texte raconte un fait de guerre dont on voit ici les conséquences : Piedras Negras, vainqueur, exhibe ses trophées. Les victimes pourraient venir de Pomoná, site connu pour ses belles sculptures proches de celles de Palenque, car la réalisation du monument ressemble à ce style et non à celui de Piedras Negras, plus en volumes avec les visages de face. Le tribut artistique était peut-être un aspect du butin guerrier de l'élite ; les prisonniers d'autres sites – Toniná, par exemple – étaient représentés dans le style de leur lieu d'origine.

Au Classique récent, dans le centre du Petén, les compositions statiques à
une seule figure, souvent conformes à des canons anciens, prédominaient. A
Tikal, les textes des monuments de pierre étaient laconiques, à l'inverse de la
123 plupart de ceux de la région occidentale. Sur la stèle 16, le souverain A, qui fut
plus tard enterré dans le Temple I, est représenté de face, de manière formelle.
Sur les sculptures moins publiques, tels les linteaux en sapotier sculpté des
temples I, II et IV, l'imagerie et les textes sont plus complexes. Les deux lin-
122 teaux du Temple IV montrent le souverain B dans un monde surnaturel. Sur
l'un, il est porté sur une litière et assis sur un trône sous un serpent à plumes qui l'entoure. Sur l'autre, il est assis sur un trône au-dessus d'une volée de marches marquée des symboles de la corde et du principal signe du glyphe représentant le site de Naranjo. Un dieu Jaguar des Enfers, géant et anthropomorphe, forme un cadre architectural au-dessus du souverain.

A Naranjo, beaucoup de monuments représentent des femmes dynastes : la femme de la stèle 24 se tient debout devant un captif humilié. L'espace encombré du registre inférieur souligne l'état pitoyable du prisonnier. Dans les sculptures en deux dimensions, les visages de face étaient en général réservés aux captifs.

Une tendance à la frontalité s'observe sur la stèle 26 du Classique ancien à Quiriguá ; pourtant, les stèles contemporaines de Copán ressemblent aux œuvres du Petén. Au Classique récent, la sculpture de ces deux sites du Sud passa de la simple frontalité à des représentations presque en volume. A Copán, des portraits plus grands que nature de souverains debout sont sculptés presque en ronde bosse. Comme à Tikal, beaucoup de stèles ont été érigées sur la grande place. Lors du règne de Yax Pac, l'espace découvert était encombré d'ancêtres royaux. A cette époque, les œuvres en deux dimensions furent réintroduites, peut-être par sa mère, originaire de Palenque. Sur les marches, les banquettes et les autels, sont souvent représentés des figures de profil en deux
dimensions. L'autel Q, où l'on a longtemps vu à tort une assemblée d'astro- 124
nomes, représente en fait les seize souverains de la cité, tous assis sur leur nom, à la fin du VIIIe siècle. Le souverain de droite reçoit les insignes du pouvoir des mains du premier, à gauche, dont le masque à « lunettes » indique l'ancienneté.

Durant le règne de Cauac-Ciel, la cité voisine de Quiriguá s'enrichit et, d'après les inscriptions, son roi captura 18 Lapin, le souverain de Copán.
Cauac-Ciel fut célébré par une série de stèles, dont les stèles E et F, les plus 125
grandes sculptures de pierre des Mayas anciens. Le visage de Cauac-Ciel est en haut relief, mais le reste de ses traits est en deux dimensions. Comme leurs homologues en tuf de Copán, ces grands blocs prismatiques de grès étaient exposés à l'air libre sur la place.

Plus tard, les souverains de Quiriguá créèrent un type de sculpture très novateur, le zoomorphe. D'énormes pierres de rivière ont été sculptées sur toutes les faces visibles en forme de créatures composites : jaguar, crapaud, cro-
codile ou oiseau. Sur la face antérieure du zoomorphe P, un souverain sort 126
d'une gueule béante, dont l'architecture surnaturelle est proche de celle de la
structure 22 à Copán. Des personnifications complexes de hiéroglyphes sous 107
forme de figures entières étaient souvent gravées sur ces grosses pierres, transformant l'écriture en sculpture narrative.

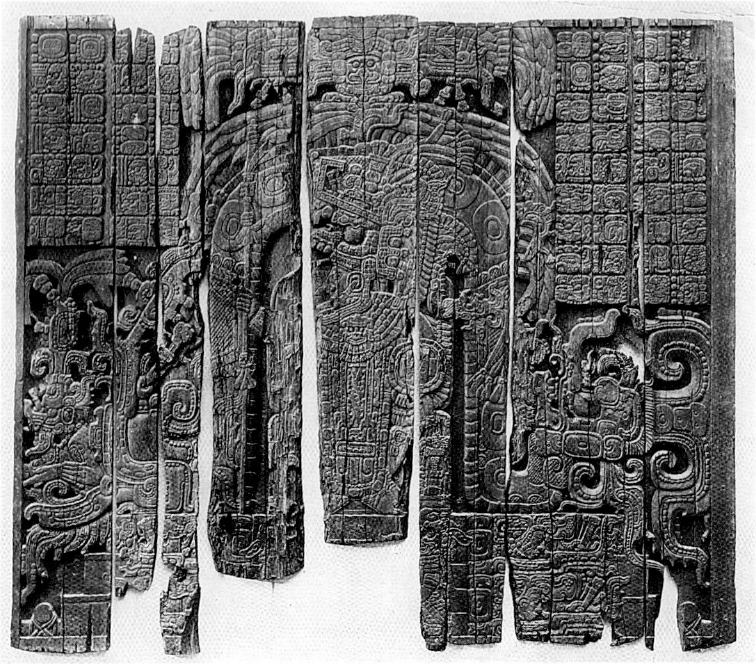

122 *(Ci-dessus)* Linteau 3, Temple IV, Tikal. Le souverain B est porté sur une litière : des poutres attachées apparaissent en bas, à droite et à gauche. Le sapotier dont est fait le linteau est vieux d'environ 1 200 ans.

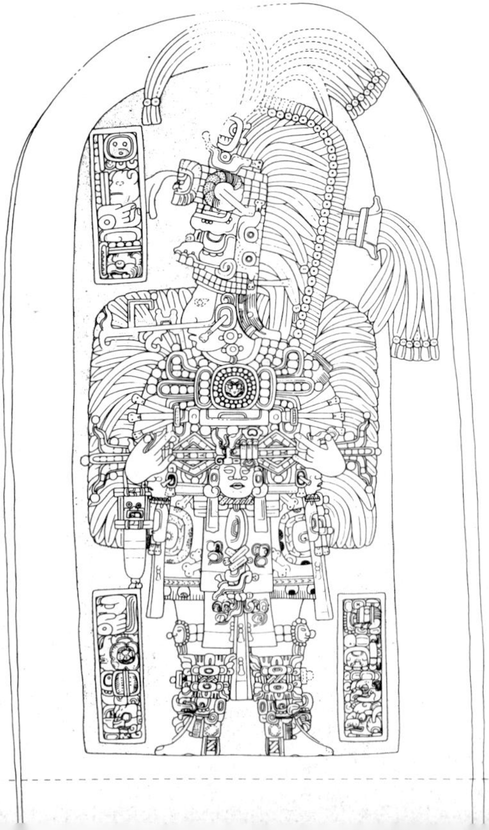

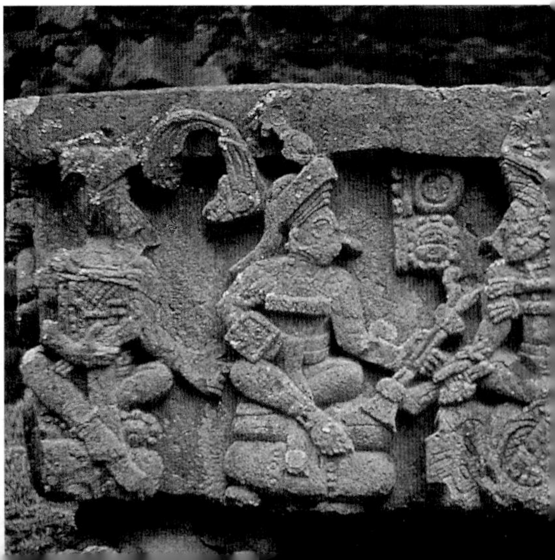

123 *(Tout à fait à gauche, en bas)* Stèle 16, Tikal. Sur ce monument de pierre érigé pour célébrer le *katun*, période de vingt ans, le souverain A tient une barre cérémonielle et porte une grande cape en plumes.

124 *(En bas, à gauche)* Sur le devant de l'autel Q de Copán, le premier roi (qui porte des « lunettes », à gauche), Yax Kuk Mo', fait face à Yax Pac, le seizième, tandis que les quatorze monarques intermédiaires entourent le monument. Le voyageur du XIXe siècle John Lloyd Stephens a émis l'idée que ces figures sont assises sur leur nom, interprétation confirmée récemment.

125 *(A droite)* Stèle F, Quiriguá. Les plus grands monuments mayas furent érigés à Quiriguá, sous le règne de Cauac-Ciel, représenté ici, qui l'emporta sur le roi de Copán lors d'une bataille au début du VIIIe siècle. Presque toutes ces stèles sont des doubles portraits, sculptés sur le devant et sur l'arrière.

126 *(En bas à droite)* Zoomorphe P, Quiriguá. Sur cette grosse pierre sculptée, l'un des derniers souverains connus de Quiriguá est assis dans la gueule béante d'un grand monstre.

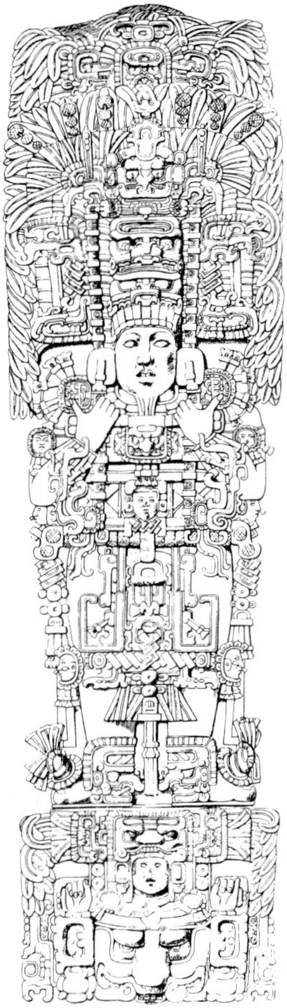

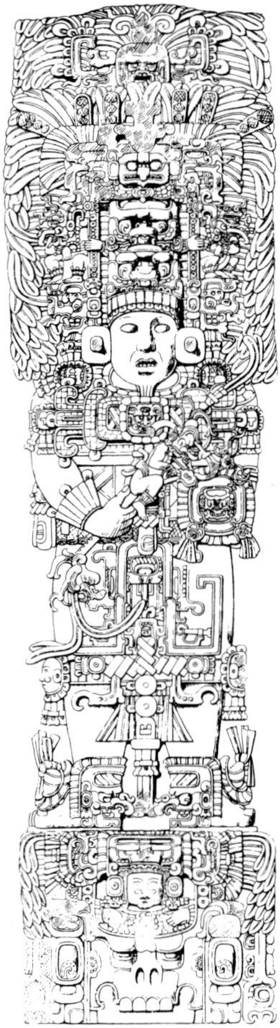

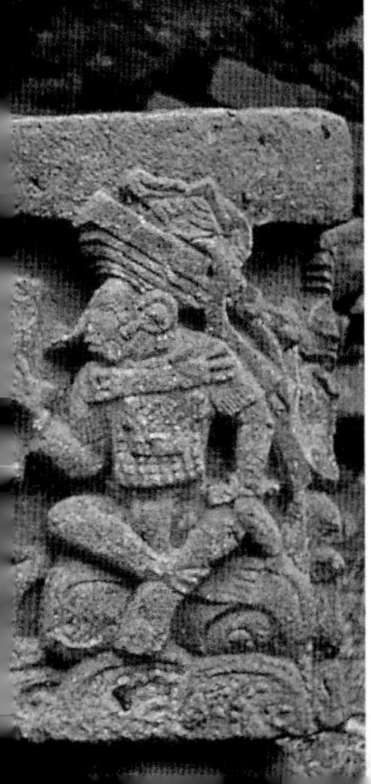

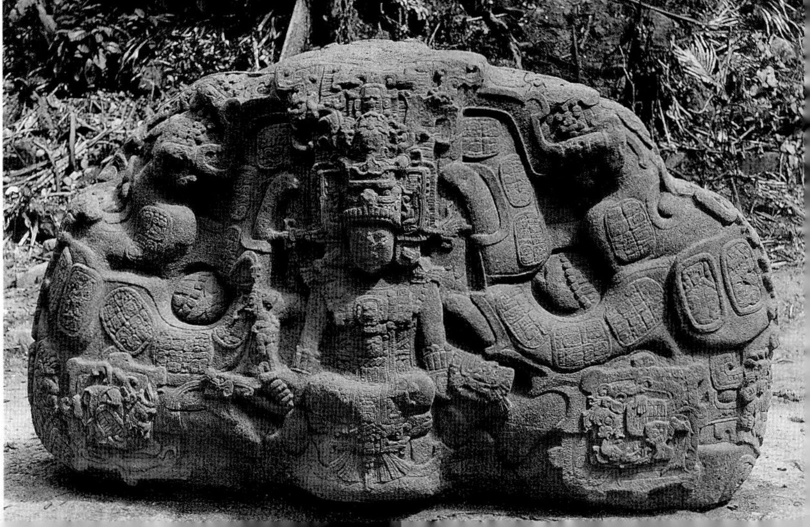

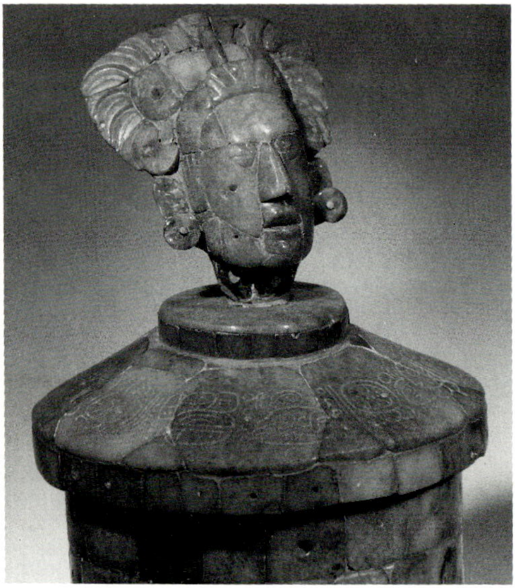

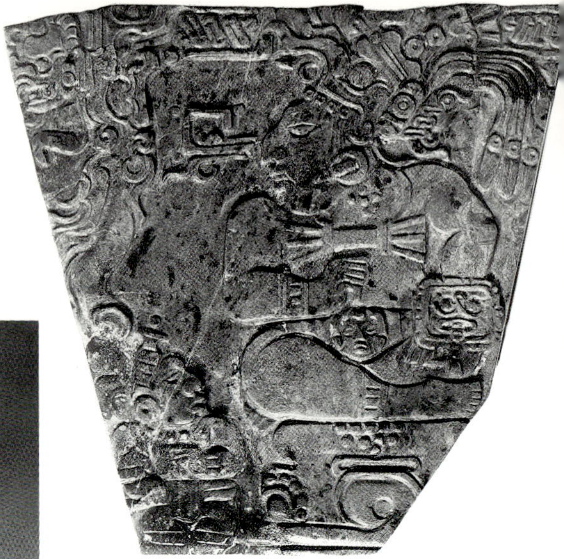

127 *(A gauche)* Vase en mosaïque de jade, sépulture 116, Tikal. Placé comme une offrande dans la tombe du souverain A au début du VIIIe siècle, ce vase du Classique récent rappelle la forme des tripodes à couvercle du Classique ancien (fig. 90).

128 *(A droite)* Cette belle plaque de jade maya, recueillie au début du siècle à Teotihuacán par Thomas Gann, représente un souverain assis sur un trône et servi par un nain de la cour.

LA SCULPTURE MINEURE

Presque tous les beaux objets de petite taille ont été découverts dans les sépultures royales ; ils donnent des informations sur les individus. Ainsi, le vase en mosaïque de jade trouvé dans la tombe du souverain A à Tikal est sans doute
127 un portrait du roi défunt. Les seuls vases avec application de jade de ce type qui soient connus proviennent de Tikal ; ils conservent les caractéristiques du Classique ancien, tel le bouton en forme de tête humaine. Un masque portrait extraordinaire en mosaïque de jade a été composé sur le visage même de Pacal dans sa crypte, à la différence d'autres, assemblés, eux, sur des armatures de bois ; de plus, une masse de bijoux de jade couvrait son corps. A Altun Ha, un souverain a été enterré avec une tête de jade sculptée en ronde bosse pesant 4,42 kg, repré-

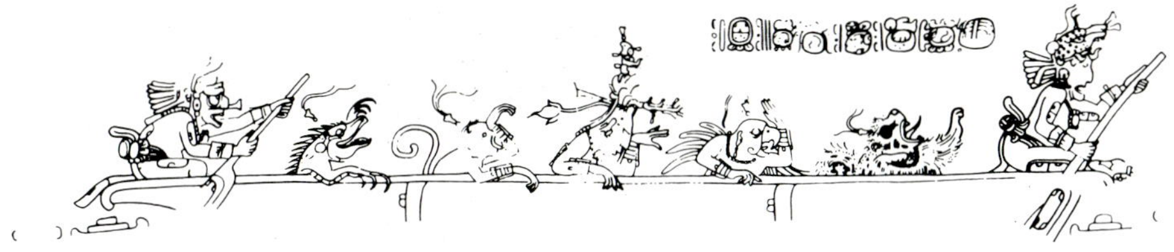

129 De nombreux ossements superbement gravés (certains humains) ont été découverts dans un dépôt unique de la tombe du souverain A à Tikal. Sur celui-ci, des rameurs guident un canot et ses occupants sur les eaux de l'au-delà.

sentation insolite du dieu Oiseau. Sa forme évoque un zoomorphe miniature. Nebaj, dans les Hautes Terres du Guatemala, a livré de belles plaques de jade 128 représentant des souverains accompagnés de nains ; elles y étaient peut-être fabriquées, mais on en a trouvé d'autres loin de la région maya.

Des os gravés (certains humains) étaient déposés dans une cache de la chambre funéraire du souverain A ; certaines scènes illustrent, semble-t-il, le voyage dans l'au-delà. Sur deux ossements, l'artiste a minutieusement gravé, 129 puis enduit de cinabre, un dessin présentant le dieu du maïs, idéal déifié de la souveraineté et de la renaissance, dans un canot conduit par des rameurs vers l'Inframonde, en compagnie d'animaux hurlant. Le roi lève la main à son front dans un geste de chagrin.

Les artisans mayas donnaient des formes diverses au silex et à l'obsidienne, souvent dites « excentriques ». Certains silex excentriques, tels ceux, nombreux, qui représentent le dieu K de profil, étaient sans doute des sceptres. D'autres étaient peut-être des offrandes funéraires. Une pièce exceptionnelle, conservée au Museum of Art de Dallas, représente un monstre terrestre avec des figures 130 humaines sur le dos ; il pourrait illustrer un concept de l'au-delà.

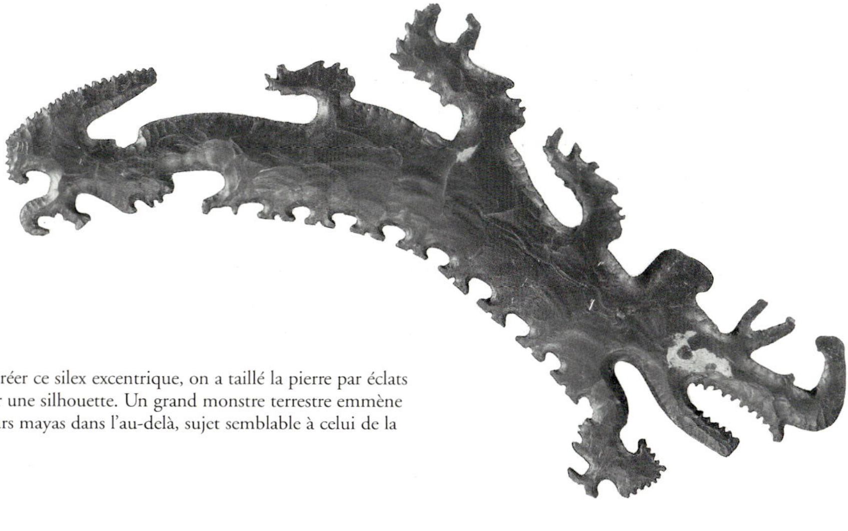

130 Pour créer ce silex excentrique, on a taillé la pierre par éclats pour laisser une silhouette. Un grand monstre terrestre emmène des seigneurs mayas dans l'au-delà, sujet semblable à celui de la fig. 129.

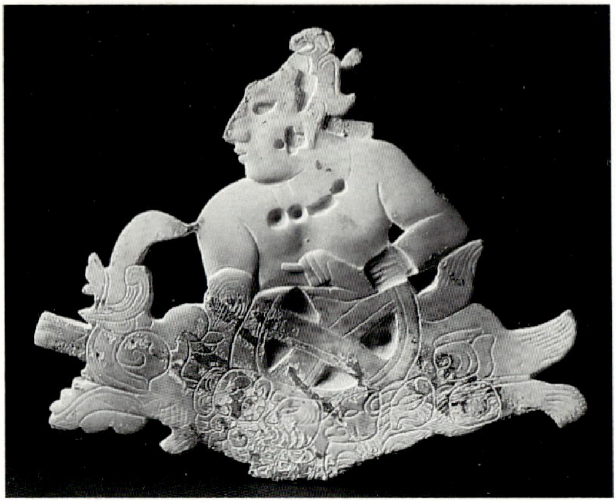

131 Coquille sculptée, île de Jaina. De beaux objets étaient taillés et sculptés dans des conques le long de la côte du Campêche, où ce coquillage est abondant. Ici, un seigneur maya paraît chevaucher un poisson monstrueux. Cette pièce devait être incrustée de jadéite précieuse.

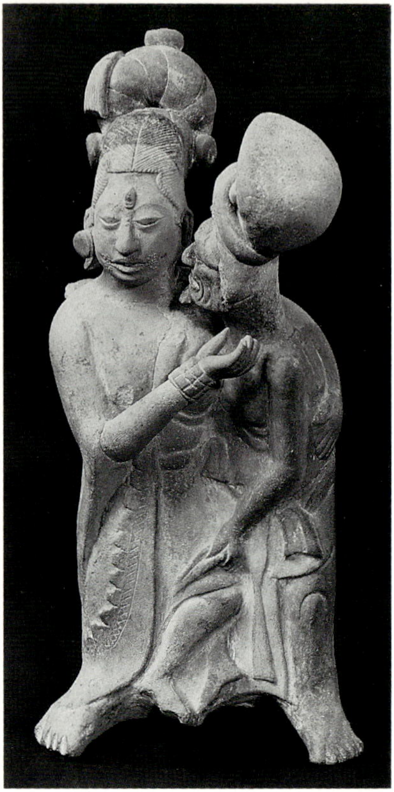

132 *(A droite)* Belle jeune femme et vieil homme, île de Jaina. Les corps exécutés au moule pourraient indiquer la popularité et l'intemporalité de cette scène, mais les détails extraordinaires sont ici modelés à la main et des pigments résistants, dont le bleu maya, ont été employés. Cette pièce est aussi un sifflet.

LES FIGURINES

L'île de Jaina, au large de la côte du Campeche, a livré des figurines et des coquilles sculptées de grande qualité. L'île était probablement une nécropole ; au Classique récent, les habitants du Campeche y ensevelirent une énorme quantité d'of-
131 frandes, dont de nombreuses conques parfois ornées d'incrustations. Les figurines étaient sans doute fabriquées à proximité et des centaines furent trouvées sur l'île. Presque toutes étaient faites au moule, mais les plus belles étaient modelées à la main, partiellement au moins, et de petites empreintes digitales sont souvent visibles (certains pensent que ces objets étaient créés par des femmes). Des pigments résistants étaient appliqués sur les figures achevées, notamment du bleu, du blanc et du jaune. On compte aussi parmi les figurines de Jaina nombre de sifflets, d'ocarinas ou de crécelles.

On trouve également certaines créatures surnaturelles parmi ces figurines,

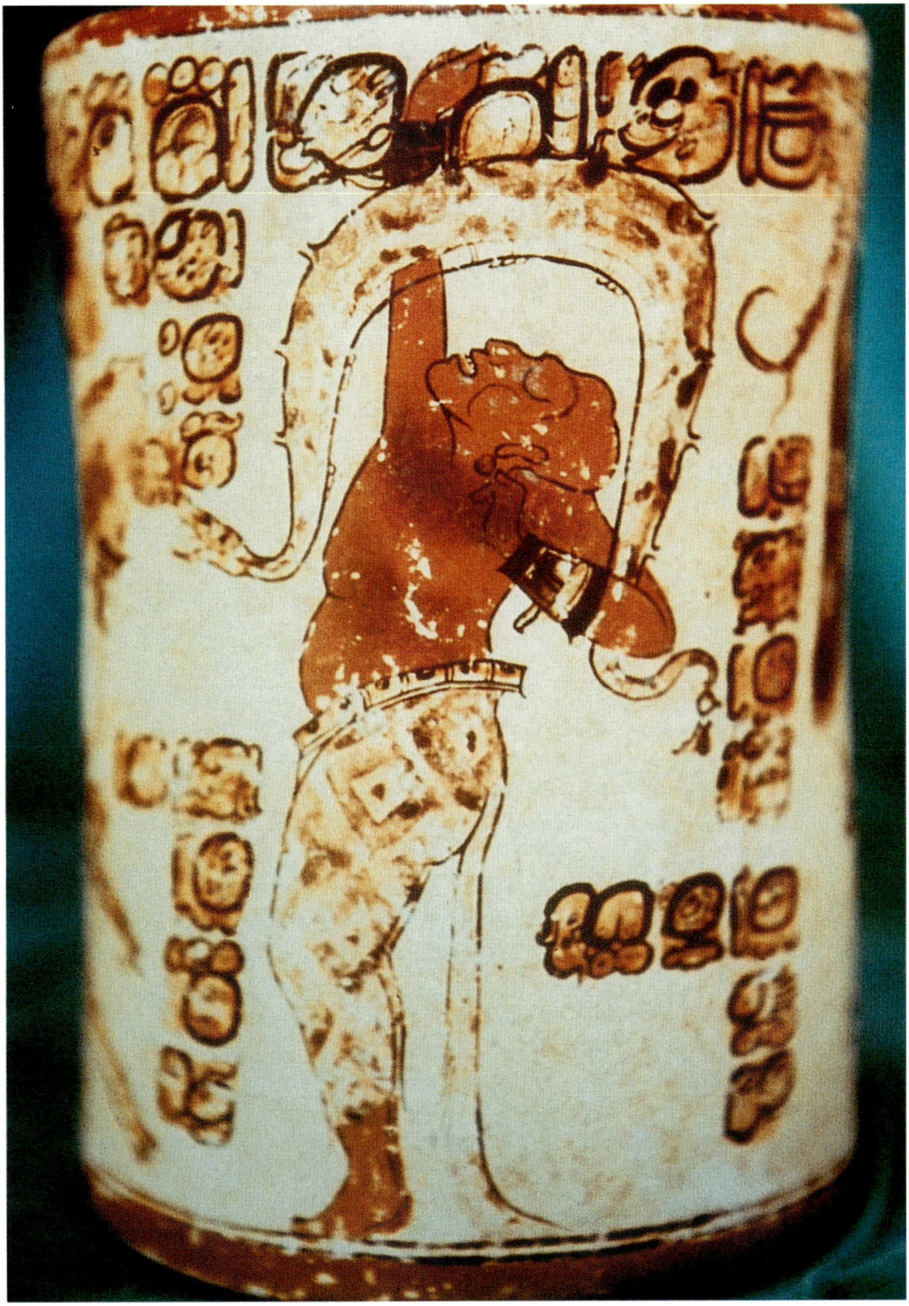

133 Des seigneurs mayas transformés en *uayob*, leur personnalité chamanique, dansent en extase sur ce superbe vase peint d'Altar de Sacrificios. Vêtu d'une culotte en peau de serpent, ce danseur chauve renverse la tête en arrière, lance en l'air un boa constrictor et traverse de sa main levée les glyphes de la bordure.

comme le dieu Jaguar des Enfers, et parmi les céramiques peintes. Mais, les scènes
132 religieuses insolites, telle celle où une jeune femme embrasse un vieil homme, appartiennent au seul répertoire céramique de cette petite île. Des sculptures céramiques plus vivantes encore ont été découvertes récemment à Río Azul et Palenque. Rares sont les cultes de figurines à avoir suscité la création de miniatures humaines aussi animées et irrésistibles que celles de cette tradition maya du Classique récent.

LES CÉRAMIQUES

Beaucoup de scènes peintes sur les vases narratifs polychromes du Classique récent maya décrivent un monde surnaturel que les Mayas pénétraient par une altération de la conscience. Certaines scènes ne tiennent pas compte de la géographie ou de la chronologie, tandis que d'autres, illustrant des récits standards, sont toutes exécutées dans un même style. Des scènes mythiques prescrivent la conduite à tenir pour réussir à conquérir l'Inframonde, thème rencontré plus tard dans le *Popol Vuh*, manuscrit postérieur à la Conquête. Ces vases, peints d'un fin trait noir ou marron sur l'engobe couleur crème, avec souvent une bande rouge au bord, s'inspirent sans doute de livres mayas disparus. C'est cette hypothèse qui a conduit Michael Coe à qualifier la tradition de style « codex ». Bien plus tard, les Aztèques utilisèrent le noir et le rouge comme métaphore de l'écriture. On a identifié plusieurs écoles et plusieurs maîtres de ce style ; un
134 thème courant célèbre le sacrifice d'un bébé jaguar par un dieu de la mort et Chac dansant, accompagnés parfois d'un chien et d'une luciole.

133 Sur un vase d'Altar de Sacrificios, site au confluent de la Pasión et de l'Usumacinta, un bord et des enjolivures rouges ont été ajoutés à une peinture de style codex. Cette scène, bien que souvent considérée comme une description des rites funéraires, montre des personnalités surnaturelles après transformation chamanique ; deux d'entre elles dansent en extase. Les textes voisins nomment ces figures *uayob*, personnalités chamaniques. L'une porte une culotte à motif de serpent, lance en l'air un boa constrictor, rejette la tête en arrière, ferme les yeux et traverse de sa main levée les glyphes de la bordure. La peinture des vases mayas du Classique récent est réfléchie, théâtrale, recherchée comme nulle part ailleurs dans le Nouveau Monde préhispanique.

Il existe d'autres styles régionaux de vases peints. Dans la région de Naranjo, un style monochrome rouge sur crème prédominait. L'ouest du Petén est sans doute à l'origine du style « glyphe rose », où les figures étaient représentées en coupe, comme sur une radiographie. Les vases en ardoise grise sculptée pro-

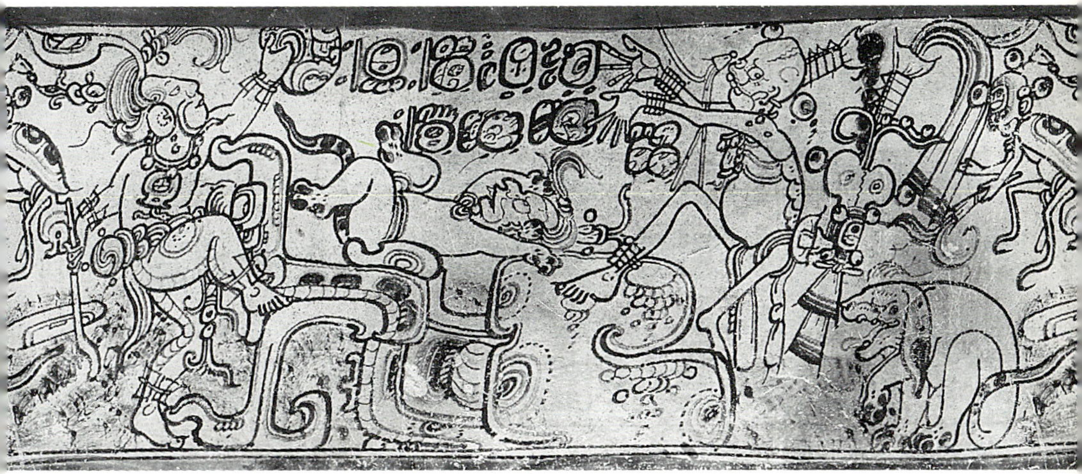

134 Déroulé photographique d'un vase de style codex. Un dieu de la mort, à droite, accorde ses pas de danse avec Chac, à gauche ; entre eux, un bébé jaguar est prêt pour le sacrifice. L'artiste a utilisé un beau lavis brun derrière Chac pour évoquer l'eau.

viennent du nord du Yucatán. Dans les Hautes Terres du Guatemala, les potiers peignaient souvent l'arrière-plan en rouge et dessinaient des motifs de chevrons sur les bandes du bord. Au Honduras, des vases étaient sculptés dans le marbre, peut-être par des artistes non mayas de la vallée de l'Ulua ; on en trouve parfois sur les sites classiques. A la fin de la période classique, un nouveau genre de poterie apparut dans les Basses Terres mayas ; l'iconographie de ces vases orange modelés et sculptés diffère des vases peints plus anciens, peut-être du fait de gens ou de comportements commerciaux nouveaux.

LA PEINTURE

A la fin du XIXe et au début du XXe siècles, des fragments de peintures polychromes ont été découverts périodiquement dans l'ouest de la région maya, notamment près de Yaxchilán. En 1946, Giles Healey découvrit une série de peintures murales du Classique récent maya miraculeusement conservées sur le site de Bonampak, non loin de la rivière Lacanja, affluent de l'Usumacinta. Le bon état de ces peintures est dû au hasard : peu après leur achèvement à la fin du VIIIe siècle, l'eau suinta à travers la voûte calcaire mal construite et forma une couche calcifiée qui recouvrit la peinture fragile.

Dans la structure 1, les voûtes, les murs, les banquettes et les jambages des

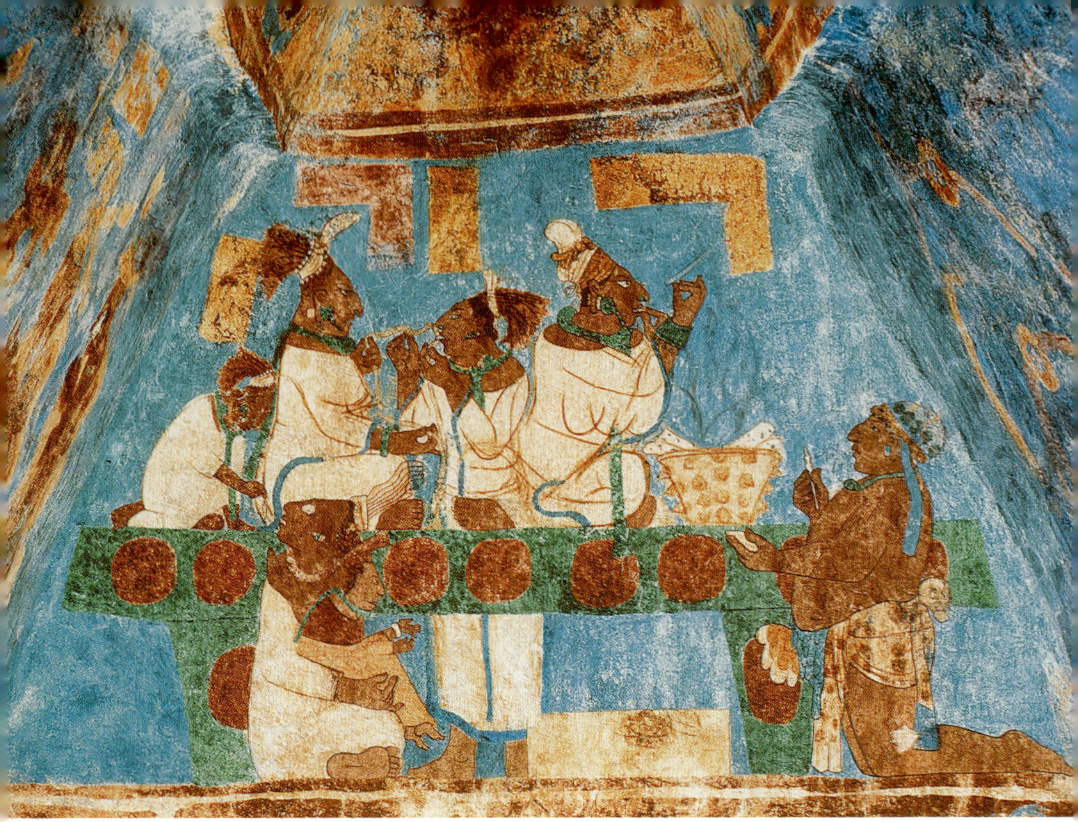

135 Les peintures murales de Bonampak, exécutées dans la dernière décennie du VIIIe siècle, illustrent des aspects insolites de la vie des nobles à la fin du Classique. Assises sur des trônes, les femmes de la famille royale se passent une cordelette à travers la langue. Un domestique, à droite, tend une épine pointue à la femme la plus en avant ; un enfant, sans doute un garçon, sur les genoux d'une autre femme, semble faire saigner son doigt.

portes étaient peints de couleurs vives sur une couche de stuc humide. Des centaines de Mayas sont représentés sur cette œuvre homogène qui célèbre les fêtes et les effusions de sang à l'occasion de l'accession au pouvoir du dernier souverain important de Bonampak. Sur trois murs de la pièce 1, des nobles en manteaux blancs assistent à la présentation d'un enfant ; quelque dix mois plus tard – d'après la chronologie des glyphes peints – des musiciens et des acteurs participent à une grande fête en l'honneur de l'enfant. Un an plus tard, Bonampak sort victorieuse d'une bataille. La bataille couvre trois murs de la pièce 2. Sur le mur nord, dans une scène qui englobe la porte ouverte, des victimes sacrificielles figurent sur les marches. Les prisonniers nus et humiliés

sont parmi les plus élégantes figures de l'art maya ; l'artiste a traité avec raffinement leurs mains torturées et sanglantes. Au-dessus d'une bordure figurant le ciel, des signes d'étoiles apparaissent dans des cartouches. Il semble s'agir des constellations du ciel matinal le 2 août 792, selon l'inscription, au lever de Vénus, l'étoile du matin, qui exigeait un sacrifice propitiatoire. Pour les Mayas,
l'histoire était façonnée par l'astrologie et la divination. Dans la pièce 3, les pri- 135
sonniers restant sont abattus sur une pyramide, tandis que des femmes de la lignée royale assises sur un trône étreignent le petit héritier et font pénitence en passant une cordelette et des épines à travers leur langue. Reliées par la cordelette, elles sont comparables aux captifs attachés de la stèle 12 de Piedras Negras (fig. 121).

LA FIN DU CLASSIQUE MAYA

La civilisation classique maya perdit son élan et chancela à la fin du VIIIe et au IXe siècle. On cessa d'ériger des monuments de pierre dès 760 dans certaines régions et, peu à peu, des cités entières furent abandonnées. Certains sites témoignent d'une véritable violence : à Piedras Negras, par exemple, des monuments furent sortis des édifices et détruits. A Palenque et à Copán, l'équipement rituel du jeu de balle classique fut abandonné par les derniers visiteurs. Tikal semble avoir subi un dépeuplement progressif. De belles céramiques orange firent néanmoins leur apparition dans de nombreux sites. Mais vers 900, peut-être un peu plus tard dans le Nord, la civilisation classique maya s'était effondrée.

Pour les anciens Mayas, le sang constituait le ciment de la vie dynastique ; les sacrifices accompagnaient les rituels de la charge. A la fin de la période classique, la capture et le sacrifice furent remplacés par la guerre et la domination. Les monuments les plus récents de Yaxchilán énumèrent les batailles ; sur la
stèle 12, dernier monument de Piedras Negras, le butin de la bataille est étalé 121
aux pieds du souverain. Les peintures murales de Bonampak n'ont jamais été terminées, et on suppose que le petit héritier a péri avant sa majorité dans une bataille comme celle peinte dans la pièce 2. Les archéologues ont recherché l'explication de l'effondrement du Classique dans les vestiges ensevelis (le régime alimentaire changea-t-il ? Qu'arriva-t-il aux sols ?), mais la dernière manifestation de vie maya en art et dans les inscriptions date de 800 environ, et elle concerne la guerre. La guerre a été, sinon la cause, du moins le processus qui a amené l'effondrement du Classique maya et c'est elle que les Mayas choisirent d'inscrire dans leur art.

CHAPITRE HUIT

La Mésoamérique après la chute des cités classiques

L'effondrement du Classique maya fut graduel et n'affecta pas toutes les cités à la même vitesse. Certains grands centres, comme Palenque, abandonnèrent la longue pratique d'érection de monuments de pierre bien avant que des voisins comme Toniná ne le fassent. Par contre, une grande cité telle que Tikal conserva très longtemps des activités cérémonielles limitées. L'incendie et la destruction de la Teotihuacán classique marquèrent l'arrêt spectaculaire de l'entretien et de l'utilisation publique de l'Allée des Morts et des principaux temples, même si quelques quartiers résidentiels restaient encore occupés. En même temps, dans l'Oaxaca, Monte Albán fut abandonnée et d'autres centres de peuplement grandirent et prirent sa place.

Durant cette période troublée, les caractéristiques des cités mayas ne disparurent pas brutalement et tout le savoir ne fut pas perdu. Ainsi, à l'époque de la Conquête, les Mayas utilisaient toujours une écriture phonétique et hiéroglyphique sans doute mise au point au Classique. Et, on peut supposer que si un lettré maya du XVIe siècle avait vu un monument classique, il aurait pu le lire et le comprendre.

Néanmoins, l'agitation de la fin du premier millénaire poussa nombre de populations mésoaméricaines au déracinement, à de nouvelles alliances ou au départ vers de nouvelles terres. Des influences « étrangères » s'observent en de nombreux endroits au Classique final (le IXe siècle, en général). Des Mayas apparaissent au Mexique central et des Mexicains parmi les Mayas. C'est apparemment une époque de contacts sans précédent entre les régions, dont témoignent bien l'essor et le déclin de deux cités, Tula et Chichén Itzá, l'une située au Mexique central et l'autre au Yucatán, et toutes deux construites par la « pollinisation » croisée des styles maya et mexicain au Postclassique ancien. Au Postclassique récent, les Aztèques exploitèrent sans pitié la faiblesse de leurs voisins pour dominer tout le Mexique central ; leur civilisation sera étudiée au chapitre neuf. Les Mayas du Postclassique récent ne manifestent ni l'innovation ni le savoir-faire de leurs contemporains aztèques. Leur art, qui s'inspire de modèles anciens, sera étudié à la fin de ce chapitre, en même temps que Chichén Itzá qui exerça une influence majeure sur les Mayas postclassiques.

Les archéologues utilisent beaucoup la poterie comme jalon des transformations ; dans plusieurs sites classiques mayas, les styles et les argiles des vases de l'élite changèrent vers 800. Les motifs furent désormais modelés et sculptés plutôt que peints. Certains semblent réalisés à l'emporte-pièce ou produits en série. L'argile employée pour les vases n'était plus de la région et beaucoup de chercheurs pensent qu'elle venait de la Côte du Golfe, ce qui suggère une présence étrangère. De même, l'art et l'architecture de la cité maya de Seibal indiquent une pénétration des peuples du Mexique central ou de la Côte du Golfe à peu près à cette époque.

SEIBAL

Les derniers édifices de Seibal arborent un nouveau style d'architecture. Une grande plate-forme circulaire fut érigée sur le site, élément rare dans l'architecture mésoaméricaine, notamment maya. Les structures circulaires à l'époque de la Conquête étaient en général associées au dieu du Mexique central, Quetzalcóatl ; comme nous le verrons, son culte commença à s'enraciner au Postclassique ancien. De plus, la nouvelle grande pyramide radiale de Seibal rap-
pelle les formes insolites de E-VII-sub à Uaxactún au Préclassique récent, ou 80
les pyramides radiales des complexes de pyramides jumelles à Tikal au Clas- 105
sique récent.

Au pied de chaque escalier de la structure radiale de Seibal était placée une stèle commémorant la date 10.1.0.0.0 (849), comme s'il s'agissait d'une année capitale. Une de ces stèles donne les noms des seigneurs de quatre Etats – Tikal, Calakmul, San José de Motul et Seibal justement –, ce qui prouve le désir des familles de maintenir les pratiques rituelles. On est surtout frappé par les physionomies représentées sur les monuments de Seibal. Un nouveau type de por-
trait apparaît sur la stèle 1 qui date de 869. Le visage du souverain n'est pas 136
idéalisé et la lèvre épaisse, un peu pendante, évoque un homme dur. Sur beaucoup de portraits de Seibal, la déformation du front et le nez épaté typiques des anciens Mayas n'apparaissent pas. Pourtant, l'accent mis sur le relief facial n'ajoute qu'un nouveau trait au modèle courant à Piedras Negras et Quiriguá. Les hommes représentés sont-ils des étrangers ? Les Mayas ont-ils encore une fois absorbé et rendu cohérentes des modes étrangères ?

Sur des monuments encore plus récents, les inscriptions et le costume changent. Ainsi, sur la stèle 3, une date est inscrite dans un système qui n'est pas maya ;

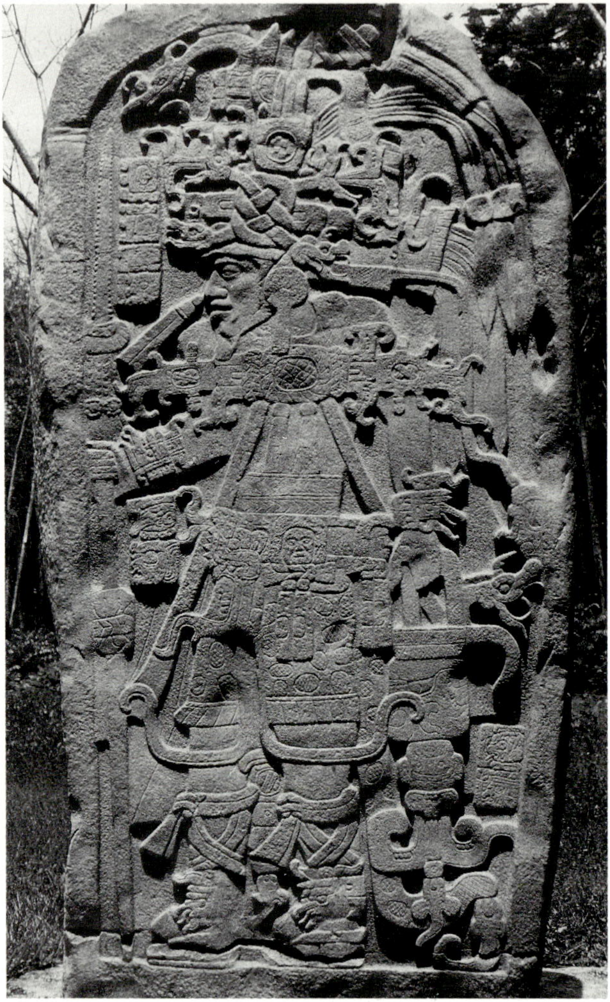

136 Stèle 1, Seibal. Au IXe siècle, de nouveaux souverains – peut-être les Itzá – arrivèrent au pouvoir à Seibal. S'ils adoptèrent le costume des Mayas classiques, ils mélangèrent et réinterprétèrent souvent les symboles classiques. Néanmoins, le format et le message de la stèle 1 illustrent la souveraineté d'une manière conforme à la présentation publique maya vieille d'un millénaire.

l'un des glyphes est un *cipactli*, une tête de crocodile, nom du premier jour du calendrier de 260 jours dans la plupart des systèmes du Mexique central. Sur le même monument, des personnages sont représentés avec des cheveux longs et flottants et une frange, que le costume de cérémonie des Mayas classiques révèle rarement. Sur d'autres monuments, l'imagerie maya traditionnelle apparaît sous des formes bizarres, comme si elle n'était pas bien comprise par l'élite de Seibal. Si l'identité ethnique exacte de cette puissance du IXe siècle reste un mystère, l'influence marquée du Mexique central semble indiquer que les souverains de Seibal étaient des Mayas « mexicanisés », peut-être les Olmeca-Xicalanca de la Côte du Golfe, marchands renommés à l'époque de la Conquête.

CACAXTLA ET XOCHICALCO

Il est peut-être trop facile d'attribuer les développements contemporains plus au nord au peuple qui dominait Seibal, mais de fortes influences cosmopolites, surtout mayas, se faisaient sentir à cette époque à Cacaxtla et Xochicalco, au Mexique central.

En 1975, un instituteur de la région conduisit des archéologues mexicains à
Cacaxtla, acropole en haut d'une colline, au Tlaxcala, où ils virent des peintures
de style maya bien conservées et d'une belle exécution. Un ensemble de peintures
avait même été recouvert de sable fin par les anciens habitants pour préserver la
peinture stuquée. L'entrée de la structure A est encadrée par deux portraits sem-
blables à ceux des stèles : l'un représente un Maya debout en costume d'oiseau,
l'autre un Maya entièrement habillé en jaguar. L'homme en costume d'oiseau et 140
au corps peint en noir est peut-être le prototype, créé au Classique final, du Che-
valier Aigle aztèque plus récent, mais les proportions naturalistes, la peinture 170
adroite et l'attention portée aux détails du costume et au visage révèlent les ori-
gines mayas de l'artiste, tandis que la forme du front et du nez indique la souche
maya du sujet. D'autres influences sont évidentes : sur les bordures apparaissent
des motifs Teotihuacán et le style des glyphes n'a pas encore été identifié.

Un second ensemble de peintures, presque complet, encadre un escalier :
des guerriers aux profils de Mexicains du centre sont costumés en jaguar et
ornés de l'iconographie du sacrifice humain. Ils attaquent, vainquent, démem-
brent et même éventrent des guerriers au profil maya qui portent des costumes
d'oiseaux et des étoffes luxueuses ; au moins deux des figures mayas pourraient
être des femmes. La représentation naturaliste du sang qui jaillit et des
entrailles répandues s'inspire du modèle maya, mais le thème laisse penser que
les incursions mayas au Mexique central ont eu pour résultat le paiement de
tributs écrasants et une défaite complète. Dans le Temple Rouge, on a trouvé
d'autres fragments de peintures qui semblent relater une réalité économique :
le dieu L, patron maya du commerce, est représenté avec son ballot rembour-
ré de commerçant sur un escalier où figurent des guerriers victorieux et des
captifs émaciés, juxtaposition du luxe et de la déchéance. Les pigments bleu
soutenu et la qualité du trait correspondent à ceux de Bonampak (chapitre 135
sept) ; ces peintures sont peut-être de la même époque, vers 800.

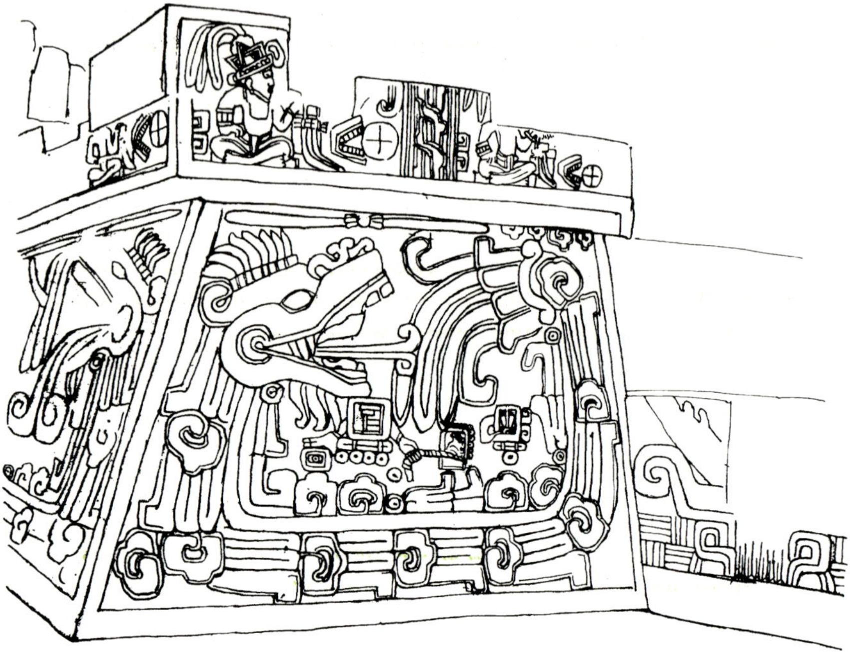

137 A Xochicalco, Adela Breton a reconnu des serpents à plumes onduleux et des seigneurs assis. Xochicalco, cité cosmopolite de la fin du Classique, contrôlait l'allégeance et le commerce des Etats plus petits dont les noms ornent l'extérieur.

Xochicalco, à cent trente kilomètres au sud-ouest de Cacaxtla, est une acropole contemporaine en haut d'une colline, située au-dessus de la vallée de Cuernavaca. Les influences cosmopolites y abondent aussi, notamment sur la
137 Pyramide du Serpent à plumes. Des figures assises aux proportions mayas, dans des attitudes et des costumes mayas, sont sculptées au milieu des ondulations formées par de grands serpents à plumes – littéralement Quetzalcóatl – tandis que des coquillages évoquent un milieu aquatique. Les sculpteurs ont employé un système particulier pour les glyphes, parmi lesquels figurent beaucoup de noms de lieux non identifiés, indice possible d'une unification politique ou d'une sorte de maison du conseil, que les Mayas appelaient *popol na*, comme celle construite à Copán (fig. 108). Les images ont des doubles contours, technique caractéristique de l'art classique du Veracruz, notamment d'El Tajín.

Un terrain de jeu de balle, grand et beau, semblable à celui de Copán, se trou-

vait au cœur du site, à côté de pièces qui faisaient sans doute partie du palais. Les trois stèles dégagées à Xochicalco possèdent d'autres liens avec le Classique maya. Sur l'une apparaît le visage de Tláloc avec ses crocs et ses anneaux autour des yeux ; les deux autres représentent un visage humain étonnant en volume, surmonté d'un casque et encadré d'un signe du calendrier moins en relief au-dessus et d'une bande de ciel en dessous. Ces stèles montrent des similitudes avec les stèles des « niches » de Piedras Negras, où des souverains en volume, assis sur des 120
trônes, sont représentés entre deux bordures de ciel en deux dimensions, dans des scènes commémorant la souveraineté. Les œuvres de Cacaxtla et Xochicalco font penser que l'élite mésoaméricaine s'est peut-être retirée dans des sites isolés comme ceux-ci, où elle a laissé une culture nouvelle et hybride.

MITLA

L'abandon des cités classiques au Mexique central et dans la région maya eut son équivalent dans l'Oaxaca avec la fin du long règne de Monte Albán comme principale cité de la région. Cela dit, la montagne demeura un lieu d'activité rituelle et de pèlerinage après la fin de l'occupation permanente. D'autres centres zapotèques se développèrent dans les vallées voisines, notamment au sud. Des complexes de palais, grands et élégants, furent construits à Yagul et à Mitla.

Les palais de Mitla sont admirés depuis longtemps pour leurs proportions

138 Palais des Colonnes, Mitla. Cet élégant bâtiment donne accès aux quadrilatères privés à l'intérieur. Les colonnes à l'intérieur de l'édifice soutenaient un toit périssable.

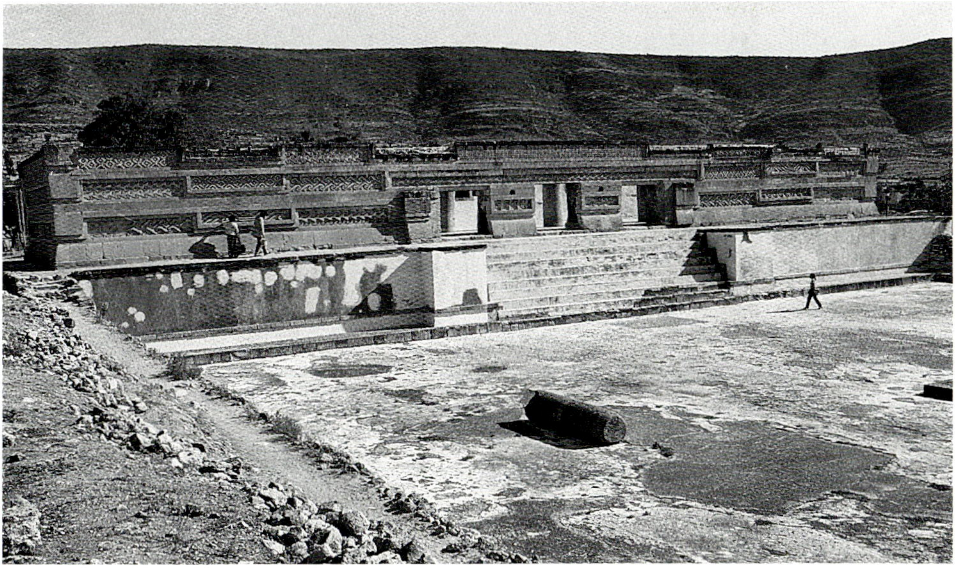

et leur décoration élégantes. Les cours aux angles imbriqués ou ouverts sont disposées le long d'un axe nord-sud. A l'époque coloniale, les habitants construisirent une église dans le quadrilatère le plus au nord et édifièrent une chapelle au sommet d'un grand monticule au sud-ouest des palais, transformant ainsi les ruines anciennes en lieux saints modernes.

Le groupe des Colonnes, quadrilatères D-E, est l'enceinte de palais la plus grande et la plus raffinée par ses proportions. Le quadrilatère E se compose de quatre édifices à galerie disposés sur les côtés d'une place aux angles ouverts,
138 tandis que l'édifice au nord, le Palais des Colonnes, offre l'unique accès à D, quadrilatère plus petit et complètement fermé, au plan labyrinthique. Le Palais des Colonnes est la plus belle structure de Mitla. Comme le Palais du Gouverneur à Uxmal (de la même époque), le bâtiment possède un léger contrefruit, qui allège visuellement le poids des moulures en surplomb semblables à celles de Monte Albán.

Les façades des bâtiments de Mitla miroitent dans la lumière pure de l'Oaxaca. Des mosaïques géométriques aux motifs variés, faites de pierres en parement, composent des rectangles sur les murs extérieurs. Dans les pièces privées du quadrilatère D, des motifs sculptés complexes reprennent probablement dans la pierre ceux des tissus jadis suspendus dans les pièces du palais. Les dessins doivent faire référence aux différentes lignées et provenir des motifs des étoffes, spécifiques à un groupe ou à un lieu.

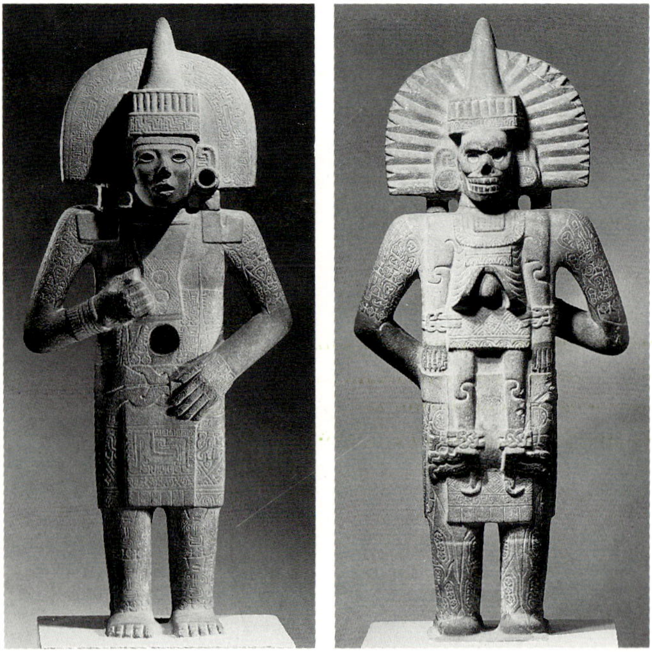

139 Sculpture de « l'apothéose », culture huaxtèque (Postclassique ancien). L'aspect en volume marqué de la sculpture de pierre huaxtèque peut être rapprochée des œuvres d'El Tajín et des sculptures céramiques du Veracruz classique (fig. 74). Le dieu de la mort au dos du monument *(à droite)* est porté comme un fardeau par l'homme sur le devant de celui-ci *(à gauche)*.

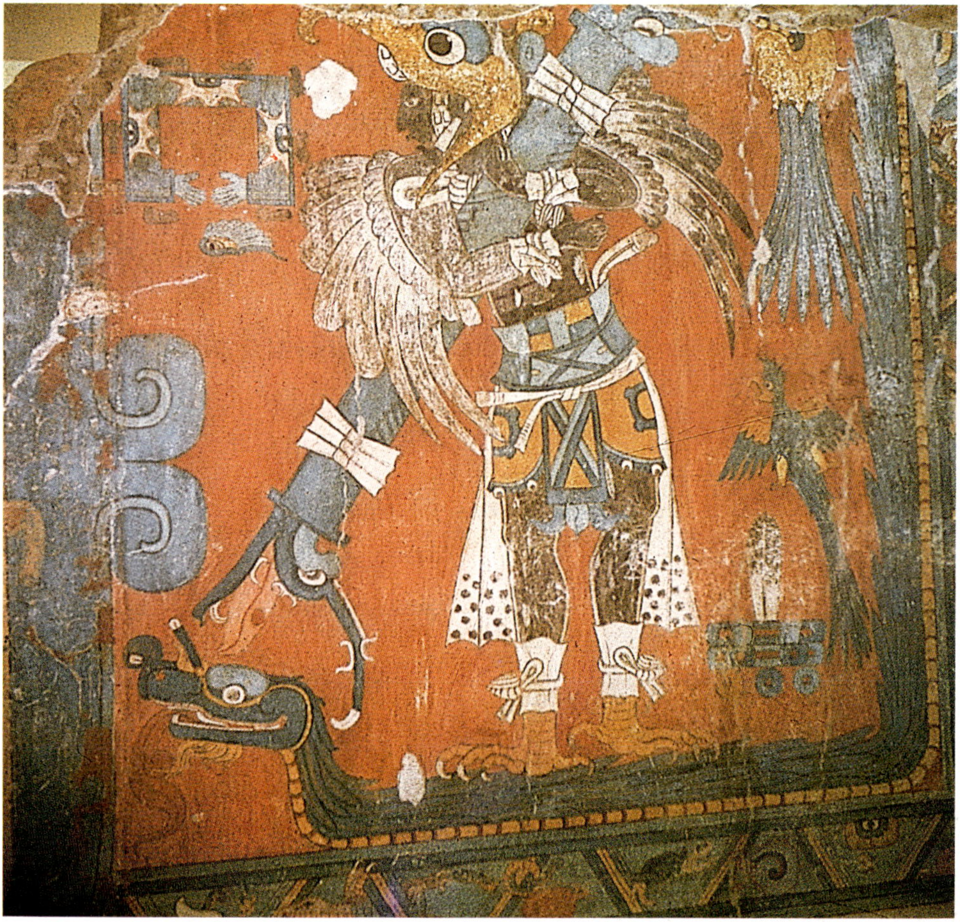

140 Peinture au stuc représentant un homme en costume d'oiseau, structure A, Cacaxtla, 700-900. Comme un Dédale mésoaméricain, ce jeune et beau guerrier au corps peint en noir est habillé en oiseau de la tête aux pieds, et ses bras portent des ailes.

LES HUAXTÈQUES

Au tout début du Postclassique ancien, un style régional apparut au nord du Veracruz, chez les Huaxtèques. Ce groupe mésoaméricain s'apparente par la langue aux Mayas, mais des générations d'évolution séparée ont conduit à une expression artistique différente. Le culte de Quetzalcóatl était prépondérant dans la Huaxtèque, comme à Tula et à Chichén Itzá. Des bâtiments circulaires dédiés à Quetzalcóatl existent dans des petits sites de toute la région.

Les sculptures prismatiques, bien qu'en volume et ressemblant à des plaques, sont caractéristiques des Huaxtèques. On les a appelées sculptures de « l'apothéose » à cause de leur imagerie double. Une figure humaine grandeur nature est sculptée sur le devant du monument, tandis qu'une image plus petite apparaît derrière – parfois un bébé porté dans un sac à dos, ou, comme ici,
139 un squelette. Les mains démesurées et le riche motif gravé qui couvre la pierre sont comparables à la manière aztèque plus tardive, notamment à celle de la fig. 165. Les dessins couvrant le corps évoquent peut-être la coutume de se peindre ; les ornements plissés représentent du papier d'amate (figue) plié. Les Aztèques conquirent les Huaxtèques au milieu du XVe siècle et durent prendre l'art huaxtèque comme modèle pour leur style impérial. Les sculptures huaxtèques pourraient aussi trouver leur origine dans les sculptures mayas de Copán, où un souverain et son prédécesseur sont souvent exécutés en relief et
125 en volume sur le devant et l'arrière d'un fût de pierre. Les hommes adultes de la sculpture huaxtèque pourraient être des souverains associés à leurs successeurs encore bébés ou à leurs prédécesseurs défunts.

LES TOLTÈQUES

L'apparition des Toltèques à Tula, dans l'Etat d'Hidalgo, et à Chichén Itzá, est en général datée du Xe siècle, bien que les deux sites aient été occupés bien avant. Curieusement, ce furent les Aztèques qui donnèrent plus tard aux Toltèques une place importante dans l'histoire. Aucun autre peuple n'a joué un tel rôle dans les chroniques aztèques et mayas de l'époque de la Conquête. Ces annales historiques – certaines ont été transcrites en alphabet romain – parlent de faits remontant au Xe siècle, même si les informations sont fragmentaires pour la période de 1000 à 1300. Pour les événements plus anciens, il faut s'en remettre aux inscriptions mayas (rares entre 800 et 1000) et les comparer aux données archéologiques contemporaines provenant d'autres lieux.

Les documents du XVIe siècle racontent une histoire cyclique où les mythes et l'histoire ne font qu'un et où, malheureusement, la géographie reste vague. Ainsi, de hauts faits dans l'ancienne cité de Tula sont relatés, mais Tula ou *Tollan* (littéralement « lieu des roseaux », mais considéré en général comme une colonie urbaine) est un nom attribué à de nombreux centres importants à partir du Postclassique ancien. Pour les Aztèques, Teotihuacán et Tula dans l'Hidalgo étaient toutes deux la Tula du passé, mais leur propre cité, Tenochtitlán, était aussi Tula, de même que Cholula, peut-être Chichén Itzá, et aussi Copán. Le XVIe siècle donne une vision particulière des Toltèques :

« Les Toltèques étaient sages. Toutes leurs œuvres étaient bonnes, parfaites, magnifiques, merveilleuses ; leurs maisons étaient belles, couvertes de mosaïques, lissées, stuquées, vraiment merveilleuses… Les Toltèques étaient très sages ; c'étaient des penseurs, car ils inventèrent le compte des années, le compte des jours ; ils instaurèrent la façon de considérer la nuit, le jour, les signes de jour favorables… » (Sahagún, Livre 10)

Ces commentaires semblent télescoper toutes les gloires du passé dans la période toltèque. Ils qualifient de « Toltèques » les habiles artisans ; pourtant, l'adresse des constructeurs de Tula, dans l'Hidalgo, n'avait rien d'exceptionnel et beaucoup de réalisations sont de qualité médiocre.

Les annales historiques mentionnent trois personnages importants de la grandeur et du déclin des Toltèques. Un grand souverain nommé Topíltzin Quetzalcóatl était sur le trône de Tula, dans l'Hidalgo, en 986. L'histoire dit qu'il détourna son peuple des sacrifices humains jusqu'à l'arrivée à Tula de l'imposteur Tezcatlipoca, connu sous plusieurs noms. Tezcatlipoca prit de multiples déguisements, charma et enchanta le peuple ; lors d'une entrevue privée avec Topíltzin, il poussa celui-ci à avaler de telles quantités d'une boisson alcoolisée que le roi s'humilia devant son peuple. Après plusieurs confrontations et renversements, Topíltzin Quetzalcóatl, honteux, s'enfuit de Tula avec plusieurs partisans. Il alla à Tlapallan (« terre rouge »), à l'est, et fit le vœu d'assouvir sa vengeance sur Tula. En 1519, Cortés fut pris pour Quetzalcóatl, le vengeur, et tira profit de cette identification.

Des sources mayas postérieures à la Conquête relatent l'arrivée en 986 dans la région maya d'un grand héros, Kukulcan. Kukulcan est une traduction de Quetzalcóatl, Serpent à plumes, en maya du Yucatán. Il est censé avoir régné à Chichén Itzá, dans le Yucatán, jusqu'à sa mort. Le culte du Serpent à plumes à Teotihuacán avait encouragé la guerre sacrée, et on a beau parler d'un Quetzalcóatl pacifique, son culte à Tula et à Chichén soutenait certainement les ambitions guerrières. L'archéologie démontre qu'une série de structures aux liens étroits avec celles de Tula fut effectivement commencée à Chichén Itzá vers cette époque, ce qui semble confirmer les rapports entre les deux cités.

Pendant ce temps, à Tula, dans l'Hidalgo, les Toltèques multipliaient les succès militaires et commerciaux en dominant le commerce et en exerçant un certain contrôle social loin au nord et au sud. Toutefois, au milieu du XIIe siècle, Huémac, dernier roi de Tula, fut contraint de fuir devant le pouvoir croissant des factions et la progression des barbares, de la même façon que Topíltzin. Selon certaines sources écrites, Huémac s'installa à Chapultepec, sur la rive occi-

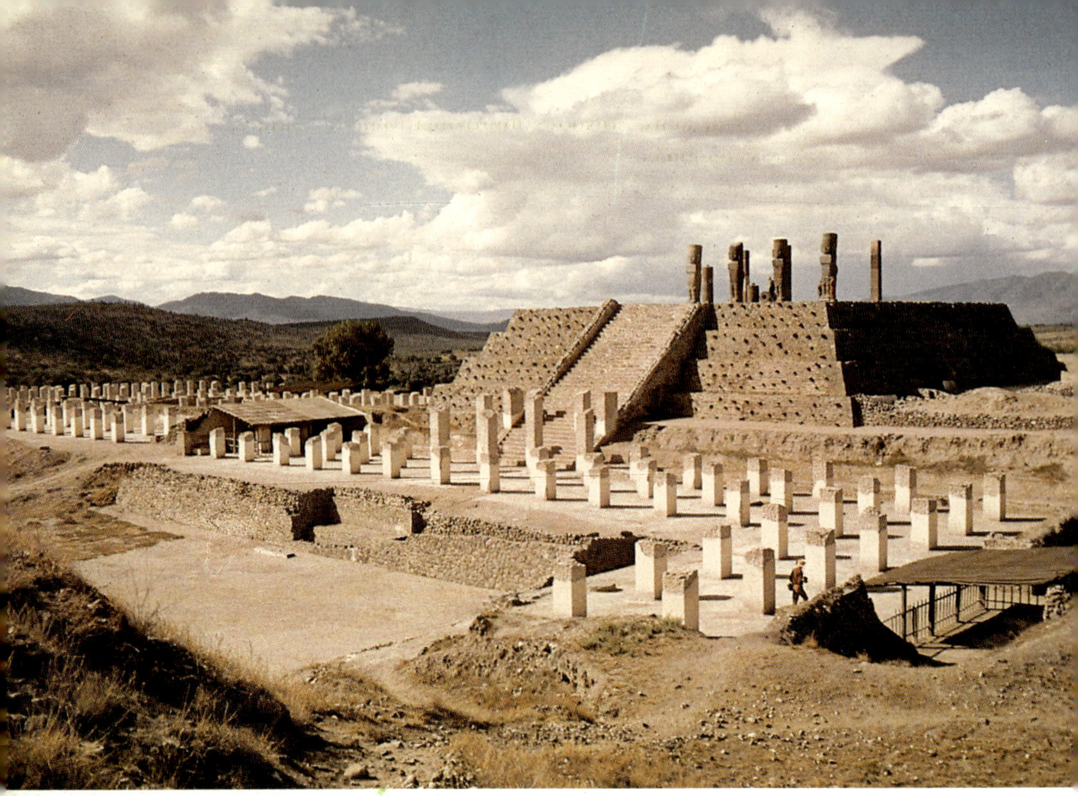

141 Pyramide B, Tula. L'explorateur français Désiré Charnay fut le premier à avancer l'idée d'un lien direct entre Tula et Chichén Itzá ; il reconnut la similitude entre cette pyramide et le Temple des Guerriers à Chichén *(fig. 150)*. Postclassique ancien.

dentale du lac de Texcoco, dans la vallée de Mexico. Tula fut dévastée. La puissance toltèque déclina, mais aucune dynastie mésoaméricaine postérieure – mixtèque, aztèque ou maya – ne manqua d'invoquer son passé glorieux.

TULA

Tula, dans l'Hidalgo, est la plus au nord des cités mésoaméricaines. Le site, sur la rivière Tula, est aride et battu par les vents ; bien que l'art et l'architecture austères évoquent un avant-poste militaire, c'était autrefois un centre urbain prospère.

Tula fut non seulement dévastée mais aussi systématiquement pillée par les Aztèques lors de son abandon. Il a fallu des années de patientes recherches archéologiques pour mettre à jour la nature de l'ancienne cité. Il est mainte-

nant clair qu'un tissu urbain dense, disposé approximativement selon une grille, entourait le centre cérémoniel. La pyramide C, la plus grande des structures du centre, a été creusée à la recherche de trésors et dépouillée de ses sculptures à l'époque préhispanique. La pyramide B, un peu plus petite, est aujour- 141
d'hui le bâtiment important le mieux conservé de Tula. Ses colonnades successives, qui devaient supporter un toit périssable, servaient sans doute de résidence royale. Le rapport entre une pyramide massive et un grand espace intérieur formé de piliers et de cours rappelle la disposition de Teotihuacán, où le palais de Quetzalpapálotl est contigu à la Pyramide de la Lune, mais à une échelle réduite, presque spartiate.

La colonnade protège l'unique escalier de la pyramide B et limite l'accès au sommet. Le long des quatre niveaux de la structure, des tenons soutenaient jadis une façade de pierres sculptées aux couleurs vives dont il ne reste plus qu'une petite partie. Là où elles subsistent, des frises de jaguars rôdeurs, de coyotes, d'aigles posés avec un cœur dans le bec sont ponctuées d'images frontales isolées de créatures à plumes, semblables à des jaguars, des gueules desquelles surgissent les faces d'êtres surnaturels aux grands yeux et à la langue fourchue, parfois interprétés comme l'Etoile du Matin, ou Quetzalcóatl, mais

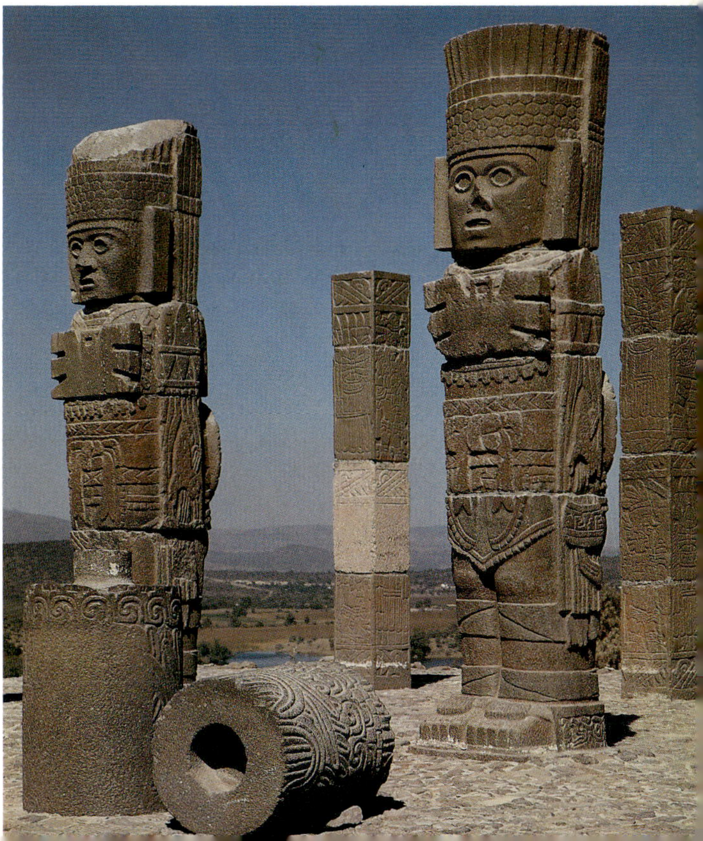

142 Colonnes atlantes, pyramide B, Tula. Ces sculptures toltèques géantes représentent des guerriers prêts pour la bataille ; ils tiennent un *atlatl* sur le côté. Le pectoral en forme de papillon et la coiffure en tambour sont des éléments du costume des combattants.

qui représentent en réalité le Serpent de Guerre dont la coiffure apparaissait à Teotihuacán.

142 De gigantesques atlantes semblables à des guerriers toltèques et des colonnes aux motifs de plumes surmontent la pyramide. Les atlantes, comme les caryatides, soutenaient le toit ; les colonnes aux motifs de plumes encadraient l'entrée. Des piliers carrés avec des guerriers sculptés en bas-relief formaient une pièce derrière. A l'intérieur de la pièce, les guerriers toltèques atlantes devaient constituer un groupe intimidant. Leurs immenses visages vides exprimaient l'anonymat de la machine de guerre toltèque ; ils menacent le spectateur de leurs *atlatls*, propulseurs du Mexique central. Il ne subsiste que quelques traces des vives couleurs qui ornaient ces sculptures. En effet, les jambes des guerriers étaient peintes de rayures rouges et blanches qui désignent, en général, dans l'art aztèque, les victimes sacrificielles. Chaque atlante est composé de quatre tambours goujonnés ; leur ressemblance et la méthode de construction employée laissent supposer une production en série.

Le *coatepantli*, mur de serpents dégagé, qui forme un L au nord de la pyramide, est une innovation de Tula. Un entablement large et unique avec une bordure de méandres géométriques soutient un relief sur lequel figurent de grands crotales vomissant des squelettes humains. Des motifs de coquilles découpées, associés plus tard à Quetzalcóatl, figurent en haut du *coatepantli*.

Des bancs surélevés à l'intérieur du palais contigu à la pyramide B devaient servir de trônes pour l'élite. Des *chac mool* sculptés en volume étaient placés devant ces trônes. La découverte au XIXe siècle de *chac mool* semblables au Mexique central et au Yucatán a contribué à confirmer l'idée d'une hégémonie toltèque, mais, comme on le verra ensuite, le *chac mool* pourrait aussi bien être une invention maya. La figure 143 montre un guerrier à terre, son couteau encore maintenu par la bande sur son bras. Il tient une patène plate, sans doute pour recevoir les offrandes apportées au souverain ou au dieu assis derrière sur le trône. Comme dans la plupart des sculptures toltèques, le basalte brut garde son aspect monolithique, malgré les efforts déployés pour lui donner un effet de volume.

Les stèles sculptées ne sont pas inconnues au Mexique central, mais elles sont rares et les portraits en pied et de face des stèles 1 et 2 de Tula, grossièrement exécutés, font fortement penser à une influence maya. Comme sur les stèles plus anciennes de Piedras Negras, les visages des stèles de Tula sont sculptés en relief profond et les costumes en bas-relief. Le personnage de la figure 145 est sans doute un souverain habillé en guerrier. La coiffure de ces guerriers se compose de trois « nœuds papillon » surmontés des insignes et des plumes du signe de l'année de Tláloc. Chez les Mayas classiques et à Cacaxtla, les motifs du Mexique central sont portés par les guerriers comme par les hommes destinés

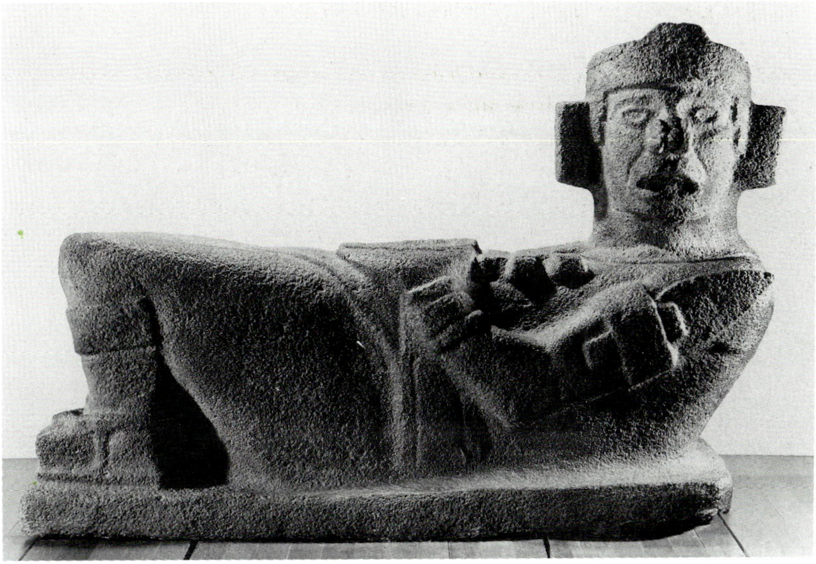

143 *Chac mool* venant du palais de Tula. Ces sculptures de guerriers allongés étaient placées en face des trônes. Le récipient sur leur poitrine servait aux offrandes sacrificielles. Postclassique ancien.

au sacrifice. Les stèles de Tula pourraient témoigner de contacts poussés avec les Mayas à la fin du Classique et donc remonter au début du IXe siècle, époque où les traditions étaient encore vivantes dans les Basses Terres mayas du sud. A Xochicalco, les stèles contemporaines qui célèbrent la souveraineté s'inspirent des formes et des motifs mayas ; à Tula, elles s'inspirent du guerrier maya.

A l'époque toltèque, un genre de vases particuliers, appelés vases « Plumbate », était très répandu en Mésoamérique. Pris longtemps pour des marqueurs chronologiques et géographiques de l'Horizon postclassique ancien toltèque, les vases Plumbate sont désormais considérés comme originaires du sud-ouest du Guatemala, d'où ils se répandirent dans toute la Mésoamérique. Le terme « Plumbate » évoque un vernis au plomb, du genre de celui de l'Ancien Monde, mais en réalité, l'aspect lustré et métallique est dû à la forte teneur en fer de l'argile et au peu d'oxygène en fin de cuisson. Ainsi, les vases Plumbate imitent peut-être délibérément l'éclat du métal, d'une manière très semblable à ceux fabriqués par les Chimú, au nord des Andes. Bien qu'on n'ait pas retrouvé d'objets en métal à Tula, l'époque toltèque marque le début de la métallurgie en Mésoamérique. 144

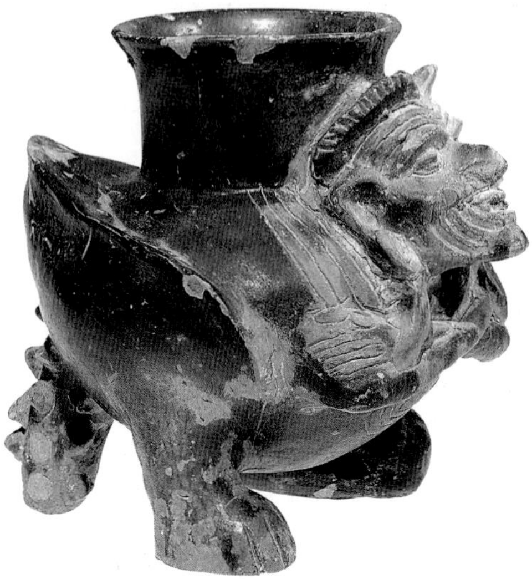

144 Les céramiques Plumbate marquent l'époque toltèque des IXe et Xe siècles, du Yucatán à Tula, bien que la fabrication semble provenir du Chiapas. Elles répandirent une nouvelle iconographie en Mésoamérique, dont le dieu maya Pauahtun, représenté sur ce vase.

145 *(A droite)* Bien que d'une sculpture grossière, ce personnage d'une stèle du Postclassique ancien de Tula est néanmoins vêtu comme un guerrier maya. La coiffure avec masque du signe de l'année de Tláloc est semblable à celle que porte le guerrier de la fig. 118.

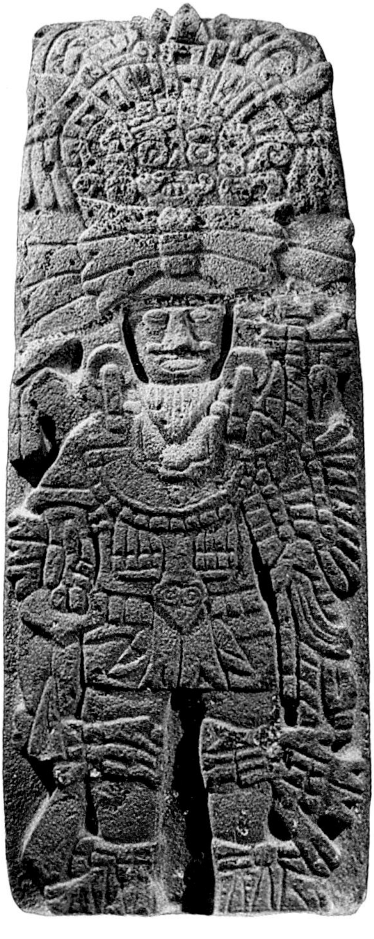

144 Les vases Plumbate représentent souvent des hommes ou des effigies. Certains visages humains font penser à des portraits, tandis que d'autres semblent ceux de divinités. Le visage barbu d'un étrange portrait, où la terre cuite est recouverte de nacre, rappelle le roi toltèque Topíltzin Quetzalcóatl.

Tula fut saccagée à la fin du XIIe siècle. Les pilleurs renversèrent les atlantes, les enterrèrent et creusèrent une immense tranchée dans la pyramide B, sans doute pour prendre les trésors. Les Aztèques établirent plus tard sur une colline voisine l'emplacement d'un important mythe cosmique ; leurs ancêtres, des barbares nomades, faisaient peut-être partie des pilleurs de Tula. Quoi qu'il en soit, les Aztèques s'inspirèrent largement des conventions et de l'iconographie de Tula quand ils édifièrent leur capitale.

Tula fut à bien des égards une expérience, semblant unir la région maya et celle du Mexique central, dont le centre se trouvait plus au nord que tout autre cité de l'histoire mésoaméricaine. Mais, finalement, l'expérience échoua.

CHICHÉN ITZÁ

L'épanouissement toltèque à Chichén Itzá est beaucoup plus exubérant et expansif qu'à Tula. Des éléments et des motifs architecturaux semblables apparaissent sur les deux sites – colonnes serpentiformes, *chac mool*, piliers figurant des guerriers toltèques –, mais à Chichén, les innovations et l'adresse rendent plausible l'influence d'un stimulus et d'un savoir-faire mayas. Pour comprendre la transformation de Chichén, il faut d'abord se pencher sur son histoire, reflétée par son architecture.

Chichén était manifestement occupée au Classique, mais malgré les nombreuses fouilles et les diverses spéculations, aucune chronologie précise n'a encore été établie. A l'évidence, beaucoup de bâtiments sont très proches des développements Puuc à Uxmal au Classique récent, époque de la décadence de Teotihuacán qui déclencha peut-être des migrations. Cette phase ancienne fut sans doute suivie d'une période de contacts avec un groupe maya mexicanisé, les Itzas. Ensuite, Chichén entama une ère de construction durant laquelle les influences toltèques furent très marquées. Les liens entre Itzás et Toltèques demeurent obscurs.

L'étude du plan du site donne une idée des différentes phases de construc- 146
tion. La partie sud de la carte, peut-être centrée sur l'utilisation de l'eau du Cenote Xtoloc, suit le plan assez chaotique et dispersé des centres classiques en mettant plus ou moins l'accent sur un axe nord-sud. La partie nord du site, en revanche, possède des structures ordonnées à colonnades, construites pour la plupart à l'ère toltèque et peut-être sur une période très brève, qui définissent un axe est-ouest. Une chaussée *(sacbe)* va du nord au sud et donne une certaine unité au plan. Le *sacbe* se termine au Cenote sacré, grand puits naturel circulaire et sans doute à l'origine du nom du site, littéralement « la bouche du puits des Itzás ».

Dans le « vieux » Chichén, des bâtiments comme le Temple des Trois Linteaux (structure basse alignée avec des masques de Chac aux angles) rappellent les galeries de la région Puuc. La Casa Colorada et la Casa del Venado, petits

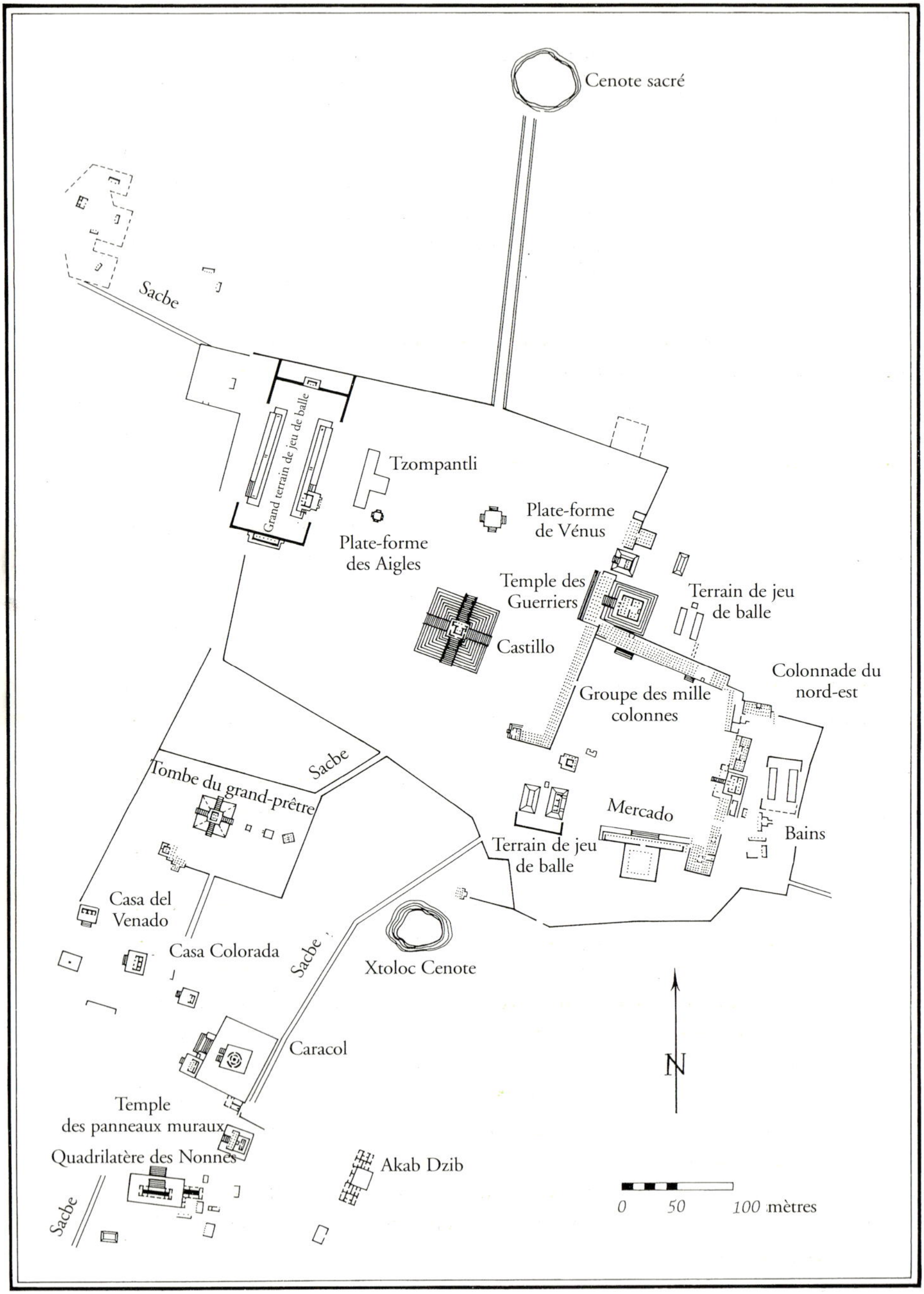

146 Plan de Chichén Itzá.

temples placés sur des plates-formes surélevées, évoquent la disposition des temples du groupe de la Croix à Palenque par leurs pièces privées à l'arrière et leur orientation l'une par rapport à l'autre. La maçonnerie se limite à de gros blocs, sans rapport avec les façades finement découpées de la région Puuc. Les pierres en forme de botte pour les voûtes, la porte d'entrée en arc – si importante visuellement à Uxmal – n'existent pas à Chichén. En fait, les raffinements visuels que constituent le contre-fruit et l'espacement inégal des portes sont totalement absents de l'architecture de Chichén, qui, dans l'ensemble, ne peut pas rivaliser avec l'aspect lyrique d'Uxmal.

Le premier bâtiment qui s'éloigne de façon spectaculaire de l'architecture
maya traditionnelle est le Caracol (escargot), ainsi nommé à cause de son plan, 147
dont le cœur semble avoir été conçu pour imiter l'intérieur d'une conque. Des 148
voûtes concentriques mènent à une salle supérieure par un escalier en colimaçon. La maçonnerie et les voûtes sont d'une grande qualité. Sir Eric Thompson, grand spécialiste des Mayas, décriait son style architectural en prétendant qu'il ressemblait à « un gâteau de mariage à deux étages posé sur son carton carré ». On peut tout aussi bien affirmer que les cercles compris dans un trapèze, lui-même compris dans un rectangle, expriment un intérêt pour la géométrie semblable à celui de Vitruve dans l'Ancien Monde. Comme l'ont montré des études récentes, le plan et la disposition des ouvertures permettent l'observation des mouvements de Vénus, dont la révolution synodique – 236 jours (étoile du matin), 90 jours (conjonction supérieure), 250 jours (étoile du soir) et 8 jours (conjonction inférieure) – était d'une grande importance pour tous les peuples mésoaméricains. Plus tard, tous les bâtiments circulaires aztèques furent dédiés à Quetzalcóatl (assimilable à Vénus en astronomie) qui, sous la forme d'Ehécatl, le dieu du Vent, est représenté accompagné d'une conque .

Quetzalcóatl, s'il était connu depuis longtemps – et peut-être même associé aux serpents à plumes qui figurent sur de nombreux monuments –, prit beaucoup d'importance au Postclassique ancien, sans doute à l'époque où vivait le personnage historique du même nom (Topíltzin Quetzalcóatl, Kukulcan pour les Mayas, littéralement « Serpent à plumes »). Mais, comme nous l'avons vu dans les constructions plus anciennes de Teotihuacán, les serpents à plumes étaient étroitement liés au culte de la guerre. Mais leur signification à Chichén demeure obscure, car à cette époque, certaines doctrines de la religion classique changèrent et d'autres dieux prirent de l'importance. Les raisons des modifications de l'imagerie sacrée restent mystérieuses, mais les transformations idéologiques accompagnent souvent des mouvements géographiques et des développements chronologiques.

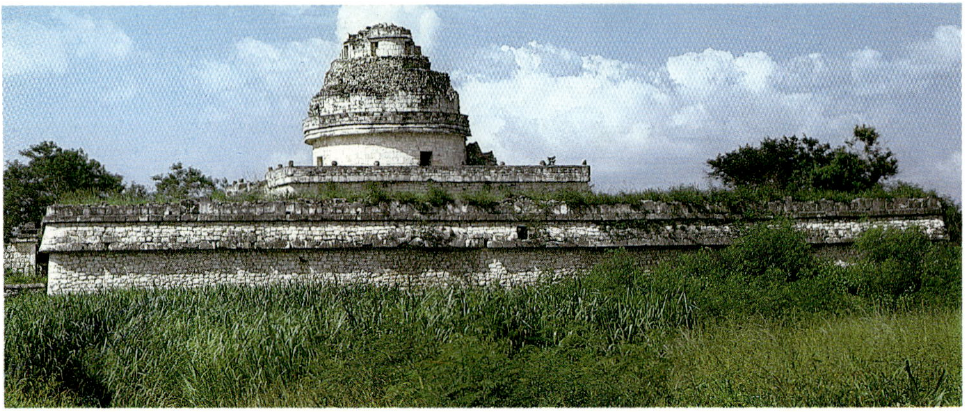

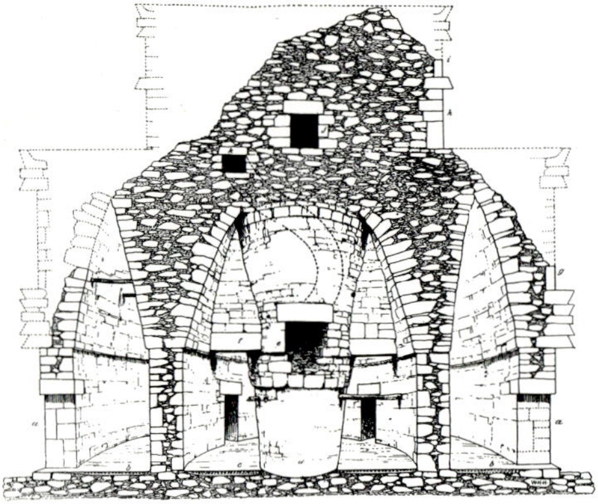

147 *(Ci-dessus)* Le Caracol, Chichén Itzá. De minuscules ouvertures au niveau supérieur étaient orientées pour les observations astronomiques.

148 Dessin en coupe du Caracol.

Diego de Landa, premier évêque du Yucatán, visita Chichén au milieu du XVIe siècle et exécuta le premier croquis européen encore existant d'un bâtiment maya. Il dessina le plan de ce qu'il appela la pyramide de Kukulcan, ou
180 Quetzalcóatl, en général connue sous le nom de Castillo. Son dessin montre un bâtiment à plusieurs degrés avec des escaliers sur les quatre côtés ; sa description écrite des 91 marches sur un côté de la structure est encore plus remarquable, avec l'escalier nord tourné vers le Cenote sacré. Landa remarqua aussi les deux « plates-formes de danse » sur la place entre le Castillo et le *sacbe* menant au Cenote.

La description de Landa est intéressante pour le visiteur moderne, non seulement par ce qu'il dit mais aussi par ce qu'il ne dit pas. Il nota qu'on pratiquait des sacrifices humains de personnes vivantes dans le puits sacré (la théorie du

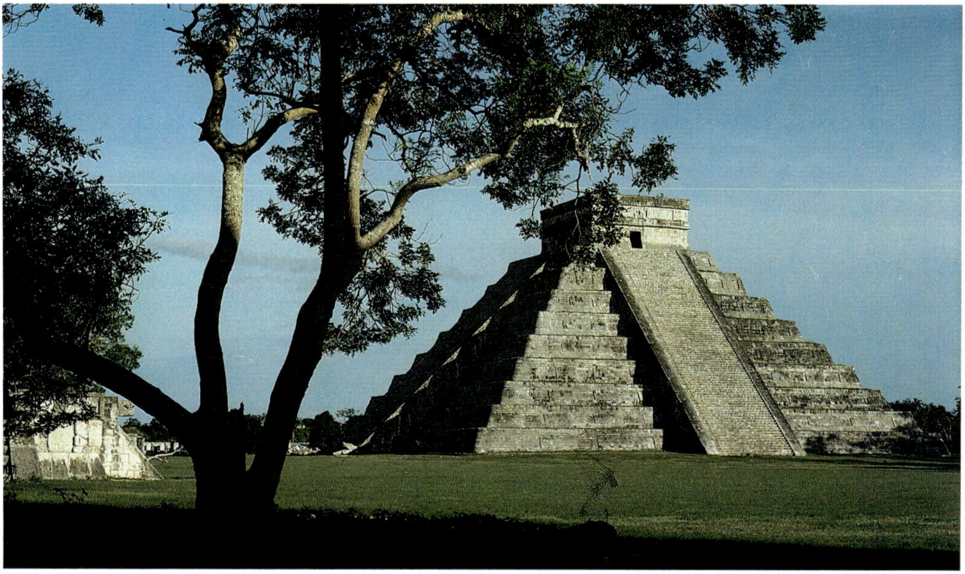

149 Le Castillo, Chichén Itzá. Comme les pyramides funéraires de Palenque ou de Tikal (fig. 99 et 104), le Castillo possède neuf degrés. Le profil vertical et la moulure supérieure de la superstructure sont caractéristiques des édifices de l'époque toltèque à Chichén. Cette photographie a été prise à l'équinoxe d'automne ; sept segments de serpent sont éclairés le long de l'escalier principal.

150 Temple des Guerriers, Chichén Itzá. Cette structure possède les mêmes proportions et les mêmes colonnades que la pyramide B de Tula, mais le bâtiment de Chichén Itzá est plus grand et beaucoup plus beau. La colonnade devant la structure soutenait un toit périssable. Postclassique ancien.

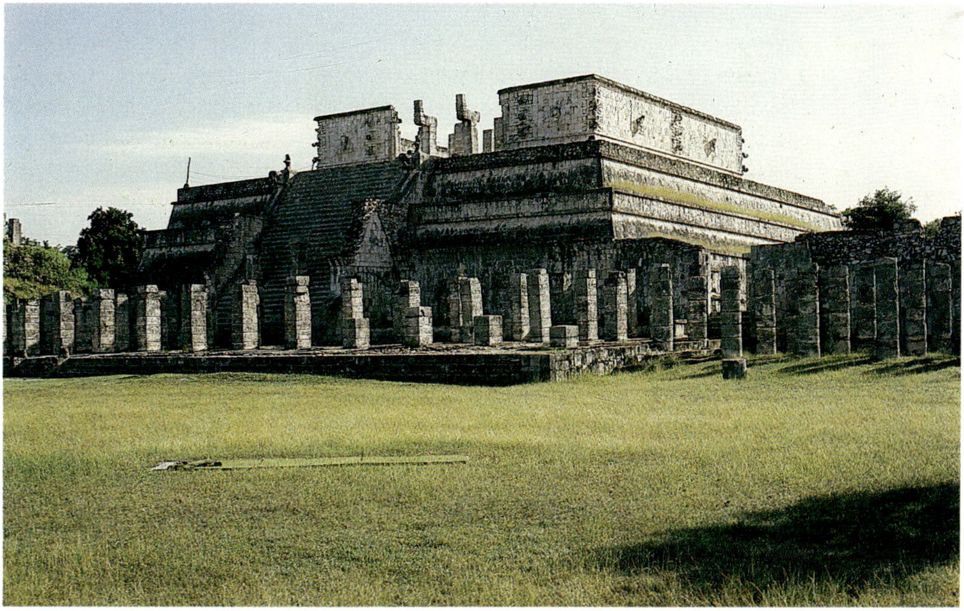

sacrifice de vierges ne vient pas de Landa ; il faut l'attribuer à Tomas López qui visita le site en 1552) et supposa que « si ce pays possédait de l'or, c'était ce puits qui en contenait la plus grande part ». Lorsque, en 1864, Brasseur de Bourbourg retrouva le manuscrit de Landa, des rêves fiévreux d'immenses trésors s'attachèrent au Cenote. Au début du siècle, certains chercheurs remontèrent effectivement des disques d'or avec une imagerie maya (fig. 1) de ce puits.

Compte tenu de l'état de délabrement de Chichén Itzá au XVIe siècle (Landa ne vit pas grand chose à Chichén : il ne mentionne que quatre bâtiments et ne parle pas du Caracol, par exemple, qui l'aurait sûrement intéressé et qu'il aurait cité s'il l'avait vu), le fait que Landa ait vu cette partie du site dégagée, du Castillo au Cenote, laisse penser que cette zone était toujours utilisée. L'attention de Landa fut aussi attirée par le nombre de marches de chaque côté de la pyramide et par les têtes massives de serpent sur la face nord, signe possible que l'observation de phénomènes astronomiques dans cet édifice s'était poursuivie sans relâche depuis sa construction.

Comme le Caracol, le Castillo était orienté de façon à rendre compte des mouvements célestes ; aux équinoxes, les neuf niveaux de la pyramide projettent une ombre qui fait apparaître les segments d'un serpent le long de la rampe nord. L'escalier compte 92 marches de ce côté, si l'on inclut les têtes de serpent au pied de l'édifice ; les autres escaliers en ont 91, ce qui fait un total de 365. Ainsi, par la numérologie et l'orientation, ce bâtiment est en rapport avec l'an-
149 née solaire. Le Castillo apparaît de nos jours comme une pyramide radiale du type observé pour la première fois à Uaxactún à l'époque protoclassique et dont le rôle principal semble avoir été de commémorer le passage du temps.

De nos jours, deux fois par an, des dizaines de milliers de visiteurs envahissent la place pour observer au Castillo l'équinoxe selon un rituel moderne. Le phénomène n'a pas été redécouvert par des observations et des mesures archéologiques minutieuses ; il paraît plutôt avoir grandi organiquement à Chichén, sans doute par le biais des Mayas de la région qui, à l'époque de Landa, dégageaient la place et qui ont entretenu la mémoire durant l'époque coloniale.

En 1937, des archéologues mexicains qui exploraient le Castillo ont découvert à l'intérieur un temple-pyramide complet, à neuf degrés, mais avec un seul escalier au nord. Dans les salles du temple, se trouvent encore un *chac mool* et un trône en forme de jaguar. D'après les pyramides à neuf degrés plus anciennes de Tikal et de Palenque, qui abritaient les tombes de grands rois, ce temple contenait lui aussi peut-être une sépulture royale. L'identité du souverain ne sera sans doute jamais connue, mais le fait que la structure ait toujours été associée à Kukulcan permet de penser que le grand roi toltèque en personne pourrait se trouver dans la masse de la pyramide. Le tombeau du Grand

Prêtre, bâtiment semblable où on a découvert une tombe au XIXe siècle, a récemment retrouvé sa splendeur passée.

La phase finale de construction de Chichén au Postclassique ancien se caractérise par le grand nombre de bâtiments à colonnades et à colonnes serpentiformes. Le plus grand est le Temple des Guerriers. Des colonnades se succédant délimitent une grande cour à demi fermée, dont le côté sud est encadré par le Mercado et un petit terrain de jeu de balle. Comme au Castillo, le bâtiment extérieur a révélé une structure plus petite mais semblable, appelée temple du *chac mool*.

L'accès au Temple des Guerriers se fait par un dédale de piliers carrés qui soutenaient un toit périssable. Chaque pilier est sculpté sur les quatre faces. Certains reliefs représentent des guerriers debout avec des coiffures « en toque » et un armement toltèques ; sur d'autres, des figures en jupe, sans doute des femmes, portent des offrandes. Des reliefs semblables apparaissent sur les piliers de la salle à l'arrière de la pyramide B à Tula, mais l'imagerie y est limitée aux guerriers. Tous ceux qui entrent dans le Temple des Guerriers ressentent 150 l'impression d'être guidés par les porteuses d'offrandes et menacés par les guerriers.

La porte au sommet du temple est encadrée de grandes colonnes en forme de serpents à plumes, dont les sonnettes ornées de plumes soutenaient jadis le linteau de la porte. Dans la première pièce, un *chac mool* recevait les offrandes ; dans la pièce de derrière, une grande plate-forme soutenue par des atlantes miniatures servait de trône au souverain. Le Temple des Guerriers était peut-être le siège du gouvernement, fonction en grande partie bureaucratique. Les supports de la plate-forme évoquent les piliers du gouvernement, les guerriers et les porteuses d'offrandes figurent les moyens de sa subsistance. L'abondance des bâtiments administratifs à Chichén Itzá durant une courte période de construction peut s'expliquer si chaque gouverneur régional – sans doute quelqu'un de semblable au *bacab,* gouverneur de l'époque de la Conquête – était à l'origine de la construction d'un nouvel édifice.

Le Temple des Guerriers ressemble de façon frappante au monticule B de 141 Tula, mais des différences apparaissent ; de plus, l'échelle et la qualité sont mayas. Ainsi, les pièces à l'intérieur du Temple des Guerriers supportaient une voûte en encorbellement ; l'appareillage était raffiné et d'une belle exécution – et le temple n'est qu'un bâtiment parmi d'autres. A Tula, l'appareillage paraît médiocre en comparaison ; le monticule B est le seul édifice imposant. Il est possible que les idéaux toltèques trouvèrent d'abord leur expression architecturale à Chichén, avant de revenir à Tula vers l'an 1000 sous une forme provinciale. Avec la restauration récente du temple voisin et semblable des Petites

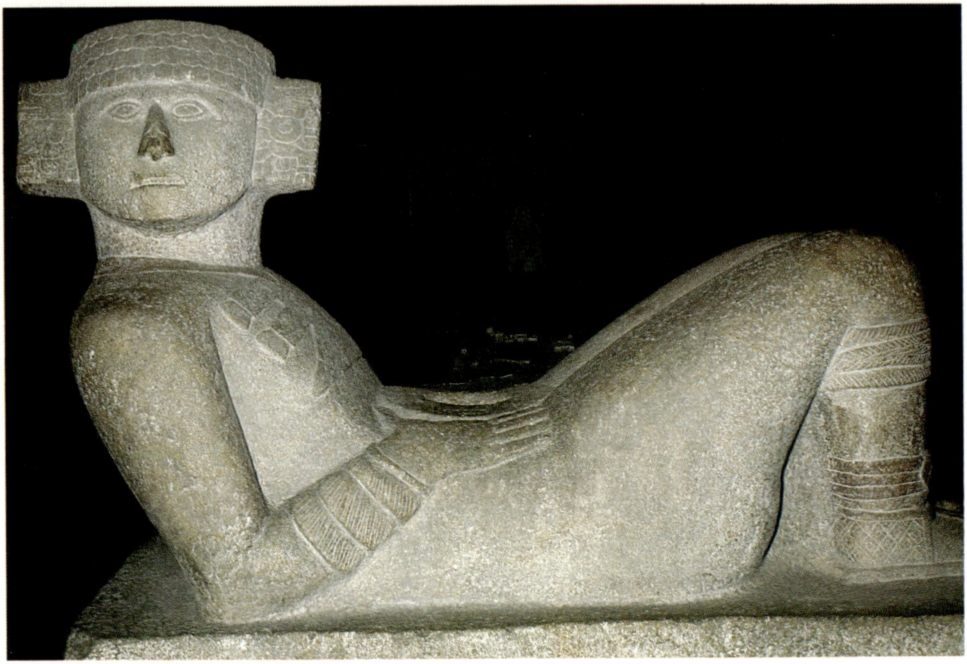

151 *Chac mool* dégagé de la plate-forme des Aigles, Chichén Itzá, en 1875 par Augustus LePlongeon qui tenta, sans succès, de transporter la sculpture de pierre à Philadelphie pour la commémoration du Centenaire en 1876.

Tables, l'étendue et la répétition du modèle des guerriers est devenue plus évidente.

153 La structure la plus insolite de Chichén est le terrain de jeu de balle, le plus grand de la Mésoamérique ancienne. L'aire de jeu mesure 146 m de long et 36 m de large, presque comme un terrain de football américain, et plusieurs fois la taille des habituels terrains de jeu. A la différence des terrains classiques, les côtés du grand terrain de jeu sont verticaux, comme à Uxmal. Des anneaux, où sont sculptés des crotales enlacés, sont placés dans les murs latéraux – la balle en caoutchouc dur devait sans doute passer dedans ou les toucher – à huit mètres au-dessus de l'aire de jeu.

Les reliefs sculptés sous les anneaux montrent des scènes horribles ; ils renseignent peut-être sur ce qui se passait sur le terrain. Côté est, deux équipes
152 adverses de sept membres se font face. Au milieu de la scène, le premier joueur de l'équipe de gauche a décapité le premier joueur de l'équipe de droite qui est à genoux devant une grosse balle sur laquelle est sculpté un grand crâne rieur. Six serpents de sang et un arbre jaillissent du cou de la victime. Les vainqueurs

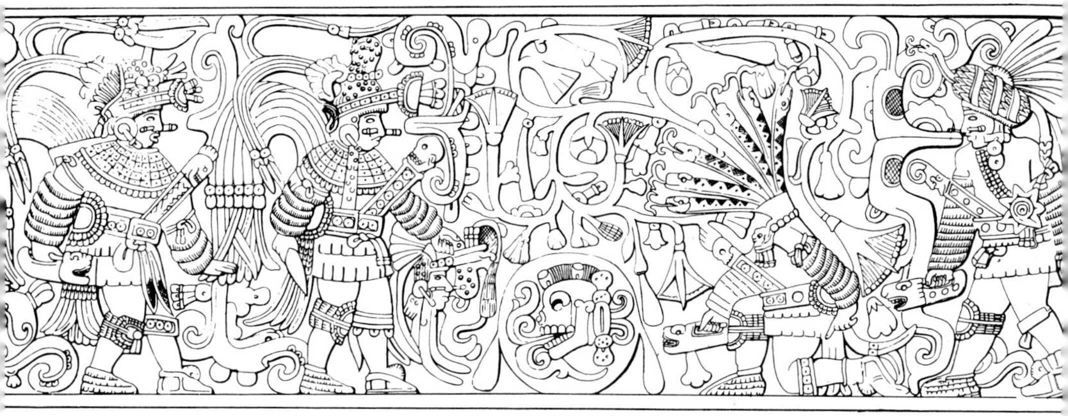

152 Partie du relief du grand terrain de jeu de balle, Chichén Itzá. Des joueurs de l'équipe victorieuse ont commencé le sacrifice de leurs adversaires. A l'époque de la Conquête, les Mayas prétendaient que les Mexicains – notamment les Toltèques – avaient introduit le sacrifice humain dans leur pays.

apparents de gauche sont habillés de façon plus uniforme que les vaincus de droite, dont les coiffures sont différentes. Tous les joueurs portent l'équipement associé en général au Classique du Veracruz : *palmas*, jougs et coups-de-poing ; le rembourrage aux bras et aux genoux servait à amortir les coups de la lourde balle. Des volutes perlées avec des croix *kan* incrustées comme celles qui représentent souvent un liquide précieux, notamment le sang, forment l'arrière-plan.

Trois grandes plates-formes sans superstructures guidaient les fidèles vers le Cenote sacré au nord. Sur l'une d'elles, appelée *tzompantli*, râtelier à crânes, sont sculptés des rangées de crânes humains. Il existe à Uxmal un précédent de la représentation de crânes sur des plates-formes, mais ici l'échelle et le nombre montrent

153 Le terrain de jeu de balle de Chichén Itzá est le plus grand de Mésoamérique. Des serpents enlacés sont sculptés sur les anneaux placés en haut des murs latéraux ; des reliefs sculptés ornent les talus inclinés.

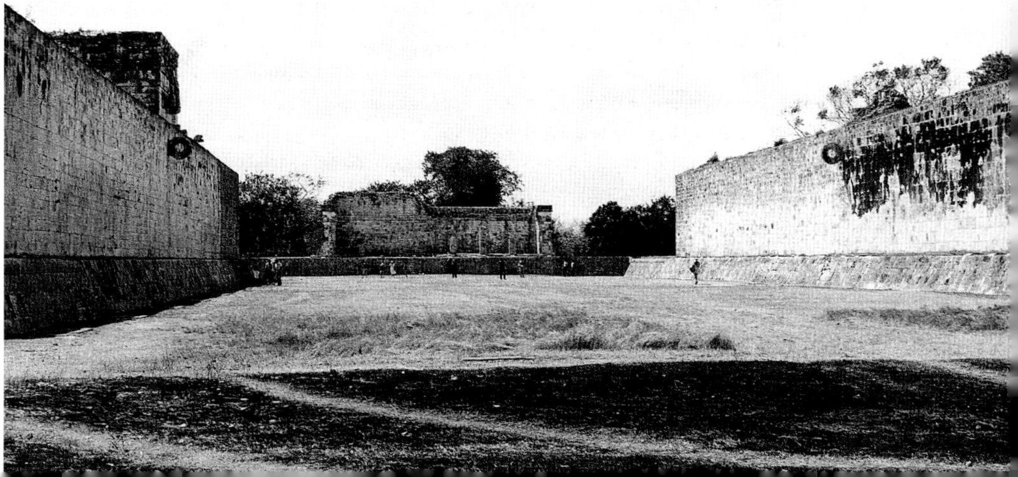

une préoccupation grandissante pour la mort à la fin de l'essor de Chichén, époque à laquelle sont généralement attribuées cette plate-forme et les deux qui lui sont associées. Sur la plate-forme des Aigles, des aigles et des jaguars alternés dévorent des cœurs humains. Ces motifs existent aussi à Tula ; sur les deux sites, ils font le lien entre les rituels du jeu de balle et ceux du sacrifice humain.

Au Postclassique ancien, la sculpture en volume reprit de l'importance à Chichén. Les trônes, les *chac mool* et les atlantes miniatures étaient particulièrement soignés, mais même les modèles de poterie Plumbate reflètent l'intérêt pour les images en ronde bosse.

Les trônes et les *chac mool* sont en général associés ; c'est le cas dans la structure intérieure du Castillo, au Temple du Chac mool, au Mercado et au temple des Guerriers. Apparemment, ils remplacent la stèle et l'autel du Classique. Ainsi, c'est la charge qui est commémorée, plus que son titulaire, tandis qu'à l'époque classique, l'individu – et même la personnalité – qui occupait une telle charge était au centre de la représentation. Les trônes comportent de grandes plates-formes soutenues par des atlantes miniatures et des banquettes intégrées ; le plus beau, un jaguar rouge, a été trouvé dans la pièce arrière de la structure intérieure du Castillo. Du cinabre rouge vif couvre le corps du jaguar et des disques de jade figurent les taches du félin selon une combinaison de couleurs typique des trônes classiques. Sur le siège du trône du jaguar rouge se trouvait un disque de mosaïque, un *tezcacuitlapilli*, ornement toltèque porté derrière la taille, fait d'un assemblage de coquilles précieuses et de turquoises rares achetées dans le Nouveau Mexique ou l'Arizona lointains.

Devant la plupart des trônes sont placés des *chac mool*, dont le plus célèbre
151 a été dégagé de la plate-forme des Aigles en 1875 par Augustus LePlongeon qui leur a donné leur nom actuel. Les *chac mool* de Chichén dépassent par leur nombre et leur diversité ceux de Tula. Ils ont peut-être été inspirés par les prisonniers couchés, souvent sculptés sous les pieds des figures des stèles classiques mayas, image que les Toltèques transformèrent en une expression en volume de leur époque. Récemment, on s'est aperçu que les matériaux, les formes et l'iconographie mayas, dont les racines plongeaient souvent dans la période classique, avaient eu une influence plus marquée sur le Mexique central qu'on ne le pensait auparavant.

Des peintures au stuc ont miraculeusement survécu à Chichén Itzá. Des scènes avec des Mayas et des Toltèques couvraient jadis l'intérieur du Temple des Guerriers. Sur la figure 154, des guerriers au corps peint de rayures multicolores sont vaincus par des personnages plus sombres, considérés comme des Toltèques, qui emmènent leurs captifs attachés et nus. Les maisons paraissent mayas, bien que l'architecture de pierre ressemble à celle du Mexique central.

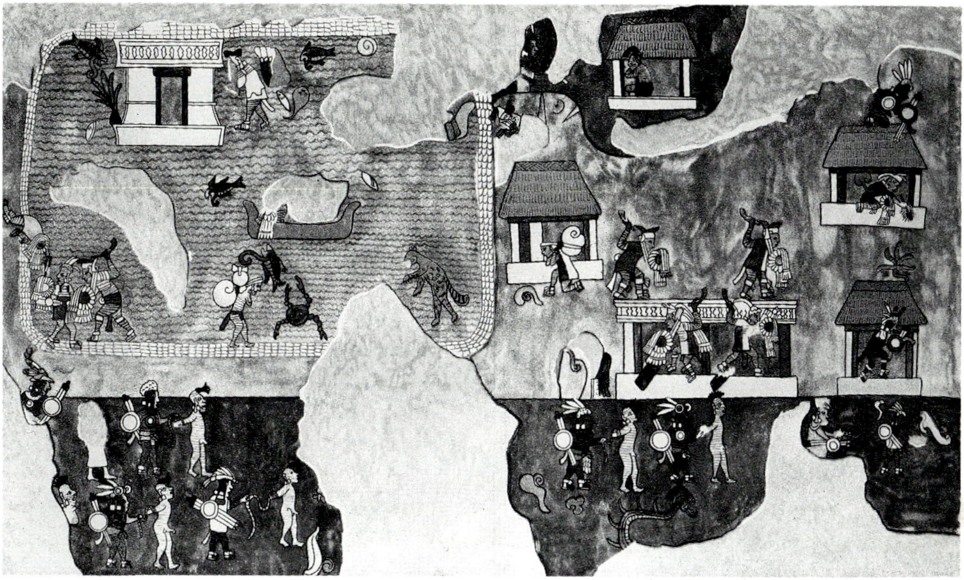

154 Peinture murale du Temple des Guerriers, Chichén Itzá. Copie et reconstitution d'Ann Axtell Morris. Ces scènes semblent montrer la conquête de Chichén par des étrangers au Postclassique ancien, mais aucun lac près du site ne ressemble à celui-ci.

Un temple est édifié sur une étendue d'eau : est-ce le lac Petén Itzá, où vivaient peut-être les Mayas Itzás « mexicanisés » avant de venir à Chichén ? Le rendu naturaliste des êtres humains sur les peintures plus anciennes, comme à Cacaxtla ou Bonampak, est ici remplacé par des proportions plus réduites, mais les conventions non naturalistes donnent un paysage complexe et animé. Par leur style, les peintures se rapprochent davantage de celles de Teotihuacán que des peintures murales mayas.

Les pèlerinages au Cenote sacré continuèrent bien après la Conquête ; les objets extraits de la vase au début du siècle couvrent un millénaire. La découverte de squelettes humains confirma ce qu'on soupçonnait depuis longtemps : des sacrifices humains avaient lieu dans le puits. On a sorti de la boue du Cenote des offrandes de copal, de jade et des disques d'or repoussé finement travaillés. Les disques d'or, représentant des scènes animées où les Mayas affrontent les Toltèques, constituent non seulement des documents importants mais ils sont aussi parmi les premières œuvres mésoaméricaines en métal. Le dessin de la forme humaine et la disposition de la scène, où le panneau du bas est réservé à un monstre terrestre, s'écartent de la tradition maya. Sur la plupart des disques, les guerriers en costume toltèque l'emportent sur les Mayas.

La domination toltèque, ou toltèque-maya, au Postclassique ancien, rappelle les modèles plus anciens de suprématie politique des Hautes Terres et annonce l'immense réussite des Aztèques. Ce succès politique n'assure pas, toutefois, la prédominance dans la sphère artistique. Les archéologues démontreront peut-être un jour que Tula a véritablement régné sur les Mayas, mais la beauté, le savoir-faire et l'abondance des œuvres mayas de la même époque n'en seront pas ébranlés.

LE DÉCLIN DE L'ART ET DE L'ARCHITECTURE MAYAS POSTCLASSIQUES

L'art et l'architecture mayas du Postclassique récent ne sont guère impressionnants, dans l'ensemble, par rapport aux précédents mayas ou aux splendeurs postclassiques du Mexique central. Après le déclin et l'abandon de Chichén Itzá, le Yucatán fut gouverné, aux XIVe et XVe siècles, sans grande rigueur, par une confédération créée par Hunac Ceel qui avait mené une révolte déloyale contre Chichén. Sa capitale, Mayapán, devint à son tour la proie de la traîtrise et fut abandonnée au milieu du XVe siècle. Au temps de la Conquête, on s'en souvenait comme d'une grande cité, mais elle était de construction médiocre et imitait beaucoup Chichén Itzá en art et en architecture.

Toutefois, Mayapán se distinguait par son plan, insolite pour une cité mésoaméricaine. Dans cette ville fortifiée, la population vivait en majorité à l'intérieur des murs. En plein cœur, s'élevait le Castillo, petite structure mal construite sur le modèle du Castillo de Chichén Itzá. Les maçons de Mayapán employèrent des pierres mal taillées retenues seulement par de la boue et du stuc. Les seigneurs de Mayapán prirent aussi de vieux masques de Chac dans un site de la région Puuc et les réemployèrent, peut-être pour invoquer l'ancien pouvoir.

Dix stèles de pierre au moins ont été trouvées à Mayapán. Le calcaire local dans lesquelles elles sont taillées est de mauvaise qualité, mais les stèles possèdent
155 une imagerie intéressante. Ainsi, la stèle 1 représente deux figures dans un sanctuaire couvert de chaume, sous un texte glyphique long et érodé. Chac est assis sur un trône et fait un geste vers une figure plus petite, qui pourrait être une image de pierre ou d'argile, placée sur une boîte, peut-être un glyphe de *tun*. Cette stèle, et celles qui lui ressemblent, illustrent peut-être des scènes en rapport avec le *acantum*, partie des cérémonies du nouvel an qui apparaît dans le codex de Dresde et qui est étudiée par l'évêque Landa.

De grandes figures céramiques du Postclassique ont été découvertes dans le nord du Yucatán. Les plus fréquentes sont celles de Chac, à la fois dieu individuel et groupe de quatre dieux. Ces figures tiennent à la main des cœurs humains : selon les chroniqueurs espagnols, elles étaient enduites de sang et sans doute très effrayantes. Les potiers du Postclassique employaient une argile grossière à laquelle ils ajoutaient différentes substances pour abaisser la température de cuisson. La plupart des figures étaient peintes de couleurs vives, certaines avec une peinture au stuc qui masquait les imperfections. Seuls subsistent les pigments les plus résistants, notamment le bleu.

Ferdinand, fils de Christophe Colomb, accompagna son père dans son quatrième voyage au Nouveau Monde ; il décrit les grandes pirogues de commerçants mayas qu'ils virent aux îles de Bahia, au large du Honduras. Quelques-unes étaient chargées de belles capes de coton, unité d'échange courante à l'époque de la Conquête, ainsi que d'autres vêtements brodés. D'autres pirogues transportaient des denrées alimentaires – graines, racines, boisson de maïs fermenté –, des cloches et des hachettes de cuivre, ainsi que des fèves de cacao, autre unité d'échange. Il est clair que l'activité commerciale poussée de

155 Malgré l'absence de stèles à Chichén Itzá, les seigneurs de Mayapán rétablirent la coutume d'ériger ces monuments, mais en changeant l'iconographie historique de l'ère classique. Les textes ont disparu, mais les blocs de glyphes forment un sanctuaire, surmonté de chaume, dans lequel le dieu Chac reçoit des témoignages d'adoration.

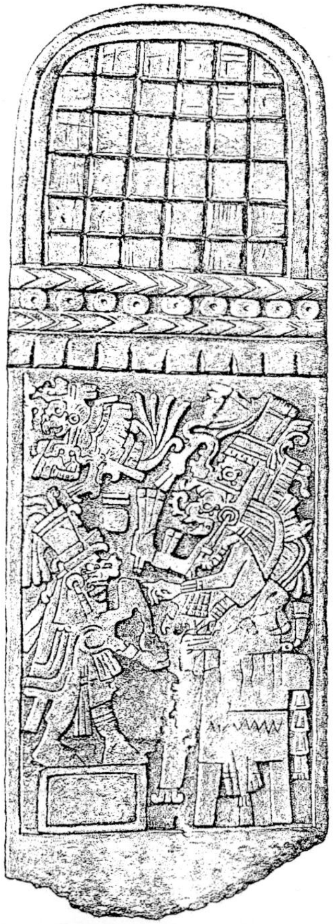

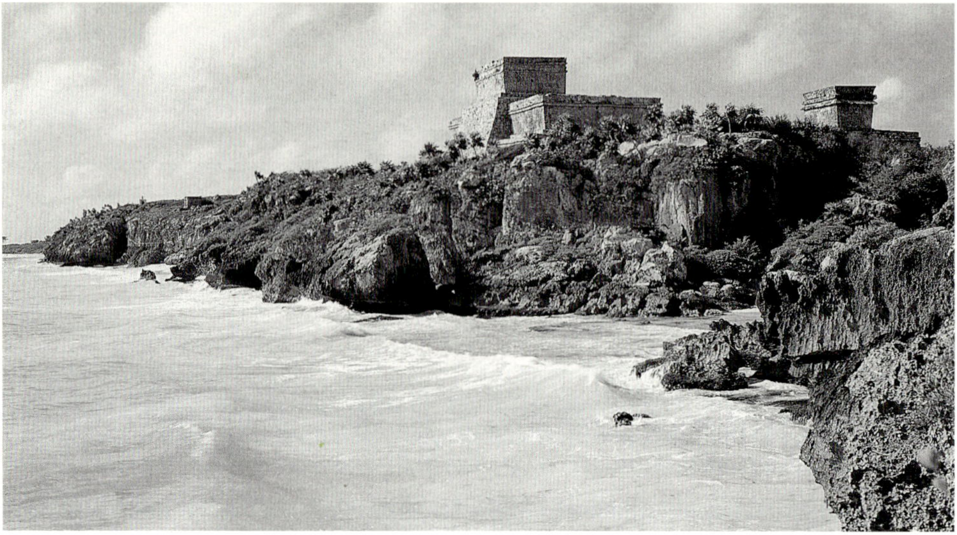

156 Le site de Tulúm, surplombant la mer des Caraïbes.

la côte caraïbe a établi les bases du développement des centres caraïbes du Yucatán. Tulúm et Tancah étaient sans doute les plus importants. Lors de son voyage au Yucatán en 1518, Juan de Grijalva aperçut une cité fourmillante d'activité qui pourrait correspondre à Tulúm. Les petits sanctuaires de l'île de Cozumel et d'autres endroits de la côte n'étaient peut-être que des haltes pour les voyageurs, fonctions qu'ils eurent plus tard pour les fameux pirates caraïbes qui opéraient sur la même côte.

156 Tulúm, magnifiquement située, surplombe la mer des Caraïbes. Les structures cérémonielles principales sont placées dans un rectangle défini par un mur sur trois côtés et la mer sur le quatrième. A la différence de Mayapán, le peuple vivait en dehors des murs. Les temples petits, voire minuscules, de Tulúm ont parfois des portes trop exiguës pour y entrer aisément. Les bâtiments sont dans l'ensemble médiocrement construits et chargés de stuc. Le contre-fruit, employé avec subtilité à Uxmal, a été porté à de telles extrêmes que certains bâtiments semblent prêts à basculer. Les corniches de la structure 16 sont ornées de grands visages ; le contre-fruit prononcé rend les yeux protubérants et le menton fuyant.

Des peintures complexes couvrent les murs – à l'intérieur comme à l'extérieur – de nombreux bâtiments de Tulúm. La palette se limite au rouge, bleu et jaune, avec un contour noir. Les gestes raides et conventionnels, ainsi que les proportions, évoquent l'influence de la peinture mixtèque du Postclassique récent. Une partie de l'imagerie suggère aussi des contacts avec le Mexique central : la figure 157 montre un dieu couvert d'une mosaïque de turquoise, une bande de ce qui semble être de l'obsidienne noire orne ses yeux. Ce masque est typique du dieu Tezcatlipoca du Mexique central. Les masques en mosaïque de turquoise les plus célèbres ont été donnés à Cortés par Moctezuma ; toutefois, le récit de Grijalva indique qu'il en rassembla lui aussi quelques-uns au Yucatán. Ces éléments de costume étaient peut-être le moyen de mettre en commun l'iconographie religieuse. Si les Aztèques ne savaient pas grand chose de leurs voisins mayas du Yucatán, ce n'était pas le cas des Mayas qui, à la veille de la Conquête, connaissaient très bien cette puissance du Mexique central. Les éléments étrangers et même l'influence stylistique extérieure ne doivent pas être pris comme preuve de l'occupation de Tulúm : les glyphes accompagnant les peintures de Tulúm sont purement mayas, car ils furent tracés pour un public maya cultivé. Les influences extérieures témoignent néanmoins d'interactions iconographiques complexes à l'époque de la Conquête. A Santa Rita, au nord de Belize, Thomas Gann trouva en 1896 des peintures du Postclassique récent, détruites peu après leur découverte. D'après les copies qu'il en fit faire, leur style ressemble aussi à la peinture mixtèque, mais l'iconographie est en majeure partie maya, de même que l'écriture.

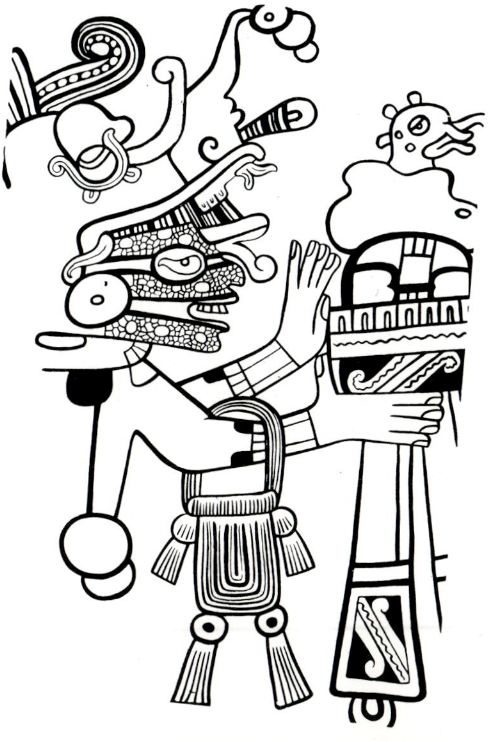

157 De nombreuses peintures murales intérieures comme celle-ci (reconstituée) existent encore à Tulúm. Ici, la figure a les peintures faciales de Tezcatlipoca, un dieu aztèque. L'extérieur était aussi peint au stuc, mais il ne reste guère plus que des traces de ces pigments colorés. Postclassique récent.

Il subsiste quatre manuscrits mayas, sans doute contemporains des peintures de Tulúm. Le plus beau, le plus complet et le plus ancien est le codex de
158 Dresde, conservé à la Sachsische Landesbibliothek de Dresde. Cortés reçut en 1519 plusieurs manuscrits. Il les envoya à son roi Charles Quint, à Vienne, où fut découvert au XVIIIe siècle le codex de Dresde, qui faisait peut-être partie de la collection de Cortés. La survie du codex de Dresde est due au hasard, car le premier évêque du Yucatán, Diego de Landa, rassembla et brûla tous les manuscrits idolâtres qu'il put trouver. Plié en accordéon, le codex de Dresde était peint essentiellement en noir et rouge, mais avec des couleurs vives à certaines pages, sur un papier d'écorce de figuier enduit d'une couche de stuc. La combinaison de noir et de rouge était peut-être utilisée depuis longtemps dans l'écriture mésoaméricaine. Les Aztèques employaient la métaphore *tlilli tlapalli*, « le noir, le rouge », pour parler de l'écriture, même si leurs propres ouvrages n'adoptaient pas ces couleurs. Les pages sont divisées en registres ; les glyphes et les illustrations figuratives donnent une unité au texte. La majeure partie de l'ouvrage est remplie par des prédictions et des divinations très utiles dans un contexte agricole. Les rituels des cérémonies du nouvel an sont également décrits. On y trouve enfin des calculs dans un passé ancien et un futur lointain, les mouvements des dieux vénusiens et de Chac, dieu de la pluie. Les calculs de Vénus confirment la constante de corrélation utilisée pour établir les équivalences entre les calendriers maya et chrétien.

Il n'existe plus que quelques pages du codex de Paris ; le manuscrit de Madrid – troisième texte maya restant – est moins intéressant du point de vue artistique : il semble avoir été fait en grande hâte. Son style est très proche des peintures de Tancah. En 1973, quelques pages d'un quatrième texte, une ancienne table de Vénus maya, ont reparu ; c'est le codex Grolier, du nom du club new-yorkais où il fut exposé pour la première fois. Il est conservé au musée national de Mexico.

A l'époque de la Conquête, divers groupes ethniques mayas des Hautes Terres du Guatemala – Cakchiquel, Quiché, Pokomán et Tzutuhil – se battaient pour des territoires et, ce qui est peut-être plus important, pour l'accès aux ressources. A cette époque à Iximché, Utatlán, Mixco Viejo et Cahyup, entre autres, les acropoles au sommet des collines servaient de forteresses. Après la conquête du Mexique central, les Espagnols descendirent en vainqueurs au Guatemala. A Iximché, les Cakchiquel s'allièrent aux étrangers contre leurs ennemis, les Quiché. En 1527, tous les groupes mayas étaient assujettis ; les Espagnols purent fonder une nouvelle capitale à Ciudad Real, première d'une série dévastée par de violents tremblements de terre. Iximché, comme les autres cités fortifiées, fut abandonnée. Son plan révèle la nature de l'organisation poli-

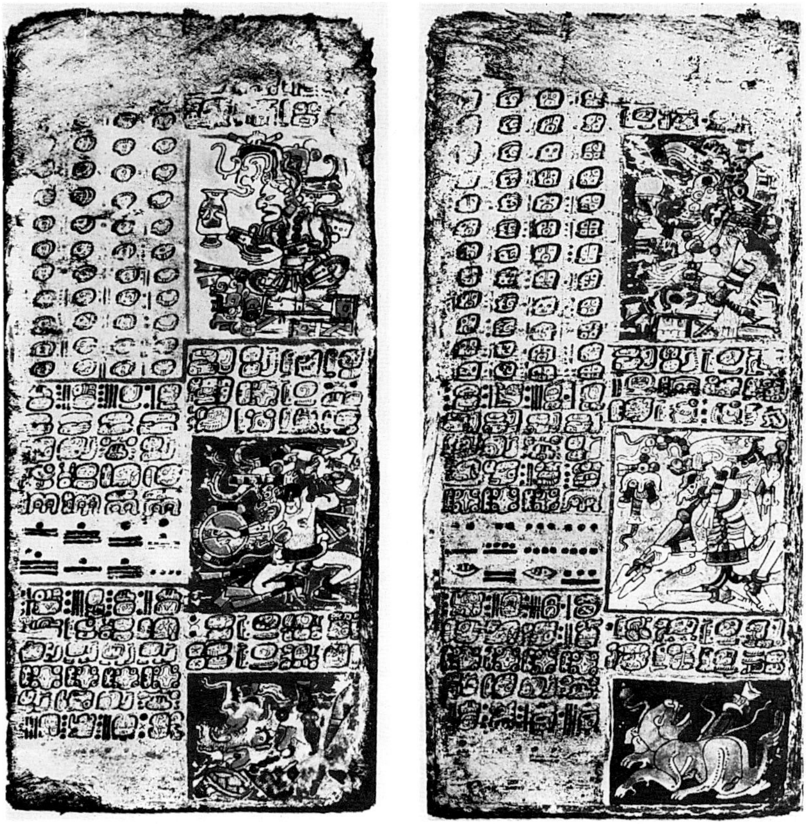

158 Pages 46 et 47 du codex de Dresde. Cet ouvrage plié en accordéon et écrit sur du papier d'écorce remonte peut-être au XIIIe siècle ; des éléments – comme les calculs des pages de Vénus reproduites ici – ont pu être copiés sur un manuscrit plus ancien, peut-être de la période classique. Ici, les dieux vénusiens apparaissent comme des puissances maléfiques qui jettent des lances.

tique. Iximché était conçue pour satisfaire, par son architecture, deux lignées importantes Cakchiquel. Beaucoup de bâtiments existaient en double : deux 159
terrains de jeu de balle, deux palais, etc. Les profils abrupts des structures au tablero marqué rappellent les profils classiques de Monte Albán.

La sculpture persista au Guatemala actuel après la Conquête. Cortés laissa son cheval malade aux seigneurs Itzás de Tayasal, au Petén ; après son départ, le cheval mourut. Des années plus tard, lorsque les Espagnols revinrent dans la région, ils trouvèrent une représentation en pierre ou en bois du cheval, conservée dans un temple. Des objets de culte en pierre furent créés plus récemment encore : sur une colline voisine de Chichicastenango, une image de pierre est encore vénérée par les Mayas Quiché locaux.

Dans les Hautes Terres du Guatemala comme au Yucatán, les Mayas adoptèrent rapidement l'alphabet latin ; divers systèmes de transcription des langues mayas se sont développés. Parfois, des livres anciens ont été retranscrits. Ainsi, le *Popol Vuh*, document capital du XVIe siècle pour l'histoire religieuse maya, fut consigné par un noble Quiché. D'autres, tels les nombreux ouvrages de Chilam Balam traitant surtout d'événements historiques cycliques et de divinations, furent écrits par des nobles du Yucatán. Dans les marges du manuscrit Chumayel de Chilam Balam, le scribe du XVIIIe siècle a ajouté des cartouches glyphiques, provenant peut-être de la source qu'il copiait. Les glyphes dessinés avaient perdu leur signification : le sens était contenu dans l'écriture alphabétique. C'est une étape dans la disparition d'une tradition ancienne et dans sa transformation en une forme qui permettra d'en garder le souvenir dans le monde moderne. Il est intéressant de noter que, au Guatemala et au Yucatán, grâce à des séminaires dirigés à l'origine par Linda Schele et Nikolai Grube, de nombreux Mayas ont saisi l'occasion d'écrire de nouveau en glyphes. L'ancienne écriture peut revivre.

159 Plates-formes pyramidales, Iximché. Les seigneurs Cakchiquel régnaient à Iximché à l'époque de la brutale invasion de Pedro de Alvarado au Guatemala. Ils aidèrent les Espagnols à vaincre les Quiché.

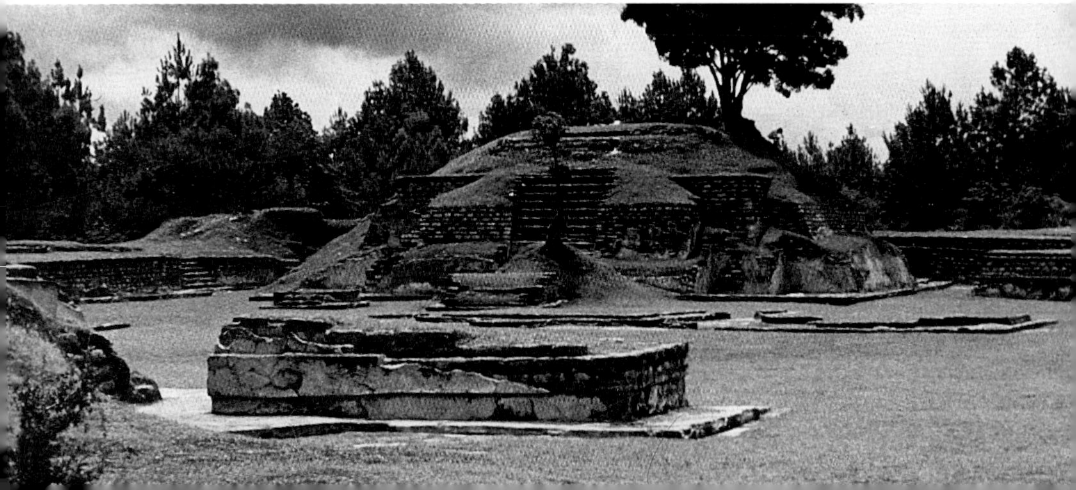

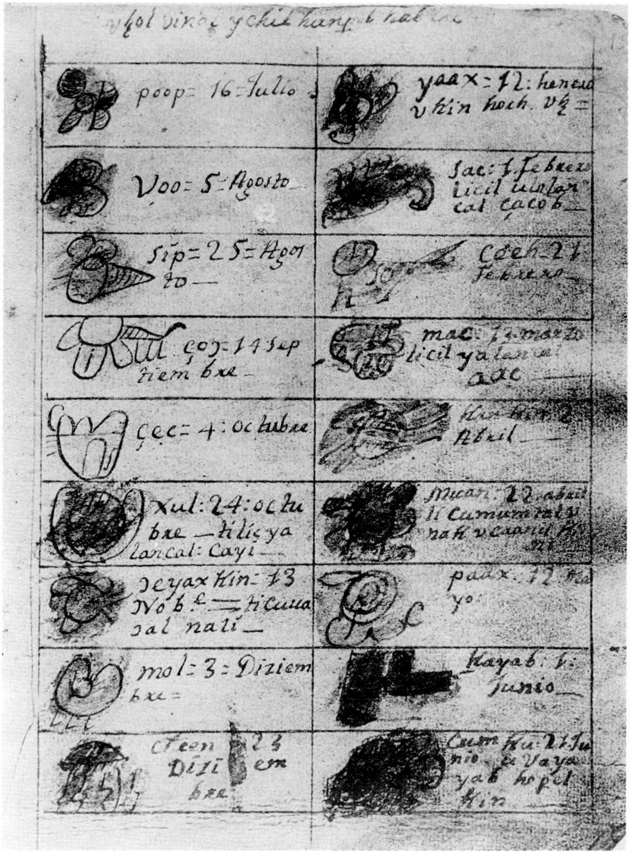

160 Page 23 du livre de Chilam Balam de Chumayel. A l'époque coloniale où fut écrit ce manuscrit, les glyphes – ici, les mois mayas – n'étaient guère plus que des ornements atrophiés. Le texte est en maya, transcrit en alphabet romain.

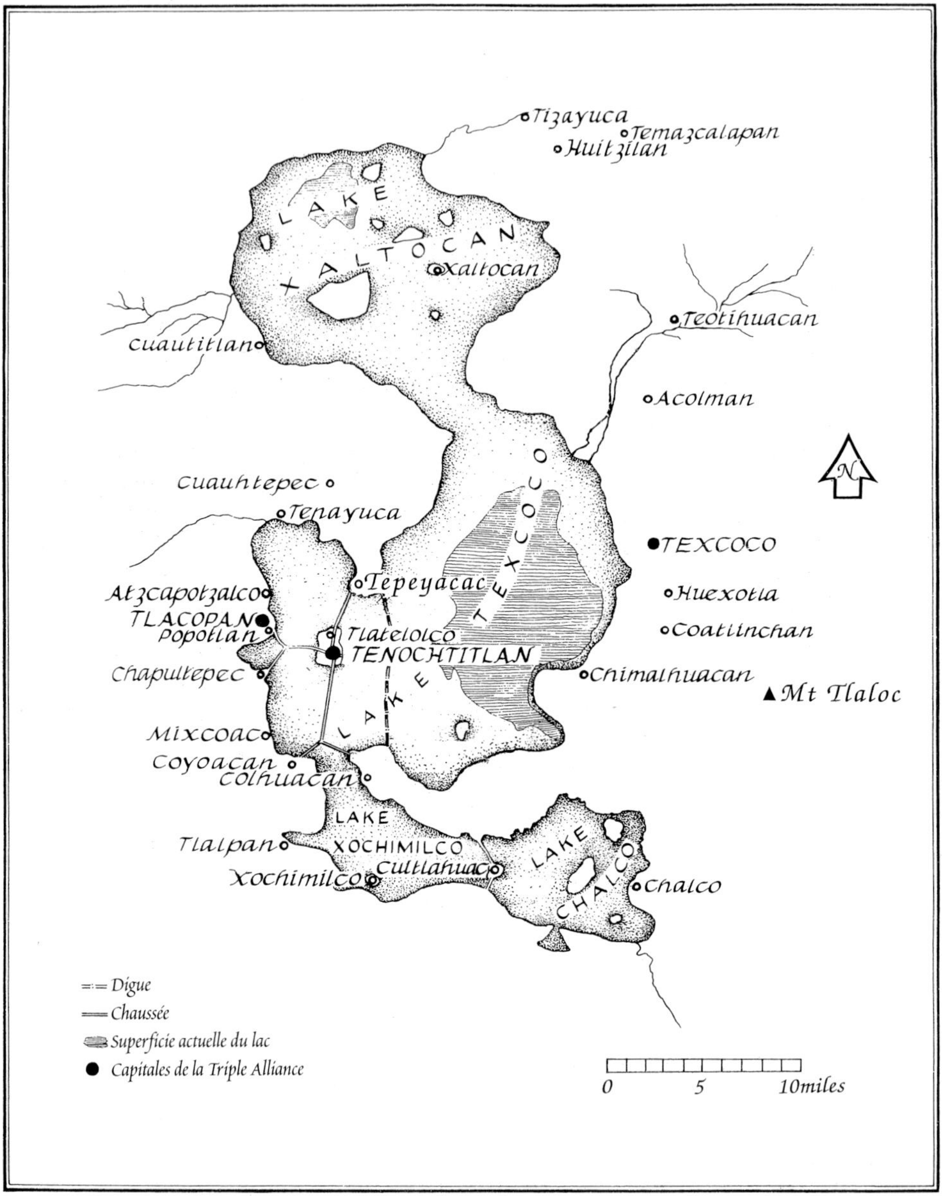

161 La vallée de Mexico à l'époque aztèque.

CHAPITRE NEUF

Les Aztèques

En 1515, des rumeurs étranges circulaient à Tenochtitlán, la capitale aztèque. De la côte, des bruits selon lesquels de grands temples ou montagnes flottants avaient été vus sur la mer vinrent aux oreilles de Moctezuma. Les mauvais présages furent étudiés. En 1509, une comète avait alarmé Moctezuma et, durant les dix dernières années de son règne, il s'entoura de devins. D'après certaines sources, une atmosphère lugubre planait sur le Mexique central, notamment sur l'esprit de son souverain. Quetzalcóatl, le roi déifié des Toltèques, était-il sur le point de revenir pour assouvir sa vengeance ? Le Cinquième Soleil allait-il s'effondrer dans un violent cataclysme en provoquant la fin de ce cycle de vie ? La poésie mélancolique du roi de la cité voisine de Texcoco évoque le caractère éphémère de la vie.

Tout comme une peinture,
Nous nous estomperons,
Tout comme une fleur
Nous nous dessècherons…
Méditez,
Chevaliers Aigles et Jaguars,
Bien que taillés dans le jade,
Bien que faits d'or,
Vous aussi irez
Au pays des décharnés.
Nous devons tous disparaître,
Aucun ne demeurera.

(D'après N. Davies, *The Aztecs*,
d'après León-Portilla, *Trece Poetas*, p. 50)

La civilisation aztèque fut la dernière grande civilisation mésoaméricaine. A l'époque de la conquête espagnole, c'était encore une jeune culture et, en dépit des difficultés que rencontra Moctezuma II pour étouffer l'insurrection, elle aurait sans doute duré une centaine d'années si Cortés et ses hommes n'avaient débarqué. Pour les Espagnols, Tenochtitlán représentait la réalisation d'un rêve, un lieu comme ceux des romans de la fin du moyen âge d'Amadis de Gaule. Des années plus tard, en écrivant une chronique de la Conquête, Bernal Díaz del Castillo, soldat de Cortés, se souvenait encore de ses premières impressions émerveillées de la capitale aztèque :

> « Lorsque nous vîmes tant de cités et de villages construits aussi bien sur l'eau que sur la terre ferme, et cette chaussée droite et plane, nous ne pûmes résister à l'admiration. C'était comme les enchantements du livre d'Amadis, à cause des hautes tours, des *cues* (pyramides) et des autres bâtiments, tous en maçonnerie, qui sortaient de l'eau. Certains de nos soldats demandèrent si ce que nous voyions n'était pas un rêve. »
>
> (*The Discovery and Conquest of Mexico*,
> trad. A.P. Maudslay, New York 1956)

HISTORIQUE

D'après des documents anciens, Tenochtitlán fut fondée en 1345. Auparavant, les Aztèques vivaient pauvrement sur les terres volcaniques au sud du lac de Texcoco, près du site actuel de l'Université. (Le terme « Aztèque », qui se rapporte au peuple dominant le Mexique central, n'est employé que depuis le XIXe siècle, mais il est pratique et sera utilisé ici. Eux-mêmes se donnaient le nom de Mexica.) Les Aztèques étaient utilisés comme mercenaires par des groupes plus puissants. Au début du XIVe siècle, avant de partir pour Tenochtitlán, ils demandèrent à leurs voisins et seigneurs de Culhuacán une épouse royale, afin de fonder une lignée de souverains. La cité offrit la fille du roi. Les Aztèques acceptèrent et invitèrent le souverain de Culhuacán. Lorsqu'il se rendit au sanctuaire d'une divinité prétendument nouvelle, il y trouva un prêtre aztèque vêtu de la dépouille de sa fille. En réponse à cette horrible offense, les Aztèques furent chassés de leur colonie. Quelques-uns s'enfuirent vers le lac de Texcoco, jusqu'à une île où ils fondèrent Tenochtitlán, qui est aujourd'hui Mexico.

Il s'agit là de l'histoire ancienne des Aztèques qui prétendaient être des nomades barbares issus d'un lieu mythique, Aztlán, censé se trouver au nord-ouest du Mexique. Ce peuple de langue nahuatl vivait peut-être déjà au Mexique central avant de se lancer à la recherche de son nouveau pays décrit par Huitzilopochtli, le dieu de leur culte, divinité de la guerre et de la chasse.

Quoi qu'il en soit, à l'époque de la chute de Tula, les Aztèques avaient des liens avec le Mexique central et ne furent peut-être pas étrangers à l'effondrement des Toltèques. D'après la légende aztèque, la naissance, ou la renaissance, de Huitzilopochtli eut lieu sur une colline voisine de Tula. Le dieu promit de les conduire à une île sur un lac, où un aigle serait juché sur un cactus. C'est là qu'ils fondèrent Tenochtitlán.

Au XIVe siècle, les Aztèques étaient les vassaux de cités plus puissantes des bords du lac, comme Azcapotzalo à l'ouest. Avec l'avènement d'Itzcóatl en 1426, la situation changea radicalement. Sous sa conduite, et avec l'aide de son second, un conseiller militaire qui portait le titre de Cihuacóatl, « Femme-Serpent », les Aztèques écrasèrent leurs maîtres et commencèrent à réunir les cités du lac sous leur domination. Ils étaient redoutés pour leur puissance militaire. Ils formèrent la Triple Alliance de Texcoco, Tenochtitlán et Tlacopan et 161
acquirent la maîtrise du lac à l'est et à l'ouest. Sous Moctezuma I (1440-1468), l'empire s'étendit considérablement, surtout au sud. Des ouvrages hydrauliques et des chaussées furent construits ; les *chinampas* (souvent appelés « jardins flottants », mais en réalité plus proches de champs surélevés) se développèrent. Les mauvaises récoltes et d'autres désastres (une tempête de neige fit couler les *chinampas* et s'effondrer les toits de chaume) du milieu du XVe siècle affligèrent le règne de Moctezuma. Les fêtes réussies du Feu nouveau de 1455 commémorèrent la fin du cycle de cinquante deux ans (voir chapitre trois), et, presque par miracle, nous dit-on, les catastrophes naturelles cessèrent. Pour parer à la disette, Moctezuma entreprit une campagne de conquête dans l'est, notamment dans la région huaxtèque, où les bonnes récoltes étaient plus fréquentes. Sous son administration, les Aztèques entreprirent aussi les « guerres fleuries », guerres continuelles qui permettaient de capturer et d'offrir des victimes sacrificielles, souvent dans des combats de gladiateurs. La cible principale était Tlaxcala, Etat à l'est, encerclé en grande partie par les Aztèques.

Axayácatl et Tízoc, successeurs de Moctezuma I, eurent moins de chance sur le champ de bataille. Beaucoup d'énergie était employée à contrôler les territoires conquis et, lors d'incursions à l'ouest, les Aztèques ne furent pas vainqueurs face aux Tarasques qui avaient l'avantage de posséder des armes en métal. Peut-être jaloux des succès commerciaux de Tlateloco – connue pour ses riches marchands –, au nord de l'île de Tenochtitlán, Axayácatl l'amena sous domination aztèque. Le dernier souverain du XVe siècle, Ahuítzotl (1486-1501), un grand soldat, intensifia le rythme des conquêtes et des sacrifices. Des parties du Guatemala, de l'Oaxaca et même du Salvador furent annexées au royaume aztèque. Les trois derniers souverains du XVe siècle étaient frères et petits-fils de Moctezuma I.

Moctezuma II, fils d'Axayácatl, destiné à être le dernier souverain indépendant des Aztèques, fut élu *tlatoani* en 1502. (Les Espagnols assimilaient ce titre à empereur, mais le mot signifie « celui qui parle pour le peuple ».) A l'époque, la population de l'île s'élevait à peu près à 200 000 personnes. Moctezuma, plus célèbre pour ses préoccupations religieuses que pour ses talents militaires, régna sur une période troublée de l'histoire des Aztèques, même avant le débarquement espagnol. Les présages étaient mauvais et rien ne pouvait le rassurer. La nature de « l'empire » aztèque posait peut-être un problème plus vaste. Les Aztèques n'avaient pas d'armée permanente. Ils s'appuyaient sur des souverains locaux assujettis, parfois de véritables pantins, notamment pour prélever le tribut et imposer le culte du dieu aztèque, Huitzilopochtli. A la fin du XVe siècle, le royaume était trop étendu. Les provinces lointaines se rebellaient de plus en plus et les Aztèques devaient faire preuve de force pour restaurer l'autorité. La « guerre fleurie » avec Tlaxcala devint plus qu'un exercice militaire et d'autres régions du royaume montrèrent des signes d'agitation. Finalement, la violence des représailles causa la perte des Aztèques : leurs ennemis s'allièrent avec empressement aux Espagnols. Sans les guerriers de Tlaxcala, la conquête espagnole aurait pris beaucoup plus de temps.

Dès qu'ils virent le continent mésoaméricain, les explorateurs espagnols surent qu'ils avaient découvert des cultures beaucoup plus évoluées que celles qu'ils avaient rencontrées au cours des vingt-cinq ans de leur domination sur les Caraïbes. Ils firent d'abord une reconnaissance de la côte du Yucatán, mais leur progression fut entravée par les Mayas hostiles. Les Espagnols les rencontrèrent dans de petites cités dont les temples des centres cérémoniels abritaient des « idoles ». Les conquistadors furent offensés et dégoûtés par ces « idoles » ; ils n'eurent donc aucun scrupule à dépouiller ces images de culte de l'or et du cuivre qui les ornaient. Les richesses en métal précieux des Mayas du Postclassique étaient négligeables et, en 1519, sous la conduite de Cortés, les Espagnols s'intéressèrent à la vallée de Mexico, au peuple que les informateurs de l'époque appelaient « Culhua » ou « Culhua-Mexica ». Cortés ne fut pas seulement attiré à Tenochtitlán par la soif de l'or ; il sentait qu'il avait affaire à un grand royaume qui, s'il parvenait à le conquérir (son armée se composait à l'origine de cinq cents hommes et de vingt chevaux à peine), lui apporterait pouvoir et prestige.

Au cours de l'été 1519, Cortés fonda Veracruz (la « vraie croix ») sur la côte du Golfe du Mexique. Avec l'aide de ses traducteurs – Jerónimo Aguilar, chrétien dévot capturé par les Mayas des années auparavant et désireux de servir son roi, et Doña Marina, femme indigène de sang royal qui reçut ce nom plus tard et qui parlait une langue maya et le nahuatl, langue des Aztèques – Cortés comprit rapidement la fragilité de l'hégémonie aztèque. Ce fut peut-être grâce à Doña Marina qu'il entendit parler du mythe de Quetzalcóatl, le dieu Serpent à plumes assimilé à un roi toltèque. On disait que Quetzalcóatl avait fui Tula au Xe siècle et qu'il avait fait vœu de revenir pour assouvir sa vengeance. La légende attribuait un teint clair et une barbe à Quetzalcóatl ; Cortés en tira peut-être profit. A la mi-août, il commença sa marche vers l'intérieur et convainquit les administrateurs locaux qu'ils n'avaient plus à craindre les Aztèques, constituant ainsi une réserve d'alliés. Il trouva les meilleurs à Tlaxcala. Moctezuma tenta d'enrayer l'avance des Espagnols en envoyant des présents, mais cela ne fit qu'aiguiser leur appétit. Le 8 novembre 1519, Cortés et ses hommes entrèrent dans Tenochtitlán. Moctezuma ne tenta pas de les arrêter. Malheureusement pour lui, les Espagnols le prirent comme otage pour garantir leur sécurité et l'assignèrent à résidence.

Pendant ce temps, les ennemis espagnols de Cortés étaient arrivés au Veracruz et celui-ci dut revenir en hâte sur la côte. A Tenochtitlán, les Espagnols étaient inquiets et agités. Imprudemment, ils attaquèrent une cérémonie religieuse où un sacrifice humain était offert dans l'enceinte du temple. L'insurrection éclata et, au désespoir, les Espagnols persuadèrent Moctezuma de tenter d'apaiser son peuple. Tandis que le roi exhortait les siens à ne pas se battre, une pierre le frappa à la tête et le tua. Quand Cortés revint quelques jours plus tard, il trouva les Espagnols assiégés ; ils s'enfuirent de la ville la nuit du 30 juin 1520, baptisée depuis la « Noche Triste ». Ils perdirent beaucoup d'hommes, de chevaux et d'or. Neuf mois plus tard, soutenu par des milliers de Tlaxcaltèques, ainsi que par des renforts et des subsistances venant de Cuba, Cortés assiégea Tenochtitlán. Le 13 août 1521, affaiblis par les privations et la maladie, les Aztèques conduits par Cuauhtémoc se rendirent aux conquistadors.

Cortés, dans une série de lettres à Charles Quint, raconte les événements et justifie sa conduite. Grâce à ces lettres, Cortés devint le premier historien et historien d'art occidental de la Mésoamérique. D'autres figures importantes de la Renaissance commentèrent avec enthousiasme les splendeurs des trésors du Nouveau Monde. Ainsi, Albrecht Dürer se rendit à Bruxelles pour l'arrivée du premier Cinquième royal, c'est-à-dire un cinquième des richesses rassemblées par Cortés. Beaucoup de curiosités le composaient : le codex de Dresde et les 159, 177
merveilleux éléments de costume remis à Cortés par les émissaires de Moctezuma y figuraient peut-être. Dürer, fils d'orfèvre, fut particulièrement impressionné par le travail des métaux précieux :

> « Aussi j'ai vu les choses qui étaient apportées au roi du nouvel Eldorado : un soleil entièrement d'or, large d'une brasse ; également, une lune, entièrement d'argent, tout aussi grosse ; également, des curiosités

> diverses : armes, armures et projectiles ; de très étranges vêtements, literie et toutes sortes d'articles bizarres servant à l'homme, tous plus beaux à voir que des merveilles. Ces objets étaient tous si précieux qu'ils étaient estimés à cent mille guldens. Mais je n'ai jamais rien vu de toute ma vie qui réjouisse autant mon cœur que ces choses. Car j'ai vu parmi elles des objets d'art stupéfiants et je me suis émerveillé de la subtile ingéniosité des hommes de ces contrées lointaines. Vraiment, je ne peux dire assez de ces choses qui étaient devant moi. »

Malheureusement, cet or qui méritait l'admiration de Dürer et éblouissait l'Ancien Monde poussa les Espagnols, à la recherche du précieux métal, à piller et à détruire les édifices et les objets d'art. Les trésors que vit Dürer furent fondus, car leur valeur monétaire dépassait de beaucoup leur intérêt en tant qu'œuvres d'art du Nouveau Monde.

Ainsi, si les Aztèques fabriquaient de beaux objets d'or et d'argent, presque aucun n'a survécu. Les bâtiments qui abritaient ces trésors ne furent pas épargnés. Tenochtitlán – saccagée puis transformée en capitale coloniale de la Nouvelle Espagne – souffrit plus que toute autre grande cité précolombienne. Néanmoins, grâce à la richesse des documents du XVIe siècle sur la vie, l'art et les coutumes « idolâtres » aztèques, on connaît mieux l'art et l'architecture de Tenochtitlán que ceux des autres cités mésoaméricaines. Récemment, des fouilles importantes au cœur de l'enceinte cérémonielle, ainsi que d'autres plus réduites le long des lignes du métro en extension, ont mis à jour de nouveaux témoignages de l'art aztèque.

ARCHITECTURE ET PLAN URBAIN

Bernal Díaz a comparé le plan général de Tenochtitlán à celui de Venise : la cité était effectivement parcourue par un réseau de canaux disposés selon une grille. Quatre grands quarts de cercle résidentiels partaient de l'enceinte cérémonielle entourée de murs. Juste derrière les murs se dressaient les palais royaux. Le
162 frontispice du codex Mendoza, manuscrit du milieu du XVIe siècle, peut être interprété de diverses façons, notamment comme une carte de Tenochtitlán. Au centre figure un aigle juché sur un cactus, lieu symbolique de Tenochtitlán qu'on retrouve sur l'actuel drapeau mexicain. Comme le montre le frontispice, la cité était divisée par l'eau en quatre secteurs. La page peut aussi être interprétée comme un plan de l'enceinte cérémonielle entourée de murs. Sur les cartes mésoaméricaines (ainsi que sur quelques cartes européennes), l'est était

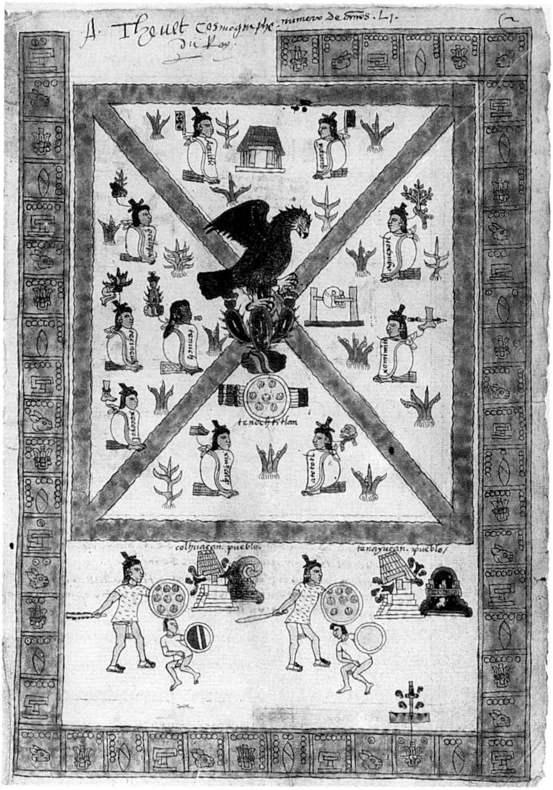

162 Folio 2, codex Mendoza. Réalisé au milieu du XVIe siècle pour le vice-roi de Nouvelle Espagne, le codex Mendoza est un document sur l'histoire, le tribut et les coutumes des Aztèques. Le motif central du frontispice figure sur l'actuel drapeau mexicain.

en haut du plan. Ici figure une maison, sans doute en référence à la grande pyramide double. Elle se trouve à l'opposé du *tzompantli*, ratelier à crânes, élément important lui aussi de l'enceinte rituelle. Les noms de cinquante et une années bordent la page (2 Roseau est notée comme l'année de la Conquête) et placent la scène dans le calendrier cyclique. Dans le registre inférieur figurent deux des principales conquêtes aztèques ; comme sur une stèle maya, des prisonniers, symboles de domination, sont placés sous les chefs d'Etat, également représentés. A Tenochtitlán, la définition de la cité était liée à sa position dans l'espace comme dans le temps.

Le Primeros Memoriales, autre manuscrit du XVIe siècle, donne aussi le plan de l'enceinte cérémonielle. Dans la figure 163, la pyramide double est en haut, à l'est ; un pénitent vêtu de blanc est debout devant elle. C'est une vision édulcorée, presque anodine, de Quetzalcóatl, datant d'après la Conquête. En dessous de lui, figurent le *tzompantli* et le terrain de jeu de balle en forme de I.

En 1978, des ouvriers qui creusaient à proximité de l'enceinte cérémonielle firent une découverte fortuite qui permit d'engager les plus importantes fouilles archéologiques du siècle à Mexico. Parmi de nombreuses trouvailles remarquables, une urne funéraire fut découverte dans un contexte permettant de penser qu'elle avait renfermé les cendres de Moctezuma I ainsi que des sculptures insolites, de grande qualité, qui ont modifié profondément la
166, 170 connaissance de l'art aztèque. En combinant les informations provenant des manuscrits du XVIe siècle et les récentes découvertes archéologiques, on peut enfin commencer à comprendre une grande partie des principes sous-tendant la disposition du centre cérémoniel.

Les fouilles ont montré qu'une architecture rituelle non définie avait précédé la construction aztèque dans l'enceinte cérémonielle. Durant presque deux siècles de domination aztèque, le Templo Mayor (nom souvent donné au complexe entier) fut reconstruit plusieurs fois. Chaque phase de construction voyait naître caches et dépôts ensuite recouverts par les nouvelles structures. En 1487, le dernier programme de construction fut achevé ; ce fut cette version de l'enceinte que virent Cortés et ses soldats. L'histoire des Aztèques du père Durán décrit la cérémonie de consécration de 1487. Les victimes sacrificielles de la région huaxtèque étaient conduites en longues processions ; certaines étaient liées par une cordelette passant à travers leur nez percé. Des milliers de sacrifices furent offerts et le sang coulait dans les rues et les canaux.

Le plan de la cité et du temple s'inspirait bien sûr de précédents dans la vallée de Mexico, que ce soit ceux de Tula, de Teotihuacán ou de petites cités au bord du lac. La pyramide double semble être une invention du Postclassique récent qu'on retrouve notamment à Tenayuca. Elle apportait l'égalité entre les deux dieux vénérés dans les sanctuaires tout en haut. Elle permettait aussi de conserver une divinité locale et d'en présenter une nouvelle. Pour les Aztèques, cette structure facilitait l'introduction immédiate de Huitzilopochtli à tout endroit où ils exerçaient leur influence. La disposition des canaux de Tenochtitlán selon une grille s'inspirait sans doute de celle de Teotihuacán.

Comme à Teotihuacán, le plan général de Tenochtitlán tirait profit de la topographie naturelle de la vallée de Mexico. La pyramide double était encadrée par les volcans Ixtaccíhuatl et Popocatépetl à l'est, rappelant la Pyramide
47 de la Lune et du Cerro Gordo à Teotihuacán. L'enceinte cérémonielle était elle aussi agencée de manière à tenir compte des mouvements des corps célestes. A la saison la plus humide, propice à l'agriculture, le soleil se levait chaque jour derrière le temple bleu de Tláloc, ancien dieu de la pluie et de la terre ; durant les mois les plus secs, le soleil sortait de derrière le Temple Rouge de Huitzilopochtli, dont les associations à la guerre, la chasse et le feu étaient appropriées

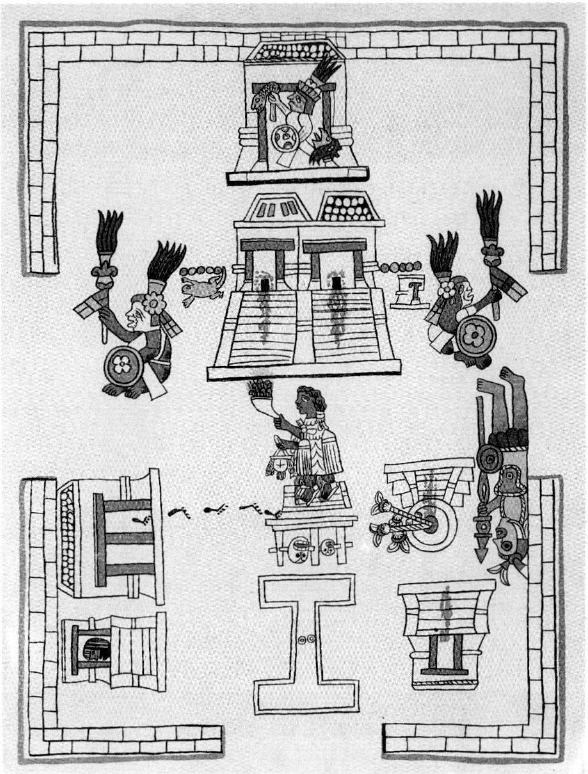

163 Au milieu du XVIe siècle, ce plan du centre de l'ancienne capitale aztèque fut dessiné pour le père Sahagún dans un manuscrit appelé aujourd'hui Primeros Memoriales. La pyramide double de Huitzilopochtli et Tláloc est en haut du dessin. Sous Quetzalcóatl, en blanc, figure le râtelier à crânes et le terrain de jeu de balle. Trois portes seulement donnaient accès à l'enceinte.

à la saison. Le matin des deux équinoxes annuels, le soleil se levait entre les deux temples et faisait face au temple de Quetzalcóatl. Quetzalcóatl était bien sûr attendu à l'est pour assouvir sa vengeance ; ce temple était donc placé pour monter la garde.

Par l'union de Tláloc et de Huitzilopochtli au Templo Mayor, le vieux dieu reconnu des Toltèques et peut-être Teotihuacán donnaient leur légitimité au nouveau culte des Aztèques. Les deux saisons, humide et sèche, du monde tropical étaient ainsi réunies. Le temple évoque aussi le mot *atltlachinolli*, littéralement « incendie d'eau », employé par les Aztèques pour parler de la guerre, notamment de la guerre sacrée. En associant Tláloc et Huitzilopochtli, ils firent de cette métaphore le noyau de leur religion.

Les Aztèques reprenaient à l'intérieur de l'enceinte cérémonielle la topographie naturelle environnant Tenochtitlán. Dans d'autres sites de la vallée de Mexico, ils taillèrent les montagnes et transformèrent les formes naturelles. A Texcot-

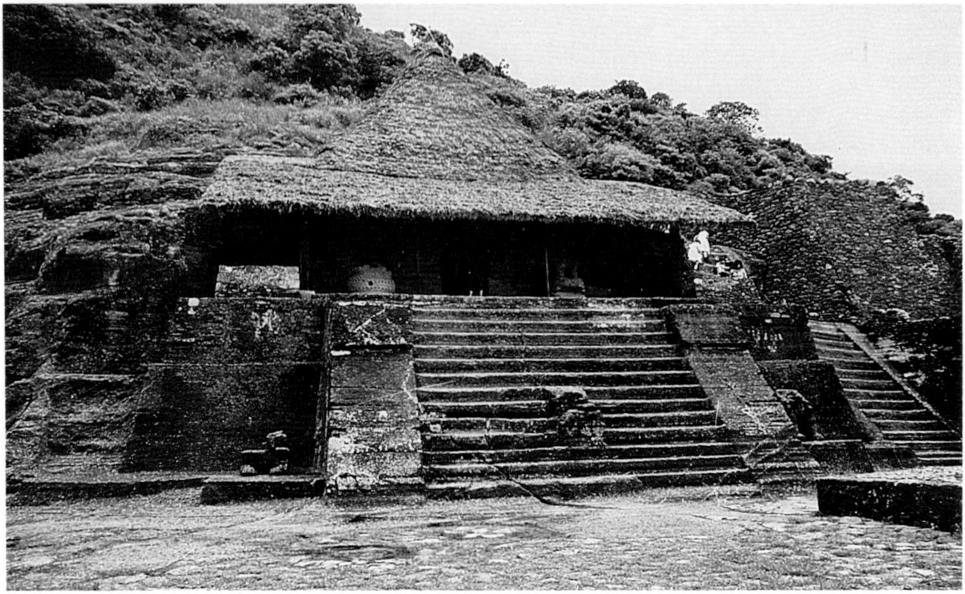

164 A Malinalco, à l'ouest de Tenochtitlán, des temples ont été taillés dans le flanc d'une montagne à l'époque aztèque. Le toit de chaume est une reconstitution moderne.

zingo, colline à l'est du lac de Texcoco, des bains et des sanctuaires ont été creusés dans la falaise, transformant ce lieu en jardin d'agrément. Des sanctuaires ont également été construits au sommet de bien d'autres montagnes de la vallée de Mexico. A Tepeyacac, Tonantzin, une déesse de la terre et de la fécondité, recevait des offrandes en un lieu qui devint le site de la Vierge de Guadalupe, sainte patronne de Mexico. A l'est, les Tlaloque, dieux de la pluie, vivaient au sommet du mont Tláloc : pour les Aztèques, les orages diluviens étaient dus à leurs fêtes
164 bruyantes pendant lesquelles ils lançaient des jarres pleines d'eau. A Malinalco, un centre cérémoniel a été creusé dans la montagne. Le bâtiment principal, une structure circulaire, a été taillé à même le roc. Pour entrer dans la chambre intérieure, on franchit de monstrueuses mâchoires ouvertes en marchant sur une langue géante. Une banquette circulaire épousant la forme intérieure porte des sièges en forme de jaguars et d'aigles ; un trou profond de faible diamètre au milieu du sol pénètre au cœur de la montagne. Les dépouilles de jaguars et d'aigles font penser que cette salle servait aux ordres militaires des chevaliers aigles et jaguars, et qu'il pouvait s'y dérouler des rites de pénitence ; ils offraient peut-être leur propre sang qui pénétrait directement dans la terre.

Le mot aztèque le plus proche du concept européen d'un dieu est *teotl* qui, aux oreilles espagnoles, sonnait comme une déformation de *dios*. Le concept aztèque de *teotl* est différent du concept européen de dieu et, si Huitzilopochtli était une divinité solaire, il n'était pas Apollon. *Teotl* évoque plutôt des forces naturelles, comme le *mana* polynésien. Les Aztèques ont représenté les dieux dans la pierre et le bois, mais la force de ceux-ci résidait dans des ballots sacrés conservés séparément dans des sanctuaires et des temples. Le pouvoir de Huitzilopochtli résidait dans un ballot porté par les Aztèques lors de leur longue migration, puis conservé au Templo Mayor, même si les Espagnols considéraient les sculptures comme la force de l'idolâtrie.

Le thème du sang sacrificiel est important dans beaucoup de sculptures aztèques. Les Espagnols furent épouvantés par l'accumulation de sang humain trouvé sur ces « idoles ». Un soldat espagnol, Andrés de Tapia, décrit son expérience en voyant une grande sculpture terrifiante, incrustée de bijoux, d'or et de sang humain. Cette sculpture pourrait être la grande Coatlícue, « celle qui 165
a une jupe de serpents », représentation tellement effroyable qu'elle fut systématiquement enterrée plusieurs fois après sa découverte fortuite en 1790, lors de fouilles près de la cathédrale, dans l'ancienne enceinte cérémonielle. C'est sans doute la plus grande sculpture aztèque connue.

La Coatlícue est à la fois une œuvre en deux dimensions aux motifs complexes et un grand portrait en volume. Comme beaucoup de sculptures aztèques, elle porte gravée en dessous un monstre terrestre – les spécialistes pensaient jadis à tort qu'elle devait être suspendue. La figure volumineuse est taillée comme une montagne ; penchée en avant, elle fait pression sur les spectateurs et les plonge dans l'ombre. De profil, elle ressemble à la grande pyramide double. La tête coupée est remplacée par deux serpents, symbolisant le sang qui s'écoule. Un autre serpent descend de son aine, évoquant à la fois les menstrues et le pénis. Ses mains et ses pieds ont été transformés en griffes et elle porte un collier de mains coupées et de cœurs arrachés. C'est un cauchemar taillé dans une forme féminine. C'est aussi une sculpture puissante et imaginative, très représentative des œuvres superbes exécutées à Tenochtitlán au cours des cinquante ans qui précédèrent la Conquête, dans le style appelé « métropolitain » par George Kubler.

La Coatlícue se trouvait peut-être dans la chambre de Huitzilopochtli de la pyramide double car, selon le mythe cosmique aztèque, elle est sa mère. D'après la légende, Coatlícue possédait un sanctuaire sur une colline près de Tula, nommée Coatepec, « colline des serpents ». Après avoir placé en son sein

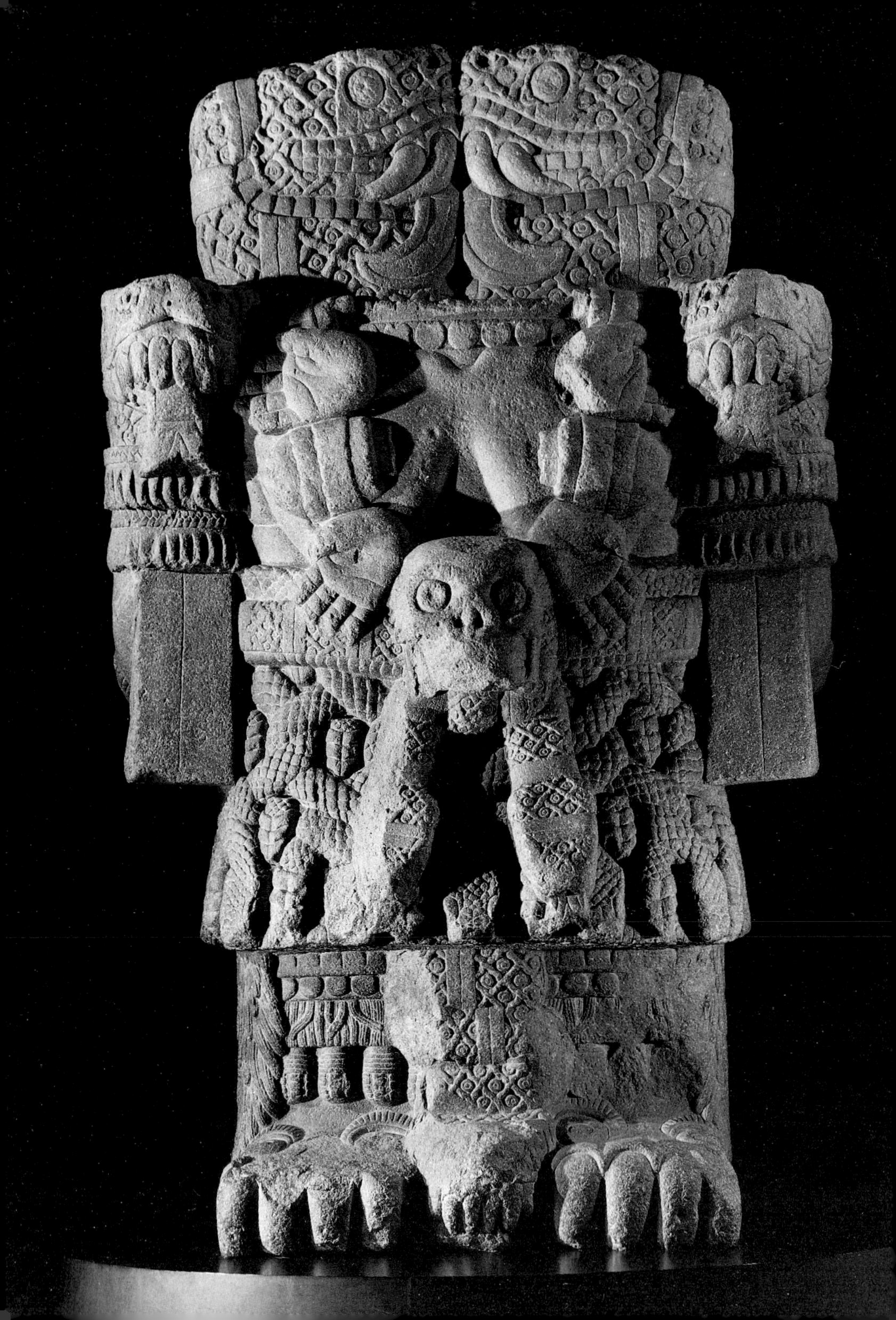

une balle de plumes, elle se trouva enceinte de Huitzilopochtli. Dégoûtés par son état, ses enfants, notamment sa fille Coyolxauchi, voulurent la tuer. Les ennemis de Coatlícue l'attaquèrent et lui coupèrent la tête. Huitzilopochtli jaillit adulte et armé de son tronc sectionné. Il chassa les agresseurs et mutila sa vilaine sœur en lui tranchant les extrémités : elle s'effondra en bas du sanctuaire.

Le mythe était commémoré en permanence à la pyramide double. Des serpents en garnissaient la base, comme pour évoquer Coatepec. Dans le sanctuaire de Huitzilopochtli se trouvait une sculpture du dieu, sans doute en bois et donc disparue, et peut-être la grande Coatlícue, sous sa forme décapitée. Les fouilles récentes du Templo Mayor ont mis à jour au pied de la pyramide une
grande pierre circulaire de Coyolxauchi, mutilée et humiliée, souvenir perma- 166
nent de la conquête et sans doute lieu de nombreux sacrifices. Coyolxauchi correspondait à la lune et Huitzilopochtli au soleil ; le mythe reprend donc la domination du corps céleste le plus grand sur le plus petit, et même celle du
volume sur la surface. Leur position rappelle aussi le frontispice du codex Men- 162
doza et le placement des figures vaincues au bas de la page.

Ces extraordinaires sculptures révèlent l'énergie consacrée au nouveau style impérial. Les Aztèques, dernière grande civilisation mésoaméricaine, pouvaient s'inspirer de multiples sources. Des artistes étrangers, notamment de l'Oaxaca,

165 *(Page de gauche)* Redécouverte à la fin du XVIIIe siècle, cette sculpture de la déesse Coatlícue était si effroyable qu'elle fut de nouveau enterrée plusieurs années durant. Sa tête est faite de deux serpents et elle porte un collier de mains et de cœurs.

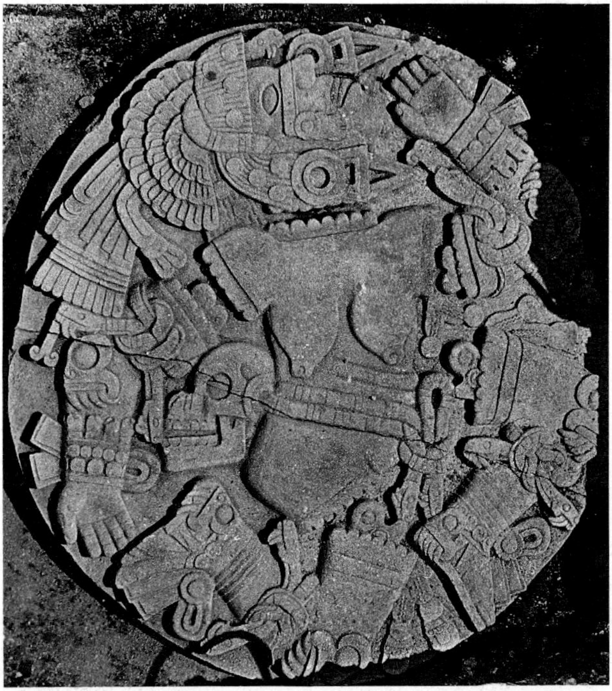

166 Très grand relief en pierre de Coyolxauchi, déesse démembrée, venant du bas de la pyramide double de Tenochtitlán. Cette sculpture, découverte en 1978 par des ouvriers creusant la cave d'une librairie, suscita un renouveau d'intérêt pour les vestiges du centre sacré aztèque qui fut le départ de fouilles importantes.

vivaient dans des enclaves à Tenochtitlán où ils apportaient leurs styles et leurs techniques. Les Aztèques revinrent à Tula dans l'Hidalgo pour piller le site et ramenèrent des sculptures toltèques – peut-être des *chac mool* et des guerriers – dans leur capitale. Ils puisèrent aussi leur inspiration de la riche tradition des œuvres en volume de la région huaxtèque, sur la Côte du Golfe, notamment après avoir conquis la majeure partie de la zone au milieu du XVe siècle. Les Aztèques, presque comme des archéologues, découvraient sans cesse des éléments du passé. Les fouilles récentes dans l'enceinte du Templo Mayor ont mis à jour des caches d'objets, dont des antiquités de l'époque aztèque. Des objets de pierre, sans doute des offrandes, venant des Olmèques, de Teotihuacán et du Mexique central ont été découverts. Les Aztèques, par le biais du tribut, du pillage ou de l'héritage, étaient les dépositaires de nombreuses œuvres d'art qu'ils étudiaient, chérissaient, enterraient de nouveau ou intégraient à leur propre imagerie.

167 La pierre de Tízoc est avant tout un monument historique, exécuté à la manière conventionnelle et raide typique des peintures de manuscrits, notamment dans l'Oaxaca, où existait une tradition ancienne d'écrits historiques pliés en accordéon. Tel un empereur romain représenté en Hercule, Tízoc, souverain aztèque mineur, est vêtu comme Tezcatlipoca, dieu majeur du Postclassique au Mexique central, reconnaissable à son miroir fumant et à son pied en forme de serpent (comme le dieu K des Mayas) ; ici, il tient un prisonnier. Cette image apparaît quinze fois sur la pierre, insistant sur les prouesses de Tízoc (en réalité, c'était un mauvais stratège militaire), mais elle est placée dans un plan cosmique : un disque solaire est sculpté sur le dessus de la pierre, des monstres terrestres dévorateurs stylisés à peau de reptile sont figurés sous les pieds des protagonistes. D'après cette représentation, on peut supposer que le *tlatoani* était perçu comme divin à l'époque. On sait que Moctezuma II était considéré comme un dieu de son vivant.

Cela dit, l'image la plus célèbre de la Mésoamérique ancienne reste assuré-
168 ment la grande pierre du calendrier ou pierre du Soleil : elle est reproduite sur des cendriers, des porte-clés, des étiquettes de bouteilles d'alcool et elle est connue au Mexique et ailleurs. Comme la pierre de Tízoc et la Coatlícue, elle échappa à la hache, lors de sa découverte près de la cathédrale au XVIIIe siècle, grâce à un prêtre clairvoyant. Malgré son nom, elle ne constitue pas un véritable calendrier mais sert plutôt à rappeler les cataclysmes. Elle représente un plan cosmique étendu en rapport avec celui de la pierre de Tízoc. Il s'agit d'un diadème solaire entouré de serpents de feu et encadrant les noms des vingt jours. Au centre figure le jour Ollin, « Mouvement », dans lequel sont inscrites quatre dates. Elles commémorent les Quatre Soleils, les ères précédentes,

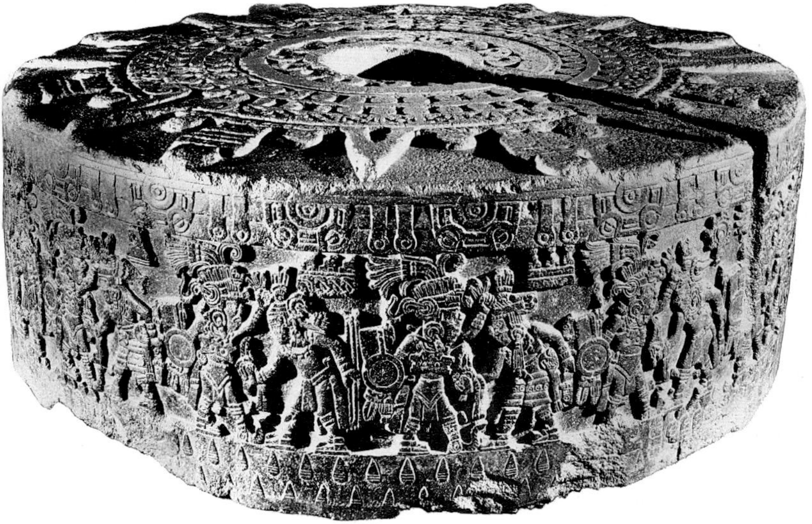

connus par les noms des jours où la destruction a eu lieu. Ainsi, le jour de Quatre Vent (en haut à gauche), le monde et ses habitants ont été détruits par de grands vents. Pour les Aztèques, le monde actuel devait finir dans un cataclysme le jour de Quatre Mouvement, date inscrite en grand. Au centre de la pierre, un visage de face est encadré de serres tenant des cœurs humains. Cecilia Klein l'a identifié au Soleil de la Nuit, mais il pourrait s'agir aussi bien du visage du monstre terrestre femelle qui figure en général sur la face cachée, en dessous des monuments. L'image ainsi créée est celle du soleil tombé sur terre,

167 *(Ci-dessus)* La pierre de Tízoc commémore le règne bref d'un souverain mineur du XVe siècle. Des guerriers vainqueurs tiennent des captifs par les cheveux, comme ceux des fig. 27 et 180. Un disque solaire est sculpté sur le dessus.

168 La grande pierre du calendrier, ou Pierre du Soleil, représente un diadème solaire avec un monstre terrestre au centre. Bien qu'il ne s'agisse pas d'un véritable calendrier, les signes des vingt jours apparaissent sur le disque.

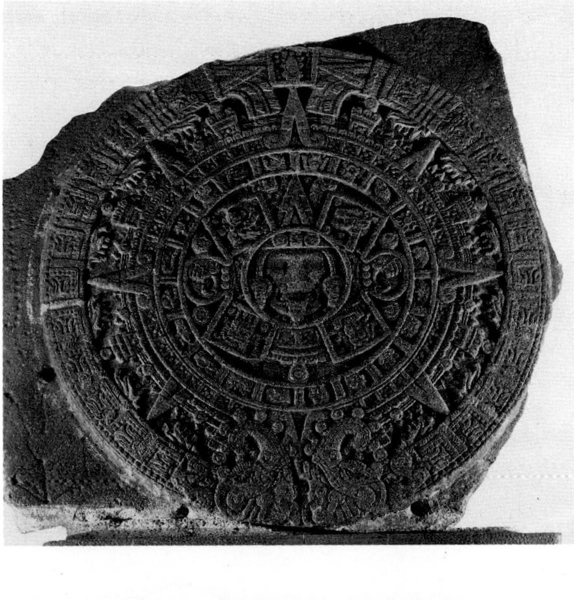

de l'arrivée du cataclysme et de la fin du monde aztèque. Sur la pierre de Tízoc, par contre, le soleil et la terre restaient séparés grâce à la souveraineté et au sacrifice de prisonniers. La pierre du Soleil est exposée et reproduite comme un panneau mural, mais elle était sans doute placée sur le sol et des offrandes de sang baignaient le monstre terrestre afin de tenir l'apocalypse en échec.

De nombreuses petites images de culte, sans doute placées dans des sanctuaires du Mexique central au Postclassique, ont été trouvées. Les plus courantes sont des divinités féminines du maïs, se tenant en général debout et portant des coiffures ressemblant à des crêtes faîtières de temple. Beaucoup sont plates et massives ; elles ne sont pas exécutées avec l'adresse des œuvres impériales et ne présentent pas l'imagerie aztèque la plus horrifiante. Les potiers du Postclassique récent produisirent aussi en masse des divinités féminines de l'eau, souvent agenouillées, les cheveux attachés sur le côté de la tête avec des liens semblables à des cordons de rideau. Dans les œuvres provinciales, l'accent était donc mis sur des images de fertilité bienfaisantes.

Xipe Totec, « notre seigneur l'écorché », était une autre figure courante de la
169 fertilité, masculine cette fois. Xipe Totec était un dieu de la végétation et son rituel imitait le cycle naturel du plant de maïs. Un homme était écorché et un jeune homme portait sa dépouille jusqu'à ce qu'elle pourrisse (la puanteur devait être effroyable) ; le jeune homme nouveau et propre sortait alors, comme une pousse de l'enveloppe d'une vieille graine. Le culte de Xipe était d'abord célébré surtout sur la Côte du Golfe, notamment chez les Huaxtèques. Puis, lorsqu'ils furent conquis, le culte s'étendit au Mexique central. On connaît beaucoup d'images en céramique et en pierre de Xipe, où la peau écorchée est souvent représentée avec des détails très réalistes. A la différence des divinités féminines du maïs, les figures de Xipe étaient réalisées en volume. La sculpture en volume appartient à une longue tradition de la Côte du Golfe, allant de l'époque olmèque jusqu'à la conquête espagnole ; les formes arrondies et sensuelles des sculptures de Xipe s'en inspirent sans doute.

La Côte du Golfe est aussi à l'origine de grandes sculptures céramiques creuses. Les fouilles récentes dans l'enceinte cérémonielle ont révélé les plus
170 belles pièces découvertes dans la vallée de Mexico. La sculpture, constituée de quatre parties, représente un chevalier-aigle grandeur nature qui semble prêt à prendre son essor. Des traces de stuc indiquent qu'il était sans doute couvert de plumes. Ce guerrier, qui fait partie d'une paire encadrant une porte, rappelle la
140 figure d'aigle peinte sur le montant de la porte à Cacaxtla quelques siècles plus tôt. La beauté et les proportions naturelles de cette figure ont su traverser les siècles et transcender les frontières culturelles. Il est difficile de croire que la culture qui a été à l'origine de la sculpture de la Coatlícue a aussi créé ce chevalier-

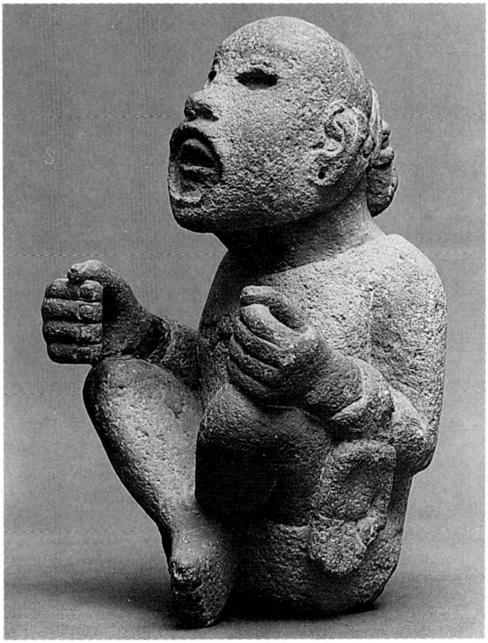

169 La personnification de Xipe Totec, « notre seigneur l'écorché », porte la peau d'un homme écorché. A la fin du rituel de vingt jours en l'honneur de Xipe, la peau avait pourri. Comme la pousse d'une nouvelle plante, l'homme apparaissait. Xipe Totec, imitation du cycle des plantes, était un dieu du printemps. Deux mains supplémentaires pendent mollement.

aigle. On assiste à un pluralisme d'idéaux esthétiques rarement égalé dans l'histoire et peut-être comparable à notre époque. Le naturalisme et l'abstraction étaient tous deux présents ; la beauté et la terreur inspiraient toutes deux une crainte révérencielles. Les Aztèques n'ont pas révélé grand chose des idéaux et des concepts de leur sculpture, mais il existe une description de ce que devait être un beau jeune homme destiné à devenir une victime sacrificielle :

> « [Il était] comme quelque chose de lisse, comme une tomate, ou comme un galet, comme taillé dans le bois. [Il n'avait] pas les cheveux frisés, [mais] des cheveux raides et longs ; [il n'avait] pas de croûtes, de pustules, ou de furoncles... pas de visage grossier, ni l'air abattu ; pas de nez épaté, pas de narines évasées, pas de nez... busqué ni de gros nez, non plus que tordu ou crochu – mais son nez devait être bien placé, droit... [il ne devait] pas être maigre, ni gros, ni avec un gros ventre, ni avec un nombril proéminent ou en forme de hachette, ni avec un ventre ridé... ni avec des fesses ou des cuisses flasques... »
>
> (*Codex de Florence*, Livre 4, Chapitre 6, trad. Dibble et Anderson)

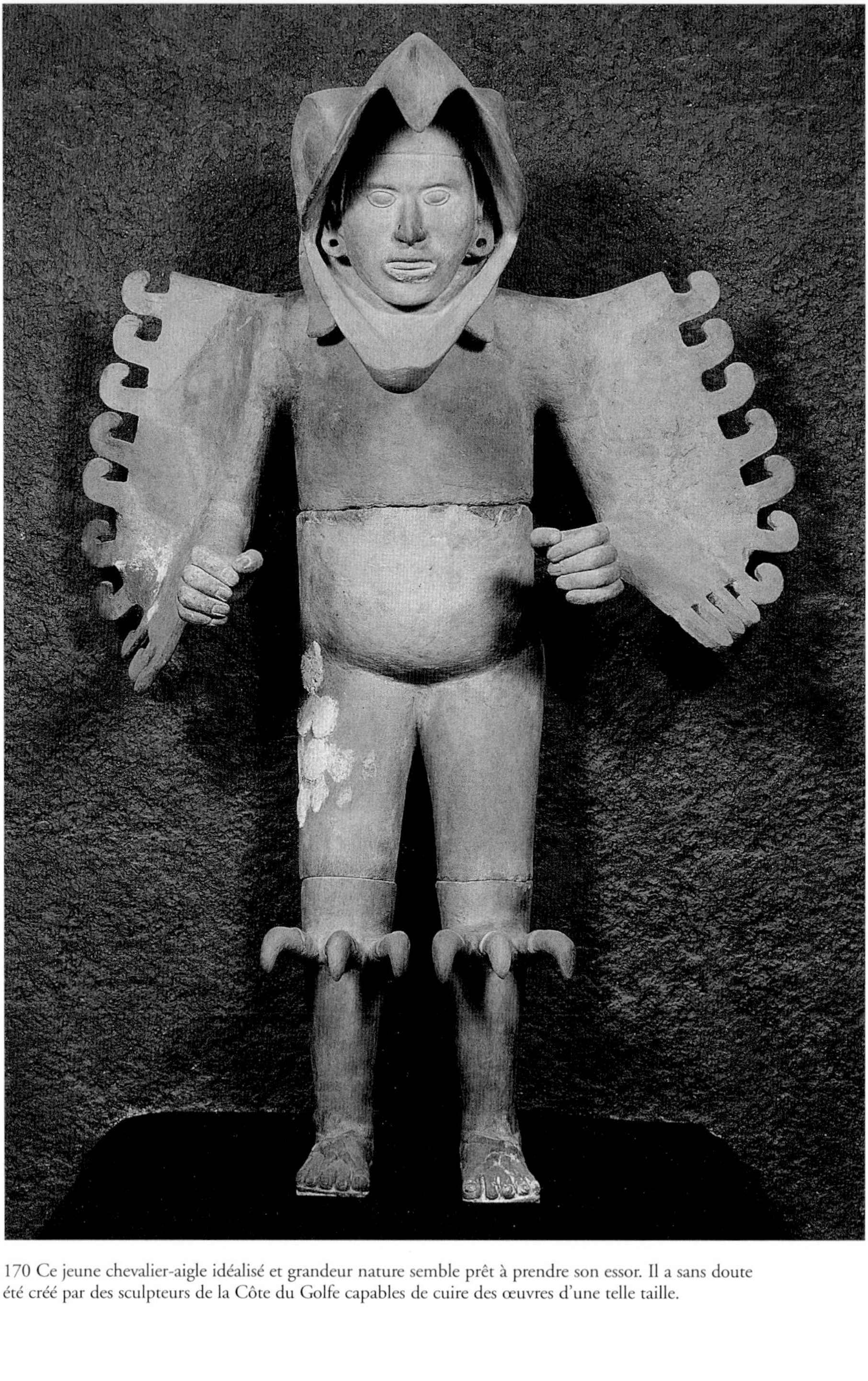

170 Ce jeune chevalier-aigle idéalisé et grandeur nature semble prêt à prendre son essor. Il a sans doute été créé par des sculpteurs de la Côte du Golfe capables de cuire des œuvres d'une telle taille.

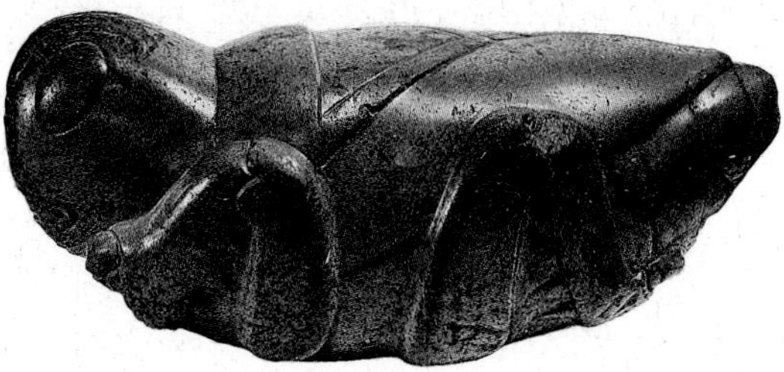

171 Cette grande sauterelle (45 cm de long) en cornaline rouge, *chapulin* en nahuatl, fait probablement référence à Chapultepec, « colline de la sauterelle », située à l'ouest du lac de Texcoco.

Cette perfection apparaît sur le visage du chevalier-aigle.

Le naturalisme a inspiré beaucoup d'œuvres aztèques de petite taille, dont de belles images de courges, de cactus, de coquillages et de serpents. La sauterelle rouge vif en cornaline de la figure 171 servait sans doute d'emblème pour Chapultepec, la source de Tenochtitlán, dont le nom signifie « colline de la sauterelle ».

D'autres sculptures servaient de mobilier dans les temples ou les palais. Les *chac mool* furent sans doute longtemps utilisés comme réceptacles des cœurs humains. Le plus ancien *chac mool* aztèque connu a été découvert récemment *in situ* dans la pyramide double, côté Tláloc, parmi d'autres objets anciens. Il a peut-être été pris à Tula lors du pillage, avec d'autres trésors. C'est le seul *chac mool* qui a conservé ses couleurs vives, mais la plupart des sculptures aztèques étaient probablement peintes. Compte tenu du goût moderne, on serait peut-être désagréablement surpris en les voyant dans leur état d'origine. Un *chac mool* sculpté de manière très sensuelle, mis à jour en 1943 à l'extérieur de l'en- 172
ceinte cérémonielle, a pu être enlevé de l'enceinte du temple à l'époque de la Conquête. La figure allongée porte un masque de Tláloc et tient un *cuauhxicalli*, vase contenant les cœurs des hommes sacrifiés, sur la poitrine. Les insignes de Tláloc sont sculptés sur le dessus du vase. Sous la sculpture, figure un Tláloc au milieu d'autres motifs aquatiques, comme si le monument flottait dans un état liminaire. Tel les morts et les mourants de Cacaxtla, ce *chac mool* porte une plaque de jade venant d'une culture plus ancienne (sans doute une pièce du Classique zapotèque ou maya), comme pour associer la forme antique de la sculpture à une culture antique. Il semble donc très probable que ce *chac mool* provienne de la pyramide double, côté Tláloc, qui comporte d'autres symboles antiques.

La Pierre du Temple a été trouvée en 1831 près du palais de Moctezuma II ; 173
elle lui servait sans doute de trône, bien qu'on l'ait appelée « Monument de la

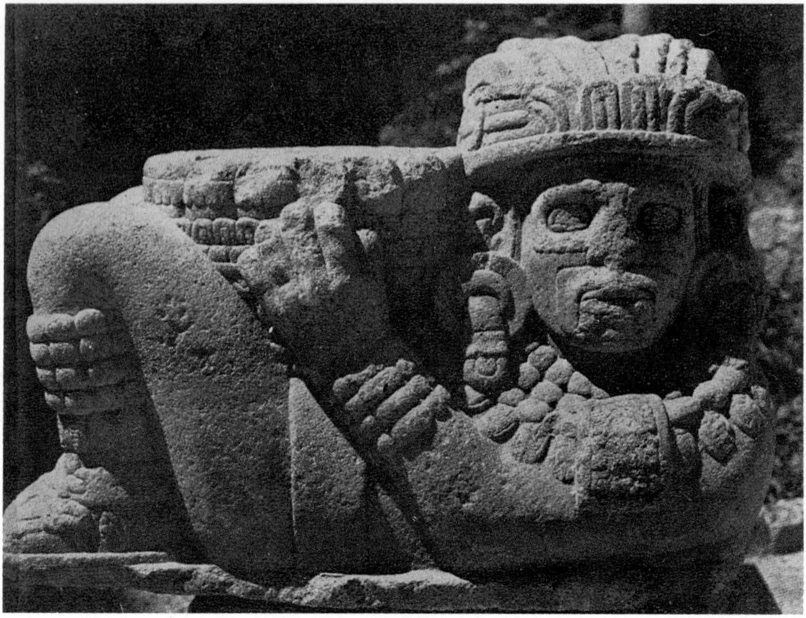

172 Ce *chac mool* étendu, un dieu de la pluie, porte un masque de Tláloc et un pendentif au motif archaïque, comme pour faire référence à l'Antiquité en général. Sous le monument figurent des motifs aquatiques.

guerre sacrée ». Elle porte la date de la cérémonie du dernier Feu nouveau en 1507, célébrée à la fin d'un cycle de 52 ans. Sur les côtés, des dieux assis tirent du sang de leurs reins ; ce sang donné en pénitence soutient le souverain légitime. Au-dessus, Moctezuma était assis sur un monstre terrestre, un disque solaire dans le dos. De cette façon, il portait le soleil ; il l'empêchait aussi de s'effondrer sur la terre. Le *tlatoani* était donc le représentant de l'ordre, celui qui maintenait le monde céleste et l'Inframonde à leur place.

LES ARTS MINEURS

Les motifs de nombreux instruments de musique indiquent leur importance dans la vie des Aztèques. Des *teponazli*, tambours aigus et horizontaux, et des
174 *huéhuetl*, tambours graves et verticaux, subsistent de l'époque préhispanique. Un beau *huéhuetl*, censé venir de Malinalco, devait être en rapport avec les

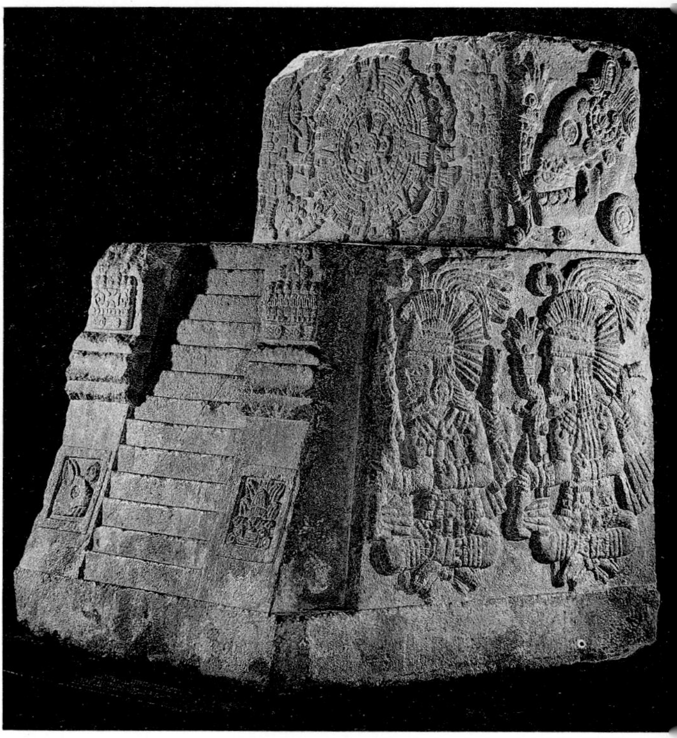

173 Pierre du Temple, appelée aussi Monument de la guerre sacrée. Ce temple miniature était sans doute un trône du palais de Moctezuma II. Lorsque le seigneur était assis, on avait l'impression qu'il portait le soleil sur son dos.

ordres des chevaliers aigles et jaguars de ce lieu et pourrait avoir servi à accompagner les rites dans les salles de Malinalco. Sur le tambour figure la date de la 164
destruction du Cinquième Soleil, Quatre Mouvement. Des jaguars et des aigles en extase dansent tout autour de l'instrument ; tous émettent des volutes de discours où figurent des *atltlachinolli* jumelés, « incendie d'eau », symboles de la guerre. Ils portent des bannières pour montrer qu'ils sont des victimes sacrificielles, comme pour affirmer leur empressement à être sacrifiés au Cinquième Soleil ; ces sacrifices s'effectuaient sans doute en musique.

D'autres beaux objets étaient faits de plumes ou couverts d'une mosaïque de plumes, de turquoises et d'or. L'orfèvrerie a pratiquement disparue par suite de la convoitise destructrice des conquistadors. Les seules pièces qu'on puisse encore étudier et admirer, de fabrication mixtèque, ont été découvertes dans l'Oaxaca au XXe siècle. A Tenochtitlán, les Mixtèques étaient considérés comme les grands orfèvres de la région ; ils vivaient dans une enclave de la cité où ils exerçaient leur art. L'Oaxaca, région des Mixtèques et des Zapotèques,

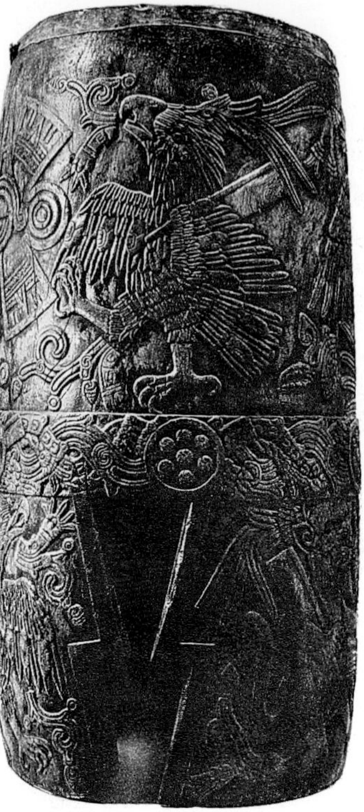

174 *Huéhuetl*, grand tambour vertical, censé provenir de Malinalco (fig. 164). Une peau de cervidé, frappée avec la main, était tendue sur le haut du cylindre. Le *teponaztli*, tambour horizontal, était frappé avec des baguettes.

175 *(Ci-dessous)* Grand pectoral en or de la tombe 7 à Monte Albán, Postclassique récent. Sous la tête du dieu squelette figurent des signes du calendrier mixtèque. Les techniques du filigrane et de la cire perdue étaient toutes deux maîtrisées par les artisans de l'Oaxaca.

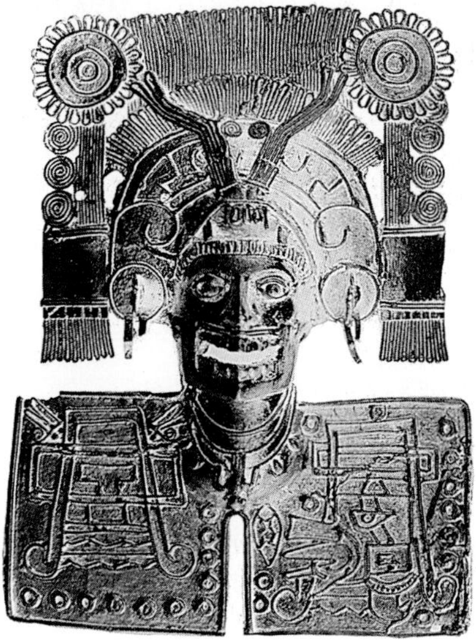

fut en grande partie épargnée par les violentes destructions de la Conquête et par la suite ne fut pas reconnue comme source importante de métaux bruts. Charles Quint octroya à Cortés une grande partie de l'Oaxaca ; celui-ci ne savait heureusement pas où se trouvaient toutes les richesses des Mixtèques. En 1932, Alfonso Caso fouilla une tombe royale de Monte Albán qui avait aussi servi aux Mixtèques au Postclassique récent. Il découvrit une superbe cache contenant plus de cent objets d'or ainsi que de belles pièces en argent, perles, jade, cristal de roche, obsidienne et os. L'adresse qui avait valu l'admiration de Dürer fut enfin reconnue au XXe siècle. L'objet le plus spectaculaire,

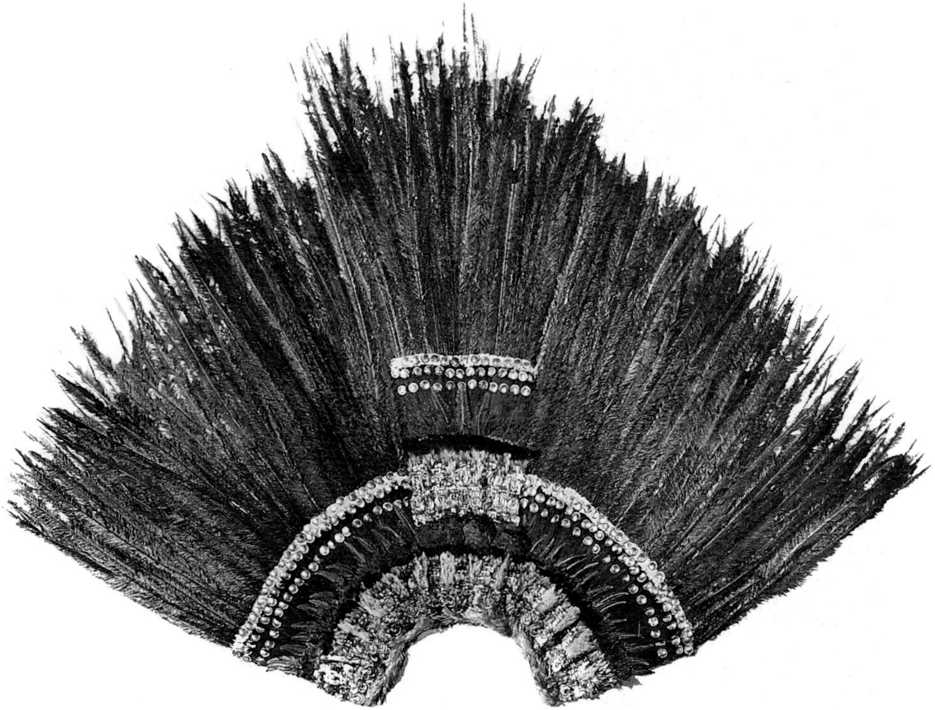

176 Cette coiffe de plumes aztèque, peut-être envoyée à Charles Quint par Cortés, est conservée à Vienne depuis la Conquête. D'après certains chercheurs, Moctezuma II aurait pu la porter.

le grand pectoral d'un dieu squelette, a été exécuté selon la technique de la 175
cire perdue.

La malléabilité, la couleur et la nature inerte de l'or en ont toujours fait une matière première attirante, même si les Aztèques lui préféraient le jade. Ils appelaient l'or *teocuícatl*, « excrément des dieux ». A cause des destructions dues à la Conquête, on ne connaîtra sans doute jamais la nature exacte de l'orfèvrerie aztèque.

Les peintures de plumes de très grande qualité (mosaïque de plumes d'oiseaux exotiques découpées avec soin) ont aussi disparu, mais certaines sont connues en détail par l'imagerie chrétienne d'après la Conquête. En revanche, il subsiste des coiffes et des boucliers. En 1890, lors d'une conférence à Paris, Zelia Nuttall suggéra pour la première fois que le bel ouvrage de plumes
conservé à Vienne, était peut-être la coiffe de Moctezuma. Pour prouver qu'el- 176
le pouvait être portée, elle fabriqua et porta une reconstitution. La coiffe ori-

ginale, avec ses extraordinaires plumes de quetzal et de cotinga bleu, son or et ses perles, était certainement une parure royale, mais rien n'atteste qu'elle ait appartenu à Moctezuma II. Les illustrations du chapitre sur la façon de travailler les plumes dans le codex de Florence, encyclopédie du XVIe siècle (voir plus loin), montrent la fabrication d'une coiffe semblable.

En 1519, Moctezuma II envoya à Cortés un coffre contenant des masques en mosaïque de turquoise et des costumes en plumes de différents dieux. Les interprètes de Cortés lui conseillèrent de revêtir le costume de Quetzalcóatl ; il renforça ainsi l'idée qu'il était le dieu. Des costumes et des masques semblables furent peut-être offerts plus tôt à l'explorateur Grijalva. Ces curiosités furent envoyées en Europe, mais on ne sait plus lesquelles faisaient partie du présent
177 de Moctezuma. Un des masques du British Museum, celui du dieu Tezcatlipoca, comporte des bandes d'obsidienne noire contrastant avec le visage bleu vif. Les yeux sont en pyrite. A la différence de beaucoup d'autres masques, cette mosaïque est appliquée sur un crâne humain. Une personne vivante le portant n'aurait rien pu voir.

Bernal Díaz a décrit les repas somptueux préparés pour Moctezuma II. Des dizaines de plats étaient servis pour le plaisir du roi : dinde, sanglier, venaison,

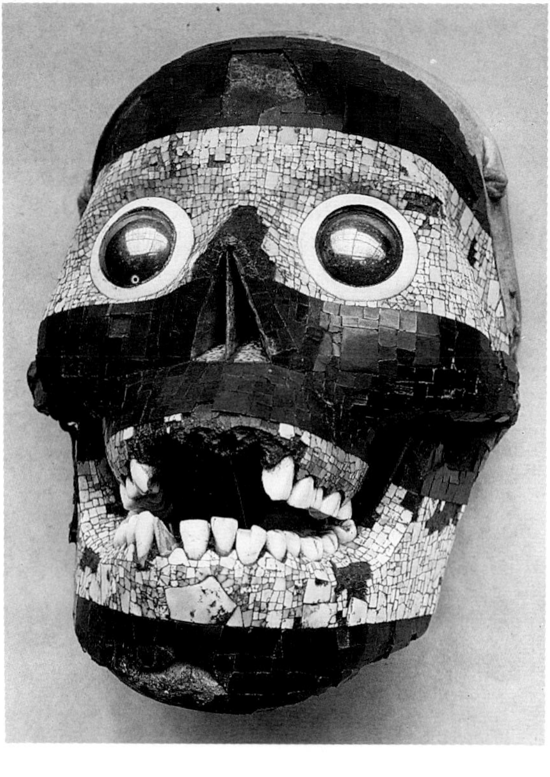

177 Ce masque fait de mosaïque de turquoise, d'obsidienne et de pyrites d'or sur un crâne humain faisait sans doute partie d'un costume complet du dieu Tezcatlipoca.

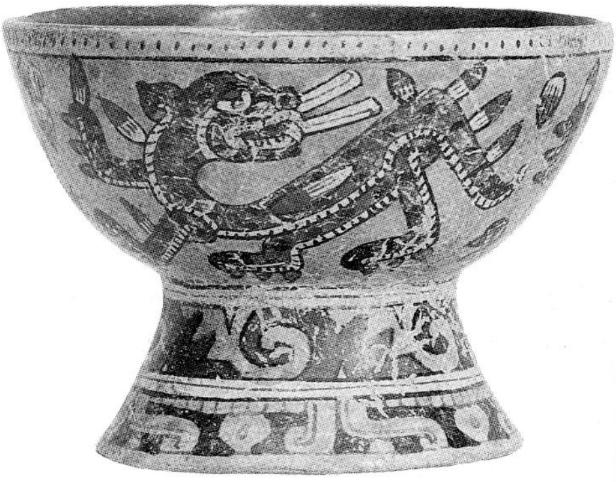

178 Coupe en céramique de Cholula ornée de trois jaguars. L'engobe aux vives couleurs était utilisée par les céramistes de Cholula pour dessiner des motifs complexes et des scènes avec figures. Les vases étaient très demandés dans toute la vallée de Mexico à l'époque de la Conquête.

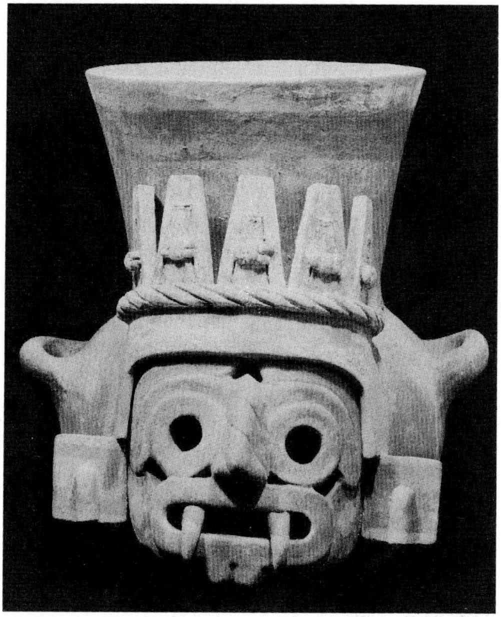

179 *(A droite)* Des centaines d'effigies de Tláloc ont été exhumées du Templo Mayor, côté Tláloc. Cette effigie céramique insolite a été peinte en bleu vif après cuisson.

lapin, cailles, canard, pigeon et chair humaine. Moctezuma était assis et mangeait seul, derrière un paravent. Díaz nous apprend que Moctezuma ne mangeait que dans la céramique de Cholula (qui était en réalité fabriquée en plu- 178
sieurs lieux de la vallée de Puebla). Les vases de Cholula, avec leurs riches motifs à l'engobe polychrome dessinés sur une belle et fine céramique, étaient bien supérieurs à la production aztèque. Beaucoup de dessins et de motifs en couleur peuvent être apparentés aux manuscrits du groupe Borgia (voir plus loin).

Quelques céramiques insolites ont été mises à jour par les fouilles au Templo Mayor. Deux beaux vases, trouvés côté Huitzilopochtli, ont été fabriqués de façon « archaïsante » en imitant les céramiques toltèques ; les os incinérés qu'ils contenaient pourraient être les restes d'un roi, peut-être même ceux de Moctezuma I. Un pigment bleu vif remarquable orne toujours un vase à effi- 179
gie de Tláloc, trouvé au temple, côté Tláloc. Comme beaucoup d'images aztèques de Tláloc des XVe et XVIe siècles, le dieu arbore le « beignet » natté sur

le nez qui caractérise le dieu Jaguar des Enfers du Classique maya et pourrait être en rapport avec d'anciens concepts guerriers.

LES MANUSCRITS

Peu après son accession au pouvoir en 1426, Itzcóatl décida de faire réécrire l'histoire. Les manuscrits furent rassemblés et détruits pour laisser place à une nouvelle version officielle de l'histoire et de la religion aztèques. Néanmoins, il est évident, d'après la quantité d'informations sur l'histoire et les mythes transcrites plus tard en alphabet romain, qu'une grande diversité d'idées religieuses et historiques demeuraient après l'édit d'Itzcóatl. La suprématie de Huitzilopochtli comme dieu du culte fut contestée dans toute la région ; Tezcatlipoca semble être resté le dieu suprême pour ceux prétendant descendre des Toltèques.

Malheureusement, la conquête espagnole fut plus efficace que la purge d'Itzcóatl et, même si les livres étaient courants chez les Aztèques, aucun manuscrit existant ne peut être attribué à Tenochtitlán avant la Conquête. Toutefois, des exemplaires d'autres régions demeurèrent intacts et plusieurs écoles de peinture de manuscrits prospérèrent pendant cinquante ans après la Conquête. Les livres servaient à divers usages : conserver des généalogies, consulter les calendriers rituels de 260 jours, protéger les doctrines religieuses ésotériques dans des manuscrits pliés en accordéon. Durant des générations après la Conquête, les manuscrits mixtèques pliés en accordéon furent apportés aux cours coloniales pour servir de témoignages dans les litiges sur les terres. Ces manuscrits, peints au stuc fin sur peau de cervidé, étaient parfois grattés et réemployés ; pour les idées des XVIe et XVIIe siècles, le savoir « idolâtre » devait être purgé pour permettre un usage légal des documents généalogiques. Le codex Selden expose la généalogie d'une grande famille mixtèque. Des lignes directrices rouges indiquent le mode de lecture en boustrophédon du manuscrit, c'est-à-dire de gauche à droite puis de droite à gauche ; la représentation
180 est de nature très conventionnelle. Dans la portion montrée sur la figure, l'héroïne postclassique 6 Singe venge le meurtre de son père et de ses frères. Les empreintes de pas indiquent un voyage ou un mouvement : au centre de la page, 6 Singe (son nom est attaché à elle comme une bulle de bande dessinée) se cache dans une colline, comme on le lui a conseillé. Plus tard, elle mène une campagne militaire victorieuse et elle tient son prisonnier assujetti dans la posture caractéristique des vainqueurs.

Il subsiste de nombreuses généalogies mixtèques ; bien qu'enchâssées dans

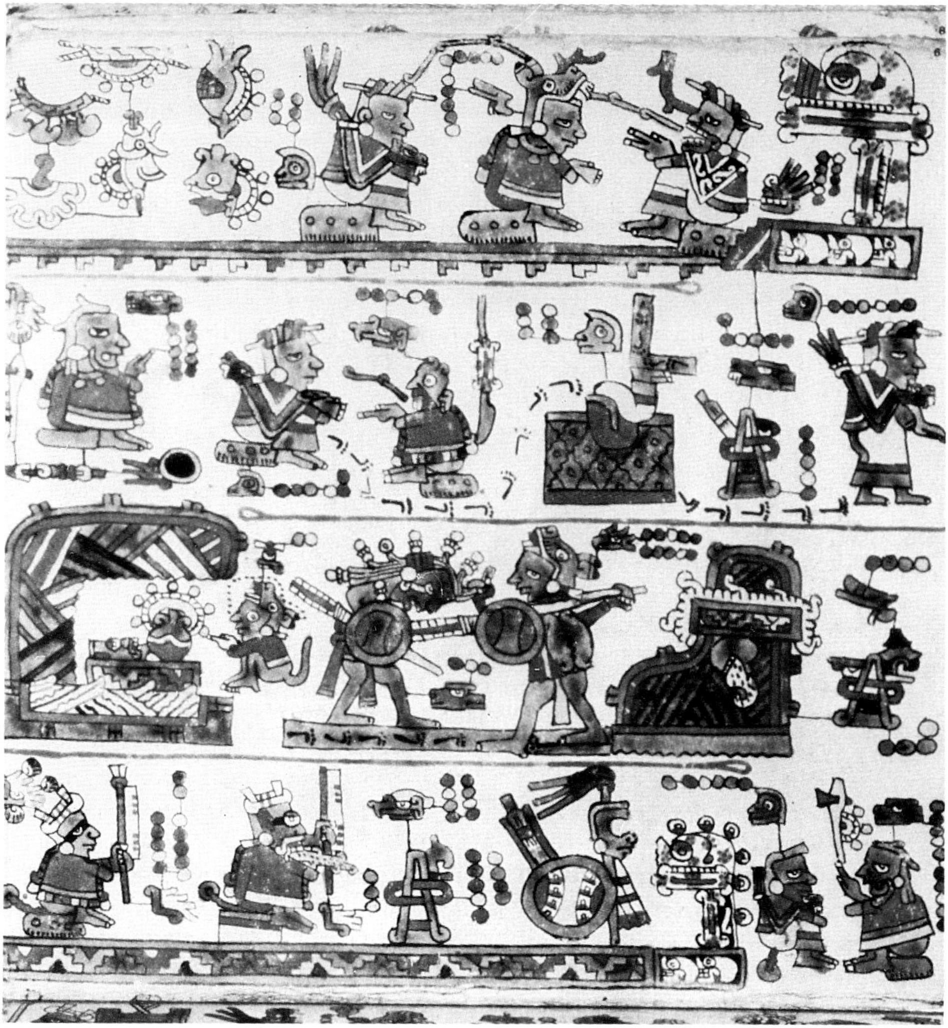

180 Page 6 du codex Selden. Bien que des ajouts aient été faits après la Conquête à ce manuscrit mixtèque sur peau de cervidé, la plupart des pages ont été remplies à l'époque préhispanique. Une jeune femme appelée 6 Singe est l'héroïne de cette portion de généalogie. L'histoire se lit de bas en haut, en suivant les traces de pas. Dans le second registre à partir du haut, comme l'indiquent les empreintes, 6 Singe va se cacher – et seul le bas de son corps est visible.

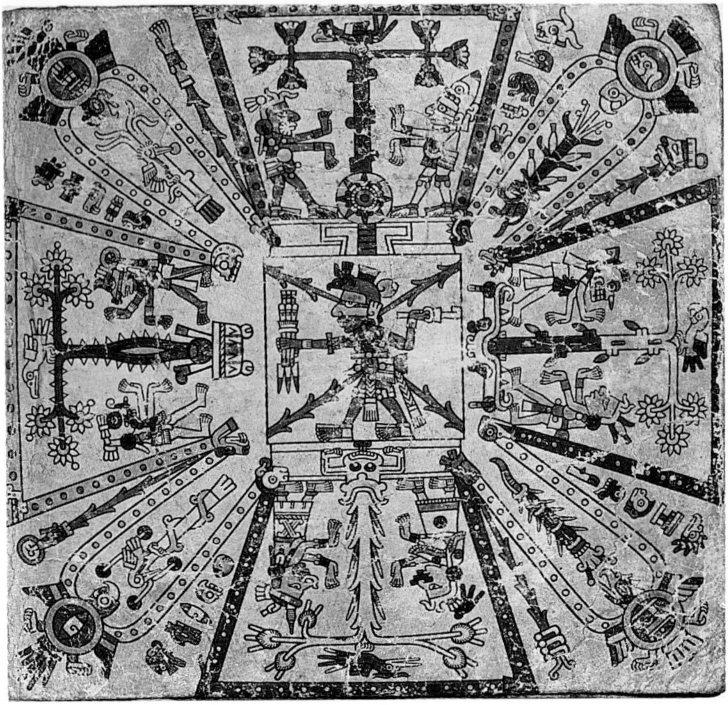

181 La page de couverture de ce manuscrit préhispanique, le codex Féjervary-Mayer, présente des concepts relatifs à l'ordre du monde : les quatre points cardinaux sont associés à des couleurs, des oiseaux et des arbres spécifiques dans une croix de Malte de 260 points représentant une révolution complète du calendrier.

des origines mythiques (certaines familles descendent d'arbres ou de pierres), elles sont avant tout historiques. Elles comportent néanmoins des contradictions intéressantes : 8 Cerf, héroïque dans un récit, est prisonnier dans une autre histoire. La complexité de ces familles et de ces récits imbriqués donne aux spécialistes une meilleure vision de la vie et de l'organisation politique de l'époque.

Un autre recueil de manuscrits postclassique a survécu. Il s'agit du groupe Borgia, ainsi nommé d'après le plus grand et le plus complexe de ses manuscrits pliés en accordéon, conservé à Rome. Parmi ceux-ci, les manuscrits Borgia, Cospi et Vaticanus B pourraient avoir une origine commune à Puebla ou Tlaxcala. La plupart des manuscrits Borgia comportent des calendriers divinatoires de 260 jours, ainsi que d'autres documents religieux. On ne connaît pas de livres d'histoire. Les préoccupations calendériques et cosmiques sont expri-

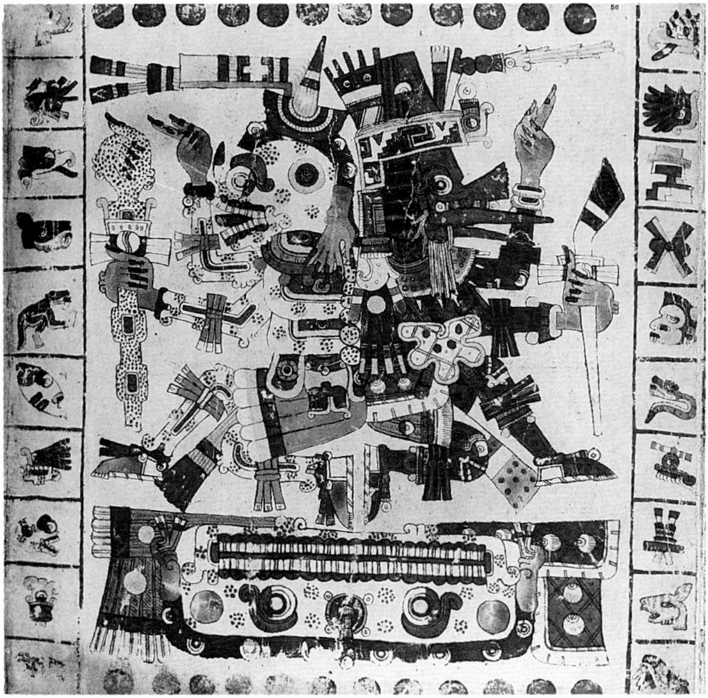

182 Page 56 du codex Borgia. Encadrant une extrémité d'un cycle de divination figurent accolés Mictlantecuhtli et Quetzalcóatl sous l'aspect de Ehécatl, dieu du vent. Ils se tiennent sur un monstre terrestre à la gueule ouverte ; les vingt noms des jours sont dessinés sur les côtés de la page.

mées ensemble sur la première page du codex Féjervary-Mayer, qui a l'aspect 181
d'un tapis médiéval. Deux cent soixante points sont placés en forme de croix de Malte, rappelant le signe d'achèvement maya. Quatre arbres du monde surmontés de quatre oiseaux partent de l'image du corps sacrifié de Xiutecuhtli, le jeune dieu du feu, dans les quatre directions. Cette image traduit les notions de la création et de l'ordre du monde dans le cadre du calendrier.

Le manuscrit Borgia est l'ouvrage mésoaméricain le plus complexe encore 182
existant. Dans les pages sur Vénus au centre du manuscrit figurent les voyages de Quetzalcóatl aux enfers. Les pages de divination du calendrier de 260 jours sont bordées de divinités allant par paire. L'opposition entre Mictlantecuhtli, principal dieu de la mort, et Ehécatl, un des aspects de Quetzalcóatl, souligne le principe de dualité dans la pensée mésoaméricaine, car Quetzalcóatl était aussi perçu comme un dieu de la création.

Après la Conquête, la production indigène d'art et d'architecture déclina progressivement, hormis les résidences et les vêtements personnels. Les temples furent démontés et leurs pierres utilisées pour construire les églises, les bâtiments administratifs et les maisons des conquérants. La maladie, les conflits et le désespoir prélevèrent leur tribut, ainsi que le travail forcé dans les mines. Dans l'histoire du XVIe siècle de la Nouvelle Espagne, la seule lueur pour la population fut l'arrivée de frères prédicateurs et mendiants. Charles Quint chargea trois ordres religieux, les Franciscains, les Dominicains et les Augustins, de la conversion de la nouvelle terre. Ils arrivèrent par groupes de douze, à l'instar des apôtres ; il y avait parmi eux des hommes instruits et éclairés, imprégnés des idées de la Renaissance. L'Europe était en proie à la Réforme ; la conversion de nouvelles âmes offrait donc un autre genre de défi à l'église catholique. Des millions de gens furent ainsi convertis ; ils avaient besoin d'écoles et d'églises, ce qui engendra l'un des plus vastes programmes de construction de l'histoire mondiale. Des centaines de monastères furent édifiés par la main-d'œuvre locale sous la direction de moines qui ne savaient en général rien des principes d'architecture. Les Franciscains arrivèrent les premiers et érigèrent des établissements dans toute la vallée de Mexico ; les Dominicains suivirent ensuite et pénétrèrent dans l'Oaxaca. Enfin, les Augustins, derniers arrivés, apportèrent la conversion dans le nord.

Les Espagnols construisirent surtout des chapelles en plein air, reprenant ainsi une forme médiévale appropriée aux besoins de la population mésoaméricaine peu habituée aux grands espaces intérieurs. L'architecture était chrétienne, mais l'imagerie précolombienne restait présente de façon évidente ou plus subtile. Parfois, les idées mésoaméricaines servaient à transmettre les nou-
183 veaux enseignements du christianisme. A Ixmiquilpán, dans l'établissement augustinien, les peintures qui tapissent la nef représentent des chevaliers aigles et jaguars combattant des centaures qui figurent les méchants. Au premier degré, on voit là la population indigène convertie et en armure combattant les Chichimèques païens du nord. Toutefois, quand on sait que les Espagnols furent pris tout d'abord par les Mésoaméricains pour des êtres hybrides homme-cheval, des sortes de centaures, on peut aussi voir, à un second degré, l'esprit indigène présent dans ces peintures.

Presque toute la sculpture architecturale en rapport avec les établissements monastiques était travaillée en très bas relief, technique typique de l'ornementation aztèque, mais qui servait aussi à transférer des gravures sur bois en trois dimensions. D'autre part, beaucoup de grandes croix d'atrium étaient incrus-

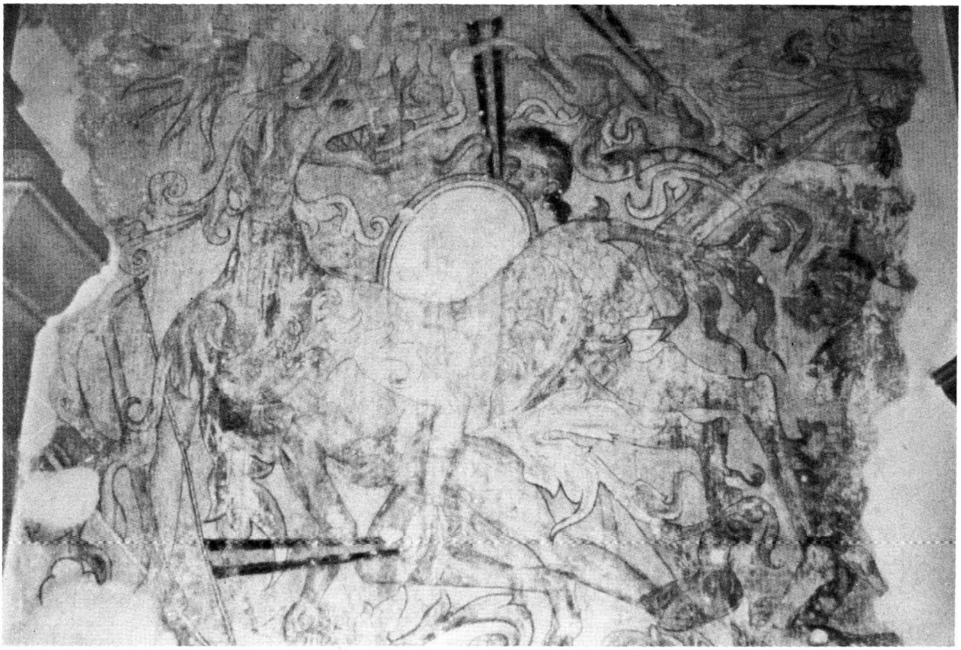

183 Bataille des chevaliers aigles et des centaures, peinture murale postérieure à la Conquête, Ixmiquilpán, Hidalgo. Sous la conduite des moines augustiniens, les artistes indigènes mêlèrent des motifs européens et précolombiens dans plusieurs programmes de décoration.

tées d'obsidienne, ce qui rappelle l'habitude aztèque d'inclure un cœur en obsidienne dans de nombreuses sculptures.

Mais, les deux formes d'art précolombien qui eurent un grand succès au début de l'ère coloniale furent les manuscrits et la peinture de plumes. Les scribes indigènes écrivirent à cette époque des ouvrages d'histoire, des calendriers divinatoires et des écrits religieux, souvent sur les conseils des Franciscains. On a cru longtemps que le premier manuscrit du début de l'ère coloniale, le codex Borbonicus était antérieur à la Conquête, mais il a été démontré que dans tout le manuscrit plié en accordéon et exécuté sur papier indigène, des espaces ont été laissés pour des gloses chrétiennes. La première partie est un calendrier divinatoire de 260 jours avec des augures et des patrons. Les deux pages centrales font état de notions complexes de calendrier et de temps et les dernières pages établissent, elles, le cycle de 365 jours et les fêtes des mois. L'influence européenne est, en fait, plus sensible dans cette dernière partie. Ainsi, sur le dessin d'une cérémonie du Feu nouveau, les prêtres du feu portent des 184
fagots liés mais les nœuds montrent une connaissance de la perspective.

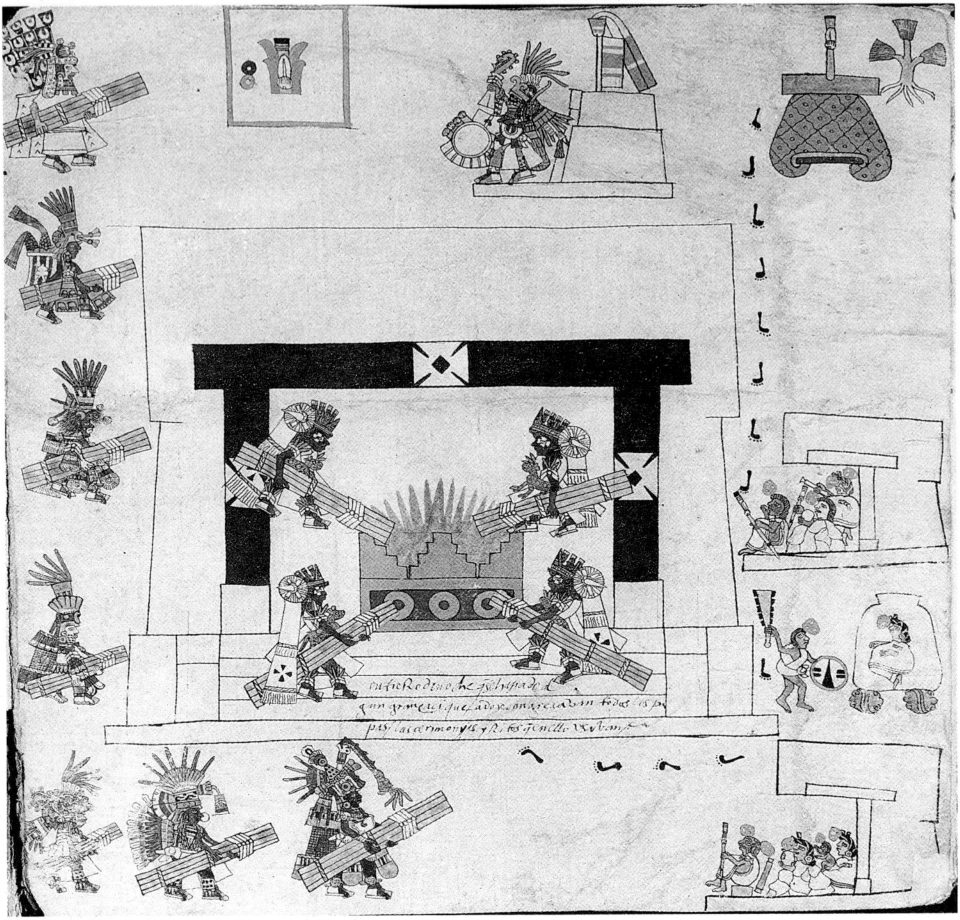

184 Folio 34, codex Borbonicus. Les prêtres du calendrier alimentent le brasier pendant la cérémonie du Feu nouveau. Les dieux aztèques sont dessinés le long du côté gauche de la page ; à droite, une femme enceinte est séquestrée à l'intérieur comme le prescrit la cérémonie.

Le papier européen remplaça vite et complètement le papier de figuier indigène ; le pliage en accordéon céda la place au livre relié. Les traditions et les conventions de la peinture demeurèrent quelques temps, peut-être grâce aux livres préhispaniques qu'on pouvait encore consulter. Le frontispice du codex
162 Mendoza s'inspire peut-être de pages telles que la page 1 du codex Féjervary-
181, 185 Mayer. L'énumération du tribut fabuleux du codex Mendoza a sans doute été

185 *(Ci-contre)* Folio 47, codex Mendoza. La partie centrale du codex Mendoza, organisée par provinces, est une copie du registre du tribut de Moctezuma II. Ici, des produits de luxe venant des confins du royaume aztèque au Guatemala – peaux de jaguars et plumes d'oiseaux – sont représentés comme paiement exigé. Les noms des provinces figurent sur le côté gauche de la page.

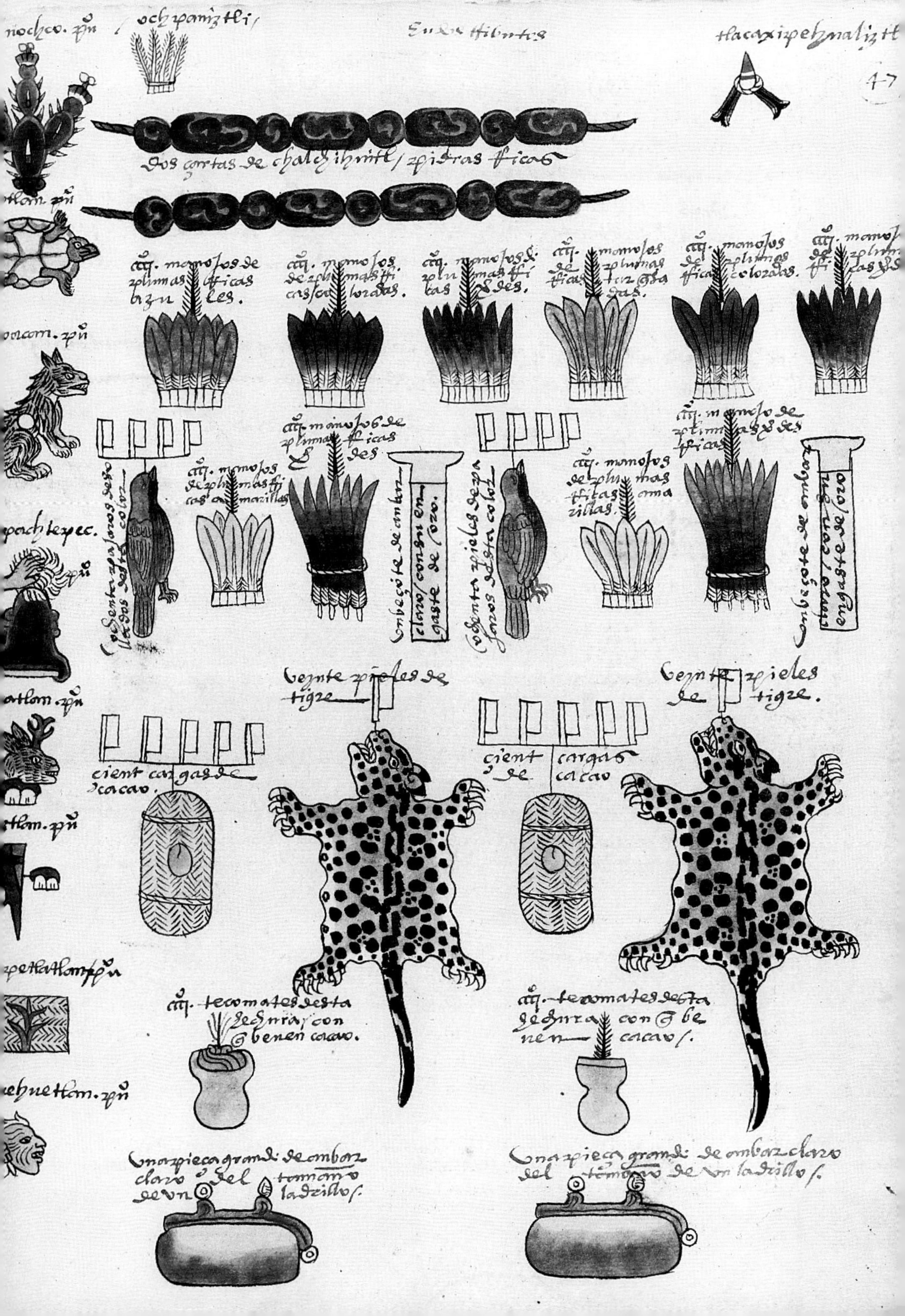
ochpaniztli
tlacaxipehualiztli
Dos sartas de chalchihuitl / piedras ricas
Vejnte pieles de tigre
Vejnte pieles de tigre.
cient cargas de cacao
cient cargas de cacao
Una pieça grande de ambar claro del tamaño de un ladrillo
Una pieça grande de ambar claro del tamaño de un ladrillo /.

recopiée à partir d'un registre semblable tenu par Moctezuma, mais – comme l'a signalé Donald Robertson – ce manuscrit est relié en codex et non plus plié en accordéon.

A l'évidence, le but des moines était de comprendre la religion indigène afin de la détruire, mais dans le codex de Florence, *Historia General de las Cosas de Nueva España* (c. 1566-1577 ; 1585) – encyclopédie en treize volumes dans le style d'un compendium médiéval tel que celui de Bartholamaeus Anglicus –, on sent que les objectifs du père Bernardino de Sahagún dépassent de simples besoins religieux. Son intérêt pour le Nouveau Monde était véritablement catholique. Son récit, écrit en nahuatl et illustré par des artistes indigènes est le document le plus important sur la vie des Aztèques. Le manuscrit du père Sahagún a été précédé de plusieurs ébauches ; les illustrations d'une version
163 plus ancienne montrent des traditions précolombiennes plus marquées, peut-être copiées, et un souci moins grand des ombres et des paysages qui intéressent en revanche les illustrateurs de la version définitive du manuscrit. Dans un volume de ce manuscrit plus tardif, le travail des métaux et la peinture de plumes sont abondamment illustrés, et une coiffe semblable à celle de Vienne apparaît. Des châteaux européens, sans doute dessinés d'après un livre européen, figurent dans les paysages d'arrière-plan. L'unique copie, appelée codex de Florence, n'a survécu que parce qu'elle a été remise à des mains italiennes et non aux Espagnols xénophobes.

La survivance de cette tradition de manuscrits marque le stade final de l'art et de l'architecture mésoaméricains. A la fin du XVIe siècle, les moines érudits furent supplantés par des curés qui s'intéressaient moins à leurs ouailles indigènes. De vingt millions à la veille de la Conquête, la population était tombée à un seul million d'habitants. Si le cataclysme cosmique prédit par les Aztèques n'eut pas lieu, ce fut néanmoins une des pires catastrophes de l'histoire. En 1580, il y avait même trop d'églises par rapport à la population. L'art et l'architecture majeurs de Mésoamérique disparurent sous les bâtiments modernes, la végétation envahissante ou furent tout simplement détruits. Il fallut en définitive attendre la fin du XVIIIe siècle pour que l'homme moderne commence à étudier sérieusement les antiquités mésoaméricaines.

Bibliographie

Abréviations

BAEB	Bureau of American Ethnology, Bulletin
CIW	Carnegie Institution of Washington
HMAI	Handbook of Middle American Indians
INAH	Instituto Nacional de Antropología e Historia
MARI	Middle American Research Institute, Tulane University
PARI	Pre-Columbian Art Research Institute, San Francisco
PMM	Peabody Museum, Harvard University, Memoirs
PMP	Peabody Museum, Harvard University, Papers
RRAMW	Research Reports on Ancient Maya Writing

1 Introduction

Plusieurs ouvrages généraux sur l'art et l'architecture méso-américains ont été écrits ou traduits en français : José Alcina Franch, *L'Art précolombien*, Paris, Mazenod, 1978 ; Adolphe Basler et Ernest Brummer, *L'Art précolombien*, Paris, Librairie de France, 1928 ; Gérald Berjonneau *et alii* (éd.), *Art précolombien*. Mexique, Guatemala, Chefs-d'œuvre inédits, Paris, Payot, 1985 ; Ignacio Bernal et Mireille Simoni-Abbat, *Le Mexique des origines aux Aztèques*, « L'Univers des formes », NRF, Gallimard, 1986 ; Samuel K. Lothrop, *Les Trésors de l'Amérique précolombienne,* Genève, Skira, 1964 ; Jacques Soustelle, *L'Art du Mexique ancien*, Paris, Arthaud, 1966. Eric Taladoire et Brigitte Faugère-Kalfon, *Archéologie et art précolombiens : la Mésoamérique,* Ecole du Louvre, RMN, Documentation française, 1995.

Parmi les ouvrages anciens : Désiré Charnay, *Le Mexique, souvenirs et impressions de voyages*, Paris, Dentu, 1863 et *Les Anciennes villes du Nouveau Monde*, Paris, Hachette, 1885 ; Alexander von Humboldt, *Vues des cordillères et monuments des peuples indigènes de l'Amérique*, Paris, 1816, 2 vol. ; Rémi Siméon, *Dictionnaire de la langue nahuatl ou mexicaine*, Paris, Imprimerie Nationale, 1885. Michel Graulich, *Mythes et rituels du Mexique ancien préhispanique,* Académie Royale de Belgique, 1987. Georges Baudot, Jacqueline de Durand-Forest, *Mille ans de civilisations mésoaméricaines : des Mayas aux Aztèques*, L'Harmattan, 1995.

Il existe de nombreux catalogues d'exposition : *Chefs-d'œuvre du musée de l'Homme*, Paris, Musée de l'Homme, 1965 ; *Chefs-d'œuvre de l'art mexicain*, Paris, Ministère d'Etat aux Affaires Culturelles, 1962 ; *Mystère de l'Homme, Magie de l'objet. Chefs-d'œuvre des musées royaux d'Art et d'Histoire*, Bruxelles, 1976 ; *Sculpture en pierre de l'Ancien Mexique,* Paris, Jeanne Bucher, 1963.

Pour l'architecture : Paul Gendrop et Doris Heyden, *Architecture mésoaméricaine*, Paris, Berger-Levrault, 1980 ; Henri Stierlin, *Mexique ancien*, « Architecture universelle », Fribourg, Office du Livre, 1967.

Sur la sculpture : Ignacio Bernal, *Mexique précolombien*, « Histoire mondiale de la sculpture », Paris, Hachette, 1979 ; Michel Krutt, *Les Figurines en terre cuite du Mexique occidental.* Essai de typologie à partir du matériel des musées royaux d'Art et d'Histoire, Bruxelles, Editions de l'université de Bruxelles, 1975.

Sur l'histoire et la civilisation : Henry B. Parkes, *Histoire du Mexique*, Paris, Payot, 1939 ; Federico A. Peterson, *Le Mexique précolombien, histoire et civilisation*, Paris, Payot, 1961 ; Jacques Soustelle, *La Pensée cosmologique des anciens Mexicains*, Paris, Hermann, 1940 ; E.R. Wolf, *Peuples et civilisations de l'Amérique centrale, des origines à nos jours*, Paris, Payot, 1962.

Citons aussi : George Kubler, *Art and Architecture of Ancient America*, 3e éd. (Pelican), 1984 ; *The Handbook of Middle American Indians*, éd. Robert Wauchope *et al.* (Univ. Texas), 16 vol. et 5 sup., 1964-1995 ; Mary Miller et Karl Taube, *Gods and Symbols of Ancient Mexico and the Maya* (Thames and Hudson) ; Michael Coe, Mexico, 4e éd. (Thames and Hudson), 1994 et *The Maya*, 5e éd. (Thames and Hudson), 1993.

Bernal Díaz a écrit le récit le plus complet et le plus lucide de la Conquête (*The Discovery and Conquest of Mexico*, trad. A.P. Maudslay, New York, 1956). Florentine Codex, *A General History of the Things of New Spain de Bernardino de Sahagún*, trad. A.J.D. Anderson et C. Dibble, 13 vol. (School of American Research et University of Utah), 1950-1982, est une encyclopédie de la vie préhispanique au Mexique central.

2 Les Olmèques

L'Art olmèque. Source des arts classiques du Mexique (Catalogue d'exposition), Paris, musée Rodin, 1972 ; Roman Pina Chan, *Les Olmèques*, La Manufacture, Lyon, 1989 ; Jacques Soustelle, *Les Olmèques*, Paris, Arthaud, 1979.

Los Olmecas en Mesoamerica, éd. John Clark (Citibank), 1995, présente une mise à jour en archéologie et histoire de l'art.

Beatriz de la Fuente, *Los hombres de piedra*, 2e éd. (UNAM), 1984 ; Elizabeth Benson, éd., *The Olmec and their Neighbors* (Dumbarton Oaks), 1982 ; Ignacio Bernal, *The Olmec World* (Univ. California), 1969 ; Michael D. Coe, *America's First Civilization : Discovering the Olmec* (American Heritage), 1968 ; et Susan Milbrath, « A Study of Olmec Sculptural Chronology », Dumbarton Oaks Studies in Pre-Columbian Art and Archeology n° 23, 1979. Coe a écrit sur San Lorenzo (avec Richard Diehl) : *In the Land of the Olmec,* 2 vol. (Univ. Texas), 1980 ; pour La Venta, voir P. Drucker, Robert Heizer et R.J. Squier, *Excavations at La Venta*, Tabasco, 1955, BAEB 170. Sur les céramiques anciennes : Michael D. Coe, The Jaguar's Children : *Preclassic Central Mexico* (Metropolitan Museum of Art), 1965 ; Carlo Gay, *Xochipala : The Beginnings of Olmec Art* (Art Museum, Princeton), 1972. La peinture et les pétroglyphes sont étudiés par David C. Grove, « The Olmec Paintings of Oxtotitlan Cave », Dumbarton Oaks Studies in *Pre-Columbian Art and Archeology* n° 6, 1970 ; et Grove, *Chalcatzingo : Excavations on the Olmec Frontier* (Thames and Hudson), 1984. Sur l'iconographie : P. David Joralemon, « A Study of Olmec Iconography », *Dumbarton Oaks Studies in Pre-Colombian Art and Archaeology* n° 7, 1971 ; ainsi que « The Olmec Dragon : A Study in Pre-Colombian Iconography », in H.B. Nicholson, *Origins of Religious Art and Iconography in Preclassic Mesoamerica* (UCLA), 1976, 27-72 ; voir aussi Kent Reilly, « The Shaman in Transformation Pose : A Study of the Theme of Rulership in Olmec Art », Record of the Art Museum, Princeton University, 1990. La théorie des monuments « recyclés » a été élaborée par James Porter, « Olmec Colossal heads as Recarved Thrones », RES 17/18, 1989 : 22-29.

3 Le Préclassique récent

L'apport majeur au corpus du Préclassique récent a été publié par F. Winfield Capitaine, « La Estela 1 de La Mojarra, Veracruz, Mexico », RRAMW 16, 1988. Pour l'évolution de l'écriture, Michael D. Coe, « Early Steps in the Evolution of Maya Writing », in H.B. Nicholson, *Origins of Religious Art and Iconography in Preclassic Mesoamerica* (UCLA), 109-122 ; Matthew Stirling « An Initial Series from Tres Zapotes, Vera Cruz, Mexico », *National Geographic Society, Contributed Technical Papers*, 1:1 1940 ; J. Eric S. Thompson, *Maya Hieroglyphic Writing*, 2e éd. (Univ. Oklahoma), 1960 ; Alfonso Caso, *Los calendarios prehispánicos* (UNAM), 1967 ; Heinrich Berlin, « El glifo 'emblema' en las inscripciones mayas », *Journal de la Société des Américanistes*, NS 47, 1958, 111-119 ; Tatiana Proskouriakoff, « Historical Implications of a Pattern of Dates at Piedras Negras », *American Antiquity* 25, 1960, 454-475 ; et « The Lords of the Maya Realm », *Expedition* 4:1, 1961, 14-21 ; Yuri Knorosov, *The Writing of the Maya Indians*, trad. et éd. Tatiana Proskouriakoff et Sophie Coe, *Harvard University Russian Translation Series* 4, 1967. Il faut aussi citer Joyce Marcus, *Mesoamerican Writing Systems* (Princeton), 1993 ; Research Reports on Ancient Maya Writing, publié depuis 1968 ; David Stuart, « Ten Phonetic Syllabes », RRAMW 14, 1987 ; Michael Coe, *Breaking the Maya Code* (Thames and Hudson), 1992.

Le Préclassique récent dans l'Oaxaca est étudié par John Scott, « The Danzantes of Monte Albán », 2 vol., *Dumbarton Oaks Studies in Pre-Columbian Art and Archaeology* n° 22, 1980 et Ignacio Bernal, « The Ball Players of Dainzu », *Archaeology*, 21, 1968 et « Présences et vestiges. Oaxaca », in *Nouvelles du Mexique*, 1, Paris, 1955, 12-14. Voir aussi l'ouvrage de Richard Blanton au chapitre 5 de la bibliographie. Les principes archéoastronomiques de l'art et l'architecture américains anciens sont examinés dans Anthony F. Aveni, *Skywatchers of Ancient Mexico* (Univ. Texas), 1981. D.M. Earle et D.R. Snow, « The Origin of the 260-day Calendar : the Gestation Hypothesis Reconsidered in Light of its Use among the Quiche-Maya », in *Fifth Palenque Round Table*, 1985, pp. 241-244.

Diverses interprétations des sculptures en argile de l'ouest du Mexique ont été avancées : Peter Furst, « West Mexican Tomb Sculpture as Evidence for Shamanism in Prehispanic Mesoamerica », *Antropológica*, 15, 1965 ; Hasso von Winning et O. Hammer, *Anecdotal Sculpture of West Mexico*, Los Angeles, 1972.

Interprétations claires et bonnes illustrations dans les catalogues de Michael Kan *et al.*, *Sculpture of Ancient West Mexico*, 2e éd. (LA County Museum), 1985 et Jackie Gallagher, *Companions of the Dead* (LA County Natural History Museum), 1983. Fouilles importantes de M. Foster et P. Weigand, *The Archaeology of West and Northwest Mesoamerica*, Boulder, 1985. L'essor de l'ancienne civilisation maya est étudié par John Graham, Robert Heizer et Edwin Shook, « Abaj Takalik 1976: Exploratory Investigations », *Univ. Cal. Arch. Res. Facility* n° 36, 85-114 ; David Freidel, « Civilization as a State of Mind : The Cultural Evolution of the Lowland Maya », in G. Jones et R. Kautz éd., *The Transition to Statehood in the New World*, Cambridge, 1981, pp. 188-227 ; Ray T. Matheny, « El Mirador, Peten, Guatemala », *Papers of the New World Archaeological Foundation* n° 45, 1980. David Freidel, Linda Schele et Joy Parker dans *Maya Cosmos* (W. Morrow), 1993, brossent un tableau de l'ancienne civilisation maya et de la formation religieuse. Voir aussi Garth Norman, « Izapa Sculpture, Part 1, Album », *Papers of the New World Archaeological Foundation* n° 30, 1973.

4 Teotihuacán

Laurette Séjourné, *Teotihuacán, métropole de l'Amérique*, François Maspero, 1969 ; Eduardo Matos Moctezuma, *Teotihuacán : la cité des dieux*, CNRS, 1993.

Trois volumes récents donnent une vision complète et une bonne compréhension de l'art et de l'archéologie de Teotihuacán : Janet Berlo, éd., *Art, Ideology, and the City of Teotihuacán* (Dumbarton Oaks), 1992 ; Kathleen Berrin et Esther Pasztory, éd., *Teotihuacán : Art from the City of the Gods* (The Fine Arts Museums of San Francisco, Thames and Hudson), 1993 ; et Kathleen Berrin, éd. *Feathered Serpents and Flowering Trees* (The Fine Arts Museums of San Francisco), 1988.

Les 2 volumes sur l'archéologie de René Millon, *Urbanization at Teotihuacán, Mexico* (Univ. Texas), 1974, restent utiles, comme certaines idées de Laurette Séjourné dans *Un palacio en la ciudad de los dioses* (INAH), 1959. Karl Taube dans « The Teotihuacán Spider Woman », *Journal of Latin American Lore* 9:2, 1983, 107-189 a lancé de nouvelles idées sur les cultes féminins du site.

5 Monte Albán, Veracruz et Cotzumalhuapa au Classique

Sur Monte Albán, voir Richard E. Blanton, *Monte Albán Settlement Patterns at the Ancient Zapotec Capital* (Academic Press), 1978 ; John Paddock, éd., *Ancient Oaxaca* (Stanford), 1966 ; Caso et Bernal, *Urnas de Oaxaca*, INAH Memorias 2, 1952 ; Esther Pasztory, éd., *Middle Classic Mesoamerica, AD 400-700* (Columbia), 1978.

Sur la sculpture du Veracruz, voir M. Goldstein, éd., *Ceremonial Sculpture of Ancient Veracruz* (Brooklyn), 1988. Sur l'archéologie récente : B. Stark, éd. *Settlement Archaeology of Cerro de las Mesas, Veracruz, Mexico* (Institute of Archaeology, UCLA), 1991.

Pour El Tajín, voir J. Garcia Payón, El Tajín, *Guía Oficial* (INAH), 1957 ; Michael E. Kampen, *The Sculptures of El Tajín* (Univ. Floride), 1972 ; S. Jefffrey K. Wilkerson, « Man's Eighty Centuries in Veracruz », *National Geographic Magazine* 158 : 2 août 1980, 203-231.

Sur le terrain de jeu de balle mésoaméricain, on peut commencer par T. Leyenaar et Lee A. Parsons, *Ulama : The Ballgame of the Mayas and Aztecs, 2000 BC-AD 2000*, Leyde, 1988 et Mary Miller et S. Houston, « The Classic Maya Ballgame and its Architectural Setting : A Study of Relations between Text and Image », RES 14, 1987, 46-65.
Pour Cotzumalhuapa, voir Barabara Braun, « Sources of the Cotzumalhuapa Style », *Baessler-Archiv* 51, 1978, 159-232, et Lee A. Parsons, *Bilbao, Guatemala : An Archaeological Study of the Pacific Coast Cotzumalhuapa Region*, 2 vol. Milwaukee Public Museum, 1967-1969.

6 et 7 Le Classique ancien et récent maya

C.F. Baudez et P. Becquelin, *Les Mayas*, « L'Univers des Formes », NRF, Gallimard, 1984. Paul Gendrop, *Les Mayas*, Que sais-je ?, PUF, Paris, 1978. Paul Rivet, *Cités Maya*, A. Guillot, 1962. Henri Stierlin, *Maya : Guatemala, Honduras, Yucatán*, Office du Livre, 1964 ; *L'Art maya : des Olmèques aux Mayas-Toltèques*, Seuil, 1982. Michael Coe, *Les Mayas : mille ans de splendeur d'un peuple*, Armand Colin, 1987. Pierre Ivanoff, *Maya*, Nathan, 1975. Jean Genet, *Esquisse d'une civilisation oubliée : le Yucatán à travers les âges*, Genet, 1927 ; *Histoire des peuples Mayas-Quichés : Mexique, Guatemala, Honduras*, Genet, 1927. Werner Wolff, *Déchiffrement de l'écriture maya et traduction des codices*, P. Genthner, 1938. Charles Gallenkamp, *Les Mayas : la découverte d'une civilisation perdue*, Payot, 1979. Jacques Soustelle, *Les Maya*, Flammarion, 1982. Claude-François Baudez, *Les Cités perdues des Mayas*, Gallimard, 1987. Frederick Catherwoof, *Un monde perdu et retrouvé : les cités Mayas*, Bibliothèque de l'Image, 1993. Michel Siffre, *Découvertes dans les grottes mayas*, Arthaud, 1993. Michel Davoust, *L'Ecriture maya et son déchiffrement*, CNRS, 1995. Georges Baudot, Jacqueline de Durand-Forest, *Mille ans de civilisations mésoaméricaines : des Mayas aux Aztèques. Mélanges*, L'Harmattan, 1995.
Linda Schele et Mary Ellen Miller, *The Blood of Kings : Ritual and Dynasty in Maya Art* (Kimbell Art Museum), 1986, et (Thames and Hudson), 1992 ; Linda Schele et David Freidel, *A Forest of Kings : The Untold Story of the Ancient Maya* (W. Morrow), 1990 ; et David Freidel, Linda Schele et Joy Parker, *Maya Cosmos : Three Thousand Years on the Shaman's Path* (W. Morrow), 1993. Morley, *The Ancient Maya*, 5e éd. (Stanford), 1994. Norman Hammond, *Ancient Maya Civilization* (Cambridge ; Rutgers), 1982 ; Elizabeth Benson, éd., *City-States of the Maya : Art and Architecture* (Rocky Mountain Institute for Pre-Columbian Studies), 1986 ; Gene Stuart et George Stuart, *Lost Kingdoms of the Maya* (National Geographic), 1993 ; *Die Welt der Maya*, Hildesheim, 1994 ; Sir Eric Thompson, *The Rise and Fall of the Maya Empire* (Univ. Oklahoma), 1956 et *Maya Hieroglyphic Writing* (Univ. Oklahoma), 1971.
Les quatre volumes du premier observateur attentif de l'art et de l'architecture mayas, John Lloyd Stephens, sont instructifs : *Incidents of Travel in Central America, Chiapas, and Yucatán* (Harper), 1841, et *Incidents of Travel in Yucatán*, 1843. Brève historiographie dans Claude Baudez et Sydney Picasso, *Lost Cities of the Maya* (Thames and Hudson), 1992.
Exemples du travail effectué dans la région maya par la Carnegie Institution of Washington : Oliver G. Ricketson et Edith B. Ricketson, *Uaxactún, Guatemala, Group E, 1926-1931*, CIW Pub. 477, 1937 ; A.V. Kidder, Jesse D. Jennings et Edwin M. Shook, *Excavations of Kaminaljuyú*, Guatemala, CIW Pub. 561, 1946 ; A.L. Smith, Uaxactún, Guatemala, *Excavations of 1931-37*, CIW Pub. 588, 1950. Tatiana Proskouriakoff s'est appuyée sur ces documents archéologiques pour ses soigneuses reconstitutions (*An Album of Maya Architecture*, CIW Pub. RR8, 1946). Pour les observations techniques sur l'architecture maya, voir Lawrence Roys, « The Engineering Knowledge of the Maya », CIW Contributions, II (1934). Les sculptures du Classique ancien et récent sont étudiées et illustrées dans Sylvanus G. Morley, *Inscriptions of Petén*, 5 vol., CIW Pub. 437, 1937-1938 ; Alfred Percival Maudslay, *Biologia Centrali-Americana : Archaeology*, 5 vol., Londres 1899-1902 ; *Corpus of Maya Hieroglyphic Inscriptions*, vol. 1-5, Peabody Museum, Harvard University, 1977-. Voir aussi Teobert Maler, *Researches in the Central Portion of the Usumatsintla Valley*, PMM 2, 1901-1903. Proskouriakoff a écrit une étude très complète sur la sculpture maya, *Classic Maya Sculpture*, CIW Pub. 593, 1950.
Sur Tikal, voir William R. Coe, *Tikal, a handbook of the Ancient Maya Ruins* (University Museum, Philadelphie), 1967 ; « Tikal : Ten Years of Study of a Maya Ruin in the Lowlands of Guatemala », *Expedition* 5:2, 1963, 5-56. Voir aussi Christopher Jones et Linton Satterthwaite, *The Monuments and Inscriptions of Tikal : The Carved Monuments* (University Museum, Philadelphie), 1982. Sur les fouilles, voir William Coe, *Excavations in the Great Plaza, North Terrace and North Acropolis of Tikal*, 6 vol. (University Museum, Philadelphie), 1990.
Sur Palenque : Merle Greene Robertson, *The Sculpture of Palenque*, 4 vol., *The Temple of Inscriptions* (Princeton), 1983-1992 ; Peter Mathews et Linda Schele, « Lords of Palenque : The Glyphic Evidence », *Primera Mesa Redonda de Palenque, Part 1*, éd. M.G. Robertson (R.L. Stevenson School), 1974, 63-76 ; Alberto Ruz Lhuiller, *El Templo de las Inscripciones, Palenque* (INAH), 1973.
Sur Copán et Quiriguá, voir Elizabeth Boone et Gordon Willey éd., *The Southeast Classic Maya Zone* (Dumbarton Oaks), 1988, pp. 149-194 ; William Fash, *Scribes, Warriors, and Kings : The City of Copán and the Ancient Maya* (Thames and Hudson), 1991 ; D. Webster éd., *The House of the Bacabs* (Dumbarton Oaks), 1989 ; E. Schortman et P. Urban, éds., *Quirigua Reports II*, Papers 6-14 (University Museum, Philadelphie), 1983 ; Sylvanus G. Morley, *Inscriptions at Copán*, CIW Pub. 219, 1920 ; *Introduccion a la Archeologia de Copán, Honduras*, 3 vol., Proyecto Arqueológico de Copán, Tegucigalpa, Honduras, 1983.
Sur le Yucatán : Jeff Kowalski, *The House of the Governor* (Univ. Oklahoma), 1986 ; Harry Pollock, *The Puuc* (PMM), 1980 ; V. Miller, *The Frieze of the Palace of the Stuccoes, Acanceh, Yucatán, Mexico* (Dumbarton Oaks), 1991.
Sur le Belize : David Pendergast, *Altun Ha, British Honduras (Belize) : The Sun God's Tomb, Royal* Ontario Museum of Art and Archaeology. Occasional Paper 19, Toronto, 1969 ; A.F. Chase et D.Z. Chase, *Investigations at The Classic Maya City of Caracol, Belize* : 1985-1987 (PARI), 1987.
Sur Yaxchilán : C. Tate, *Yaxchilán : Design of a Maya Ceremonial Center* (Univ. Texas), 1992.
Sur Bonampak : Mary Ellen Miller, « Maya Masterpiece

Revealed at Bonampak », *National Geographic Magazine*, février 1995, pp. 50-69 ; et *The Murals of Bonampak* (Princeton), 1986 ; Frans Blom et Gertrude Duby, *La Selva lacandona*, 2 vol., Mexico, 1955-1957 ; A. Espinosa, M. Rosas, B. Sandoval et Abelardo Venegas, *Bonampak* (Citicorp), 1988 ; M. Najera Coronada, *Bonampak* (Edo de Chiapas), 1991.
Sur Piedras Negras : William Coe, *Piedras Negras Archaeology : Artifacts, Caches, and Burials* (University Museum, Philadelphie), 1959 ; A. Stone « Disconnection, Foreign Insignia, and Political Expansion : Teotihuacán and the Warrior Stelae of Piedras Negras », in *Mesoamerica After the Decline of Teotihuacán AD 700-900*, éd. Richard Diehl et Janet Berlo (Dumbarton Oaks), 1989, 153-172.
Pour l'iconographie religieuse, voir Karl Taube, *The Major Gods of Ancient Yucatán* (Dumbarton Oaks), 1992 ; Elizabeth Benson et Gillett Griffin, éd., *Maya Iconography* (Princeton), 1988 ; Merle Greene Robertson, *Mesa Redonda de Palenque* (Palenque Round Table) (R.L. Stevenson School, Univ. Texas, PARI), 1973-aujourd'hui.
Sur les jades mayas, A.L. Smith et A.V. Kidder, *Excavations at Nebaj, Guatemala*, CIW Pub. 594, 1951 ; Tatiana Proskouriakoff, *Jades from the Cenote of sacrifice, Chichén Itzá, Yucatán*, PMM 10:1, 1974. Pour les figurines, voir Mary Ellen Miller, *Jaina Figurines* (Art Museum, Princeton), 1975 ; Roman Piña Chan, *Jaina, la casa en el agua* (INAH), 1968.
La chronologie et la terminologie des céramiques mayas proviennent des fouilles de Uaxactún (Robert E. Smith, *Ceramic Sequence at Uaxactún*, Guatemala, 2 vol., MARI Pub. 20, 1995). Etudes récentes centrées sur l'iconographie : Michael D. Coe, *The Maya Scribe and His World* (Grolier Club), 1973 ; *Lords of the Underworld* (Art Museum, Princeton), 1978 ; R.E.W. Adams, *The Ceramics of Altar de Sacrificios*, PMM 63 : 1, 1971. Justin Kerr a commencé la publication de tout le corpus, *The Maya Vase Book*, Volumes 1-4, 1989-. Meilleure analyse en un volume de l'histoire de l'art et de l'archéologie : D. Reents-Budet, *Painting the Maya Universe* (Duke), 1994. Sur le Classique ancien, voir N. Hellmuth, *Mönster und Menschen*, Graz, 1987.
Plusieurs points de vue sur la fin de la civilisation maya classique dans *The Classic Maya Collapse*, éd T. Patrick Culbert (Univ. New Mexico Press, 1973). Synthèse de la fin de la grande civilisation maya dans les Basses Terres du sud dans *Lowland Maya Civilization in the 8th c. AD*, éd. Jeremy Sabloff et John Henderson (Dumbarton Oaks), 1992.

8 La Mésoamérique après la chute des cités classiques
Sur Xochicalco : J. Litvak-King, « Xochicalco en la caoda del clásico », *INAH Anales de Antropología*, VII, 1970, 131-144. *Mesoamerica After the Decline of Teotihuacán AD 700-900*, éd. Richard Diehl et Janet Berlo (Dumbarton Oaks), 1989, offre une bonne approche de Xochicalco, Cacaxtla, Tula et des changements iconographiques, ainsi que des points de vue théoriques.
Parmi les nombreuses publications à la suite de la découverte des peintures de Cacaxtla : Donald McVicker, « The Mayanised Mexicans », *American Antiquity* 50 : 1, 1985, 82-101. Voir aussi Marta Foncerrada de Molina, « La pintura mural de Cacaxtla, Tlaxcala », *Anales del IIE*, UNAM, 46, 1976, 5-20 ; Diana López de Molina, « Los murales prehispánicos de Cacaxtla », Boletin INAH, 1977, 2-8. La présence d'étrangers dans la région maya est étudiée par Sir Eric Thompson, *Maya History and Religion* (Univ. Oklahoma), 1970, et John Graham, « Aspects of non-Classic Presences in the Inscriptions and Sculptural Art of Seibal », in *Culbert, Collapse*, pp. 207-219 (voir chap. 7).
Des articles dans Kent V. Flannery et Joyce Marcus, éd., *The Cloud People : Divergent Evolutions of the Zapotec and Mixtec Civilizations* (Academic Press), 1983, étudient le Postclassique ancien dans l'Oaxaca. L'ouvrage est aussi valable pour les périodes plus anciennes dans l'Oaxaca.
Sur les Toltèques, voir Richard Diehl, *Tula : the Toltec Capital of Ancient Mexico* (Thames and Hudson), 1983 ; Nigel Davies, *The Toltecs Until the Fall of Tula* (Univ. Oklahoma), 1977 ; *The Toltec Heritage from the Fall of Tula to the Rise of Tenochtitlán* (Univ. Oklahoma), 1980 ; Jorge Acosta, « Resumen de las exploraciones arqueológicas en Tula, Hidalgo, durante los VI, VII y VIII temporadas 1946-1950 », *INAH Anales 8*, 1956, 37-116. Désiré Charnay fut le premier à remarquer les ressemblances entre Tula et Chichén Itzá (*Les anciennes villes du Nouveau Monde*, Paris, Hachette, 1885).
Des documents résument les années de fouilles à Chichén Itzá par la Carnegie Institution of Washington. Etudes les plus importantes : Karl Ruppert, *Chichén Itzá*, CIW Pub. 595, 1952 ; A.M. Tozzer, *Chichén Itzá and its Cenote of Sacrifice*, PMM 12, 1957 ; Earl H. Morris, Jean Charlot et Ann Axtell Morris, *The Temple of the Warriors at Chichén Itzá*, Yucatán, 2 vol., CIW Pub. 406, 1931. Sur l'art toltèque à Chichén Itzá, voir George Kubler, « Serpent and Atlantean Columns : Symbols of Maya-Toltec Polity », *Journal of the Society of architectural Historians*, 41, 1982 ; Mary Ellen Miller, « A Re-examination of the mesoamerican Chacmool », *Art Bulletin*, 67 : 1, 1985, 7-17 ; Clemency Coggins et O. Shane, éd., *Cenote of Sacrifice : Maya Treasures from the Sacred Well at Chichén Itzá* (Univ. Texas), 1984.
Le dernier projet de Carnegie a eu lieu à Mayapán : H.E.D. Pollock, Tatiana Proskouriakoff et Edwin Shook, *Mayapán*, CIW Pub. 619, 1962. Sur Tulúm, voir Samuel K. Lothrop, *Tulúm : An Archaeological Study of the East Coast of Yucatán*, CIW Pub. 335, 1924 ; surtout pour les copies des peintures murales, Arthur Miller, *On the Edge of the Sea : Mural Painting at Tancah-Tulúm, Quintana Roo, Mexico* (Dumbarton Oaks), 1982. Thomas Gann a visité Santa Rita et a publié les peintures murales : « Mounds in Northern Honduras », BAE, 19th Annual Report, 1900.
Sur l'architecture postclassique des Hautes Terres du Guatemala, voir A.L. Smith, *Archaeological Reconnaissance in Central Guatemala*, CIW Pub. 608, 1955.
F. Colomb a écrit la bibliographie de son père et a parlé des grands canots des Mayas (*The Life of the Admiral Christopher Columbus by his Son Ferdinand*, trad. et éd. Benjamin Keen, (Rutgers), 1959). Juan de Grijalva, comme il est dit dans *The Discovery of New Spain in 1518*, trad. et éd. Henry R. Wagner (Cortés society), 1942, rassembla des objets exotiques mayas.
Sur les ouvrages d'avant et d'après la Conquête : Sir Eric Thompson, *The Dresden Codex* (American Philosophical Society), 1972 ; J.A. Villacorta et C.A. Villacorta, *Codices Maya, Guatemala City*, 1930 ; le codex Grolier est illustré dans Coe, *The Maya scribe* (voir chap. 7). Le *Popol Vuh* a été sou-

vent traduit ; les citations sont traduites de S. Edmonson, *The Book of Counsel : The Popol Vuh of the Quiché Maya of Guatemala*, MARI Pub. 35, 1971 ; Raphaël Girard, *Le Popol-vuh ; histoire culturelle des Maya-Quichés*, Payot, 1972 ; Benjamin Péret, *Le Livre de Chilam Balam de Chumayel*, Denoël, 1951 ; A.M. Tozzer a publié une version avec de nombreuses notes de l'exposé sur le Yucatán de l'évêque Landa (*Landa's Relación de las cosas de Yucatán*, PMP 18, 1941) ; la traduction de William Gates est aussi utile (*Yucatán Before and After the Conquest*, Baltimore, 1937, réédité par Dover, 1978). Sur la pratique religieuse à l'époque de la Conquête, Inga Clendinnen, *Ambivalent Conquests : Maya and Spaniard in Yucatán, 1517-1570* (Cambridge), 1987.

9 Les Aztèques

Miguel León Portilla, *Le Crépuscule des Aztèques*, « Latitude Sud », Tournai, Casterman, 1965 ; Eduardo Matos Moctezuma, *Les Aztèques*, La Manufacture, Lyon, 1989 ; Mireille Simoni-Abbat, *Les Aztèques*, « Le Temps qui court », Paris, Le Seuil, 1976 ; Jacques Soustelle, *La Vie quotidienne des Aztèques à la veille de la conquête espagnole*, Paris, Hachette, 1972 et *L'Univers des Aztèques*, « Savoir », Paris, Hermann, 1979 ; Henri Stierlin, *L'Art aztèque et ses origines, de Teotihuacán à Tenochtitlán*, Fribourg, Office du Livre – Paris, Le Seuil, 1982 ; George C. Vaillant, *Les Aztèques du Mexique*, Paris, Payot, 1951 ; Marc Thouvenot, *Le Jade chez les Aztèques*, Institut d'ethnologie, 1982 ; Georges Baudot, Tzvetan Todorov, *Récits aztèques de la conquête*, Seuil 1983 ; Jacqueline de Durand-Forest, *L'Histoire de la vallée de Mexico selon Chimalpahin Quauhtlehuanitzin* (du XIe au XVIe siècle), L'Harmattan, 1987 ; Serge Gruzinski, *Le Destin brisé de l'empire aztèque*, Gallimard, 1991 ; J.M.G. Le Clézio, *Le Rêve mexicain ou la pensée interrompue*, Gallimard, 1992 ; Doris Heyden, *Le Réveil du serpent à plumes et l'univers des dieux aztèques*, Trismégiste, 1988 ; Jean Rose, *Le Conquistador anonyme : relations de quelques-unes des choses de la Nouvelle-Espagne et de la grande ville*, Jérôme, 1986 ; Marie-Rose Séguy, Mireille Simoni-Abbat, *Aztlan, terre des Aztèques : images d'un nouveau monde*. Exposition, Bibliothèque nationale, 1976 ; Christian Duverger, *La Fleur létale : économie du sacrifice aztèque*, Seuil, 1979, et *L'Origine des Aztèques*, Seuil, 1983 ; Alfonso Caso, *Le Peuple du soleil : la religion aztèque*, Mesnie-Trédaniel, 1994 ; Michel Graulich, *Moctezuma ou l'apogée et la chute de l'empire aztèque*, Fayard, 1994 ; Karl Taube, *Mythes aztèques et mayas*, Seuil, 1995 ; Paul Hosatte, *La Noche Triste (1520) : la dernière victoire du Peuple du Soleil*, Economica, 1993. Voir aussi Esther Pasztory, *Aztec art* (Abrams), 1983 ; Richard Townsend, *The Aztecs* (Thames and Hudson), 1992 ; Elizabeth Boone, *The Aztec World* (Smithsonian), 1994. Richard F. Townsend dans « State and Cosmos in the Art of Tenochtitlán », *Dumbarton Oaks Studies in Pre-Colombian Art and Archaeology* n° 20, 1979 étudie les principales sculptures.

Sur les monuments, Cecilia F. Klein, « The Identity of the Central Deity on the Aztec Calendar Stone », *Art Bulletin* 58 : 1, 1976, 1-12 ; Justino Fernandez, *Coatlícue, estética del arte indígena antigua*, Mexico, 1954.

Sur les fouilles au Templo Mayor : J. Broda, D. Carrasco et E. Matos Moctezuma, *The Great Temple of Tenochtitlán : Center and Periphery in the Aztec World* (Univ. Californie), 1987 ; Elizabeth Boone, éd., *The Aztec Templo Mayor* (Dumbarton Oaks), 1987.

L'histoire des Aztèques la plus lisible est *The Aztecs* de Nigel Davies (Macmillan), 1973 et (Univ. Oklahoma), 1980 ; il suit d'assez près les informations du père Diego Durán dans *Historia de las Indias de Nueva España*. Pour la conquête du Mexique, Bernal Díaz del Castillo (voir ch. 1) et Hernán Cortés, *Letters from Mexico*, trad. et éd. A.R. Pagden (Yale), 1986. Histoire sociologique dans Inga Clendinnen, *Aztecs : An Interpretation* (Cambridge) ; nouvelle analyse de l'esprit mésoaméricain dans Serge Gruzinski, *The Conquest of Mexico* (Cambridge), 1992, après T. Todorov, *The Conquest of Mexico* (Harper), 1981.

Beaucoup d'aspects de la vie aztèque sont rapportés dans le *Codex de Florence* (voir ch. 1) de Bernardino de Sahagún ; Miguel León Portilla, *La Pensée aztèque*, Seuil, 1985. Sur la musique, Robert Stevenson, *Music in Aztec and Inca Territory* (Univ. California), 1968.

Orfèvrerie mixtèque, Alfonso Caso, *Les Trésors d'orfèvrerie de Monte Albán*, in *Revue Française*, 72, Paris, 1955, pp 49-53. L'or et l'argent du Nouveau Monde, Andre Emmerich : *Sweat of the Sun and Tears of the Moon : Gold and Silver in Pre-Columbian Art* (Univ. Washington), 1965.

Les manuscrits de ce chapitre sont tous disponibles en facsimilé. *Codex Selden*, commentaires d'Alfonso Caso, glose de M.E. Smith (Sociedad Mexicana de Antropología), 1966 ; *Codex Féjervary-Mayer* (Akademische Druck u. Verlagsanstalt), 1971 ; *Codex Borgia*, commentaires d'Eduard Seler (Fondo de Cultura Económica), 1963 ; Elizabeth Boone, *The Codex Magliabechiano* (Univ. Californie), 1985 ; Kurt Ross, Dominique Bourne, *Codex Mendoza*, Seghers, 1978 ; Serge Gruzinski, *Painting the Conquest* (UNESCO), 1992 ; *Codex Borbonicus*, Graz (Akademische Druck u. Verlagsanstalt), 1974. Les manuscrits d'après la conquête sont examinés par Donald Robertson, *Mexican Manuscript Painting of the Early Colonial Period : The Metropolitan Schools* (Yale), 1959.

La vie et l'art juste après la Conquête sont étudiés par Robert Ricard, *Spiritual Conquest of Mexico* (Univ. Californie), 1966 ; Constantino Reyes, *Arte Indocristiano* (INAH), 1981 ; Manuel Toussaint, *Colonial Art of Mexico*, rev. et trad. Elizabeth Wilder Weismann (Univ. Texas), 1967 ; George Kubler, *Sixteenth-Century Architecture of Mexico* (Yale), 1948 ; John McAndrew, *The Open-Air Churches of Sixteenth-Century Mexico : Atrios, Posas, Open Chapels, and Other Studies* (Harvard), 1965 ; Serge Gruzinski, *Conquering the Indian Mind : the Making of Colonial Indian Cultures in Spanish Mexico, 16th-18th Centuries*, 1992.

Table des illustrations

Sauf mention contraire, les photographies sont de l'auteur et les plans des sites de Martin Lubikowski. Les dimensions sont données en centimètres.

Abréviations

AMNH	American Museum of National History, New York
INAH	Instituto Nacional de Antropología e Historia
MNA	Museo Nacional de Antropología, Mexico
NGS	National Geographic Society
UM	University Museum, Université de Pennsylvanie

Frontispice Déesse de l'eau, H 320, MNA.

Préface
1 Disque en or, dessin de T. Proskouriakoff.

1 Introduction
2 La Mésoamérique, dessin de Hanni Bailey.

2 Les Olmèques
3 Hache Kunz, H 28, AMNH. 4 Tête monumentale 5, San Lorenzo, H 186. Museo Regional de Veracruz, Mexique, dessin F. Davalos. 5 Lutteur, H 66, MNA. 6, 7 Jumeaux héroïques, San Lorenzo, photos J.E. Clark. 8 Complexe A, La Venta, extrait de M.D. Coe 1984. 9 Masque de mosaïque, La Venta, 457 x 762, photo R. Heizer et NGS. 10 Tête monumentale 1, La Venta, Parc Villahermosa, Tabasco. 11 Autel 4, La Venta, H 160, Parc Villahermosa, Tabasco. 12 Stèle 3, La Venta, H 430, NGS – Smithsonian Institution. 13 Offrande 4, La Venta, H 16-18, MNA, photo M.D. Coe. 14 Sculpture de Las Limas, H 55, Museo Regional de Veracruz, photo Irmgard Groth-Kimball. 15 Tête olmèque, Museo Nacional de Archeología y Etnologia, Guatemala. 16 Figurine de jade olmèque, Yale University Art Gallery. Prêtée par Thomas T. Solley, BA 1950, photo Carl Kaufman, Yale Audio Visual Center. 17 Sculpture de Teopantecuanitlán, photo Gillett G. Griffin. 18 Figurine de Xochipala, H 23,5, collection privée, photo J. Taylor. 19 Vase de Tlatilco, H 13, MNA, photo Irmgard Groth-Kimball. 20 « Bébé » de Las Bocas, H 83,4, The Metropolitan Museum of Art, New York, The Michael C. Rockefeller Memorial Collection, legs de Nelson A. Rockefeller 1979 (1979.206.1134). Tous droits réservés. 21 Pétroglyphe 1, Chalcatzingo, H 275, dessin F. Pratt, Gay 1972. 22 Peinture murale 1 d'Oxtotitlan, H 250, dessin de David Joralemon.

3 Le Préclassique récent
23 Calendrier d'après J.E.S. Thompson. 24 Glyphes de nombres, dessin de Stephen D. Houston. 25 Stèle de La Mojarra, H 66, dessin de George Stuart. 26 Glyphes emblématiques, dessin Stephen D. Houston. 27 Linteau 8, Yaxchilán, H 78, dessin I. Graham 1977. 28 Danzante, Monte Albán, H 134, photo M.D. Coe. 29 Monticule J, Monte Albán. 30 Hiéroglyphe avec tête à l'envers, Monticule J, Monte Albán, dessin de P. Gallagher. 31 Assemblage de chauve-souris en jade, H 19, MNA. 32 Figure d'argile, Monte Albán, Zapotèque, MNA. 33 Chien de Colima, H 20,9, MNA. 34 Jeu de balle Nayarit, 45 x 26, Yale University Art Gallery, Stephen Carlton Clark BA 1903 Fund. 35, 36 Couple nayarit, H 60 et 58,4, Yale University Art Gallery, Stephen Carlton Clark BA 1903 Fund. 37 Maquettes de Temples Mezcala, H 12 et 15, MNA. 38 Structure 5, Cerros, photo D. Freidel. 39 Stèle 1, Nakbé, dessin Richard D. Hansen UCLA RAINPEG Project. 40 Stèle 1, Izapa, 193, photo courtesy Matthew W. Stirling et NGS. 41 Stèle 5, Izapa, H 158, photo Brigham Young University, Utah-New World Archaeological Foundation. 42 Stèle 11, Kaminaljuyú, H 182,8, photo M.D. Coe. 43 Sculpture silhouette, H 146,6, photo courtesy Museum of the American Indian, Heye Foundation, New York.

4 Teotihuacán
44 Vue isométrique de Teotihuacán, d'après G. Kubler. 45 Vue aérienne de Teotihuacán, photo © R. Millon. 46 Talud-tablero, d'après Marquina. 47 Pyramide de la Lune, Teotihuacán. 48 Pyramide du Soleil, Teotihuacán, photo W. Bray. 49 Vue isométrique de l'enceinte de Zacuala, d'après L. Séjourné. 50 Masque de Teotihuacán, 10 x 18, MNA, photo Michael Zabé. 51 Figurines de Teotihuacán, H 9,5, photo courtesy Museum of the American Indian, Heye Foundation, New York. 52 Collier de dents, coquilles et mâchoires humaines, 20 x 20, INAH, photo Michael Zabé. 53 Temple de Quetzalcóatl, Teotihuacán, photo J. Soustelle. 54 Urne produite en série de Teotihuacán récent, photo Irmgard Groth-Kimball. 55 Déesse griffue, fresque sur un fragment de mur, sans doute de Techinantitla, Metepec, 650-750 de notre ère, 66 x 77, prêt anonyme au Fine Arts Museum de San Francisco, photo John Bigelow Taylor. 56 Peinture murale de Tetitla, H 72,7, MNA, photo Michael Zabé. 57 Pot en céramique orange fine, 21, MNA, photo Irmgard Groth-Kimball. 58 Vase tripode avec couvercle, H 20,9, Dumbarton Oaks Research Library and Collection, Washington D.C. 59 Plan, Kaminaljuyú B-4, d'après Kidder, Jennings et Shook 1946. 60 Pyramide, Cholula, lithographie d'après L. Castoneda, Paris 1843.

5 Monte Albán, Veracruz et Cotzumalhuapa au Classique
61 Monte Albán, photo Colin McEwan. 62 Plan, Monte Albán d'après Blanton et Kubler. 63 Stèle 4, Monte Albán, H 186. 64 Façade de la tombe 104. 65 Peinture de la tombe 104, Monte Albán, extrait de Covarrubias 1957. 66 Peinture de la tombe 105, Monte Albán, extrait de Caso 1936-1937. 67 Urne céramique, H 43,1, Yale University Art Gallery, New Haven, Stephen Carlton Clark BA 1903 Fund. 68 Pyramide des Niches, El Tajín, d'après Nebel 1829. 69 Terrain de jeu de balle sud, El Tajín. 70 Panneau 4 du terrain de jeu de balle, El Tajín, H 156, photo M.D. Coe. 71 *Palma*, H 58, MNA. 72 Joug de granit, 12 x 37 x 40,5, acquisition du musée, don des Amis du Art Museum en l'honneur du soixantième anniversaire de Gillett G. Griffin, Art Museum Princeton University. 73 *Hacha*, H 28, MNA. 74 Figure creuse, style Veracruz. 75 Stèle 8, Cerro de las Mesas, photo R.H. Stewart, NGS. 76 Figure au « visage souriant », H 35,6, AMNH. 77 Figurine à roulettes du Veracruz, H 19,3, AMNH. 78 Stèle du terrain

de jeu de balle de Cotzumalhuapa, H 282, Staatliche Museen Preussischer Kulturbesitz, Berlin. 79 Tête de Pantaleón.

6 Le Classique ancien maya

80 E-VII-sub, Uaxactún, photo AMNH. 81 A-V, Uaxactún, dessin de G. Kubler. 82 Acropole nord, Tikal. 83 Structure de Rosalila, Copán, Christopher A. Klein/National Geographic Image Collection. 84 Stèle 29, Tikal, H 205, dessin de W.R. Coe. 85 Stèle 31, Tikal, H 230, UM. 86 Panneau Po, H 44,5, photo Joe Tagliarini. 87 Plaque de Leyde, H 21,6, Rijksmuseum voor Volkenkunde, Leyde. 88 Peinture de tombe de Río Azul, photo I. Graham. 89 Bol à rebord basal en forme de tortue avec couvercle en forme d'oiseau marin, Tikal, Petén, H 15,5, D 19,5, Museo Nacional de Arqueología y Etnología, Guatemala, photo © Justin Kerr. 90 Vase tripode, Tikal, UM, photo W.R. Coe. 91 Oiseau quadripode, H 26, New Orleans Museum of Art. 92 Effigie du vieux dieu, Tikal, H 36, UM. 93 Vase de la cache GI, Stendhal Collection, Los Angeles.

7 Le Classique récent maya

94 Plan, Palenque, d'après Stierlin 1964. 95 Palais de Palenque. 96 Cour est, Palais de Palenque. 97, 98 Edifices de Palenque, d'après Stierlin *(à gauche)* et Marquina *(à droite)*. 99 Temple des Inscriptions, Palenque. 100 Couvercle de sarcophage, Palenque, L. 372, reproduction par frottage M.G. Robertson. 101 Structure 33, Yaxchilán, d'après Marquina. 102 Acropole ouest, Piedras Negras, dessin de T. Proskouriakoff, *An Album of Maya Architecture* (réédition Norman : University of Oklahoma Press, 1963) ; avec autorisation. 103 Plan, Tikal, d'après Morley et Brainerd. 104 Temple I, Tikal. 105 Complexe à pyramides jumelles, dessin de M. Lubikowski d'après W.R. Coe. 106 Acropole principale et Grande Place, Copán, dessin de T. Proskouriakoff. Courtesy the Peabody Museum, Harvard University. 107 Structure 22, dessin A.P. Maudslay. 108 Structure 22a, Copán, photo E. Theodore. 109 Terrain de jeu de balle de Copán, photo courtesy the Peabody Museum, Harvard University. 110 Escalier hiéroglyphique, Copán, dessin T. Proskouriakoff. 111 Structure principale, Chicanná, aquarelle de Nigel Hughes. 112 Pyramide du Devin, Uxmal, photo J. Sabloff. 113 Quadrilatère des Nonnes, Uxmal, photo Irmgard Groth-Kimball. 114 Structure 1, Xpujil, dessin de T. Proskouriakoff. Courtesy the Peabody Museum, Harvard University. 115 Palais du Gouverneur, Uxmal, photo G. Kubler. 116 Grand arc, Kabah. 117 Panneau du Palais, palenque, photo M.G. Robertson. 118 Linteau 25, Yaxchilán, H 127, © British Museum. 119 Stèle 11, Yaxchilán, H 358, photo T. Maler, courtesy the Peabody Museum, Harvard University. 120 Stèle 14, Piedras Negras, H 281,9, UM. 121 Stèle 12, Piedras Negras, H 313, Museo Nacional de Arqueología, Guatemala, photo T. Maler, courtesy the Peabody Museum, Harvard University. 122 Linteau 3, Tikal, H 205,7, Museum für Volkerkunde, Bâle. 123 Stèle 16, Tikal, H 352, dessin de W.R. Coe. 124 Autel Q, Copán, photo don de Yale, Joseph A. Baird. 125 Stèle F, Quiriguá, H 731,5, dessin A.P. Maudslay. 126 Zoomorphe P, Quiriguá, H 220,9, © British Museum, photo A.P. Maudslay. 127 Vase en mosaïque de jade, Tikal, H 24,5, UM. 128 Jade de Gann, H 14, © British Museum. 129 Os, sépulture 116, Tikal, d'après A. Trik. 130 Silex excentrique, H 24,8, Dallas Museum of Art, The Eugene and Margaret McDermott Fund en l'honneur de Mrs Alex Spence. 131 Coquille sculptée de Jaina, H 8, Dumbarton Oaks Research Library and Collection, Washington D.C. 132 Couple homme/femme de Jaina, H 24,8, Detroit Institute of Arts, acquisition de Founders Society, Katherine Margaret Kay Bequest Fund et New Endowment Fund. 133 Vase d'Altar de Sacrificios, H 25,4, Museo Nacional de Arqueología y Etnología, Guatemala, photo T. Grider. 134 Vase de style codex, Metropolitan Museum of Art, New York, déroulé photographique © Justin Kerr 1975. 135 Salle 3 Bonampak.

8 La Mésoamérique après la chute des cités classiques

136 Stèle 1, Seibal, H 237. 137 Pyramide du Serpent à plumes, Xochicalca, dessin à la plume et à l'encre d'Adela Breton, courtesy of City of Bristol Museum and Art Gallery. 138 Palais des Colonnes, Mitla. 139 Sculpture de « l'apothéose », H 158. The Brooklyn Museum, Henry L. Batterman et Frank S. Benson Funds. 140 Peinture de Cacaxtla. 141 Pyramide B, photo W. Bray. 142 Colonnes atlantes, Tula, photo Irmgard Groth-Kimball. 143 *Chac mool*, Tula, H 66, photo M.D. Coe. 144 Céramique Plumbate, H 16, Yale University Art Gallery, New Haven. Don de Mr et Mrs Fred Olsen, photo Joseph Szaszfai Yale Audio Visual Center. 145 Stèle de Tula, H 122, MNA. 146 Plan, Chichén Itzá, d'après Morley et Brainerd. 147 Caracol, Chichén Itzá, photo W. Bray. 148 Section, Caracol, AMNH. 149 Castillo, Chichén Itzá. 150 Temple des Guerriers, Chichén Itzá. 151 *Chac mool*, Chichén Itzá, H 148,6, MNA. 152 Relief du grand terrain de jeu de balle, extrait de Marquina. 153 Grand terrain de jeu de balle, Chichén Itzá. 154 Peinture murale, temple des Guerriers, Ann Axtell Morris, Carnegie Institution of Washington. 155 Stèle I de Mayapán, dessin T. Proskouriakoff, courtesy the Peabody Museum, Harvard University. 156 Tulúm, photo Irmgard Groth-Kimball. 157 Peinture, Tulúm, d'après la copie de M.A. Fernandez 1939-1940. 158 Codex de Dresde, Sächsische Landesbibliothek, Dresde. 159 Plates-formes pyramidales, Iximché. 160 Livre de Chilam Balam, Firestone Library, Princeton University.

9 Les Aztèques

161 La vallée de Mexico, extrait de Coe 1984, dessin de P. Gallagher. 162 Codex Mendoza, Bodleian Library, Oxford MS Arch. Selden A1. 163 Primeros Memoriales extrait du codex matritense. 164 Malinalco. 165 Coatlícue, H 257, MNA. 166 Pierre de Coyolxauchi, H 340, photo Smithsonian Institution. 167 Pierre de Tizoc, D 275, MNA, photo INAH. 168 Pierre du calendrier, D 360, MNA. 169 Xipe Totec, H 40, Museum für Völkerkunde, Bâle. 170 Chevalier-aigle, H 190, INAH, photo Salvador Guilliem. 171 Sauterelle en cornaline, L 45,7, MNA. 172 *Chac mool* dieu de la pluie, H 73,6, MNA. 173 Pierre du Temple, H 123, MNA. 174 Huéhuetl, H 115, photo INAH. 175 Pectoral en or, H 12,2, MNA. 176 Coiffure de plumes, H supérieure à 124. Museum für Völkerkunde, Vienne. 177 Masque crânien, © British Museum. 178 Coupe en céramique de Cholula, H 12, The Metropolitan Museum of Art, New York. Tous droits réservés. 179 Vase à effigie de Tláloc, H 35, collection du Templo Mayor. 180 Codex Selden, Bodleian Library, Oxford MS Arch, Selden A2. 181 Codex Féjervary-Meyer, Board of Trustees of the National Museums on Merseyside. 182 Codex Borgia, Bibliothèque du Vatican. 183 Peinture murale, Ixmiquilpan. 184 Codex Borbonicus, Bibliothèque de l'Assemblée Nationale, Paris. 185 Codex Mendoza, Bodleian Library, Oxford MS Arch. Selden A1.

Index

Les chiffres en italiques renvoient aux illustrations.